Chanmyay Yeiktha Meditation Centre

Sayadaw U Janakabhivamsa

55A, Kaba Aye Pagoda Road, Kaba Aye P.O., Yangon (Rangoon) 11061, Myanmar (Burma).
Telephone: (95) 01-66479

Date: March 25, 2004

I am very glad to permit Khema, one of my yogis, to translate
the English version of my Dhamma talks into Korean language,
print it and distribute for the benefit of those who are interested
in Vipassana meditation.

With Metta

Ashin Janakabhivamsa
Chanmyay Sayadaw
Chanmyay Yeiktha Meditation Centre
55A Kaba Aye Pagoda Road,
Mayangone P.O.
Yangon 11061
Myanmar

"내 수행제자 케마가 위빳사나 수행에 관심있는 이들을 위해, 내가
영어로 했던 법문을 한국어로 번역하여 출판하는 것을 허락하게 되어
매우 기쁩니다" 라는 내용이 담긴 찬메 세야도의 출판 허락서

위빳사나 수행 28일

옮긴이 케마(Khema, 김도희)

서울대학교 음악대학 성악과 졸업. 1995년 미얀마 수도 양곤에 있는 찬메 수도원에서 찬메 세
야도의 지도를 받으며 위빳사나 수행을 하였다. 그 후 찬메 수도원과 한국 사찰에서 열린 여
러 차례의 수련회에서 찬메 세야도의 법문을 한국어로 그리고 개인 면담을 한국어와 영어로
통역하였다. 이 과정에서 녹음된 법문 테이프가 '담마간다' 에서 출판된 바 있다.
E-mail ㅣ khema@hanmir.com

위빠싸나수행28일

값 18,000 원

발행일 2004년 4월 10일   초판1쇄
       2004년 9월 4일   초판2쇄
       2010년 8월 20일   초판3쇄

발행인 도 법

법   문 찬메샤야도 아쉰 자나까비왐사

역주자 케마(김도희)

편집위원 퇴현 전재성

발행처 한국빠알리성전협회
1999년5월31일(신고번호:제318-1999-000052호)
서울 서대문구 홍제동 456 #성원102-102

전화 02-2631-1381
전자우편 kptsoc@kptsoc.org
홈페이지 www.kptsoc.org
Korea Pali Text Society
Hongjae-2-dong 456 #Seongwon102-102
Seoul 120-090 Korea
TEL 82-2-2631-1381 FAX 82-2-735-8834
전자우편 kptsoc@kptsoc.org

홈페이지 www.kptsoc.org

ⓒ Khema 2004, *Printed in Korea*
ISBN 89-89966-25-6 03220

위빳사나 수행

28일

찬몌 세야도 아쉰 자나까비왐사 법문
케마 옮김

한국빠알리성전협회

역자의 말

1

1991년 12월 28일부터 1992년 1월 24일까지 오스트레일리아 수도 캔버라에서 찬메 세야도 지도하에 위빳사나 수련회가 있었습니다. 큰스님께서는 수행자들을 위해 4주 동안 매일 저녁때마다 한 차례씩 영어로 법문을 해주셨는데, 이 책은 그때의 법문을 우리말로 옮긴 것입니다.

큰스님께서는 일부 참가자가 초보자인 점을 고려하여 위빳사나 수행의 기초단계부터 시작해서 참가자들의 수행향상 속도에 맞추어 높은 단계로 상향하며 법문을 해주셨습니다.

여러분은 이 법문을 통해 위빳사나 수행이란 무엇이며, 어떻게 하는 것인지, 또 그 목적은 무엇이며, 실제적인 수행과정에서 만나는 어려움은 어떻게 해결해 나가야 하는지에 대해 배우게 될 것입니다.

2

위빳사나 수행자가 어느 정도 만족할만한 수행의 결과를 맛보기 위해서는 수행자 자신의 노력이 가장 중요합니다. 그러나 훌륭한 스승의 법문과 개인 면담을 통한 지도를 받지 못한다면 수행의 진보를 이루기 어려운 것은 물론이고 노력 자체가 지속되기도 실은 어렵습니다. 따라서 좋은 스승의 훌륭한 법문과 개인 면담은 늘 소중합니다.

역자가 1995년 찬메 수도원에서 다른 외국인들과 함께 수행할 때만 해도 적어도 우안거 동안에는 찬메 세야도로부터 직접 지도 받을 수 있었습니다. 법문과 개인면담을 통해 우리는 수행에 더욱 박차를 가하도록 고무될 수 있었고 바른 길로 인도될 수 있었습니다.

그러나 그 뒤에 우안거 동안에 찬메 수도원을 찾아오는 외국 수행자들이 많아지게 되었습니다. 그러다보니 찬메 세야도께서 개인 면담을 통해 그들을 지도하시는 것만 해도 벅차게 되었습니다. 이 때문에 외국인을 위해서 법문을 해 주실 시간을 낼 수 없게 되었으므로 지금 여기에 번역된 법문(캔버라 수련회 법문) 테이프나 기타 다른 법문 테이프로 큰스님의 법문을 접할 수밖에 없게 되었습니다.

그나마 영어로 된 큰스님의 법문을 이해할 수 있는 수행자들은 다행이었습니다. 문제는 영어 법문을 직접 이해하지 못하는 수행자들이었습니다. 그런 분들 중에는 일년 넘게 미얀마에 머물면서 수행을 했으면서도, 단지 영어를 잘 이해하지 못한다는 점 때문에 수행 성과를 잘 올리지 못하고 있는 분들도 있었습니다.

역자는 그 점이 너무나 안타까웠기에 캔버라 수련회 법문을 번역하여 출판하기로 한 것입니다. 이 훌륭한 법문을 우리말로 옮김으로써, 새로이 위빳사나 수행을 시작하는 분들에게 조금이나마 도움을 드리고 싶었던 것입니다.

3

그러나 막상 시작하고보니 28개의 테이프로 된 법문의 내용을 우리말로 옮기기란 쉬운 일이 아니었습니다.

먼저 찬메 세야도로부터 우리말로 옮겨도 좋다는 허락을 받은 후 정확성을 기하기 위해 법문을 녹취했습니다. 다른 일을 보는 사이사이 틈틈이 일을 진행하다보니 이 일에만 여러 해가 걸렸습니다. 녹취를 하는데 있어 찬메 세야도의 속가 제자인 우 조 나잉(U Zaw Naing)님이 어느 정도 도움을 주었는데, 이 점 이 자리를 빌어 감사 드립니다.

녹취를 하고나서보니 또 다른 문제가 확인되었습니다. 법문이 처음부터 글로 쓰여진 것이 아니었기 때문에 갖는 문제점, 즉 같은 말씀이 자주 반복된다든가, 말로써는 좋지만 글로 옮기면 부적절한 데가 있다든가 하는 점등이 발견된 것입니다.

그래서 이 점에 관하여 세야도께서 직접 수정해 주시기를 기대하며 녹취된 것을 컴퓨터에 입력하였습니다. 그렇지만 1년이나 걸려 입력이 완료되었을 때에 이르러서는 세야도께서 그것을 읽을 시간을 내실 수 없을 만큼 더욱 바빠지시게 되었습니다.

4

세야도께서 수정해주시기만을 기다리며 번역 작업이 지지부진해지자 역자가 하는 작업을 알고 있던 수행자들로부터 독촉하는 말씀을 듣게 되었습니다. 역자 또한 이렇게 하염없이 시간만 끌 수는 없다고 생각하였습니다. 그래서 찬메 세야도 지도하에 수행해본 경험, 그리고 세야도의 법문과 개인 면담 통역을 했던 경험을 의지하여 번역에 착수하기로 결정하였습니다.

처음으로 해보는 작업이기 때문에 약간의 어려움은 있을 것이라고 예측은 했었지만 막상 시작해 보니 생각보다 어려움이 컸습니다. 우선 역자의 아비담마(논장)와 빠알리어에 대한 식견 부족이 문제가 되었습니다. 다행히 빠알리어 부분은 대학 불교 동아리 선배이신 전재성 박사님으로부터 값진 도움을 받았습니다. 이 점, 전 박사님께 깊은 감사의 말씀을 드립니다.

처음에 이 책의 번역을 허락받았을 때, 찬메 세야도께서는 1995년 1월에 역자와 함께 찬메 수도원을 방문하여 위빳사나 수행을 한 경험이 있는 작가 김정빈 선생에게 번역 원고의 윤문潤文을 부탁하라고 말씀하신 바 있었습니다.

그래서 1년에 걸친 1차 번역을 마치고 나서 김정빈 선생님에게 번역 원고를 보내 드렸습니다. 그후 약 한달 정도의 시간을 두고 되돌려 받은 김선생님의 윤문 원고는 읽기가 쉽고 개념도 간명해진 장점이 있었습니다. 그런 반면에, 저 자신의 수행과 수련회의 통역을 바탕으로 제가 이해한 찬메 세야도의 설법 취지와는 어긋나는 부분들이 있었습니다. 그래서 김 선생님의 윤문 원고와 역자의 원고를 처음부터 일일이 하나 하나 대조해가며 선생의 글의 장점은 받아들이고 문제가 되는 부분들은 찬메 세야도의 원 법문과 다시 대조해가며 수정해야 했습니다.

7개월에 걸쳐 이루어진 이 같은 재번역 수준의 수정 작업은 처음 번역할 때 보다 훨씬 힘이 들어 포기하려는 생각까지 들 정도였습니다. 그러나 이 과정이 있었기에 법문 내용의 취지에 어긋나지 않으면서도 어느 정도 정돈된 현재 상태의 번역이 가능했다고 생각합니다.

김정빈 선생님의 윤문 원고를 통해 역자는 어떻게 글의 틀을 잡아야 하는지와, 일반인들에게 불법을 이해시킬 때 어떤 점에 유의해야 하는지를 배울 수 있게 되었습니다. 또한 김 선생님은 한문과 한국어에 대한 깊은 식견을 갖고 계셨기 때문에 중요한 번역어를 결정할 때 역자와의 토론을 통해 많은 시사점을 제공해 주셨습니다. 이 자리를 빌어 찬메 세야도의 제자로서 그리고 역자의 수행 도반으로서 김 선생님이 보여주신 인내와 성실성에 대해 큰 고마움의 말씀을 드립니다.

수정 작업 과정에서 너무 많이 반복되는 말씀은 생략하였습니다. 그런가 하면 보완하는 것이 좋겠다고 생각되는 부분에 대해서는 찬메 세야도께서 다른 수련회에서 하신 법문을 참조하여 첨가하기도 했습니다. 어떤 경우에는 순서를 바꾸기도 하였습니다. 그러나 이 모든 작업은 독자 여러분의 이해를 돕기 위해 한 것이며, 그 범위 또한 법문의 취지에 어긋나지 않는 한도 내에서 한 것이므로 독자 여러분은 걱정하지 않으셔도 될 것이라고 생각합니다.

5

읽어보면 아시겠지만 이 책은 불교 이론서도 아니고, 감흥을 자극하는 설법 책도 아닙니다. 따라서 아비담마적인 깊은 교리를 알고자 하시는 분들이나, 심정적 감화를 받고자 하는 일반 불교도들에게는 실망스러운 책이 될지도 모릅니다. 그러나 일정 기간 동안 전념해서 위빳사나 수행을 하고자 하는 분들에게는 매우 요긴한 책이 될 것이라고 역자는 확신합니다.

수행의 기본요건으로써 계를 지키는 것의 중요성과 수행의 기초부터 시작하여 13단계의 위빳사나 지혜를 거쳐 닙바나를 얻기까지의 전과정이 이 책에 잘 안내되어 있습니다. 따라서 마하시 세야도의 방법을 따라 수행하는 위빳사나 수행센터나 혹은 집에서 매일 하루치 분량에 해당하는 법문만을 읽으며 전념하여 수행을 해나간다면 반드시 소기의 성과를 거둘 수 있을 것입니다.

무리없이 법문의 내용이 잘 이해되는 독자의 경우에는 이삼일 치의 법문을 한 번에 읽어 내려가도 되겠으나 그 이상을 읽는 것은 오히려 수행에 장애가 될 수도 있을 것으로 생각됩니다. 이 점 유념하시기를 바랍니다. 혹 이해가 되지 않는 부분이 있다면 그것은 수행이 무르익으면 반드시 이해가 되리라고 생각합니다.

그러나 어느 정도 위빳사나 수행을 해 본 적이 있기에 수행에서 얻은 자신의 경험이 옳았는지의 여부를 확인하고자 하는 분은 이 책을 한 번에 끝까지 읽어도 좋을 것입니다. 그 경우 여러분은 다시금 수행하고 싶은 마음이 날 것이라고 생각합니다.

6

이 책은 위빳사나 수행에 관련된 다른 책들과 두 가지 점에서 구별됩니다. 첫째는 책의 본문이나 주석에서 빠알리어 원어의 로마자 표기를 하지 않았다는 점입니다.

빠알리어의 로마자 표기없이 직접 빠알리어만을 읽는 것이 처음엔 다소 낯설게 느껴지실 지도 모르겠습니다. 그러나 부처님 당시, 부처님의 법문 역시 문자없이 말씀으로만 전달되었던 것을 생각하면 그리 큰 문제는 되지 않을 것입니다. 빠알리어 원어를 알고 싶은 분은 〈부록 4〉에 실려 있는 빠알리어 색인을 참조하시기 바랍니다.

둘째는 기존에 사용해오던 몇몇 중요한 용어를 새 번역어로 대체하였다는 점입니다. 예를 들어 '마음챙김' 으로 번역되고 있는 것을 '주의기울임' 으로, '무상' 을 '비영속' 으로, 좌선을 좌-수행으로 바꾼 것 등입니다. 읽기에 낯설고 불편해 보이는 이같은 일을 굳이 고집한 것은 그 편이 여러분의 수행에 도움이 되는 번역이라고 생각했기 때문입니다. 이 책을 꾸준히 잘 음미하고 읽으면서 수행을 하시다 보면 역자가 왜 굳이 그런 번역어를 선택하게 되었는지를 이해하게 되리라고 생각합니다.

7

이 책이 나오기까지의 과정은 삼법인 중의 무아를 다시 한 번 증명하는 것이었다고 말할 수 있습니다.

찬메 세야도께서는 위빳사나 지도 스승으로서의 역할을 하셨고, 역자는

적으나마 갖고 있는 영어 이해 능력을 발휘했습니다. 김정빈 선생님은 작가의 능력으로써, 전재성 박사님은 빠알리어에 대한 깊이있는 학문적 배경으로써 이 책을 빛내 주셨으며, 마지막으로 조순미 님이 원고를 아름답고 성의있게 편집해 주셨습니다.

아울러 부산 외국어 대학교 미얀마어학과 김성원 교수님은 미얀마어 발음을 한글로 표기하는데 도움을 주셨습니다. 그리고 우젠 우 냐나난다(U Nyanananda), 폰지 우 왐사락키따(U Vamsarakkhita), 찬메 세야도의 시봉인 마웅 포 조(Maung Phoe Zaw), 지산스님, 지행스님, 대학교 불교 동아리 선배인 최훈동 신경정신과 박사님, 찬메 수도원 수행 시절의 수행 도반인 장주영 님, 담마간다의 하영태 님, 시사영어사의 지갑수 편집장님은 이 책이 나오기까지 여러 가지 유익한 조언을 해주셨습니다. 김창화 님은 미얀마에서 찬메 세야도 사진을 가져다 주셨습니다. 또한 역자의 어머니와 형제들은 역자가 번역을 잘 마칠 수 있도록 항상 기도해 주셨습니다.

이렇듯 많은 분들이 참여한 이 작업은 수단따(Sudanta) 님, 최영남 님, 송기실·최선옥 님 부부, 수선화 님, 도심화 님께서 출판비를 보조하심으로써 마무리되었습니다. 이와 같은 과정에서 단 한 사람도 '나'를 주장하거나 드러내려 하지 않았습니다. 그저 우리 자신과 함께 이 책을 읽고 수행하게 될 모든 이들의 진정한 평화와 행복을 염원하면서 각자의 맡은 바 역할만을 다했을 뿐입니다.

이것은 이 책이 재삼재사 반복하여 강조하고 있는 "원인과 결과의 법칙에 따라 각각의 기능만을 발휘하며 일어났다 사라지는 정신적·육체적 현상의 끊임없는 과정만이 존재할 뿐이다."라는 진리를 잘 드러내는 일이었습니다. 이와 같은 '무아의 행진'에 동참해 주신 위의 모든 분들께 다시 한 번 깊이 고개 숙여 감사의 인사 올립니다.

그리고 이제는 이 책을 읽으시는 분들이 동참하실 차례입니다. 이 책을 잘 이해하신 후 가르침대로 실천하는 것, 그런 다음 인연닿는 분들에게 가르침을 전하시는 것, 그것이야말로 이 '무아의 행진'의 마지막 모습일 것입니다.

8

이 책 초판본 중 일부는 역자를 포함하여 위에 언급된 여러 분들을 통하여 인연이 닿는 분들에게 법보시로 제공될 것입니다. 모두 각자 지은 공덕행으로 인해 위빳사나 수행을 하여 언젠가는 완전한 괴로움의 소멸의 경지에 이르러 행복하고 평화롭기를 기원합니다.

그리고 나머지는 새로이 위빳사나 수행에 대한 인연을 맺을 분들을 위해 서점에서 시판하게 됩니다. 그 과정에서 생기게 될 약간의 수익이 있다면 그것은 전재성 박사님의 빠알리 경전 번역 작업에 쓰여질 예정입니다.

마지막으로 제가 이 법문을 들으면서 수행하기 전, 무지한 탓에 저질렀던 잘못된 행위들이 있었다면 부처님과 담마 앞에 바치는 이 작은 공덕행에 의해 조금이나마 정화되기를 기원합니다.

아울러 제가 지은 이 공덕행의 결과를 저 자신, 찬메 세야도, 저의 가족

이외, 위에서 언급된 모든 분들과 이 책을 읽으시는 모든 독자님들, 나아가 모든 살아있는 생명들과 나눌 수 있기를 기원합니다.
모두 언젠가는 반드시 모든 괴로움에서 벗어나 행복하고 평화로우시기를….

사두! 사두! 사두!

케 마(김도희)

차 례

미얀마 스님들에 대한 호칭

미얀마에서는 스님들을 부를 때 법랍이 10년 미만인 스님은 우젠, 20년 미만인 스님은 폰지, 20년 이상인 스님은 세야도라고 부른다. 이 중 '폰지' 는 스님들을 통칭하는 말로도 사용된다.

여러 스님 가운데서 각 스님을 구별해야 할 때는 각 스님에 해당하는 호칭 뒤에 법명을 붙이게 된다(예: '폰지 아쉰 조와나' , 이때 '아쉰' 은 영어 '미스터' 에 해당되는 존칭이다).

그러나 한 가지 예외가 있는데, 그것은 수행센터나 사원의 초대 원장님으로 추대되신 분의 경우이다. 이 경우 초대 원장 스님에게 '세야도 누구누구' 라고 직접 법명으로 부르는 것은 결례이다. 따라서 그 분이 원장스님으로 계시는 수행센터나 그 분이 주석하고 계시는 마을 이름을 법명 대신 사용하게 되는데, 이런 관례는 우리에게 잘 알려져 있는 마하시 세야도의 경우를 보면 알 수 있다. 마하시 세야도의 법명은 소바나(Sobhana)이지만 세야도 아쉰 소바나라고 부르지 않는다. 대신 마하시 수행센터의 원장 큰스님이라는 의미로 마하시 세야도라고 부르고 있다.

그러나 초대 원장 스님이 돌아가신 다음 제2, 제3의 원장스님으로 추대되신 분들의 경우에는 이런 관례의 적용을 받지 않는다. 마하시 수도원의 세 번째 원장 스님으로 계실 때, 한국에 처음으로 오신 바 있는 세야도 아쉰 빤디따비왐사(Ashin Panditabhivamsa)의 경우가 이에 해당된다. 그런데 세야도 아쉰 빤디따비왐사는 나중에 마하시 수도원의 원장직을 사임하고 새로이 슈에 따웅 공이라는 마을에 빤디따 라마(Panditarama)라는 수도원의 원장스님으로 추대 되셨기 때문에 그 뒤부터는 슈에 따웅 공 세야도라고 불리고 있다.

이 책의 법문을 하신 찬메 세야도의 경우, 큰스님의 본래 법명은 자나까이다. 그러나 큰스님 또한 1977년에 찬메 수도원의 초대 원장님으로 추대되셨기 때문에 그 이후부터는 찬메 세야도로 불리고 있다.

첫 번째 날

수행에 대한 기본적인 설명

부처님으로부터 전승되어 수많은 수행자들에게 큰 이익이 되어오고 있는 위빳사나 수행(주의기울임 수행)[0]에 대해, 때묻지 않은 자연의 아름다움을 마음껏 누릴 수 있는 나라, 오스트레일리아에서도 설법할 기회를 갖게 된 것을 매우 기쁘게 생각합니다. 지금부터 4주간 계속될 수행을 통해 여러분이 큰 이익을 얻게 되기를 바랍니다. 그러기 위해서 여러분은 인내와 끈기를 갖고 수행해야만 할 것입니다.

---

0) 주의기울임 수행 : 'mindfulness meditation'의 번역어. 여기서 'mindfulness'의 빠알리 원어는 '사띠'인데, 수행자가 그 뜻을 잘 파악하여 정확하게 수행할 수 있도록 돕기 위해 영어로 다양하게 번역되고 있다. mindfulness는 그 중 대표적인 영어 번역어로, 마음챙김, 마음지킴, 수동적 주의집중, 주의깊음 등으로 번역되어왔다. 이 책의 빠알리어 부분을 감수監修한 전재성 박사는 빠알리어 경전을 번역한 책들에서 '새김'이라는 말을 사용했고 역자에게도 '새김'이라고 번역하기를 권했다. 그러나 역자는 큰스님께서 둘째 날 법문 중 'mindfulness meditation'이란 무엇인지 설명하기 위해 나나뽀니까 큰스님의 말씀을 인용하는 부분에 의거하여 '주의기울임'이라고 옮겼다. 다른 영어 번역어인 observation, contemplation, noting은 모두 '관찰'로 옮겼고 awareness는 '알아차림', watching은 '지켜봄'이라고 옮겼다. 한편 주의기울임 수행이란 위빳사나 수행을 일컫는 것이다. 그러나 위빳사나 수행이 우리가 배우려고 하는 수행의 일차적인 목적을 나타내 주는 용어라 한다면 주의기울임 수행은 실질적인 수행방법을 나타내 주는 용어라 하겠다.

괴로움의 소멸로 인도하는 위빳사나 수행

사람은 누구나 괴로움을 싫어합니다. 괴로움을 좋아하는 사람은 아무도 없습니다. 그래서 모든 사람들은 괴로움에서 벗어나 행복하고 평화롭게 되고자 가능한 모든 노력을 기울이게 됩니다.

여러분이 지금 배우고자 하는 위빳사나 수행은 그런 우리들의 바람에 부응하는 다양한 방법 중의 하나로서 우리를 괴로움의 완전한 소멸, 즉 닙바나(열반涅槃)로 인도해 주는 행법行法입니다.

그럼 어떻게 위빳사나 수행이 우리를 괴로움의 소멸로 인도할 수 있는 것일까요?

부처님의 가르침에 따르면, 모든 괴로움의 원인은 탐욕, 성냄, 어리석음과 같은 정신적 오염원(번뇌)입니다. 따라서 모든 괴로움으로부터 벗어나기 위해서는 이 정신적 오염원들을 완전히 파괴해야만 합니다.

정신적 오염원의 발생은 우리의 몸과 마음에서 일어나고 있는 모든 정신적·육체적 현상[1]을 그것들의 본성대로 깨닫지 못한데서 비롯됩니다. 그러므로 정신적 오염원을 파괴하기 위해서는 모든 정신적·육체적 현상을 그것들의 본성대로 깨달아야합니다. 그리고 이 깨달음은 정신적·육체적 현상에 그것들이 실제로 일어나는 대로 주의기울임으로써 성취됩니다.

---

1) 정신적·육체적 현상: 사람, 존재, 나, 너로 불리는 것을 구성하는 궁극적 실재인 다섯 다발(오온五蘊), 즉 색·수·상·행·식色受想行識을 일컫는다.

여기서 정신적·육체적 현상에 그것들이 실제로 일어나는 대로 주의 기울이는 것이 바로 위빳사나 수행(주의기울임 수행)입니다. 전통적으로 우리 스님네들은 이 수행을 이천오백여 년 전, 일체지자一切知者이신 부처님께서 〈마하사띠빳타나 숫따(주의기울임의 토대에 대한 큰 경)〉[2]에서 설하신 '주의기울임의 네 가지 토대' 라는 가르침을 바탕으로 지도해오고 있습니다.

지금 언급한 것을 거꾸로 정리해보겠습니다. 이렇게 함으로써 어떻게 위빳사나 수행이 여러분을 괴로움의 소멸로 인도할 수 있는지 쉽게 이해할 수 있을 것입니다.

위빳사나 수행이란 우리의 몸과 마음에서 일어나고 있는 모든 정신적·육체적 현상에 그것들이 실제로 일어나는대로 주의기울이는 것입니다. 이 주의기울임에 의해 수행자는 정신적·육체적 현상의 본성을 있는 그대로 깨닫게 됩니다. 이때 깨달음을 통해 괴로움의 원인인 모든 정신적 오염원이 파괴되므로 수행자는 괴로움의 완전한 소멸을 얻게 되는 것입니다.

---

2) 마하사띠빳타나 숫따(주의기울임의 토대에 대한 큰 경) : 기존의 번역어는 〈대념처경大念處經〉인데, 디가니까야(장부경전長部經典)에 속하는 경이다. 이 경의 내용은 국내에서 번역된 전재성 박사의 맛지마니까야(중부경전中部經典)의〈새김의 토대에 대한 경〉과 동일하다.

괴로움의 소멸을 얻기 위한 세 가지 방식의 단계별 훈련

이처럼 괴로움의 소멸로 인도하는 위빳사나 수행은 다음 세 가지 방식의 구체적인 훈련 단계를 거쳐 그 목적을 달성합니다.

1. 실라 식카 : 도덕적 행위의 훈련(계학戒學)
2. 사마디 식카 : 집중(삼매)의 훈련(정학定學)
3. 빤냐 식카 : 지혜의 훈련(혜학慧學)

위빳사나 수행을 하려면 먼저 도덕적 행위를 청정하게 하는 첫 번째 단계의 훈련을 해야 합니다. 도덕적 행위가 청정하지 못할 경우 여러분의 마음은 안정과 조화를 잃게 되어 수행 대상에 잘 주의기울일 수 없기 때문입니다. 이 첫 번째 단계의 훈련은 부처님께서 정하신 계를 잘 지킴으로써 완성됩니다.

부처님께서는 재가신자를 위해서는 5계를, 스님네들을 위해서는 227계를 지키도록 정하셨습니다. 따라서 재가신자인 여러분은 5계를 지키면 되는데, 어떤 때는 8계(또는 9계)를 지키도록 되어 있습니다. 마음을 청정하게 하는 특별한 날, 즉 재일(齋日)이 그 때입니다.

또 수행에만 전념함으로서 수행의 이익을 보다 빠르고 깊게 체험하기 위한 수련회 기간에도 8계를 지켜야 합니다. 따라서 여러분은 수행을 시작하기 전에 8계를 받아 지녀야 합니다.

8계의 내용은 다음과 같습니다.

1. 살생을 삼간다.

2. 주지 않는 것을 갖는 것을 삼간다.

3. 성행위를 삼간다.

4. 거짓말하는 것을 삼간다.

5. 정신을 취하게 하는 것(술, 마약)을 복용하는 것을 삼간다.

6. 정오 이후에 음식을 취하는 것을 삼간다.[3]

7. 춤추고 노래하는 등의 오락적인 행위와, 향수나 화장 등으로
   몸을 아름답게 치장하는 행위를 삼간다.

8. 높고 호화로운 침대를 사용하는 것을 삼간다.

여러분이 이 여덟 가지 계를 잘 지키면 여러분의 말과 행동(도덕적 행위)은 청정해집니다. 말과 행동의 청정을 빠알리어[4]로는 실라 위숫디라고 하는데, 이 말은 보통 '도덕성의 청정'으로 번역되고 있습니다.

여러분이 수행을 하다보면 전에 했던 행동이나 말들이 떠오를 때가 있을 것입니다. 그런데 만일 여러분이 이 도덕성의 청정을 갖추지 않았다면, 떠오르는 행동이나 말들은 부도덕한 것들일 것이고 여러분은 그

---

3) 이 항목과 관련하여서 수행자는 사탕, 꿀, 물, 알갱이가 없는 쥬스나 음료수는 먹거나 마실 수 있다. 또한 맛을 즐기는 것이 아닌 건강 차원에서 인삼차 등도 허락된다. 그러나 커피, 녹차 등과 같은 기호식품과 곡물을 원료로 만든 음료수는 마실 수 없다. 본의 아니게 계를 어기는 것을 피하고 계를 철저히 지키고 싶은 수행자는 지도 스승께 여쭈어 행하기 바란다.

4) 부처님 당시 마가다국의 일반 사람들에 의해 사용되어졌던 언어로서, 부처님께서는 법문을 하실 때 이 언어를 사용하셨다고 한다. 남방불교의 경전은 모두 이 언어로 전승되어 있으므로, 빠알리어는 부처님의 가르침을 올바르게 파악하고자 하는 사람에게 있어 가장 중요한 고전 언어라 하겠다.

것들로 인해 양심의 가책을 느끼게 될 것입니다.

그러면 마음은 안정되고 조화롭고 투명할 수 없게 되어 두 번째 단계의 훈련으로 나아갈 수 없습니다. 따라서 양심이 거리끼지 않는, 안정되고 조화롭고 투명한 마음을 얻을 수 있도록 여러분은 정해진 계를 잘 지켜야 합니다.

계를 잘 지킴으로써 청정한 도덕성이 얻어지면, 그것을 바탕으로 여러분은 두 번째 단계로 나아가 집중(삼매)을 얻기 위한 훈련을 하게 됩니다. 이 두 번째 훈련은 사마타 수행이나 위빳사나 수행을 통해 행해집니다.

두 번째 단계의 훈련이 잘 되면 세 번째로 지혜를 얻기 위한 훈련을 하게 되는데, 이것은 위빳사나 수행을 통해서만 이루어집니다. 그러니까 사마타 수행으로는 집중만을 얻을 수 있고, 위빳사나 수행으로는 집중과 지혜, 둘 다를 얻을 수 있다는 말입니다.

그 이유는 두 수행법의 차이점을 비교해 보면 알 수 있으므로, 두 수행법을 간명하게 비교해 보겠습니다.

사마타 수행과 위빳사나 수행의 차이점

1. 목적의 차이
먼저 '사마타'라는 말의 뜻부터 살펴보겠습니다.

'사마타'는 보통 '고요', '평온'이라고 번역되는데, 빠알리 경전에 대한 주석에서는 '사마타'의 정의를 다음과 같이 내리고 있습니다. "사마타란 정신적 오염원이나 장애를 가라앉히는 정신적인 상태를 의미한다."

여기서 '정신적 오염원이나 장애를 가라앉히는 정신적인 상태'란 집중을 의미하는 것이라 하겠습니다. 그것은 마음이 오직 수행의 대상에 잘 집중되어 있을 때만이 모든 정신적 오염원이나 장애가 가라앉기 때문입니다.

따라서 사마타란 사실상 집중을 의미하며 그렇기 때문에 '고요', 또는 '평온'으로 번역될 수 있습니다. 왜냐하면 마음이 대상에 집중될 때 마음은 고요하고 평온해지기 때문이지요.

'사마타'라는 말에 대한 이와 같은 정의에 따라 사마타 수행의 목적은 보다 높은 마음의 집중을 얻는 데 있습니다. 따라서 사마타 수행자는 자나 사마디[5]라는, 보다 높은 집중을 얻을 수 있습니다. 뿐만 아니라 이 자나 사마디를 바탕으로 신통력도 얻을 수 있습니다.

그러나 이와 같은 진보를 이룬다고 할지라도 불교의 최종 목표이자 우리들이 가장 바라는 경지, 즉 일체의 괴로움이 소멸된 열반을 성취할 수는 없습니다.

그 까닭은 사마타 수행으로는 정신적·육체적 현상을 본성대로 깨달을 수 없기 때문입니다. 정신적·육체적 현상을 본성대로 깨닫지 못하면 괴로움의 원인인 정신적 오염원을 파괴할 수 없고, 따라서 괴로움의 소

---

5) 자나 사마디 : 사마타 수행의 결과로 얻어지는 깊은 집중(삼매)의 상태로 여덟 단계로 나뉘어진다. 한문으로는 선정삼매禪定三昧라고 번역되는데 더 자세한 것은 아홉 번째 날 법문에 나와 있으니 참조 바란다.

멸인 열반을 성취할 수 없습니다.

이에 비해 위빳사나 수행은 '위빳사나' 란 말이 시사하듯이 정신적·육체적 현상을 본성대로 깨달을 수 있는 수행법입니다. 그 결과 위빳사나 수행자는 정신적 오염원을 모두 파괴하여 열반을 성취할 수 있습니다.

그럼 '위빳사나' 란 무슨 뜻입니까?

위빳사나는 '정신적·육체적 현상의 본성인 세 가지 특성을 꿰뚫어 봄' 이라는 뜻을 가진 말입니다. 이 설명에 사용된 세 가지 특성(삼법인 三法印)의 내용은 다음과 같습니다.

1) 아닛짜 : 비영속非永續[6](무상無常)
2) 둑카 : 괴로움(고苦)
3) 아낫따 : 비인격성[7](무아無我)

여기서 세 가지 특성을 꿰뚫어보는 역할을 하는 것은 꿰뚫어보는 지혜입니다. 따라서 위빳사나 수행은 이 꿰뚫어보는 지혜를 얻는 것을 일

---

6) 비영속非永續 : impermanence의 번역어. 빠알리어로는 '아닛짜' 라고 하는데, 이 말은 아주 오래 전부터 '무상無常' 이라고 번역되어 왔다, 그러나 '아닛짜' 가 의미하는 바에 대하여 역자는 '항상함이 없다.' 보다는 '항상하지 않다.' 가 더 옳다고 생각한다. 따라서 '비상非常' 이라는 번역어를 생각해 보았으나 이 말은 긴급사태나 비범한 상황을 나타내는 용어로 사용되고 있기 때문에 '비영속' 이라고 옮겨 보았다.

7) 비인격성 : impersonal nature의 번역어. 빠알리어로는 '아낫따' 라고 하는데, 그 뜻을 전달하기 위해 영어로 다양하게 번역되고 있다. 따라서 이 설법에서 'no-self' 라는 단어가 사용될 때는 '무아' 로, 'no-sole' 라는 단어가 사용될 때는 '무 영혼' 으로, 'impersonal nature' 라는 단어가 사용될 때는 '비인격성' 으로 옮겼다.

차 목적으로 합니다. 그러나 집중(삼매)없이 꿰뚫어보는 지혜는 일어나지 않으므로 위빳사나 수행에서도 집중을 얻는 것이 필요합니다. 그렇다고 집중의 정도가 사마타 수행에서 요구되는 것과 같은 정도일 필요는 없습니다.

위빳사나 수행에서는 '어느 정도의 깊은 집중' 이면 꿰뚫어보는 지혜를 얻는데 충분합니다. 그리고 그런 집중은 몸과 마음에서 일어나고 있는 정신적·육체적 현상을 실제로 일어나는 대로 알아차림으로써 얻어집니다.

이 '어느 정도의 깊은 집중' 을 바탕으로 꿰뚫어보는 지혜가 예리해지면 정신적·육체적 현상의 본성을 있는 그대로 깨닫습니다. 그때 모든 정신적 오염원이 파괴되고 그 결과 괴로움의 소멸인 열반을 이루게 됩니다. 그러니까 괴로움의 소멸을 얻는 것이 바로 위빳사나 수행의 궁극적 목적이라 하겠습니다.

이에 비해 사마타 수행의 목적은 위에서 말한 것처럼 정신적·육체적 현상을 깨닫는 것과는 상관없이 보다 높은 마음의 집중만을 얻는 것입니다. 이처럼 두 수행은 목적이 다르며 이로 인해 수행대상과 방법 역시 다르게 됩니다.

2. 수행 대상과 방법의 차이

사마타 수행에서는 그 목적을 달성하기 위해 오직 하나의 대상을 취해서 그것에만 마음을 모아야 합니다. 따라서 수행 도중 보다 뚜렷한 다른 대상이 나타나더라도 마음을 새로운 대상 쪽으로 돌려서는 안됩니다. 오로지 처음에 택한 대상에만 마음을 모으려고 해야 합니다.

예를 들어 호흡을 사마타 수행 주제로 삼았다고 해 봅시다.

이 경우 수행자는 들숨과 날숨, 즉 호흡을 관찰하게 됩니다. 그러다가 마음이 밖으로 나가면 수행 주제이자 기본 관찰 대상, 즉 콧구멍에서 이루어지고 있는 호흡인 들숨과 날숨으로 마음을 돌아오게 해야 합니다. 그리고는 마음속으로 '들어옴-나감…' 이라고 명명하며 들숨과 날숨에 주의기울입니다.

이런 식으로 사마타 수행자는 마음이 밖으로 나갈 때마다 기본 대상으로 마음을 돌아오게 하여 콧구멍에 마음을 모으고 마음속으로 '들어옴-나감…' 이라고 명명하며 들숨과 날숨에 주의기울여야 합니다.

그러나 위빳사나 수행에서는 지금 이 순간에 일어나고 있는 모든 정신적·육체적 과정을 수행 대상으로 삼아 관찰하게 됩니다. 바꿔 말해서 위빳사나 수행자는 사마타 수행자처럼 하나의 대상만을 택해서 그것에만 마음을 모으려고 해서는 안 된다는 말입니다. 그 까닭은 위빳사나 수행의 궁극목적을 달성하기 위해서는 일차적으로 모든 정신적·육체적 현상의 본성을 깨달아야하기 때문입니다.

따라서 위빳사나 수행에서는, 복부의 불러오고 꺼지는 움직임을 수행의 기본 대상으로 삼아 관찰하고 있는 도중 마음이 밖으로 나가 어떤 것을 생각할 때, 수행자는 기본대상인 복부의 움직임으로 마음을 돌리려고 애써서는 안됩니다.

이 경우 수행자는 복부의 움직임보다 더 뚜렷한 대상인 '생각하는 마음' 을 관찰 대상으로 삼아 마음속으로 '생각함-생각함…' 이라고 명명하며 그것을 관찰해야 합니다. 오직 생각이 사라졌을 때만이 기본대상으로 돌아와 불러오고 꺼지는 움직임을 관찰할 수 있습니다.

같은 방법으로, 슬픔이나 행복이 기본대상보다 더 뚜렷이 인지되면 그것들을 관찰해야 하고, 통증이나 가려움, 뻣뻣함, 저림 등과 같은 신체적 감각이 기본대상 보다 더 뚜렷이 느껴지면 그것들을 관찰해야 합니다.

사마타 수행과 위빳사나 수행의 이와 같은 대상과 방법에 있어서의 차이점은 매우 중요하므로 잘 기억하기 바랍니다.

지금까지 살펴본 두 수행의 차이점을 통해 여러분은 사마타 수행으로는 집중만을 얻을 뿐 지혜는 얻지 못하는 데 반해, 위빳사나 수행으로는 집중과 지혜 둘 다를 얻을 수 있는 이유를 잘 알았을 것입니다.

그럼 지금부터는 집중과 지혜 둘 다를 얻을 수 있는 위빳사나 수행의 실제 훈련에 대한 방법을 다루도록 하겠습니다.

예비수행(네 가지 보호)

위빳사나 수행을 하기 전에 간단하게 준비 단계로써 해야하는 수행이 있습니다. 그것에는 모두 네 가지가 있으며, 우리는 이들을 '네 가지 보호'라고 부릅니다.

1. 부처님의 덕성에 대한 숙고

여러분은 먼저 해탈의 길인 위빳사나 수행법을 알려주신 부처님의 덕성에 대해 숙고해야 합니다. 이때 여러분이 숙고할 부처님의 덕성은, 부처님께서 갖고 계신 셀 수 없을 만큼 많은 덕성 중 어떤 것이라도 좋습니다.

널리 알려진 것으로는 '부처님의 9가지 덕성' 이 있습니다. '부처님의 9가지 덕성' 중 첫 번째는 '아라한' 인데, 아라한은 '모든 정신적 오염원을 완전히 타파함으로써 괴로움의 소멸(열반)을 얻으신 분, 따라서 존경을 받을 만한 가치가 있으신 분' 을 의미합니다.

수행자가 부처님의 덕성 가운데 '아라한' 을 선택할 경우, 수행자는 마음을 모아, '부처님, 위빳사나 수행으로 깨달음을 통해 모든 정신적 오염원과 장애를 타파하시어 괴로움의 소멸인 열반을 성취하셨고, 그럼으로써 일체 중생의 존경과 흠모를 받을 만한 가치가 있으신 분' 이라고 마음속으로 말하면서 약 2분 동안 부처님의 속성을 숙고해야 합니다.

이 수행을 통하여 여러분은 다음 세 가지의 이익을 얻을 수 있습니다.

1) 마음이 점차적으로 그 덕성에 집중되어져서 평화롭고 고요하게 된다.
2) 부처님께서 하셨던 똑같은 수행을 하게 된다는 사실에 기쁨을 느끼면서 열심히 수행을 할 수 있도록 고무된다.
3) 수행 도중 마음에 떠오를지도 모를 나쁜 영상에 대해 두려워하지 않게 된다.

2. 자애(멧따)의 계발

두 번째로 여러분은 모든 살아 있는 존재를 향하여 여러분 자신 안에서 멧따를 계발해야 합니다. 멧따는 애착하지 않는 사랑, 즉 자애慈愛를 뜻하는 것으로 이것을 계발하는 데는 두 가지 방법이 있습니다.

1) 특정인, 또는 특별한 집단을 향해 자애를 계발하기
2) 모든 살아 있는 존재를 향해 자애를 계발하기

이 중 준비 단계의 수행에서는 두 번째 방법을 사용하여 마음속으로 다음과 같이 되뇌며 자애를 계발해야 합니다.

'모든 살아 있는 존재가 행복하고 평화롭기를! 모든 살아 있는 존재가 온갖 괴로움으로부터 벗어나기를!'

이때 유의해야할 것이 하나 있습니다. 그것은 말로만 되뇌는 것은 소용이 없다는 것입니다. 실제로 자애심이 우러나도록 마음을 다하는 것이 중요합니다.

이와 같이 모든 살아 있는 존재의 평화, 행복, 부富를 기원하며 자애를 계발하는 것이 자애수행[8]이며, 이 수행을 통해 여러분의 마음은 한층 더 맑고 고요하고 평온해질 것입니다.

3. 몸의 혐오성에 대한 숙고

세 번째로 여러분은 마음속으로 '몸은 창자, 피, 가래…등과 같은 불결한 것으로 구성되어 있다.' 라고 말하며 몸의 혐오성에 대해 숙고해야 합니다. 이처럼 몸의 불결함을 숙고하게 되면 몸에 대한 애착을 줄일 수

---

8) 자애수행 loving-kindness meditation의 번역어. 빠알리어로는 '멧따 바와나' 인데, '멧따' 는 '자애', '바와나' 는 수행을 뜻하므로 '자애수행' 이라고 옮겨 보았다. 기존 번역어는 '자비관慈悲觀' 또는 '자관慈觀' 이다.

있습니다.

여러분이 잘 알다시피 애착은 괴로움의 원인입니다. 따라서 애착을 줄이면 고통도 줄어듭니다. 애착이 적을수록 마음이 고결해지며, 고결한 마음은 위빳사나 수행을 잘 할 수 있도록 도와줍니다.

4. 죽음에 대한 숙고

네 번째로 여러분은 마음속으로 '내가 지금은 비록 살아 있지만 지금 당장, 또는 내일이나 모레 등 어느 순간에라도 죽을 수 있다. 삶은 확실하지 않지만 죽음은 확실하다.' 라고 말하며 매순간 우리를 향해 다가오고 있는 죽음에 대해 숙고해야 합니다. 이와 같은 죽음에 대한 숙고는 우리로 하여금 수행에 보다 큰 노력을 기울이게 해줍니다.

이상 네 가지 보호, 즉 부처님의 속성에 대한 숙고, 모든 살아 있는 존재를 향해 자애 계발, 몸의 혐오성에 대한 숙고, 죽음에 대한 숙고를 각각 2-3분 동안 행하고 난 후에 본수행인 위빳사나 수행으로 들어갑니다.

좌-수행坐修行[9] 시의 자세

본수행은 복부의 움직임을 관찰하는 것으로 시작하게 됩니다.

아! 그 이전에 자세에 대해서 말해야겠군요.

책상다리, 즉 한쪽 다리를 다른 쪽 다리 위에 올리는 자세로는 앉지 마십시오. 그러면 혈액 순환이 불안정하게 되어 곧 저림이나 통증을 느끼게 됩니다.

두 다리를 나란히, 편평하게 두십시오. 왼다리를 바깥으로, 오른 다리는 안으로, 또는 그 반대로 해도 좋습니다. 편안하다고 느껴지는 대로 앉되 한쪽 다리를 다른 쪽 위로 겹치지 말고 두 다리를 나란히 두어야 합니다.

몸은 똑바로 유지해야 합니다. 앞으로 구부러지거나 뒤로 휘게 하지 마십시오. 목도 똑바로 세워야 하며, 양손은 발의 복숭아뼈 위에, 손바닥을 위로 향하도록 하여 왼손 위에 오른손을 놓으십시오. 이때 양쪽 엄지손가락이 서로 닿으면 안 됩니다. 손가락 끝의 맥박이 분명하게 느껴져서 다른 대상을 관찰하기 어려워지기 때문입니다.

양손을 각각의 무릎 위에 놓아도 좋으나 이때 손바닥을 위로 향하게 해야 합니다. 그것은 손바닥을 아래로 하여 무릎 위에 놓을 경우 손바닥의 열기가 점점 심해져서 나중에는 뜨거운 감각을 참을 수 없게 되기 때문입니다.

그런 다음 마음을 복부의 움직임에 모으고, 아! 옷에 대해 언급하는 것을 잊었군요. 허리 부분은 느슨해야 합니다. 복부가 자유롭게 움직일 수 있도록 허리 부분을 꽉 조이게 하지말고 느슨하게 풀어 주십시오.

---

9) 좌수행坐修行 : sitting meditation의 번역어. 보통 좌선으로 번역되고 있으나 meditation에 해당하는 빠알리어가 '바와나'이기 때문에 '선(禪)'이라고 하지 않고 '수행'이라고 옮겼다. 참고로 큰스님께서 다른 곳에서 한 법문에 의하면, '선'에 해당하는 중국말은 '찬'이고 일본말은 '젠'인데, '찬'이나 '젠'에 해당하는 빠알리어는 '자나'라고 한다. '자나'는 선정을 의미하므로 일부 학자들이 '젠'을 'meditation(수행)'으로 번역한 것은 바람직하지 않다고 한다.

복부의 움직임과 그 밖의 대상을 관찰하는 방법

자세를 잡았으면 마음을 수행의 기본 대상인 복부의 움직임에 모으십시오.
그런 다음 안쪽으로의 움직임과 바깥쪽으로의 움직임을 관찰하십시오.

복부의 움직임은 수행자의 신체적 상황에 따라 다릅니다. 어떤 경우
에는 바깥쪽으로 불러서 안쪽으로 꺼지지만, 다른 경우에는 위쪽으로
불러서 아래쪽으로 꺼지기도 합니다.

그러나 이와 같은 차이는 중요하지 않습니다. 중요한 것은 복부의 불
러오고 꺼지는 움직임에 그것들이 일어나는 그대로 주의기울이는(관찰
하는) 것입니다.

배가 불러오면 마음속으로 '불러옴'이라고 명명하며 그 움직임을 관
찰하고, 꺼질 때도 마음속으로 '꺼짐'이라고 명명하며 그 움직임을 관
찰하십시오. 마음속으로 '불러옴-꺼짐…'[10]이라고 명명하는 것은 수행
초기에 마음을 수행 대상에 잘 모으는 데 큰 도움이 됩니다. 따라서 명
명을 하며 관찰하도록 하십시오.

만일 불러오고 꺼지는 움직임이 분명하게 느껴지지 않으면 양손을 복
부에 얹어 보십시오. 복부가 불러올 때 손이 그에 따라 바깥으로, 또는
위로 움직일 것입니다. 또한 복부가 꺼질 때도 손도 따라서 안으로 또는

---

10) 불러옴-꺼짐: rising-falling의 번역어. 주로 일어남-사라짐으로 번역되어 왔으나 rising-falling의 일어
나고 사라짐을 설명할 때 같은 말이 중복되어 혼란을 야기할 수 있을 것 같아서 '불러옴-꺼짐'이라고 옮
겼다.

위로 움직일 것입니다. 그러면 손의 움직임을 통해 여러분은 복부의 움직임을 관찰할 수 있을 것입니다.

그러나 움직임을 더 잘 느끼려고 인위적인 호흡, 즉 호흡을 강하거나 깊게, 또는 빠르게 하는 것은 좋지 않습니다. 빠르거나 강한 호흡을 하노라면 곧 피곤해지기 때문이지요. 따라서 호흡은 정상적이고 자연스럽게 해야 합니다.

호흡은 자연그대로 내버려두고 복부의 움직임만을 마음속으로 '불러옴-꺼짐-불러옴-꺼짐…' 이라고 명명하며 관찰하려고 노력하다보면 점차적으로 마음이 복부의 움직임에 모아질 것입니다. 그때는 불러오고 꺼지는 움직임을 분명하게 느낄 수 있게 되어 관찰을 세밀하게 할 수 있을 것입니다.

복부의 움직임을 관찰하노라면 어느 사이 마음이 밖으로 나가 헤매게 됩니다. 그때 여러분은 복부의 움직임에 대한 관찰에 집착해서는 안 됩니다. 복부의 움직임은 '기본 관찰 대상' 일 뿐이지 관찰해야 할 대상의 전부는 아니기 때문입니다.

마음이 밖으로 나가 헤맬 경우에는 복부의 움직임은 내버려두고 헤매고 있는 마음을 따라가서 '헤맴-헤맴…' 이라고 명명하며 헤매는 마음을 관찰해야 합니다. 그러노라면 헤매는 마음은 결국 멈춥니다. 그때 기본 대상인 복부의 움직임으로 돌아와 다시 불러오고 꺼지는 움직임을 관찰합니다.

얼마쯤 시간이 더 지나면 여러분은 몸의 어떤 부분에서 통증이나 저림, 가려움 등을 느끼게 될 것입니다. 이때에도 복부의 움직임은 내버려두어야 합니다. 그리고는 몸의 감각에 마음을 모으고 마음속으로 '통증-통증…', 또는 '저림-저림…' 이라고 명명하며 그것을 관찰해야 합니다.

그러면 그것 또한 결국에는 멈추거나 가라앉게 됩니다. 그때 다시 기본 대상인 복부의 움직임으로 돌아와 불러오고 꺼지는 움직임을 관찰합니다.

복부의 불러오고 꺼지는 움직임은 몸을 구성하는 네 가지 기본 요소 중 하나인 바람 요소의 특성 중의 하나입니다. 바람 요소는 동작, 움직임, 진동(흔들림), 지탱함(유지함) 등의 특성을 갖고 있는데 여러분은 이 특성들을, 일어날 때 있는 그대로 철저히 깨달아야 합니다.

그런데 왜 이 복부의 움직임을 수행의 기본대상으로 삼는 것일까요? 그것은 복부의 움직임이 본성을 깨닫는데 있어 다른 대상들보다 탁월한 면이 있기 때문입니다.[11] 그렇다고 할지라도, 다시 한 번 강조하지만 복부의 움직임이 수행 대상의 전부는 아닙니다.

그것은 관찰해야만 하는 모든 다양한 정신적 · 육체적 현상 중 하나일 뿐입니다. 따라서 복부의 움직임에 대한 관찰 도중 마음이 밖으로 나가 어떤 것을 생각할 때는 마음속으로 '생각함-생각함…' 이라고 명명하며 생각하는 마음을 관찰해야 한다는 것은 이미 말한 그대로입니다.

그런데 이 부분에서 한 가지 중요한 요령이 있습니다. 그것은 생각하는 마음을 관찰할 때는 '주의깊고 강력하며 어느 정도 빠르게' 관찰해야 한다는 것입니다.

---

11) 이에 대해서는 이 책의 '부록 1' 의 '질문과 답변' 난에 보다 자세히 설명되고 있으니 참조하기 바란다.

이처럼 관찰할 때, 관찰하는 마음은 생각하는 마음보다 점차적으로 점점 더 강해지는데 반해 생각하는 마음은 약해져서 머지 않아 관찰하는 마음에 압도되어 멈추게 됩니다. 그러면 기본 관찰대상인 복부의 움직임으로 돌아와 불러오고 꺼지는 움직임을 관찰합니다.

앉아 있는 동안 날카롭거나 큰소리를 듣게 되는 경우에도 '들음-들음…' 이라고 명명하며 그것을 관찰해야 합니다. 그런 다음 기본 관찰 대상으로 돌아옵니다.

이상은 좌-수행에 관한 설명이었는데 여러분이 간과해서는 안 되는 사항을 두 가지만 다시 정리해 보겠습니다.

1. 기본대상인 복부의 움직임을 관찰하고 있는 도중 복부의 움직임보다 더 두드러지게 인지되는 대상이 있다면 복부의 움직임은 내버려두고 그것을 관찰해야 한다.
2. 두드러진 대상이 사라지면 다시 기본대상으로 돌아와 복부의 움직임을 관찰한다.

아! 좌-수행에서 설명해야 할 것이 하나 더 있는데 잊었군요.

좌-수행을 하는 동안 자세를 바꾸지 않도록 하십시오. 그러나 만일 정 자세를 바꾸지 않고 앉아 있기 어렵다면, 그러니까 한 자세로 삼십 분 이상 앉아 있었더니 견딜 수 없을 정도로 몸이 아프다면 자세를 한 번 바꿀 수 있습니다.[12]

사람에 따라 다르지만 앉아서 수행을 시작한 지 15분쯤 지나면 몸의 어떤 부위에 통증을 느끼게 됩니다. 그러면 '통증-통증…' 이라고 명명하며 그것을 관찰해야 합니다.

자세를 바꾸면 통증이 완화되기 때문에 인내심이 약한 초심자들은 중도에 통증의 관찰을 포기하는 경향이 있습니다. 그러나 그래서는 안 됩니다. 끈질긴 인내심을 갖고 계속 관찰하도록 해야 합니다.

정 통증을 참을 수 없을 때는 자세를 바꿀 수 있지만, 그러기 전에 해야 할 일이 있습니다. 그것은 자세를 바꾸고자 하는 의도를 관찰하는 것입니다.

자세를 바꾸기 전에 자세를 바꾸고자 하는 의도를 '자세를 바꾸고자 함-자세를 바꾸고자 함…' 이라고 명명하며 관찰하십시오. 그런 다음 자세를 바꾸는 과정 전부를 일일이 관찰해야 합니다.

자세를 바꾼 후에는 다시 복부의 움직임으로 돌아와 불러오고 꺼지는 움직임을 관찰합니다. 그러다가 복부보다 더 뚜렷하게 인지되는 대상이 있으면 그것을 관찰하도록 하십시오.

간혹 두 가지 대상이 동시에 뚜렷하게 느껴질 때도 있는데, 잘 살펴보면 조금이라도 더 두드러진 것이 있을 터이니 그것을 알아차리도록 하십시오.

다만 몸은 움직이지 않은 채로 유지해야 합니다. 손, 다리, 몸 어느 것도 움직이지 마십시오. 마음의 깊은 집중을 얻을 수 있도록 그것들을 가

---

12) 이 설법이 있었을 때와는 달리 큰스님은 이제는 수행자를 지도할 때 자세를 바꾸는 것을 한 번조차도 허락하지 않고 있다.

만히 정지시킨 채로 놔두어야 합니다.

보-수행步修行[13]의 방법

지금까지 좌-수행에 관한 것이었고, 이제 보-수행 방법을 설명하겠습니다.

　먼저 선 자세에서 정지한 채로 약 2미터 전방을 쳐다봅니다. 이렇게 하는 까닭은 2미터보다 가까운 데를 쳐다보면 등이나 목에 긴장감을 느끼게 되고, 때로는 두통이나 어지러움을 느껴 수행하기 곤란하기 때문입니다. 눈은 반쯤 감습니다.

　그런 상태에서 걷기 시작하는데, 왼발을 내딛으면서 마음속으로 '왼쪽' 이라고 명명하며 내딛는 동작을 관찰하고, 오른발을 내딛으면서 마음속으로 '오른쪽' 이라고 명명하며 역시 내딛는 동작을 관찰합니다.

　'왼쪽-오른쪽-왼쪽-오른쪽…'.

　이렇게 20분 가량 관찰합니다. 그런 다음에는

　'듦-놓음-듦-놓음…' , 또는 '듦-내림-듦-내림…'

　이라고 명명하며 두 부분으로 된 걸음의 동작을 10분 가량 관찰합니다.

　그렇게 10분간 관찰한 다음에는

　'듦-밂-내림…'

　이라고 명명하며 세 부분으로 된 걸음의 동작을 관찰해야 합니다. 그런

---

13) 보-수행步修行 : walking meditation의 번역어. 기존 번역어는 행선行禪.

다음에는 더 세분화 된 걸음의 동작을 관찰하게 되지만 여러분은 초심자이므로 이 방법까지만 사용하도록 하십시오. 이렇게 세 단계로 순차적으로 적어도 한 시간 가량 걸으며 걷는 동작을 관찰해야 합니다.

보-수행 중에도 마음이 밖으로 나가 헤매는 경우가 생기면 좌-수행 때와 똑 같은 방법을 적용해야 합니다. 어떤 방법인가요? (수행자들 '헤매는 마음을 따라가 관찰하다가 그것이 사라지면 다시 기본대상을 관찰하는 방법' 이라고 대답)

그렇습니다. 따라서 보-수행의 기본대상인 걷는 동작을 관찰하는 도중 마음이 밖으로 나가 헤매는 경우, 여러분은 걷는 동작을 관찰해서는 안됩니다. 그때는 헤매는 마음을 관찰해야하고 그것이 사라졌을 때만이 다시 걷는 동작을 관찰할 수 있습니다.

이 밖에도 보-수행에서 여러분이 주의할 사항이 더 있습니다.

이곳 저곳 아무렇게나 돌아다니면서 보-수행을 해서는 안됩니다. 일정한 정소를 정해 놓고 왕복해서 걷도록 하십시오. 보폭이 너무 길어서도 안 됩니다. 걸음의 각 부분의 움직임을 아주 잘 관찰할 수 있도록 한 발 길이 정도의 보폭으로 걸으십시오.

걸으면서 여기저기를 둘러보아서도 안 되며, 발을 세게 놓는다든지 하여 소리를 내는 것도 좋지 않습니다. 무엇보다 천천히 걷는 것이 대단히 중요합니다. 발이 움직이는 전 과정을 세밀하게 알아차릴 수 있도록 발을 천천히 들고 천천히 밀고 천천히 놓으십시오.

시간이 다 되어 더 이상 설명할 수가 없군요. 그러나 이상의 설명만으로도 여러분이 하루 동안 좌-수행과 보-수행을 하는 데 큰 문제가 없을 것이라 생각합니다.

　지금까지 배운 방법대로 열심히 수행하여 여러분 모두 괴로움의 소멸을 얻게 되기를 기원합니다.

　사두! 사두! 사두![14]

<hr />

14) 사두 : 훌륭하다, 잘 했다, 감사하다 라는 뜻으로 여기서는 큰스님의 법문에 대한 수행자의 답례의 인사로 사용되고 있다. 스님들이 일반 신도들의 공덕 있는 행위를 축원할 때에도 축원 후에 신도와 스님이 같이 이 말을 사용한다.

두 번째 날

위빳사나 수행의 실제 1

네 가지 종류의 주의기울임

어제는 시간 관계상 수행 방법을 충분히 설명하지 못했습니다. 그래서 오늘도 어제에 이어 주의기울임 수행(위빳사나 수행)의 실제적인 면에 대해 알아보도록 하겠습니다.

여러분도 잘 알고 있는 것처럼 주의기울임 수행은 다음의 네 가지로 이루어져 있습니다.

1. 까야 아누빳사나 사띠빳타나 -
   육체(또는 육체적 과정)에 대한 주의기울임(신념처身念處)
2. 왜다나 아누빳사나 사띠빳타나 -
   느낌(또는 감각)에 대한 주의기울임(수념처受念處)
3. 찟따 아누빳사나 사띠빳타나 -
   의식意識[15]에 대한 주의 기울임(심념처心念處)
4. 담마 아누빳사나 사띠빳타나 -
   담마에 대한 주의기울임(법념처法念處)

여기서 네 번째 주의기울임 수행의 대상인 '담마'는 보통 '정신의 대상' 또는 '마음의 대상'[16]이라고 번역되지만 나는 빠알리어 그대로 사용

---

15) 의식意識 : consciousness의 번역어. 이 말은 '마음'으로 번역되기도 하는데, 역자는 큰스님께서 'mind'라는 단어를 사용할 때는 '마음'으로 'consciousness'를 사용할 때는 '의식'으로 옮겼다.

하는 것이 더 바람직하다고 생각합니다.

왜냐하면 담마에 대한 주의기울임 수행은 사실상 앞의 세 가지 수행, 즉 육체(적 과정)에 대한 주의기울임, 느낌(감각)에 대한 주의기울임, 의식에 대한 주의기울임 모두를 다 포함하고 있으므로 '정신(마음)의 대상' 이라는 번역어가 '담마' 라는 말에 완전히 부합된다고 할 수 없기 때문입니다.

이 점을 염두에 두고서 각각의 주의기울임에 대해 알아보겠습니다.

까야 아누빳사나 사띠빳타나(신념처)

까야 아누빳사나 사띠빳타나는 육체, 또는 육체적 과정에 대한 주의기울임입니다. 따라서 여러분이 복부가 불러오고 꺼지는 움직임에 주의기울일 때 그것은 까야 아누빳사나 사띠빳타나입니다. 또한 발걸음을 구성하고 있는 듦, 밂, 내림, 닿음, 누름 등에 주의기울일 때 그것 역시 까야 아누빳사나 사띠빳타나입니다.

여러분이 서 있을 때는 마음속으로 '서 있음' 이라고 명명하며 서 있는 자세를 알아차려야 하는데, 이것 또한 까야 아누빳사나 사띠빳타나입니다. 팔을 구부릴 때와 뻗을 때에도 구부리고 뻗는 동작을 관찰해야

---

16) 큰스님의 다른 법문에서는 '담마 아누빳사나 사띠빳타나' 의 '담마' 가 '현상(phenomena)' 이라는 말로 번역되기도 한다.

하는데 그것 역시 까야 아누빳사나 사띠빳타나, 즉 육체(또는 육체적 현상)에 대한 주의기울임입니다.

여러분이 의자나 바닥에 앉을 때는 마음속으로 '앉음-앉음…' 이라고 명명하면서 앉는 동작의 전과정을 있는 그대로 다 알아차려야 합니다. 자리에서 일어날 때도 마음속으로 '일어남-일어남…' 이라고 명명하며 일어나는 동작의 전과정을 있는 그대로 알아차려야 하는데, 이 또한 까야 아누빳사나 사띠빳타나입니다.

식탁 위의 숟가락을 집으려고 팔을 뻗을 때는 마음속으로 '뻗음-뻗음…' 이라고 명명하며 팔을 뻗는 동작을 알아차려야 합니다. 손이 숟가락이나 포크에 닿을 때는 '닿음' 이라고 명명하며 관찰합니다. 포크를 잡을 때는 '잡음' 이라고 명명하며 잡는 동작을 관찰하고, 포크를 집어 올릴 때는 '집어 올림-집어 올림…' 이라고 명명하며 그 동작을 관찰해야 하는데, 이것들 역시 까야 아누빳사나 사띠빳타나입니다.

음식을 집을 때는 '집음-집음…' 이라고 명명하며 음식을 집는 과정을 관찰하고, 입으로 가져올 때는 '가져옴-가져옴…' 이라고 명명하며 가져오는 과정을 관찰해야 합니다.

음식이 입에 도달할 때는 음식이 입에 다다르기 전에 입을 벌리고자 하는 의도가 분명히 인식되므로 이 의도 또한 관찰해야 합니다. 따라서 '의도함-의도함…' 이라고 명명하며 입을 벌리려는 의도를 관찰하십시오.

그리고 나서는 입을 벌리는 동작을 마음속으로 '벌림-벌림…' 이라고 명명하며 관찰합니다. 음식을 입 속에 넣을 때는 '넣음-넣음…' 이라고 명명하며 관찰하고, 손을 내려놓을 때는 '내려놓음-내려놓음…' 이라고 명명하며 관찰합니다.

음식을 씹을 때는 '씹음-씹음…', 삼키고자 할 때는 '의도함-의도함…', 삼킬 때는 '삼킴-삼킴…', 음식이 식도를 따라 내려가며 닿을 때는 '닿음-닿음…' 이라고 명명하며 관찰해야 합니다. 여기서 의도를 제외한 나머지 행위들에 대한 관찰은 모두 까야 아누빳사나 사띠빳타나입니다.

찟따 아누빳사나 사띠빳타나(심념처)

그러면 의도에 대한 관찰은 무엇일까요? 그것은 찟따 아누빳사나 사띠빳타나, 즉 의식(또는 정신상태들)에 관한 주의기울임입니다. 어떠한 행위를 하든지 그 행위 전에 의도가 있기 마련인데 만일 행위를 하려는 의도가 분명히 인식되면 그것을 관찰해야 합니다. 그런데 왜 의도에 대한 관찰이 찟따 아누빳사나 사띠빳타나(의식에 관한 주의기울임)에 속하는 걸까요? 그 이유는 다음과 같습니다. 불교 심리학에 의하면, 의식은 어떤 경우를 막론하고 홀로 일어나지 않습니다. 그것은 주의, 접촉, 감각, 지각 등의 정신적 부수(심소心所)[17]를 수반하여 일어납니다. 따라서 의식을 함께 일어나는 정신적 부수로부터 떼어놓고 말할 수는 없습니다.

---

17) 정신적 부수(심소心所) : mental concomitant의 번역어. 빠알리어는 쩨따시까라고 하며 본문에 든 예를 포함해 모두 52가지로 되어 있다.

그런데 의식은 선도자이고 다른 정신적 요인들(또는 정신적 부수들)은 종자從者이므로 의식이 대상을 인식할 때 다른 정신적 요인들도 의식을 따라 일어납니다. 바꿔 말하면 정신적 부수들은 의식 없이는 일어나지 못하고 오직 의식이 어떤 대상을 인식할 때에만 일어난다는 말입니다.

따라서 정신적인 부수들 중의 하나인 의도도 선도자인 의식을 따라 일어납니다. 그러므로 의도를 관찰한다는 것은 선도자인 의식에 주의기울이는 것까지를 의미하게 되며, 이런 이치 때문에 의도를 관찰하는 것은 찟따 아누빳사나 사띠빳타나, 즉 의식에 관한 주의기울임에 속하게 되는 것입니다. 찟따 아누빳사나 사띠빳타나에 대해 계속해서 설명해야겠지만 까야 아누빳사나 사띠빳타나 설명할 때 간과했던 것이 하나 있어 잠깐 언급하겠습니다. 여러분이 눈을 감을 때는 그 동작 역시 관찰해야 하는데 이것 또한 까야 아누빳사나 사띠빳타나입니다. 수행 초기에는 눈을 감는 동작을 아는 것이 다소 어렵게 여겨질지 수도 있고, 뭐 이런 사소한 것까지 알아차려야 하는지 의아해 할는지도 모르겠습니다.

그러나 각 대상의 본성을 깨닫기 위해 주의기울임이 끊어지지 않고 지속되는 것은 대단히 중요하므로 눈을 감는 것과 같은 짧은 순간의 행위조차도 관찰하려고 노력해야 합니다. 여러분의 수행이 진보하면 그것을 쉽게 알아차릴 수 있을 것이고, 그것의 본성도 깨닫게 될 것입니다.

그럼 다시 찟따 아누빳사나 사띠빳타나로 돌아가겠습니다. 복부의 불러오고 꺼지는 움직임을 관찰하고 있는 동안 마음이 밖으로 나가는 경우가 있습니다. 그러면 여러분의 마음은 수행의 기본대상인 복부의 움직임과 관련이 없는 어떤 것을 생각하거나 상상하면서 헤매게 되는데, 이때는 어떻게 해야 한다고 했지요? (수행자들 대답이 없음) 어제 설명했는데 잊어버렸나 보군요.

수행을 하다가 마음이 수행의 기본대상에서 벗어나 헤매고 있다는 것을 알았을 때, 여러분은 곧바로 복부의 움직임을 관찰하는 것으로 돌아오려고 할지 모릅니다. 그러나 그렇게 하는 것은 사마타 수행에서는 옳지만 위빳사나 수행에서는 옳지 않습니다.

위빳사나 수행에서는 마음이 헤매고 있다는 것을 아는 순간 헤매고 있는 마음을 관찰하는 것이 옳습니다. 즉 마음속으로 '헤맴-헤맴…' 또는 '생각함-생각함…', '상상함-상상함…' 이라고 명명하며 헤매는 마음을 실제로 일어나는 대로 관찰해야 합니다. 만일 마음의 영상을 보고 있다면 마음속으로 '봄-봄…' 이라고 명명하며 마음의 영상이 사라질 때까지 보는 의식을 관찰해야 합니다.

이처럼 생각, 아이디어, 견해, 상상 등의 정신적 상태를 관찰하는 것은 그것들을 본성대로 깨닫기 위해서입니다. 그러므로 다시 한번 강조하지만, 위빳사나 수행에서는 마음이 헤맬 때 그 헤매는 마음을 관찰하는 것을 무시한 채로 기본대상을 관찰하지 마십시오. 그 대신 헤매는 마음을 있는 그대로 알아차리십시오.

모든 정신적·육체적 과정은 실제로 일어나는 대로 철저히 깨달아져야만 하는 '괴로움의 진리' 입니다.[18] 따라서 위빳사나 수행자가 철저히

---

18) 이에 대해서는 열일곱 번째 날의 사성제와 팔정도에 관한 법문을 참조하기 바란다.

깨닫지 않아도 되는 정신적·육체적 과정은 있을 수 없습니다.

모든 정신 상태, 감정 상태, 육체적 과정을 주의 깊고 강력하게 관찰하십시오. 그리고 그것들이 사라지면 다시 기본 관찰 대상인 복부의 움직임으로 돌아와 복부가 불러오고 꺼지는 움직임의 과정을 관찰하면 됩니다.

때때로 여러분은 어떤 대상을 분석하게 될지도 모릅니다. 분석의 대상은 수행 방법일 수도 있고, 전에 경험했던 어떤 것일 수도 있고, 담마일 수도 있습니다. 이런 경우에도 자신이 어떤 것을 분석하고 있다는 것을 아는 순간 마음속으로 '분석함-분석함…' 이라고 명명하며 그것이 사라질 때까지 관찰해야 합니다. 그러다가 그것이 사라지면 역시 복부의 움직임에 대한 관찰로 되돌아옵니다.

주의기울임 수행은 냐나뽀니까 테라(장로)께서 《불교 수행의 핵심》이라는 책에 언급하신 대로 '현재 일어나고 있는 것에 있는 그대로의 주의를 기울이는 것' 입니다. '여러분의 몸과 마음에 일어나고 있는 것에 그것이 실제로 일어나는 대로 있는 그대로의 주의를 기울이는 것', 그것이 주의기울임 수행입니다.

따라서 주의기울임 수행에서는 어떤 것을 생각하고 분석하거나, 비평하고 추론하며 철학적으로 사고를 하는 것이 자리잡을 여지가 없습니다. 또한 수행방법이나 담마 또는 전에 경험했던 것에 대한 선입견도 허용되지 않습니다. 이와 같은 선입견을 갖고 수행에 임할 경우 여러분은 자신의 몸과 마음에 일어나고 있는 현상을 그것들의 본성대로, 실제로 일어나는 그대로 깨달을 수 없습니다.

따라서 일체의 선입견을 버린 채 일어나고 있는 것에 있는 그대로의 주의만을 기울여야만 합니다. 그것이 이 수행법의 전부입니다. 또한 여러분은 이 수행 방법이나 이 수행에서 얻은 경험을 숙고해서도 안 되는데, 만일 그런 정신적 상태가 나타난다면 그때에도 '숙고함-숙고함…' 이라고 명명하며 그 현상이 사라질 때까지 관찰해야 합니다.

지금까지 살펴 본 것들, 즉 생각, 상상, 마음의 영상과 수행법이나 경험, 담마에 대한 분석, 숙고 등을 관찰하는 것은 모두 찟따 아누빳사나 사띠빳타나, 즉 의식(또는 정신 상태)에 대한 주의기울임입니다.

왜다나 아누빳사나 사띠빳타나(수념처)

이제 왜다나 아누빳사나 사띠빳타나 즉 느낌(감각)에 대한 주의기울임을 살펴볼 차례입니다.

수행에 어느 정도 진전이 있게 되면 여러분은 행복을 느끼게 됩니다. 때로는 삐띠(환희)를 느끼기도 하지요.

이 경우에도 모든 현상을 있는 그대로 관찰해야 한다는 위빳사나 수행의 원리를 적용해야 합니다. 즉, 삐띠나 행복감이 일어날 때 여러분은 그것을 즐길 것이 아니라 관찰해야 한다는 말입니다. 그때 여러분은 마음속으로 '행복-행복…', 또는 '환희-환희…' 라고 명명하며 그것들을 관찰해야 하는데, 이것은 왜다나 아누빳사나 사띠빳타나입니다.

수행을 하는 동안 여러분은 행복을 느끼기도 하지만 그 반대의 상태를 느끼기도 합니다. 예를 들어 수행에 있어 진전을 보지 못하면 슬픔을 느낄 수 있습니다.

이때에도 슬픔의 상태를 관찰해야만 합니다. 슬픔 또한 그것의 본성대로 철저히 이해되어야만 하는 것들 중의 하나이기 때문입니다. 따라서 여러분은 마음속으로 '슬픔-슬픔…' 이라고 명명하며 슬픔을 관찰해야 합니다. 이것 역시 왜다나 아누빳사나 사띠빳타나입니다. 슬픔의 느낌이 사라지면 기본 대상인 복부의 움직임으로 돌아와 불러오고 꺼지는 움직임의 과정을 관찰합니다.

여러분이 좌-수행을 20분 내지 30분 정도 하다 보면 등이나 다리 등에 통증을 느끼게 될지 모르는데 그러면 그 때에도 통증을 주의 깊고 강력하게 관찰해야 합니다. 이 통증에 대한 관찰 또한 왜다나 아누빳사나 사띠빳타나입니다.

여기서 한가지 짚고 넘어갈 것이 있습니다. 여러분이 통증을 30초나 1분 가량 관찰했을 때 아픔이 더 심해진 것처럼 느끼게 될지도 모릅니다. 그러나 실제로는 통증이 더 심해진 것은 아닙니다. 여러분의 마음이 통증에 점점 더 깊게 집중되기 때문에 그 결과로 집중과 함께 일어나는 꿰뚫어보는 지혜가 예리해져서 아픈 감각의 강렬함을 더 분명하고 명확하게 깨닫게 된 것뿐입니다.

사실이야 어찌되었든 여러분은 끈기 있게 아픈 감각을 주의 깊고 강력하게 관찰해야합니다. 점차로 아픈 감각은 가라앉거나 사라질 것입니다. 그러면 다시 기본대상인 복부의 불러오고 꺼짐으로 돌아와서 평소대로 관찰합니다.

자세를 바꾸는 과정에 대한 관찰

어떤 수행자들은 통증을 느낄 때 그것을 가라앉히려고 쉽게 자세를 바꾸려는 경향이 있습니다만 그런 태도는 바람직하지 않습니다.

통증은 그것의 본성을 깨닫기 위한 대상이지 괴롭다고 배척해야 하는 대상이 아닙니다. 따라서 가능한 한 통증을 있는 그대로 관찰해야 합니다.

그러다가 정 참을 수 없을 경우 자세를 한 번은 바꿀 수 있습니다만 여러 번 자세를 바꾸는 것은 좋지 않습니다.

통증을 도저히 참을 수 없어서 자세를 한 번 바꾸게 되는 경우에도 자세를 바꾸기 전에 먼저 자세를 바꾸려는 의도를 관찰해야 합니다.

여러분이 이미 알고 있는 것처럼 모든 행위나 동작에는 의도가 선행되게 마련인데, 그 의도를 관찰할 수 있을 때 여러분의 집중(삼매)은 빠른 속도로 향상될 것입니다.

'의도-의도…'라고 명명하며 자세를 바꾸려는 의도를 네 번 내지 다섯 번 정도 관찰하십시오. 그런 다음 자세를 바꾸는 행위에 포함되는 모든 과정을 빠짐없이 다 관찰하십시오. 그러려면 여러분은 자세를 바꾸는 동작을 천천히 해야만 할 것입니다.

위빳사나 수행에서 관찰할 필요가 없는 행위나 동작은 단 한 가지도 없습니다. 모든 행위나 동작은 그것들의 본성대로 수행자에 의해 철저히 깨달아져야 합니다. 따라서 자세를 바꾸는 동작에 포함되는 움직임도 모두 관찰되어야 합니다.

자세를 바꾸는 동작을 다 관찰한 다음에는 다시 복부가 불러오고 꺼지는 움직임을 관찰해야 합니다. 아직 아픈 감각이 남아 있어 뚜렷이 느껴진다면 물론 그것을 관찰해야겠지요.

여러 가지 대상의 발생 시 관찰하는 방법

때때로 여러분은 두세 가지, 또는 그 이상의 대상이 한꺼번에 일어나는 것 같은 상황에 맞닥뜨리게 될 것입니다. 초심자일 경우 그런 상황을 맞으면 매우 당황하게 됩니다. 여러 현상 중에 어떤 것을 관찰해야 할지 잘 모르기 때문이지요.

그러나 같은 순간에 일어나는 두 가지 이상의 대상 가운데 하나를 관찰하는 것은 그리 어려운 일이 아닙니다. 그 가운데 가장 뚜렷한 대상을 관찰하면 되니까요.

동시에 일어나고 있는 여러 가지의 대상 중에서 가장 뚜렷하고 분명한 대상 쪽으로 마음은 자연스레 향하게 되어있습니다. 따라서 여러분은 보다 마음이 끌리는 대상을 관찰하면 됩니다. 그러면 그것을 제외한 다른 대상은 약화되거나 사라질 것입니다.

예를 들어 복부의 불러오고 꺼지는 움직임을 관찰하고 있을 때 등에서는 가려운 느낌이, 다리에서는 통증이, 귀에서는 소리가 들린다고 합시다. 그러면 어떤 것을 관찰해야 할지 몰라 당황하지 말고 그 중에서 가장 두드러진 대상 하나만을 알아차리도록 하십시오.

만일 등의 가려움이 다른 세 가지 대상보다 더 뚜렷하게 느껴진다고 합시다. 그렇다면 마음속으로 '가려움, 가려움…' 이라고 명명하며 가려움이 사라질 때까지 관찰하면 됩니다. 그러다가 그것이 완전히 사라지면 다시 복부의 움직임에 대한 관찰로 되돌아옵니다.

이 경우에도 통증의 경우와 마찬가지로 가려움으로부터 벗어나기 위해 몸을 긁으려고 하는 수행자도 있을 것입니다. 그러나 가급적이면 그러지 말고 가능한 만큼 가려운 감각을 관찰하도록 하십시오.

삼빠잔냐 빱바에 의거한 행위나 동작의 관찰

그러나 도저히 참을 수 없다고 느껴져 긁으려고 할 때에는 먼저 '의도함-의도함…' 이라고 명명하며 긁고자 하는 의도를 관찰합니다.

그런 다음 긁으려고 손을 들어 올릴 때는 '들어 올림-들어 올림…', 가려운 감각이 있는 곳으로 손을 뻗을 때는 '뻗음-뻗음…', 손이 가려운 부위에 닿을 때는 '닿음-닿음…', 긁을 때는 '긁음-긁음…', 가려운 감각이 사라져서 손을 내리고자 할 때는 '의도함-의도함…', 손을 내릴 때는 '내림-내림…' 이라고 명명하며 모든 과정을 일어나는 그대로 관찰합니다.

이러한 행위와 몸의 동작들을 다루는 법에 대해, 일체지자이신 부처님께서는 〈마하사띠빳타나 숫따〉의 별도의 장(章)에서 다루고 계십니다. 그 장의 이름은 '삼빠잔냐 빱바' 라고 하는데, '삼빠잔냐' 는 '분명한 이해' 를 뜻하고 '빱바' 는 '장' 이라는 의미입니다. 어떤 행위나 동작이든지 간에 이 '분명한 이해의 장' 에 의거해서 실제로 일어나는 대로 관찰해야 합니다.

정신적·육체적 현상의 본성인 두 가지 특성

우리가 모든 행위나 몸의 동작을 빠짐없이 관찰해야만 하는 것은 그것들을 본성대로 깨닫기 위해서입니다.

그러면 그것들의 본성은 무엇일까요?

이와 관련하여 경전에 대한 주석에서는 "깊은 집중을 지닌 수행자는 심신 과정의 본성을 두 가지 특성 중의 하나로써 깨닫는다."라고 설명하고 있습니다.

두 가지 특성은 다음과 같습니다.

1. 사바와 락카나 : 정신적·육체적 과정의 개별적(또는 고유한) 특성
2. 사만냐 락카나 : 정신적·육체적 과정의 일반적(또는 공통적) 특성

본성을 깨달을 수 있도록 행위나 동작을 천천히 하며 주의 기울이기

깊은 집중을 지닌 수행자는 정신적·육체적 현상의 개별적 특성을 먼저 깨닫습니다. 그런 후에 수행을 계속하는 동안 더욱 깊은 집중으로써 정신적·육체적 과정의 일반적 특성을 깨닫게 됩니다.

이 두 가지 특성 모두, 또는 둘 중의 하나를 깨닫기 위해서는 몸의 어떠한 행위나 동작들에 모두 있는 그대로 주의기울여야만 합니다. 즉, 팔

을 구부리거나 뻗는 것, 팔을 들어 올리거나 내리는 것, 세탁·목욕·식사시 벌어지는 동작 등 우리가 하고 있는 모든 행위에 주의를 기울여야 합니다.

여기서 여러분이 유념해야 할 사항이 하나 있습니다. 행위나 동작에 주의기울일 때는 가급적 천천히 하면서 주의기울여야 한다는 것입니다. 그 까닭은 행위를 천천히 하지 않으면 여러분이 하고 있는 행위나 동작에 열심히 주의를 기울여도 그 본성을 깨닫기가 어렵기 때문입니다.

여러분은 선풍기에 대해 잘 알고 있을 것입니다. 선풍기가 아주 빨리 돌 때 그것은 우리 눈에 둥근 원으로 보입니다. 그러나 선풍기가 둥근 원으로 보이는 것은 착시현상일 뿐 그것이 선풍기의 본모습은 아닙니다. 선풍기를 원으로 보고 있다면 그것은 여러분이 선풍기를 있는 그대로 보고 있지 않다는 것을 의미합니다.

그런데 선풍기가 아주 천천히 돌고 있다고 해봅시다. 그 경우, 여러분은 선풍기의 날개를 하나씩 구별하여 볼 수 있을 것입니다. 그러면 여러분은 선풍기의 있는 그대로의 모습을 깨닫게 됩니다. 즉 선풍기는 원이 아니라 세 개의 날개로 되어 있다는 것을 분명하게 알게 된다는 말입니다.

그와 마찬가지로 여러분이 어떤 행동을 할 때 빨리 하면 세 개의 날개로 되어 있는 선풍기를 원이라고 여기는 것과 같은 착오를 일으킬 수 있습니다. 바꿔 말하면 행위를 빠르게 해서는 행위의 본성을 깨달을 수 없다는 것입니다.

보-수행에서 발을 드는 동작을 예로 하여 설명해 보겠습니다.

발을 드는 동작은 물질성의 현상으로, 그것은 하나의 단위가 아니라 실제로는 일련의 많은 단위의 연속입니다. 여러분이 발을 드는 동작을 천천히 하면서 깊게 관찰할 경우 그것은 한 동작이 아니라 잘게 끊어지는 여러 움직임으로 되어 있다는 것을 알 수 있게 됩니다.

아주 작은 드는 움직임이 일어났다가 사라지면 또 다른 작은 드는 움직임이 일어났다가 사라집니다. 이런 현상이 여러 차례 반복되는 과정을 거치면서 한 번의 발을 드는 동작이 이루어진다는 말입니다.

그러나 여러분은 아직 그 사실을 알지 못합니다. 그것은 여러분의 집중이, 꿰뚫어보는 지혜를 예리하게 해서, 동작의 본성을 깨닫도록 해줄 수 있는 수준에 이르지 못했다는 것을 의미합니다.

깊은 집중의 도움으로 잘게 많이 끊어지는 드는 움직임들을 분명하고 명확하게 깨닫기 위해서는 발을 천천히 들어야만 합니다.

미는 동작, 내리는 동작도 마찬가지입니다. 이 동작들 역시 많은 끊어지는 움직임들로 이루어져 있는데, 동작을 천천히 하지 않으면 그것들을 따라 잡아 알아차리거나 관찰할 수 없습니다. 그 결과 미는 동작과 내리는 동작의 독특한 특성이나 일반적 특성을 깨달을 수 없게 됩니다.

천천히 걸어야 하는 것은 보-수행에서 뿐만이 아닙니다. 어떤 목적지를 향해서 걸어갈 때에도 '왼쪽-오른쪽-왼쪽-오른쪽…' 이라고 명명하며 걷는 동작을 관찰해야 하는데, 이때에도 역시 천천히 걸어야 합니다.

더 많은 부분으로 된 걸음을 관찰할 수록 더 천천히 걸어야 합니다. 즉, '듦-내림-듦-내림…' 이라고 명명하며 두 부분으로 된 걸음을 관찰할 때 보다 '듦-밂-내림-듦-밂-내림…' 이라고 명명하며 세 부분으로 된 걸음을 관찰할 때 더 천천히 걸어야 한다는 말입니다.

내가 비록 천천히 하는 것의 예를 걷는 동작으로 들었다 할 지라도 이것은 모든 행위에 다 적용되어야 한다는 것을 여러분은 이미 잘 알고 있습니다. 그렇지요? (수행자들 "네." 라고 대답)

왜 천천히 해야 한다고 했지요? 네, 천천히 하지 않으면 여러분은 그 행위들을 따라잡을 수 없고 따라서 깊은 집중도 얻을 수 없으며 그 결과 본성을 깨닫기가 어렵기 때문입니다.

시간이 다 되었군요. 여러분 모두 행위나 동작들을 천천히 하며 빠짐 없이 관찰하여 그것들의 본성을 깨달을 수 있기를 기원합니다.

사두! 사두! 사두!

세 번째 날

위빳사나 수행의 실제 2

복부의 움직임의 관찰법에 대한 간단한 재설명

어제에 이어 주의기울임 수행(위빳사나 수행)의 실제적인 훈련에 관한 법문을 계속하도록 하겠습니다.

먼저 몸을 똑바로 하여 앉도록 하십시오. 머리와 목도 똑바르게 하십시오.

그런 다음 마음을 복부의 움직임에 모으고 복부가 불러올 때는 마음속으로 '불러옴' 이라고 명명하며 배가 불러오는 움직임을 관찰합니다. 여기서 관찰한다고 하는 것은 복부의 불러오는 움직임을 매우 정확하고 면밀하게 아는 것을 의미합니다.

복부가 불러오는 움직임을 마음속으로 '불러옴' 이라고 명명하며 관찰한 다음, 복부가 꺼지면 그 때에도 복부의 움직임을 따라가면서 마음속으로 '꺼짐' 이라고 명명하며 면밀하고 세세하게 관찰합니다. '불러옴-꺼짐-불러옴-꺼짐…' 이런 식으로 복부의 불러오고 꺼지는 움직임을 계속 관찰합니다.

복부의 움직임에 대한 주의기울임과 관련하여 요령을 터득하지 못하는 수행자들이 있기 때문에 이 부분을 반복해서 설명했습니다.

보다 더 두드러진 대상을 관찰해야하는 위빳사나 수행의 원리

복부의 불러오는 움직임은 바람요소로 인한 것이며, 꺼지는 움직임 역시 바람요소로 인한 것입니다. 불러오는 과정의 움직임과 꺼지는 과정의 움직임을 깨닫기 위해서는 실제로 움직임이 일어나는 대로 관찰해야 합니다.

하지만 이 움직임이 위빳사나 수행에서 단 하나의 관찰대상은 아닙니다. 그것은 본성을 깨닫기가 다른 대상보다 쉽기 때문에 기본대상으로 삼은 것뿐입니다. 따라서 기본대상인 복부의 움직임에 대한 관찰에 몰두해 있는 동안에 이것보다 더 두드러지게 인지되는 대상이 있으면 이것을 계속해서 관찰하려고 애쓰지 말고 더 두드러진 대상을 관찰해야 합니다.

예를 들어 수행 중에 복부의 움직임보다 더 분명한 무엇을 보게 되면 마음속으로 '봄-봄…' 이라고 명명하며 보는 의식(안식眼識)을 관찰해야 합니다. 여기서 무엇을 볼 때, 보는 의식을 관찰해야 하는 이유는 비록 보는 의식이 눈과 보이는 대상에 의존해서 그 둘이 접촉할 때 일어난다 할 지라도 실제로 보는 역할을 하는 것은 의식이기 때문입니다.

여기 마루 바닥에 시체가 누워 있다고 가정해 봅시다. 우리는 그에게 종이 한 장을 보여 줄 것입니다. 그러나 그는 종이를 보지 못합니다. 그에게는 몸도 있고 눈도 있는데 왜 그는 보지 못하는 것일까요? 그것은 그에게 정신성이 없기 때문입니다. 만일 그에게 정신성이 있다면 그 순간에 일어나는 의식이 종이를 볼 것입니다.

이 예에서 알 수 있듯이 실제적으로 보는 역할을 하는 것은 의식(마음)입니다. 따라서 대상을 볼 때는 보는 의식을 관찰해야 합니다. 마음속으로 '봄-봄…' 이라고 명명하면서 말이지요.

명칭을 붙이며 대상을 관찰하는 것의 필요성과
명칭을 붙여야 할 시기와 놓아야 할 시기

여기서 마음속으로 '봄·봄…' 이라고 명칭을 붙이는 것 자체는 그다지 중요한 일은 아닙니다. 참으로 중요한 것은 보는 순간에 실제로 일어나고 있는 보는 의식을 일어나는 대로 알아차리는 것입니다.

그러나 수행 초기에 보는 의식을 알아차리기는 매우 어려우므로 마음속으로 '봄·봄…' 이라고 명명하면서 보는 의식을 관찰해야 합니다.

수행 대상에 명칭을 붙이는 것을 땃자 빤냐띠라고 하는데, 이 말은 대상에 대한 적합한 관습적인 어법(conventional usage)을 의미합니다. 비록 이것 자체가 중요하지 않을 지라도 수행 초기에는 마음이 수행 대상에 잘 집중되도록 도와 주므로 이 기법을 잘 이용해야 합니다.

그러나 수행이 진보한 단계에서는 굳이 마음속으로 명칭을 붙일 필요가 없습니다. 그 단계에서는 일부러 마음을 호감이 가는 대상이나 즐거운 대상으로 보내려고 할지라도 그곳으로 가지 않고 수행대상에 남아 있을 만큼 집중상태가 좋기 때문입니다. 따라서 그때는 명칭을 붙이지 않고 일어나고 있는 대상을 그저 있는 그대로 관찰하기만 하면 됩니다.

인드리야 상와라

보는 의식(안식眼識)에 대한 관찰로 다시 돌아갑시다. 무엇을 볼 때는 보는 의식을 관찰해야 한다고 했는데, 그러면 무엇을 듣고 냄새맡고 맛보며 접촉하고 생각할 때는 어떻게 해야 할까요?

네, 이때에도 무엇을 볼 때와 마찬가지로 각각에 해당하는 의식을 관찰해야 합니다. 즉, 듣는 의식(이식耳識), 냄새 맡는 의식(비식鼻識), 맛보는 의식(설식舌識), 접촉하는 의식(신식身識), 생각하는 의식(의식意識)을 관찰해야 하는 것입니다.

여러분이 이 여섯 의식을 관찰할 때, 그것을 '인드리야 상와라' 라고 합니다. '인드리야' 는 여섯 감각기저(육근六根), 즉 눈·귀·코·혀·몸·마음' 을 의미하고, '상와라' 는 문을 닫는 것을 의미합니다.

여기서 문이란 다름 아닌 바로 여섯 감각기저를 일컫습니다. 누군가가 집에 들어오려면 문을 통해 들어오듯이 이 여섯 감각기저를 통해 정신적인 상태들, 특히 정신적인 오염원이 마음으로 들어오기 때문에 이여섯 감각기저를 여섯 감각 문이라고도 합니다. 따라서 '인드리야 상와라' 는 '여섯 감각기저인 여섯 감각 문의 닫음' 을 의미하게 됩니다.

그런데 여섯 감각 문은 어떻게 닫는다고 했지요? 네, 여섯 의식을 관찰함으로써 닫습니다. 여러분이 보고, 듣고, 냄새 맡고, 맛보고, 접촉하고, 생각할 때마다 여섯 의식을 관찰하여 관찰의 힘이 강해지면 여섯 감각 문이 닫히게 됩니다. 이 때문에 여섯 의식을 관찰하는 것을 '인드리야 상와라' 즉 '여섯 감각문의 닫음' 이라고 하는 것입니다.

그런데 왜 여섯 감각 문을 닫아야 할까요? 그것은 괴로움의 원인인 정신적인 오염원들이 여섯 감각 문을 통해 마음속으로 들어올 수 없도록 하기 위해서입니다.

예를 들어보겠습니다.

여러분이 식사를 하면서 어떤 음식을 맛 볼 때는 '맛봄-맛봄…' 또는 '씀-씀…', '매움-매움…', '심-심…' 등으로 명명하며 관찰해야 합니다. 여러분의 관찰이 강해지면 혀의 문이 닫히게 되어 정신적 오염원인 혐오와 욕망이 닫힌 혀의 문을 통해 마음으로 들어올 수 없습니다.

따라서 여러분은 그 맛을 좋아해서 더 먹으려고 한다든지 싫어해서 거부하려고 하지 않고 평온한 마음으로 몸을 유지하기 위한 것으로써만 음식을 취하게 될 것입니다.

이것이 맛보는 의식을 관찰하는 즉 혀의 문을 닫는 것의 가치입니다.

이와 같이 문을 닫는 것의 가치는 참으로 중요하기 때문에 부처님께서는 거의 모든 법문에서 인드리야 상와라에 대해 설법하곤 하셨습니다. 그러나 그것의 실질적인 가치는 법문을 들어서가 아니라 여러분이 무엇을 보고 듣고… 생각할 때마다 여섯 의식을 관찰하는 것에 성공할 때 비로소 실감할 것입니다.

만일 여러분이 여섯 의식을 관찰하는 것을 게을리 하여 여섯 문을 닫지 못한다면 많은 정신적 오염원이 마음속으로 들어오게 됩니다. 그러면 여러분의 마음은 곧 더러워지고, 그 결과는 괴로움입니다.

따라서 무엇을 들을 때에는 '들음-들음…' 이라고 명명하며 듣는 의식을 관찰하고, 냄새(향기)를 맡을 때에는 '냄새 맡음-냄새 맡음…' 이라고 명명하며 냄새 맡는 의식을 관찰하는 것을 게을리 해서는 안됩니다. 마찬가지로 무엇을 볼 때는 '봄-봄…' 이라고 명명하며 보는 의식을 관찰해야 합니다.

그런데 좌-수행 동안 여러분은 눈을 감고 있는데 어떻게 대상을 볼 수 있나요?

자, 지금 눈을 감고 나를 쳐다보도록 하십시오. 어떻습니까? 나를 볼 수 있습니까? (몇몇의 수행자가 "아니오." 라고 대답)

그렇습니다. 눈을 감고서는 사물을 볼 수 없습니다. 그러나 조금 전까지 나를 보고 있었기 때문에 여러분은 마음에서 나를 볼 수 있습니다. 그렇지요? 네, 그래서 여러분은 그 보는 의식을 '봄-봄…' 이라고 명명하며 그 영상이 사라질 때까지 관찰해야 합니다. 그러다가 그것이 사라지면 기본 대상으로 돌아와 평소대로 관찰하십시오.

좌-수행 시 집중을 방해하는 행위의 삼감

그런데 앉아서 수행하는 동안 대상을 마음에서가 아니라 눈을 통해 보려는 수행자들도 있는 것 같습니다. 그들은 좌-수행은 눈을 감고 해야 하는데도 불구하고 여러 번 눈을 뜨곤 합니다. 그러면 눈을 통해 대상을 볼 수 있습니다. 그렇죠? 네, 특히 시계를 잘 볼 수 있을 것입니다. (웃음)

내 제자 중에 1979년에 비구계를 받고 아주 오랫동안 위빳사나 수행을 해 오고 있는 서양 스님이 있는데, 그는 수행을 하기 위해 앉을 때마다 앞에다 시계를 놓곤 합니다. 그리고는 수행을 시작한 지 20분쯤 지나면 눈을 뜨고 시계를 쳐다봅니다.

그런 다음 다시 눈을 감고 수행을 하지만 15분 후에는 다시 눈을 뜨고 시계를 쳐다봅니다. 대체로 한 시간에 대여섯 번 정도 눈을 뜨는 것 같습니다. 그와 같이 함으로써 그가 어떤 결과를 얻을 수 있을까요?

눈을 뜰 때마다 그는 시계를 직접 볼 수는 있겠지만 (웃음) 정작 수행의 진보에 필요한 깊은 집중도 얻을 수 없고, 그 결과 꿰뚫어보는 지혜도 예리하게 할 수 없습니다. 결국 그 스님은 오랜 세월을 수행해오고 있었지만 아무 것도 얻지 못했습니다.

내가 이 스님의 이야기를 통해 여러분에게 전달하고자 하는 것은 앉아서 수행을 하는 동안은 눈을 절대로, 단 한 번도 뜨지 말라는 것입니다.

눈을 뜨면 마음은 눈과 함께 보이는 대상 쪽으로 향하게 마련입니다. 그러면 집중은 어떻게 되지요? 네, 집중(삼매)은 깨져 버립니다. 눈을 자꾸 떠서 집중이 자주 깨지면 집중이 깊어질 수 있습니까? 물론 그럴 수 없습니다.

따라서 수행 중 눈을 뜨려는 욕망이 일어나면 '욕망-욕망…'이라고 명명하며 눈을 뜨려는 욕망이 사라질 때까지 관찰해야 합니다. 그러면 곧 욕망이 사라지게 되어 여러분은 눈을 뜨지 않게 됩니다.

이처럼 수행할 때는 눈을 한 번조차도 뜨지 마십시오. 그리고는 그 순간에 일어나고 있는 정신적·육체적 과정에 마음을 모으십시오.

눈을 감는 문제와 함께 조심해야 할 것은 몸을 움직이는 문제입니다. 어떤 수행자들은 눈은 뜨지 않지만 몸을 움직이곤 합니다. 그들에게 왜 그리 움직이는지 물어보면 그들은 자신도 모르게 그저 무의식적으로 몸통·다리·손 따위 등을 움직이게 된다고 대답합니다.

그러나 몸을 움직이는 데는 이유가 있습니다. 몸을 자주 움직인다는 것은 그의 마음이 안정되지 않았다는 것을 의미합니다. 마음이 산란해 져 있기 때문에 가만히 있지 못하고 몸이나 손발을 이리저리 움직이는 것이지요.

이유를 알건 모르건 간에 그래서는 깊은 집중을 얻을 수 없습니다. 따라서 좌-수행을 하는 동안은 몸통·손·팔·다리를 움직여서는 안 됩니다. 마치 불상처럼 꼼짝 않고 고요한 자세로 앉아 있어야만 합니다. 그렇게 했을 때 마음은 수행 대상에 잘 집중 될 수 있습니다.

좌-수행시 자세를 바꿀 수 있는 경우와 그 요령

그러나 예외로 몸을 움직여야 하는 경우도 있습니다.

1. 몸이 앞으로 구부러진 경우
이런 현상은 노력이 약해져서 발생합니다. 즉, 관찰 대상을 주의깊고 강력하게 관찰하지 않기 때문에 똑바르게 서 있던 몸이 조금씩 앞으로 구부러지게 되는 것입니다.

몸이 구부러지면 복부가 눌려서 자유롭게 움직일 수가 없으므로 복부의 움직임을 명확하게 느낄 수 없습니다. 따라서 이런 경우에는 몸을 움직여서 똑바르게 세워야 합니다.

그렇다고 즉시 몸을 세워서는 안되고 몸을 세우려는 의도부터 관찰해야 합니다. '의도-의도…' 라고 명명하면서 몸을 똑바르게 세우려는 의도를 관찰한 다음 '똑바로 세움-똑바로 세움…' 이라고 명명하며 똑바로 세우는 움직임을 주의깊게 관찰해야 합니다.

집중이 좋을 경우 똑바로 세우는 과정의 움직임을 낱낱이 잘 관찰할 수 있기 때문에 움직이는 동안에도 집중을 유지할 수 있습니다. 그러나 보다 바람직한 것은 애초부터 똑바른 자세가 흐트러지지 않게 하는 것이며, 그것은 어떠한 수행대상도 다 알만큼 강력하고 충분한 노력을 기울일 때만이 가능합니다.

2. 통증을 도저히 참을 수 없을 경우

이것에 대해서는 어제 여러분에게 언급한 바 있지만 다시 한 번 살펴보겠습니다.

앞에서, 40분이나 45분 동안 자세를 바꾸지 않고서 좌수행을 할 수 없다면 통증을 참을 수 없다고 느낄 때 자세를 한 번 바꿀 수 있다고 했습니다.

그러나 자세를 바꾸지 않고 통증을 끝까지 관찰하는 것이 보다 빠른 수행의 진보를 이루는데 도움이 된다는 것도 기억하고 있을 줄로 압니다.

자세를 바꿀 때는 전 과정을 주의깊고 세세하게 관찰하면서 바꾸도록 하십시오.

먼저 자세를 바꾸려는 의도를 관찰하면서 '의도-의도…' 라고 명명하며 관찰합니다. 그런 다음 한 쪽 다리를 움직일 때는 '움직임-움직임…' 이라고 명명하고, 다른 쪽 다리를 움직일 때도 역시 '움직임-움직임…' 이라고 명명하면서 자세를 바꾸는 동안에 일어나는 모든 움직임을 관찰해야 합니다. 그렇게 자세를 바꿔 새로운 자세가 되면 다시 '불러옴-꺼짐-불러옴-꺼짐…'이라고 명명하며 복부의 움직임을 관찰하십시오.

이렇게 한 번 자세를 바꿨는데도 다시 통증이 온다면 어떻게 해야 할까요?

그때는 당연히 자세를 바꾸지 말고 통증을 끝까지 관찰해야 합니다. 집중이 충분히 깊어지면 꿰뚫어보는 지혜가 예리해져서 통증을 꿰뚫어보게 됩니다. 그 결과 여러분은 통증을 단지 불쾌한 육체적 현상의 감각만으로 깨닫게 됩니다.

통증을 이와 같이 깨달을 때, 통증은 여러분에게 영향을 끼치지 않습니다. 바꿔 말하면 여러분은 통증으로 인해 불편해하지도 괴로워하지도 않는다는 것입니다. 그러면 여러분은 10분, 15분, 20분이 지나도 자세를 바꾸지 않고 계속 앉아 있을 수 있게 됩니다. 이렇게 될 수 있도록 끈기로써 통증을 아주 주의깊고 면밀하고 세세하게 관찰해야 합니다.

그러나 약한 집중으로 인해 통증을 도저히 참을 수 없을 때는, 그래서 자세를 다시 바꾸고 싶은 마음을 억제할 수 없을 정도가 되면, 그때는 자세를 바꾸는 대신 자리에서 일어나 보-수행을 해야 합니다. 자세를 두 번째로 바꾸다 보면 그런 태도가 습관화되어버릴 것이기 때문입니다.

그런 습관이 들면 여러분이 수행의 진보를 이루어 아무런 통증이 없을 때조차도 자세를 바꾸려는 욕망이나 의도를 느끼게 됩니다. 그러면 그 순간에 무의식적으로 자세를 바꾸게 되어서 집중이 깨집니다. 따라서 자세를 두 번째로 바꾸어야만 할 경우가 생길 때는 일어나서 보-수행을 하도록 하십시오.

보-수행 방법에 대한 보충 설명

보-수행을 할 때 가장 중요한 것은 여러분의 시선입니다.

보-수행을 하면서 이곳 저곳을 쳐다보면 여러분은 깊은 집중을 얻을 수 없습니다. 따라서 보-수행을 하기 전에 먼저 마음속으로 주변을 둘러보지 않겠다고 굳게 다짐해야 합니다.

이에 대해 어떤 수행자는 다음과 같이 해석할지도 모릅니다.

'그래. 보-수행을 하는 동안 나는 주변을 둘러보지 말아야 한다. 그러나 식당에 갈 때라든가 방에 들어갈 때, 또는 수행실로 갈 때는 주변을 둘러봐도 될 거야.'

이 생각이 옳습니까? 아닙니다. 그때에도 주변을 둘러보아서는 안 됩니다.

이 수행처 주변에는 나무·캥거루·동산 등이 아름답게 펼쳐져 있습니다. 따라서 어떤 목적지를 향해서 걸어 갈 때는 주변을 둘러봐도 된다고 생각하면 여러분은 주변의 아름다운 광경을 쳐다보며 풍경을 즐길 것입니다.

그래도 될까요? 그래서는 안됩니다. 즐기는 것은 정신적 오염원중의 하나인 로바(탐욕, 욕망)이기 때문이지요.

지금껏 여러분은 정신적인 오염원을 파괴하기 위해 노력해오고 있는데 잘못된 생각으로 아름다운 광경을 즐긴다면 여러분의 수행은 물거품이 될 것입니다. 그러니 보-수행뿐 아니라 어디를 갈 때에도 주변의 아름다운 광경을 쳐다보고 즐겨서는 안됩니다.

만일 여러분에게 그것을 즐기려는 욕망이 일어나면 어떻게 해야 하겠습니까? (어떤 수행자가 관찰해야 한다고 대답하자 모두들 웃음) 그렇습니다. '욕망-욕망…' 이라고 명명하며 그 욕망이 사라질 때까지 관찰해야 합니다.

보-수행에서 맨 처음 10분 가량은 '왼쪽-오른쪽…' 이라고 명명하며 관찰해야 합니다. 이것은 여러분이 왼발을 움직일 때는 마음속으로 '왼쪽' 이라고 명명하며 왼발의 움직임을 관찰하고, 오른발을 앞으로 움직일 때는 '오른쪽' 이라고 명명하며 오른발의 움직임을 관찰해야 한다는 것을 의미합니다.

마음속으로 '왼쪽-오른쪽-왼쪽-오른쪽…' 이라고 명명하는 것은 마음이 발의 움직임에 모아지도록 도와주는 것뿐이고 중요한 것은 움직임을 아는 것입니다. 발의 움직임을 알아차리는 것, 또는 발의 움직임에 주의를 기울이는 것이 보-수행 때의 핵심입니다.

'왼쪽-오른쪽-왼쪽-오른쪽…' 이라고 명명하며 발의 움직임을 약 10분 동안 관찰한 후에는 '듦-내림-듦-내림…' 이라고 명명하며 두 부분으로 된 걸음을 관찰합니다. 발을 들 때는 마음속으로 '듦' 이라고 명명하며 드는 움직임을 관찰하고, 발을 내릴 때는 마음속으로 '내림' 이라고 하며 내리는 움직임을 관찰하는 것입니다.

이런 식으로 '듦-내림-듦-내림…' [19]이라고 명명하며 약 10분 동안 관찰한 후에는 세 부분으로 된 걸음을 '듦-밂-내림…' 이라고 명명하며 관찰해야 합니다. 발이 들려질 때는 '듦' 이라고 명명하며 관찰하고 발을 앞으로 밀 때는 '밂' 이라고 명명하며 관찰하고, 발을 밑으로 내릴 때는

'내림' 이라고 명명하며 관찰합니다.

'듦-묾-내림-듦-묾-내림…' 이라고 명명하며 한 20분 동안 관찰한 후에는 다섯 부분으로 된 걸음을 '듦-묾-내림-닿음-누름…' 이라고 명명하며 관찰합니다.

앞의 세 단계는 지금까지 한 것과 같고, 그 다음에 발이 바닥이나 마루에 닿을 때는 '닿음' 이라고 명명하며 관찰하고, 다른 쪽 발을 들기 위해 발의 앞 부분을 누를 때는 '누름' 이라고 명명하며 관찰합니다. 이와 같이 다섯 부분으로 된 걸음의 동작을 남은 20분 동안 관찰하여 한 시간의 보-수행을 마칩니다.

다섯 부분으로 된 걸음을 잘 관찰할 수 있을 때는 여섯 부분으로 된 걸음을 관찰해도 좋습니다. 발을 들 때는 발뒤꿈치부터 들게 되는데 그것을 '듦' 이라고 명명하며 관찰하고, 발가락 부분을 일으켜 세울(올릴) 때는 '세움(올림)' 이라고 명명하며 관찰합니다. '묾-내림-닿음-누름' 등은 앞에서 이미 설명한 그대로입니다.

이 여섯 부분으로 된 걸음을 아주 잘 관찰할 수 있게 된 다음 발을 드는 동작을 하기 전에 동작을 하고자 하는 의도를 발견하게 되면 그것도 관찰해야 합니다. 이때는 '의도-듦-올림-묾-내림-닿음-누름…' 이라고 명명하며 관찰하므로 일곱 부분의 걸음이 되는 셈입니다.

그러나 이렇게 관찰하는데 힘이 많이 든다고 여겨지면 그렇게 해서는

---

19) 두 단계로 된 걸음은 제자리걸음을 하게 될 우려가 있기 때문에 큰스님께서는 요즈음은 수행자들에게 한 단계의 걸음 후 두 단계의 걸음은 생략하고 바로 세 단계로 된 걸음에 주의기울이도록 지도하고 있다.

안됩니다. 그때는 여섯이나 다섯 부분의 걸음을 관찰하십시오. 그렇게 하는데도 여전히 많은 노력을 기울여야 한다면 세 부분으로 된 걸음을 관찰해야 합니다.

어떤 식의 걸음을 관찰해야 할지를 결정할 사람은 여러분 자신입니다. 잘 관찰되고 있는지 아닌지는 누구보다 여러분 스스로가 잘 알고 있기 때문입니다.

일곱 부분으로 된 걸음을 관찰하는 데 많은 힘이 들지 않고 쉽게 할 수 있다면 그렇게 해야 하고, 거기에 더하여 각 부분의 발의 동작 전에 일어나는 각각의 의도도 발견하게 된다면 그것까지 관찰해야 합니다. 이 경우에는 '의도-듦-의도-올림-의도-밂-의도-내림-닿음-의도-누름…' 이라고 명명하며 관찰하게 됩니다.

천천히 걷거나 행동하는 것의 가치

이상은 단계별로 이루어지는 보-수행의 과정에 대한 설명이었습니다. 여기서 여러분에게 다시 한번 상기시켜 주고 싶은 것이 하나 있습니다.

그것은 천천히 걸어야 한다는 것입니다. 천천히 걸을 때 각 동작은 물론이고 각 동작 전에 일어나고 있는 의도를 잘 관찰할 수 있기 때문입니다.

그런데 이 '천천히'는 어제도 말했듯이, 보-수행에서 뿐 아니라 일상적 행위를 관찰할 때도 적용되어야 합니다. 식사, 목욕, 빨래, 옷을 입고 벗는 등의 모든 일상적 행위를 할 때도 여러분이 일차적으로 관찰하는 것 역시 동작이므로 천천히 해야 합니다. 모든 행위를 천천히 할 때 보-수행 때처럼 각각의 동작을 따라잡을 수 있고 각 동작 전에 일어나고 있는 의도 역시 관찰할 수 있습니다.

각 동작 전에 일어나고 있는 의도들을 잘 관찰할 수 있을 때 의도와 동작이 어떤 관계를 갖고 있는지를 깨닫게 됩니다. 이 의도와 동작간의 관계에 대한 깨달음은 매우 중요합니다. 그와 같은 깨달음으로 우리는 사람, 존재, 앗따(자아自我)의 개념을 파괴할 수 있기 때문입니다.

시간이 다 되었군요. 여러분 모두 오늘 설명한 법문의 핵심을 실제 수행에 잘 적용하여 여러분의 목적인 괴로움의 소멸을 얻기를 기원합니다.

사두! 사두! 사두

위빳사나 수행의 실제 3

---

20) 네 번째 날은 법문을 하시지 않았다.

위빳사나의 의미

우리 수련회 맨 첫 날 위빳사나라는 말의 의미에 대해 짧게 언급했었는데 오늘은 조금 더 세분화해서 설명하고자 합니다.

위빳사나는 '위'라는 말과 '빳사나'라는 말이 합쳐진 복합어입니다.

'빳사나'를 빠알리어 문법에 따라 분석하면 '디스'라는 어근과 '사나'라는 접미어로 나뉘어집니다. 어근인 '디스'는 '보다'라는 뜻으로 접미어인 '사나'와 결합하면 '빠스'로 바뀌게 됩니다. 이 '빠스'와 '사나'가 합쳐져서 '빳사나'가 되어 '봄'을 뜻하게 됩니다.

헌데 여기에서 '빳사나'가 가리키는 '봄'이란 일상적인 봄이 아니라 '꿰뚫어 봄'을 의미하기 때문에 '빳사나'의 실제 의미는 '정신적·육체적 현상의 본성을 꿰뚫어 봄'입니다.

한편 '위'는 '다양한'이라는 뜻으로 여기에서는 '다양한 특성'을 의미합니다. 비록 다양하다고 일컬어지긴 했지만 그것은 정신적·육체적 현상의 세 가지 특성을 의미합니다. 세 가지 특성이란 아닛짜(비영속)·둑카(괴로움)·아낫따(비인격성 또는 무영혼, 무아)입니다.

그래서 두 단어가 결합된 '위빳사나'라는 말의 의미는 '정신적·육체적 현상의 세 가지 특성인 비영속(무상)·괴로움(고)·비인격성(무아)을 꿰뚫어 봄'입니다. 그러나 보통은 간단하게 '꿰뚫어 봄'으로 번역되고 있습니다.

위빳사나 수행의 목적과 그 실현과정에 대한 간단한 설명

여기서 세 가지 특성을 꿰뚫어보는 역할을 하는 것은 꿰뚫어보는 지혜이기 때문에 위빳사나 수행은 바로 이 꿰뚫어보는 지혜를 얻기 위한 것이라고 하겠습니다.

그러나 이것은 일차적인 목적일 뿐입니다. 이 일차적인 목적을 통해 우리가 궁극적으로 이루고자 하는 것은 모든 괴로움의 소멸 즉 열반입니다. 따라서 위빳사나 수행의 목적은 '정신적·육체적 과정의 비영속·괴로움·비인격성을 꿰뚫어 보는 지혜를 통한 괴로움의 소멸'이라 하겠습니다.

그러면 꿰뚫어보는 지혜를 통해 어떻게 모든 괴로움이 소멸될까요? 그 과정을 간략히 말해보면 다음과 같습니다.

꿰뚫어보는 지혜로 정신적·육체적 과정의 비영속을 꿰뚫어 볼 때 우리는 그것들을 사람, 존재, 나, 너로 간주하지 않게 됩니다. 왜냐하면 소위 사람, 존재, 나, 너는 영속하는 것이기 때문입니다.

만일 태어난 시간부터 적어도 지금까지 사라진 적도 없고 영속하고 있는 것이 있다면 그것을 우리는 사람, 존재로 여길 수 있을 것입니다. 그러나 어떤 정신적·육체적 과정도 영속하지 않습니다. 우리는 주의기울임 수행(위빳사나 수행)으로 그 사실을 확실히 경험할 수 있습니다.

그렇지만 정신적·육체적 과정의 비영속성을 꿰뚫어 보지 못하는 경우에는 그것들을 사람, 존재로 여기게 되어 소위 삭까야 딧티또는 앗따디티, 즉 사람, 존재, 혹은 인격, 개인(개체)이라는 개념이 형성됩니다.

그러면 그 사람은 부유해지려는 욕망을 갖게 되고, 예뻐지려는 욕망도 갖게 됩니다. 자신을 모욕한 사람에게는 화가 나기도 합니다.

이와 같은 욕망과 분노 등은 우리의 마음을 오염시키므로 정신적 오염원, 즉 낄레사라고 불리며 바로 괴로움의 원인입니다. 이것은 좀 전에 살펴보았듯이 사람, 존재, 인격, 개인(개체)이라는 개념을 바탕으로 일어납니다.

그러나 위빳사나 수행을 해서 꿰뚫어보는 지혜로써 정신적·육체적 과정의 비영속성을 꿰뚫어보면 그 과정을 사람, 존재로 여기지 않습니다. 그러면 사람, 존재라는 개념이 일어나지 않으므로 이 개념을 바탕으로 하는 어떤 정신적 오염원도 일어나지 않습니다. 정신적 오염원이 일어나지 않을 때 우리는 괴로움의 소멸을 얻게 됩니다.

지금까지의 설명으로 여러분은 꿰뚫어보는 지혜를 통해 어떻게 괴로움이 소멸되는지를 이해할 수 있었을 것입니다.

그러나 사실 이 꿰뚫어보는 지혜(위빳사나 냐나)만으로 모든 정신적 오염원을 완벽하게 뿌리뽑지는 못합니다. 정신적·육체적 과정 안에 잠재적인 성향으로 존재하고 있는 정신적 오염원은 '도道-지혜(막가 냐나)'[21]로 근절할 수 있기 때문입니다.

---

21) 도道-지혜(막가 냐나) : 열 세 단계의 꿰뚫어보는 지혜(위빳사나 냐나)를 통과한 후 얻게 되는 출세간적 지혜로, 'enlightenment(깨달음)'를 의미한다. 더 자세한 것은 스물 한 번째 날부터 스물 세 번째 날에 걸친 법문과 스물 여덟 번째 법문을 참조하기 바란다. 여기서 도-지혜만을 일컫는 'enlightenment'와 꿰뚫어보는 지혜+도-지혜를 일컫는 'realization'의 우리말 번역어가 '깨달음'이라는 말로써 동시에 옮겨지고 있으니 혼동하지 않기 바란다.

따라서 완전한 정신적 오염원의 제거를 위해 여러분은 꿰뚫어보는 지혜와 도-지혜 둘 다가 필요한데 이 두 가지 지혜의 의미를 다 포함하기 위해 우리는 깨달음(realization)이라는 낱말을 사용합니다.

　그래서 위빳사나 수행의 목적을 다시 정리하자면 '정신적·육체적 과정의 비영속, 괴로움 그리고 비인격성의 깨달음을 통한 괴로움의 소멸'입니다.

정신적·육체적 과정의 세 가지 특성을 깨닫는 방법

그러면 여기서 하나 묻겠습니다. 정신적·육체적 과정의 비영속, 괴로움 그리고 비인격성은 어떻게 해야 깨달을 수 있습니까? (수행자들 대답 없음) 여러분이 쉽게 대답할 수 있도록 다른 방식으로 물어보겠습니다.

　정신적·육체적 과정의 세 가지 특성은 바로 그것들의 본성을 뜻하고, 깨닫는다는 것은 바르게 이해한다는 것을 뜻합니다. 따라서 정신적·육체적 과정의 세 가지 특성을 깨닫는다는 것은 그것들을 본성대로 바르게 이해하는 것이라 하겠습니다. 그렇다면 정신적·육체적 과정을 본성대로 바르게 이해하기 위해서는 어떻게 해야합니까? (수행자들 뭐라고 대답함)

　정신적·육체적 과정에 주의기울이면 된다고요? 네, 그런데 주의기울이는데도 방법이 필요합니다.

　어떤 불교도들은 그들의 선입견으로써 정신적·육체적 과정에 주의기울입니다. 즉, 그들은 정신적·육체적 과정을 일컫는 다섯 다발(오온 五蘊)에 대해 다음과 같은 방식으로 주의기울인다는 말입니다.

물질적 과정(색色)은 비영속·괴로움·비인격성(무아)이다.
느낌(수受)은 비영속·괴로움·비인격성(무아)이다.
지각(상想)은 비영속·괴로움·비인격성(무아)이다.
정신적 형성(행行)은 비영속·괴로움·비인격성(무아)이다.
의식(식識)은 비영속·괴로움·비인격성(무아)이다.

이런 방법으로 정신적·육체적 과정을 본성대로 바르게 이해할 수 있을까요? 아닙니다. 본성대로 바르게 이해한다는 것은 있는 그대로 이해한다는 말이기도 한데 선입견을 동반한 주의기울임으로는 결코 정신적·육체적 과정을 있는 그대로 이해할 수 없기 때문이지요.

그럼 어떻게 해야할까요? 간단합니다. 정신적·육체적 과정을 있는 그대로 이해하기 위해서는 그것들에 선입견없이 있는 그대로 주의를 기울이면 됩니다.

'있는 그대로'.

이것에 대하여 부처님께서는 빠알리어로 야타부땅이라는 낱말을 사용하여 다음과 같이 말씀하셨습니다.

"루빰 빅카워 야타부땅 삼맙빤냐야다땁밤."

여기서 '루빠'는 '육체적 현상, 물질적 현상, 물질적 과정'을 의미합니다. 일부 빠알리어 학자들은 이 말을 '형태'라고 번역하고 있지만 나는 그것이 그다지 좋은 번역은 아니라고 생각합니다.

'빅쿠워' 는 '오, 빅쿠들(수행승들)이여!' 라는 뜻입니다. '야타부땅' 은 '있는 그대로' 라는 뜻이고, '삼맙빤냐야다땁밤' 은 '올바로 이해되어야 한다(깨달아져야 한다)' 로서 전 문장의 의미는 "오! 빅쿠들이여, 그대들은 물질적(육체적) 과정을 있는 그대로 깨달아야 하느니라." 입니다.

부처님께서 말씀하신 것처럼 물질적(육체적) 과정을 있는 그대로 깨닫기 위해서는 그것에 있는 그대로 주의기울여야 합니다. 이것은 나머지 정신적 과정에도 똑같이 적용됩니다.

통증은 열반의 문을 여는 열쇠

따라서 통증이 일어날 때는 '통증-통증…' 이라고 명명하며 그것에 있는 그대로 주의기울여야 합니다.

그런데도 여러분은 통증이 있을 때 그것을 관찰하는 대신 몰아내려고 합니다. 그렇지요? (수행자들 그렇다고 대답) 왜지요? 네, 여러분은 아직 통증의 고유한 특성과 일반적 특성을 깨닫지 못한 결과 통증을 관찰하는 것의 중요성을 모르고 통증을 혐오하기 때문입니다.

그런데 어떤 사람들은 그 반대로 반응합니다. 즉 그들은 통증에 애착한 나머지 통증을 초대하는 행위를 한다는 말입니다.

미얀마에서는 무릎을 꿇은 자세로 수행하는 사람들을 간혹 볼 수 있습니다. 그들은 대개 여자 수행자들로서 그녀들이 그런 자세를 취하는 이유는 수행 시작 후 한 달쯤 되면 그녀들에게 더 이상 통증이 일어나지 않게 되므로 통증을 만들기 위해서입니다.

그러면 그녀들은 왜 그와 같은 자세로써 일부러 통증을 만드는 것일까요? 그것은 그녀들은 통증처럼 강력한 대상은 주의깊게 관찰할 수 있지만 다른 정신적 과정이나 육체적 과정은 그처럼 관찰할 수 없기 때문입니다.

일부러 무릎을 꿇어 그녀들의 친구인 통증을 초대하면 마침내 그녀들의 친구가 찾아옵니다. 그러면 그녀들은 만족해하며 아주 주의깊게 통증을 관찰합니다.

그녀들은 통증을 혐오하기는커녕 그것에 애착하는 사람들입니다. 그러나 이 수행처에서 그런 수행자를 나는 아직 보지 못했습니다. (웃음)

그런데 그녀들이 통증에 그처럼 애착하는 진짜 이유는 통증이 열반의 문을 여는 열쇠이기 때문입니다.

통증이 어떻게 열반의 문을 여는 열쇠일 수 있을까요?

통증이 일어날 때 인내심을 가지고 아주 주의깊고 끈기있게 그것을 관찰해 보십시오. 그때 여러분은 통증이 더 심해진다고 느낄 것입니다. 그러나 실제로는 통증이 더 심해지는 것이 아니라 마음이 통증에 집중됨으로써 꿰뚫어보는 지혜가 점점 더 명확하고 예리해져서 통증의 고유한 특성인 불쾌함을 더 분명하게 아는 것뿐입니다.

사실이야 어찌 되었건 여러분은 통증을 아주 끈기 있게 계속해서 관찰해야 합니다.

그렇게 하여 여러분의 마음이 통증에 더욱 깊게 집중되면 여러분은 통증의 중심을 꿰뚫어보게 될 것입니다. 즉, 꿰뚫어보는 지혜에 의해 여러분은 통증의 고유한 특성인 불쾌한 감각을 깨닫게 된다는 말입니다.

여러분이 통증의 고유한 특성을 깨닫게 되면 더 이상 통증을 여러분 자신과 동일시하지 않게 됩니다. 무슨 말이냐고요? 매우 중요한 부분이니까 잘 듣기 바랍니다.

통증의 고유한 특성을 깨닫기 전까지 여러분은 통증과 여러분 자신을 동일시합니다.

예를 들어 다리가 아프면 '내 다리가 아주 아프다.' 라고 생각하고, 등이 아프면 '내 등이 아프다.' 라고 생각합니다. 즉, 다리나 등에서 일어나고 있는 통증을 나, 너, 나의 것, 사람과 동일시한다는 말입니다.

그러나 깊은 집중으로 꿰뚫어보는 지혜가 예리하게 되어 통증의 중심을 꿰뚫어보게 되면 통증이란 불쾌한 감각의 자연 그대로의 과정일 뿐임을 깨닫게 됩니다. 그렇게 되면, 이제 통증은 여러분 자신과 동일시되지 않습니다. 그것은 나도 아니고, 너도 아니고, 나의 것도 아닙니다. 따라서 여러분은 통증에 의해 영향받지 않게 되므로 통증 때문에 괴로워하지 않습니다.

집중이 훨씬 더 깊어지면 통증은 여러 층으로서 깨달아지기도 합니다. 첫 번째 통증의 물결이 일어나서 사라지고 나면 두 번째 통증의 물결이 옵니다. 그 물결이 사라지고 나면 세 번째 통증의 물결이 옵니다. 그리고는 계속해서 통증의 물결들이 하나씩 와서는 가고 와서는 갑니다.

이것은 여러분이 통증의 비영속성을 깨닫고 있음을 의미합니다. 이와 같이 여러분이 통증의 비영속성 즉 일반적인 특성 중 첫 번째를 깨달을 때 여러분은 그것에 이어 통증의 나머지 두 특성인 괴로움과 비인격성도 깨닫게 됩니다.

여러분이 통증의 세 가지 특성을 깨닫기 때문에 통증을 여러분 자신과 동일시하지 않게 됩니다. 이제 여러분에게 있어 통증이라는 감각은 사람도 아니고, 존재도 아니고, 나도 아니고, 너도 아닙니다.

통증은 더 이상 여러분에게 어떠한 영향도 끼치지 않으므로 여러분은 통증 때문에 행복해 하지도 않고, 불행해 하지도 않습니다. 그것에 애착하는 욕망과 혐오하는 어떤 악의도 없습니다. 모든 정신적 오염원이 파괴된 것입니다.

이처럼 정신적 오염원이 모두 파괴되면 여러분은 무엇을 얻게 됩니까? (수행자들 대답) 그렇습니다. 그때 여러분은 우리가 가장 바라던 것, 바로 괴로움의 소멸인 닙바나(열반涅槃)를 얻게 됩니다. 닙바나에 괴로움이 있습니까? 아닙니다. 닙바나에는 어떤 괴로움도 없습니다.

요약하자면 여러분이 통증에 주의기울여 통증의 고유한 특성과 일반적 특성인 비영속·괴로움·비인격성을 깨달음으로써 모든 정신적 오염원이 파괴될 때 여러분은 닙바나에 도달합니다. 그러면 통증은 닙바나의 문을 여는 열쇠라 할 수 있겠습니까? (수행자들 그렇다고 대답)

그럼 앞으로 수행 중 통증이 있으면 여러분은 어떻게 할건가요? (수행자들 뭐라고 대답함) 네, 미얀마 여자 수행자들처럼 일부러 통증을 초대할 필요까지는 없지만 일어난 통증은 피하지 말고 있는 그대로 끈질기게 관찰해서 닙바나의 문을 열어야 합니다. (수행자들 뭐라고 대답함)

열반은 이 존재에서 얻을 수 있음

아닙니다. 닙바나는 정신적 과정도 아니고, 육체적 과정도 아닙니다. 따라서 그것은 영속합니다. 닙바나가 정신적 과정이라면 그것은 영속하지 않을 것입니다. 또한 육체적 과정이라면 영속하지 않을 것입니다.

괴로움의 소멸이란 모든 정신적·육체적 과정의 소멸을 의미합니다. 따라서 괴로움의 소멸인 닙바나에 정신성이나 육체성이 있을 리가 없습니다. 그러면 닙바나는 영속합니까, 영속하지 않습니까? (수행자들 대답) 그렇습니다. 닙바나는 영속합니다. (수행자들 뭐라고 함)

아닙니다. 닙바나는 죽은 뒤에 발견되어지는 것이 아닙니다. 그것이 오직 죽은 뒤에만 얻어질 수 있다고 하면 여러분은 위빳사나 수행을 할 필요가 없습니다. (웃음)

여러분이 수행에 충분한 시간과 노력을 들인다면 정신적·육체적 현상을 본성대로 바르게 이해함을 통해 닙바나를 현생에서, 지금의 이 존재에서 얻을 수 있습니다.

주의기울임은 반응하지 않는 알아차림

따라서 정신적·육체적 현상을 있는 그대로 바르게 이해함을 통해 괴로움의 소멸인 닙바나를 이 존재에서 얻기 위해서는 어떤 정신적·육체적 과정이든 앞에서 언급했듯이 '있는 그대로' 주의기울여야만 합니다.

이 말은 수행 대상에 주의기울일 때, 선입견, 추론, 생각, 지적知的이고 논리적이고 철학적인 사유가 설 땅이 없어야 함을 의미합니다.

그래서 여러분이 정신적·육체적 과정을 일어나는 순간에 있는 그대로 주의기울일 때 마음은 대상에 어떠한 반응을 하지 않습니다.

여러분에게 분노가 일어났다고 가정합시다. 이때 정신적 과정의 하나인 분노는 주의기울임의 대상인데, 그것을 모르기 때문에 여러분은 분노와 함께 머물면서 때로는 즐기기까지 합니다. 그러면 분노는 더 강해져서 말이나 몸으로 하는 행위로 바뀝니다. 때로는 극단적인 행위도 서슴지 않고 저질러 나쁜 결과를 받게 됩니다.

이와 같이 대상에 주의기울이지 않으면 마음은 그 대상에 반응하게 되어 여러분은 행복하지 않을 뿐더러 어떤 불이익을 받을 수도 있습니다.

그렇지만 분노가 주의기울여져야 하는 정신적·육체적 상태들 중 하나라는 것을 알게 되면 여러분은 '분노-분노…'라고 명명하며 그것에 있는 그대로 주의기울입니다.

주의기울이는 마음은 분노에 대해 반응하지 않습니다. 그것은 분노를 있는 그대로 솔직히 수용합니다. 그것이 전부입니다. 그래서 주의기울임은 '반응하지 않는 알아차림'이라고 불립니다.

주의기울임이 점점 강력해짐에 따라 분노의 과정은 점점 약해져서 마침내 주의기울임에 압도당하고는 멈춥니다.

이와 같이 대상에 반응하지 않는 것은 여러분에게 이익을 줍니다. 여러분은 행복하고 평화롭게 살 수 있을 것입니다.

대상에 반응하지 않고 있는 그대로 주의기울이는 것이 바로 지금 여러분이 하고 있는 수행이며, 이 수행은 여러분을 괴로움의 소멸로 이끌어 줄 것입니다. 여러분은 그렇게 믿습니까? 나는 여러분이 이 주의기울임 수행을 믿기 때문에 이 곳에 수행하러 왔다고 생각합니다만, 어떤가요? 여러분이 믿는지 안 믿는지는 잘 모르겠습니다만 나는 그것을 믿습니다. (웃음)

시간이 다 되었군요. 여러분 모두 위빳사나라는 말의 뜻과 수행법을 올바르게 이해했기를 바랍니다. 그리하여 수행에 최선을 다해 여러분의 목적인 괴로움의 소멸을 얻기를 기원합니다.

사두! 사두! 사두!

다섯 가지 장애와 마음의 청정

마음의 청정이라고 불리는 충분히 좋은 집중의 필요성

어제는 위빳사나란 말의 의미와 위빳사나 수행의 목적에 대해 살펴보면서 그 목적을 이루는 과정을 여러 가지 관찰대상 중 통증의 예를 들어 설명했습니다.

어제도 말했듯이 여러분이 위빳사나 수행의 궁극적 목적인 괴로움의 소멸, 즉 닙바나(열반)를 얻기 위해서는 먼저 꿰뚫어보는 지혜로써 관찰대상인 통증이나 다른 정신적·육체적 현상의 고유한 특성과 일반적 특성을 깨달아야 합니다.

그래야 하는 까닭은 정신적·육체적 현상의 고유한 특성과 일반적 특성을 깨달을 때 사람, 존재, 인격, 개인(개체)이라는 개념이 제거되며, 그 개념을 바탕으로 일어나는 괴로움의 원인인 정신적 오염원도 파괴될 수 있기 때문입니다.

그런데 정신적·육체적 현상의 고유한 특성과 일반적 특성을 꿰뚫어보는 지혜는 충분히 좋은 집중이 없이는 얻어질 수 없습니다. 집중이 충분히 좋을 때만이 마음은 다섯 가지 장애(오개五蓋)로부터 벗어나 청정해져서 그 결과 관찰대상의 본성을 꿰뚫어보는 지혜가 예리해질 수 있기 때문입니다.

집중이 충분히 좋지 않으면 마음은 다섯 가지 장애로부터 벗어나지 못합니다. 그 결과 더럽혀진 마음과 함께 일어나는 꿰뚫어보는 지혜는 예리하지 못해 통증이나 그 밖의 다른 대상의 본성을 꿰뚫을 수 없게 됩니다. 따라서 꿰뚫어보는 지혜가 예리해지기 위해서는 마음의 청정이라고 불리는 충분히 좋은 집중이 필요한 것입니다.

충분히 좋은 집중상태를 마음의 청정이라고 부르는 것은 위에서도 살펴보았듯이 그 상태에서는 마음이 다섯 가지 장애로부터 벗어나 깨끗하기 때문입니다.

다섯 가지 장애

여기서 충분히 좋은 집중을 얻는데 있어 방해가 되는, 그럼으로써 꿰뚫어보는 지혜를 예리하게 하는데 있어서도 방해가 되는 다섯 가지 장애에 대해 알아보는 것이 필요할 것 같습니다.

경전과 주석에 자주 언급되고 있는 다섯 가지 장애는 다음과 같습니다.

1. 감각적 욕망
2. 악의, 분노(증오)
3. 게으름과 무기력
4. 들뜸과 회한
5. 회의적 의심

첫 번째 장애 : 감각적 욕망

첫 번째 장애인 감각적 욕망의 장애를 빠알리어로는 까맛찬다 니와라나라고 합니다. ‘니와라나’ 는 ‘장애’ 를 의미하고, ‘까맛찬다’ 는 ‘감각적 욕망’ 을 의미합니다.

감각적 욕망에는 여섯 가지가 있습니다.

1. 즐거운 대상을 보고자 하는 욕망
2. 즐거운 소리(또는 노래)를 듣고자 하는 욕망
3. 좋은 냄새(또는 향기)를 맡고자 하는 욕망
4. 맛있는 음식을 맛보고자 하는 욕망
5. 좋은 감촉을 느끼고자 하는 욕망
6. 즐거운 것을 생각하고자 하는 욕망

여러분이 좌-수행이나 보-수행을 하고 있는 동안 이와 같은 감각적 욕망 중 어느 것이라도 있으면 여러분의 집중은 좋을 수 없습니다.

예를 들어 ‘불러옴-꺼짐-불러옴-꺼짐…’ 이라고 명명하며 불러오고 꺼지는 북부의 움직임을 관찰하고 있는 동안 수행처 주변에서 새가 노래하는 것을 듣게 된다면 여러분은 ‘들음-들음…’ 이라고 명명하며 관찰해야 합니다.

그러나 여러분은 새의 노래를 좋아하기 때문에 그와 같이 관찰하는 것에 실패하고 대신 새의 노래를 들으려는 욕망을 갖게 됩니다.

이때라도 욕망을 관찰할 수 있어야 하는데 그렇지 못하면 그 욕망은 점점 더 강해집니다. 그러면 여러분은 수행의 대상에 잘 집중할 수 있습니까? 아닙니다.

이처럼 감각적 욕망이 있으면 깊은 집중도 얻을 수 없고 그 결과 꿰뚫어보는 지혜도 예리해질 수 없기 때문에 감각적 욕망은 장애라고 불려지는 것입니다.

두 번째 장애 : 악의, 혐오, 분노

두 번째 장애인 분노의 장애는 빠알리어로 비야빠다 니와라나라고 합니다. '비야빠다'는 '악의, 혐오, 분노'를 의미하며 실망, 낙담, 우울 등의 상태도 포함합니다.

수행을 하는 동안 여러분은 과거에 어떤 사람에게 모욕을 당했던 일을 회상할지도 모릅니다. 그러면 그에 부수하여 무엇이 일어납니까? 기쁨과 행복이 일어날 것입니다. 그렇지요? (웃음) 네, 그때 여러분에게는 분노가 일어납니다.

그런데 여러분이 그 분노를 관찰하지 않는다면 분노는 더 강해질 것입니다. 그렇게 더욱 강해진 분노를 가진 채 수행을 한다면 여러분은 수행 대상에 잘 집중할 수 있을까요?

물론 그럴 수 없습니다. 그것은 여러분의 마음이 분노에 뒤흔들려 방해를 받고 있기 때문입니다. 따라서 분노 역시 마음의 집중을 얻는데 장애가 되는 것의 하나이며, 또한 꿰뚫어보는 지혜를 예리하게 하는데도 장애가 됩니다.

그러면 수행하고 있는 동안 마음에 첫 번째 장애나 두 번째 장애가 일어날 때는 어떻게 해야 합니까?

네, 관찰해야 합니다. 있는 그대로 그것들을 관찰해야 합니다. 그런데 여기서 한 가지 유념할 것은 그것들을 관찰할 때는 주의 깊고 강력하게, 속도를 좀 빠르게 해야 한다는 것입니다.

거기에는 까닭이 있습니다. 이 장애들 중 분노를 예로 들어 설명하겠습니다.

분노가 일어날 때 거기에는 두 가지 정신성의 과정이 있습니다. 하나는 분노의 과정이고, 다른 하나는 그것을 관찰하는 과정입니다. 이 둘 가운데 분노의 과정이 더 강해지면 그것은 관찰하는 마음의 과정을 압도합니다. 그러면 관찰하는 마음은 더 약해져서 여러분은 수행의 대상에 잘 집중할 수 없기 때문에 마침내 수행을 멈출지도 모릅니다.

그러나 반대로 관찰하는 마음이 더 강해지면 관찰하는 마음은 분노의 과정을 압도합니다. 그러면 분노는 점점 약해져서 마침내 사라집니다. 따라서 여러분은 관찰하는 마음을 더 강력하게 할 필요가 있습니다.

또한 관찰을 느리게 할 경우에는 관찰과 관찰 사이에 분노가 끼어 들게 되어, 시간이 지날수록 관찰에 비해 분노가 더 강해지게 됩니다. 그렇지만 다소 빠른 속도로 관찰해서 여러분의 관찰이 끊이지 않고 계속된다면 각각의 관찰 사이에 분노가 끼어 들 여지가 없게 됩니다. 따라서 분노와 같은 장애들을 다룰 때는 보다 강하고 다소 빠르며 주의 깊게 관찰을 해야만 합니다.

그것들이 멈추었을 때 마음은 청정해지고 수행의 대상에 아주 잘 집중됩니다. 그 결과 집중과 함께 일어나는 꿰뚫어보는 지혜는 예리해져서 정신적 육체적 과정의 본성을 꿰뚫어 보게 됩니다.

이해가 됩니까? (수행자들 대답) 네, 동의합니까? (수행자들 대답) 왜지요? 왜냐하면 옳기 때문이지요. (웃음)

세 번째 장애 : 게으름과 무기력

세 번째 장애인 게으름과 무기력의 장애는 빠알리어로 티나밋다 니와라나라고 합니다. '티나밋다'는 '게으름과 무기력'이라는 뜻으로 이것은 정신적인 게으름, 즉 '졸음'을 의미합니다. 나는 여러분이 이것을 전혀 경험해 본 적이 없다고 생각합니다만 어떻습니까? (웃음) 네, 이것은 수행자의 나쁜 친구입니다.

내가 졸음을 친구라고 하는 이유는 그것이 여러분과 함께 언제나 머무르고 싶어하기 때문입니다. (웃음) 그러나 그것은 여러분의 마음을 수행의 대상에 잘 집중할 수 없게 하고 그 결과로 꿰뚫어보는 지혜도 예리해질 수 없게 하는 장애물이기 때문에 나쁜 것입니다.

내 말에 동의하지요? 네, 여러분은 이 졸음에 대한 경험이 많기 때문에 쉽게 동의할 것입니다.

그러면 여러분에게 이 나쁜 친구가 찾아올 때는 어떻게 해야 할까요?

나쁠지라도 친구니까 즐겨야겠지요? (웃음)

네, 때때로 여러분은 이 졸음을 즐깁니다. 그러면 그것은 가버리나요, 아니면 계속 남아 있습니까? 네, 그들은 가지 않고 계속 머물러 남아 있습니다. 그리고 그 결과는 수행의 퇴보입니다.

따라서 졸음이 오면 여러분은 '졸음-졸음…' 이라고 명명하며 그것을 강력하게 관찰해서 여러분의 마음을 기민하고 활발하게 만들어야 합니다.

졸음이 수행자를 무겁게 짓누를 때 마음은 둔감해지고 무디어지므로 그것을 관찰하기는 매우 어렵습니다만 그래도 관찰하기 위해 애써야 합니다.

그러나 도저히 관찰할 수 없다고 여겨진다면 눈을 뜨도록 하십시오. 눈을 뜨면 마음은 눈을 감았을 때에 비해 한결 기민하고 활발해지므로 졸음과 싸울 에너지를 약간 얻게 될 것입니다.

그리고는 '졸음-졸음…' 이라고 명명하며 끈덕지게 가능한 한까지 관찰하려고 애써야 합니다. 그러는 동안 마음은 점차적으로 기민하고 활발하고 가벼워져서 여러분의 친구는 가 버리게 될 것입니다.

그 다음 할 일은 무엇입니까? 네, 눈을 감고 복부의 불러오고 꺼지는 움직임을 관찰하는 것입니다. 하지만 이 복부의 움직임을 피상적이고 가볍게 관찰한다면 여러분의 나쁜 친구는 곧 되돌아올 것이므로 아주 주의깊고 강력하게 관찰해야만 합니다.

졸음을 극복하는 간접적인 방법

여러분이 이런 방법으로 졸음(게으름과 무기력)을 극복할 수 없다면 〈빠짤라야마나숫따〉[22]에서 부처님께서 가르치신 '게으름과 무기력의 장애를 극복하는 일곱 가지 방법'을 동원해야 합니다. 여러분은 그것에 대해 알고 싶습니까? (수행자들 대답) 왜요? (웃음) 네, 여러분은 수행의 진보를 위해 진정으로 그것을 극복하기를 원하기 때문입니다.

그러나 이 일곱 가지를 모두 다루려면 시간이 많이 걸릴 것이므로 그 중 몇 가지만 설명하겠습니다.

1. 귀를 당겨서 비틀기
아주 성공적인 방법이니까 졸릴 때 즉시 실천해보기 바랍니다. (웃음)

2. 일어나서 걷기
이 경우에는 앞으로가 아니라 뒤를 향해 걷는 것이 보다 효과적입니다.

내가 여기 오기 전 태국과 뉴질랜드에서 위빳사나 수행 지도를 하면서 게으름과 무기력의 장애를 극복하는 방법들을 설명하자 그곳의 수행자들은 당장에 이 뒤로 걷는 방법을 실행했습니다.

그들은 '듦-묾-내림-듦-묾-내림…'이라고 명명하며 뒤로 걷는 동작을

---

22) 빠짤라야마나숫따 : '졸음의 경'. 앙굿따라니까야(증일부 경전增一部 經典)에 속하는 경이다.

관찰했습니다. (웃음) 특히 두 명의 네덜란드 여자 수행자가 이 방법을 아주 좋아했습니다. 그 중 한 명은 좌-수행을 할 때마다 졸음이 몰려와 자신의 수행력에 크게 실망하고 있던 참이었습니다. 그러던 중 이 방법을 설명해주자 아주 좋아하며 실행에 옮겼습니다.

그녀는 언제나 뒤로… 뒤로… 뒤로… 걸었습니다. 다행히 공간이 넓었기 때문에 그녀가 뒤로 걷는데는 아무 문제가 없었습니다. 그녀는 심지어 밤에도 뒤로 걸었습니다. (웃음) 그때부터 그녀는 졸음을 느끼지 않게 되었습니다. 그녀의 졸음은 극복되었습니다. 여러분도 졸음을 느끼고 극복할 수 없을 때 이 방법을 실행해보기 바랍니다.

3. 수행실 밖으로 나가 하늘을 쳐다보고 별을 세기

물론 밤일 경우이겠지요. (웃음) 밤에 밖에 나가 하늘을 보고 '하나, 둘 셋, 넷…' 하고 별을 셉니다. 그러면 가벼움을 느낄 것이고 마음은 기민하고 활발해질 것입니다.

아! 사실 부처님께서는 하늘을 쳐다보기 전에 먼저 세수를 하라고 말씀하셨습니다. 그리고는 하늘을 쳐다보고 별을 세고 달을 쳐다보라고 하셨습니다. 그러나 이 수행처에서는 굳이 하늘을 쳐다보지 않아도 된다고 생각합니다. 캥거루와 토끼들을 보기 위해 모든 방향을 쳐다봐도 좋습니다. 여러분의 눈은 크게 뜨여지게 될 것이며 마음은 기민하고 활발해질 것입니다.

지금까지 게으름과 무기력 즉 졸음을 극복하는 세 가지 간접적인 방법을 언급했습니다. 아직 네 가지가 더 남아 있지만 이것으로도 충분하다고 생각합니다. 어떻습니까, 더 설명할 까요? 이 세 가지로도 충분하지요? 네, 그러면 실행에 옮겨보십시오.

미얀마 소녀의 졸음 극복 방법

이번에는 미얀마에서 내 어린 제자가 실천했던 방법을 소개하고자 합니다.

그 수행자는 15살 된 어린 여학생이었는데 앉아서 수행할 때마다 졸음이 몰려오곤 했습니다. 자리에 앉기만 하면 앉은 지 5분쯤 됐을 때 졸음이 몰려왔기 때문에 그녀는 몹시 화가 나 있던 참이었습니다. 그러던 중 부처님께서 말씀하신 7가지 졸음 퇴치법을 가르쳐 주자 그녀는 거기에서 더 나아가 자신만의 방법을 고안해 내고는 실행에 옮겼습니다.

그 수행처에는 타마린이라는 나무가 있었는데, 그녀는 수행실이 아닌 그 나무 가까이 가서 앉았습니다. 나무를 마주하고 나무로부터 약 4인치 정도 떨어져 앉았던 모양입니다. 그리고는 '불러옴-꺼짐-불러옴-꺼짐…' 이라고 명명하며 복부의 움직임에 주의를 기울였습니다.

수행 시작 후 5분쯤 되자 오랜 친구인 졸음이 그녀를 찾아왔습니다. 그녀는 '졸음-졸음…' 이라고 명명하며 졸음을 관찰했지만 친구는 물러가 주지 않았습니다. 그리고는 졸음에 떨어지자 그녀의 이마는 커다란 타마린 나무에 부딪치고 말았습니다. '쿵!' (웃음)

그녀는 정신이 번쩍 나서 손으로 이마를 문지르고 계속 수행을 했습니다. 그러나 머지 않아 두 번째로 친구가 찾아왔고, 그녀의 이마는 이번에도 나무에 부딪혀야만 했습니다. '쿵!' (웃음)

그래도 그곳을 떠나지 않고 계속 수행을 한 결과 이제 그녀의 이마는 더 이상의 형벌을 받지 않아도 되게 되었습니다. 두 번의 '쿵!'으로 졸음이라는 나쁜 친구가 떠나버렸기 때문입니다. 좀 가혹하긴 합니다만 정졸음을 물리칠 수 없거든 이 방법을 사용해 보는 것도 괜찮을 것 같습니다.

네 번째 장애 : 들뜸과 회환

네 번째 장애인 들뜸과 회한의 장애는 빠알리어로 웃닷짜꾸꿋짜 니와라나인데, 이 역시 수행자의 또 다른 나쁜 친구입니다.

여러분이 처음에 불러오고 꺼짐을 관찰하다 보면 서너 번을 넘기지 못하고 마음은 밖으로 나가 다른 것을 생각하며 방황합니다. 그러다가 복부의 불러옴과 꺼짐으로 돌아와서 가볍고 피상적으로 움직임을 관찰하고는 이내 다시 밖으로 나가 방황합니다.

그러나 여러분은 마음이 복부의 불러오고 꺼짐만을 계속 관찰하고 있다고 여깁니다. 그러다가 어느 순간 방황하는 마음이 사라진 후에야 '아! 내 마음이 그동안 방황하고 있었구나' 하고 깨닫습니다. 이런 현상은 수행 초기에 방황하는 마음을 알아채기 어렵기 때문에 생깁니다.

어찌되었든 마음은 수행을 하는 동안 매우 자주 밖으로 나가 어떤 것을 생각한다든지 또는 후회한다든지 하게 되는데, 이것이 웃닷짜꾸꿋짜입니다. 여러분에게 이것이 있는 한 수행 대상에 잘 집중할 수 없고 꿰뚫어보는 지혜도 예리해지기 어렵기 때문에 이 역시 장애입니다.

이런 장애가 있을 때 여러분은 어떻게 해야 할까요?

네, 역시 관찰해야 합니다. 마음이 밖으로 나갈 때마다, 방황할 때마다, 어떤 것을 생각할 때마다, 어떤 정신적 영상을 볼 때마다 그것들을 알아차리는 순간 놓치지 말고 관찰하도록 훈련해야 합니다.

이 경우에도 여러분의 관찰하는 마음이 생각하는 과정을 압도할 수 있도록 주의깊고 강하며 약간 빠르게 관찰할 필요가 있습니다. 이와 같이 관찰하면 생각하는 과정, 방황하는 과정은 점점 약해져서 마침내 멈출 것입니다.

이런 식으로 가능한 만큼 마음이 방황할 때마다 관찰하면 방황하는 마음은 점점 적어질 것입니다. 그러나 여러분이 방황하는 마음을 관찰하지 못하면 그것은 점점 더 많아질 것입니다. 그 결과 여러분은 그것이 이끄는 길을 따라 오랫동안 질질 끌려 다니게 됩니다.

따라서 이와 같은 결과를 갖지 않도록 방황하는 마음을 관찰하도록 최선을 다하십시오. 이 방황하는 마음을 관찰하는 것은 수행의 진보를 이루는데 첫 번째로 중요한 요인입니다.

이 장애를 극복하는 데 다소 도움이 되는 간접적인 방법은 여러분이 수행을 하기 전에 '내가 수행처에 있는 한 어떤 망상도 하지 않겠다.' 라고 굳게 결심하는 것입니다.

여러분은 가족, 일, 친구, 도시, 정치 문제 등 수많은 주제에 대하여 생각할 것이 많습니다. 그러나 그런 것들은 수행에 있어서는 방해가 되는 자료들일 뿐입니다. 따라서 수행에 임하기 전에 마음속으로 '내가 수행처에 있는 한 어떤 망상도 하지 않겠다.' 라고 결심해야 할 필요가 있습니다.

그렇게 굳은 결심을 하고서 정신적·육체적 과정을 강하고 주의 깊게 관찰하십시오. 그러면 그 강한 관찰의 힘으로 마음이 밖으로 나가는 그 순간에 여러분은 마음이 밖으로 나간다는 것을 알게 됩니다.

그러나 관찰이 조금 약하면 마음이 밖으로 나간 다음에서야 알게 될 것입니다. 그러나 그때라도 늦지 않았으니 '헤맴-헤맴…' 이라고 명명하며 강력하게 관찰하십시오. 그러면 헤매는 마음을 극복할 수 있음은 물론이고 그것의 본성도 깨달을 수 있게 될 것입니다.

다섯 번째 장애 : 회의적 의심

다섯 번째 장애인 회의적 의심의 장애는 빠알리어로 위찌낏차 니와라나라고 합니다.

여러분이 수행도중 삼보三寶, 즉 부처님과 그분의 가르침, 그리고 승가僧家에 대한 의심이 일어날 수도 있습니다. 그러면 이 의심으로 마음은 어지럽고 또한 이 의심으로 인해 수행에 충분한 노력을 쏟지 않게 됩니다.

그 결과 여러분은 어떠한 정신적 또는 육체적 과정을 아주 정확하고 세세하고 주의 깊게 관찰할 수 없으므로 마음의 깊은 집중도 얻을 수 없습니다.

따라서 삼보에 대한, 특히 수행법에 대한 의심 역시 집중의 진보를 이루지 못하게 하는 장애이고 또한 꿰뚫어보는 지혜를 예리하게 하는 데 있어서도 장애입니다.

이 장애는 여러분이 수행법과 담마의 일부를 바르게 이해할 때 어느 정도 극복될 수 있습니다. 의심이 어느 정도 극복되면 여러분은 수행에 노력을 기울일 수 있게 되어 더욱 예리하고 명확해지며 끊어지지 않고 지속되는 주의기울임을 지니게 됩니다.

그 결과 집중이 충분히 깊어져서 여러분은 고요, 평온, 안정, 차분함 등을 느끼게 될 것입니다. 이 단계에서 여러분은 약간이나마 수행상의 유익한 경험을 하게 됩니다.

즉, 고요, 평온, 차분함을 경험함으로써 수행법이나 삼보에 대한 회의적 의심을 극복하게 됩니다. 그러면 여러분은 수행을 하는 데 있어 전보다 더욱 더 노력하게 됩니다.

그러나 무슨 일이든 간에 처음부터 좋은 결과를 얻을 수는 없습니다. 위빳사나 수행에 있어서도 역시 수행 초기에 바로 좋은 결과를 얻지는 못합니다.

적어도 열흘 정도 꾸준히 수행했을 때 비로소 약간의 좋은 결과를 얻을 수 있으며, 현저한 이익을 얻기 위해서는 두 달 정도는 수행을 해야 합니다. 그러나 한 달간이라도 수행할 수 있다면 그것 역시 여러 분에게 적합한 이익을 줄 수 있을 것입니다.

내가 말하고자 하는 요점은 일주일 정도의 수행만으로는 현저한 결과를 얻을 수 없다는 것입니다. 그러나 일주일간의 수행으로 방법을 잘 배워 집에 돌아가 수행을 계속한다면 어느 정도의 이익을 얻을 수는 있을 것입니다.

따라서 초심자에게서는 삼보와 수행법에 대한 의심, 특히 수행법에 대한 의심이 극복되기를 기대할 수는 없습니다. 하지만 비록 짧은 기간 일지라도 체계적이고 조직적으로 수행을 한다면 약간의 좋은 경험을 할 수 있을 것이고, 그를 통해 그만큼의 의심도 덜 수 있게 될 것입니다.

어찌 되었든 회의적 의심은 집중과 꿰뚫어보는 지혜의 진보에 있어 장애가 되는 것들 중의 하나이므로 이것을 극복하기 위해 여러분은 수행에 충분한 노력을 기울여야 합니다. 그러면 이 아주 오래된 길(위빳사나 수행)이 여러분을 행복하고 평화로운 삶으로 이끌어 줄 것입니다.

도덕적 행위의 청정: 마음의 청정 또는 마음 집중의 원인

지금까지 우리는 깊은 집중을 얻는 것과 꿰뚫어보는 지혜를 예리하게 하는데 있어 방해가 되는 다섯 가지 장애에 대해 알아보았고, 그것들을 극복하는 방법도 살펴보았습니다.

여러분이 이 다섯 가지 장애를 극복하고 그것으로부터 벗어났을 때 여러분은 마음의 청정을 얻게 됩니다. 이 마음의 청정은 위빳사나 수행 코스에서 거쳐야 하는 일곱 가지 청정 중 두 번째 단계에 속하며 빠알리 어로는 찟따 위숫디 라고 합니다. 앞에서도 말했듯이 이 마음의 청정을 얻지 못하는 한 여러분은 어떤 정신적·육체적 과정도 있는 그대로 깨달을 수 없습니다. 오직 청정한 마음을 얻었을 때만이 정신적·육체적 과정을 이론적인 지식에 의해서가 아니라 여러분의 개인적인 경험에 의해 깨닫거나 식별할 수 있습니다.

그러면 청정이라는 말이 나온 김에 첫 번째 청정은 무엇인지 여러분에게 물어보고 싶군요. 첫날 언급했는데 기억합니까?

네, 첫 번째 청정은 도덕적 행위, 또는 도덕성의 청정입니다. 여러분이 이미 잘 알고 있을 것이라 생각되나 정리하는 의미에서 간단히 요약하면서 미처 설명하지 못했던 부분을 조금 부연하겠습니다.

이 도덕성의 청정은 빠알리어로는 실라 위숫디라고 하며, 계를 완전히 지킴으로써 얻어집니다. 따라서 재가신자로서 여러분은 이 도덕성의 청정을 위해 평소에는 5계를 지켜야 하는데 그 내용은 다음과 같습니다.

1. 살생을 삼간다
2. 주지 않는 것 갖는 것을 삼간다.
3. 잘못된 성행위를 삼간다.
4. 거짓말을 삼간다.
5. 정신을 취하게 하는 것을 사용하는 것을 삼간다.

여기서 세 번째 계를 제외한 나머지는 첫날 언급한 8계의 처음 다섯 가지 계의 내용과 같음을 알 수 있을 것입니다.

그런데 재가신자라도 수행에만 몰두해야 하는 기간에는 8계를 지켜야 합니다. 그것은 내용이 약간 다른 세 번째 계와 나머지 여섯, 일곱, 여덟 번 째 계를 추가로 지킴으로써 수행에 더 전념할 수 있기 때문입니다.

예를 들어 여러분이 여섯 번째 계인 '정오 이후에는 음식을 취하는 것을 삼간다.'를 지킬 때 여러분은 저녁식사나 그 밖의 다른 종류의 음식을 먹기 위해 시간을 소요할 필요가 없습니다. 따라서 그만큼 수행에 전념할 수 있게 됩니다.

물론 주스나 꿀차를 마시기 위한 시간이 정해져 있습니다만 그 시간에 반드시 음료를 마셔야 하는 것은 아닙니다. 배가 고프지 않다면 그 시간에 음료를 마실 필요가 없으므로 여러분은 하던 수행에 계속 전념할 수 있을 것입니다.

어쨌든 각 상황에 해당하는 5계나 8계를 완전히 지켰을 때 여러분의 말과 행동은 청정해져서 수행 대상에 잘 주의기울일 수 있습니다.

그러나 여러분이 이 계들을 잘 지키지 않아 여러분의 말과 행동이 청정하지 않은 채로 수행을 하면 다음과 같은 불이익을 얻게 됩니다.

여러분이 자리에 앉아 마음을 복부의 움직임이나 다른 정신적·육체적 과정에 주의를 기울이고 있는 동안 여러분에게 과거에 했던 말과 행동이 떠오를 때가 있습니다.

그런데 그것이 청정치 못한 말과 행동이었다면 여러분은 평화로울 수 없고 때때로 죄의식을 느끼기도 합니다. 그러면 여러분은 마음을 수행 대상에 잘 주의기울일 수 없고 그 결과 대상에 대한 깊은 집중도 얻을 수 없습니다.

결국 도덕적 행위의 청정을 얻지 못한 채로 수행을 하면 마음의 집중 또는 마음의 청정을 얻을 수 없는 불이익을 낳는다는 말입니다.

견해를 청정하게 하는 첫 번째 꿰뚫어보는 지혜

말과 행동이 청정할 때, 여러분은 행복해지고, 환희를 느끼고, 마음이 편안해집니다. 그러면 수행대상에 쉽게 주의기울이게 되어 그 결과 대상에 대한 집중이 깊어져서 다섯 장애로부터 벗어나 마음의 청정을 얻게 됩니다. 그리고는 이 청정한 마음을 바탕으로 일어나는 꿰뚫어보는 지혜는 예리해져서 관찰되어지는 정신적·육체적 현상의 본성을 꿰뚫어보게 됩니다.

이 꿰뚫어보는 지혜는 열세 단계의 꿰뚫어보는 지혜 중 첫 번째로서 '대상인 육체적 과정과 그것을 관찰하는 마음인 정신적 과정을 구별하는 지혜' 또는 '정신적·육체적 현상의 고유한 특성을 구별하는 지혜' 라고 불립니다.

빠알리어로는 '나마루빠 빠릿체다 냐나' 라고 하는데 여기서 '나마' 는 '정신적 과정', '루빠' 는 '육체적 과정', '빠릿체다' 는 '구별하다', '냐나' 는 '지혜' 를 의미합니다.

이 지혜를 얻을 때 사람, 존재에 대한 개념인 삭까야 딧티 또는 앗따 딧티가 제거됩니다.

복부의 움직임에 대한 관찰을 예로 들어보겠습니다.

여러분이 불러오는 움직임과 꺼지는 움직임을 마음속으로 '불러옴-꺼짐-불러옴-꺼짐…' 이라고 명명하며 움직임의 맨 처음부터 끝까지 따라가며 아주 정확하고 세밀하게 관찰하면 마음은 점차적으로 대상에 집중됩니다. 관찰하는 마음이 더 깊게 집중되어질수록 꿰뚫어보는 지혜도 더 명확해져서는 대상인 복부의 움직임과 그것을 관찰하는 마음의 성품을 꿰뚫어보게 됩니다. 즉, 여러분은 육체적 형태나 여러분 자신을 의식하지 못하고는 단지 육체적 현상인 복부의 불러오고 꺼지는 움직임을 하나씩 차례대로 일어나서는 사라지는 일련의 끊어지는 움직임으로서 그리고 이 움직임들을 관찰하는 마음인 정신적인 현상도 일어나서는 사라지는 그저 자연 그대로의 과정으로서 깨닫습니다.

이 양자 과정은 일어나서는 곧 사라져 버립니다. 그것들은 백만 분의 일초조차도 지속되지 않습니다. 깊은 집중의 도움으로 여러분의 개인적인 경험을 통해 그것을 깨닫습니다.

여기서 여러분은 육체적 형태나 여러분 자신을 의식하지 못하고 일어났다가 사라지는 양자 과정만을 발견하기 때문에 여러분은 이 양자과정을 여러분 자신과 동일시하지 않습니다. 즉 여러분은 이 복부의 불러오고 꺼지는 움직임과 관찰하는 마음을 사람, 존재, 자아, 영혼, 나 또는 너로 여기지 않는다는 말입니다.

이 양자과정 말고 영속하는 어떤 존재, 자아, 영혼 등은 발견되지 않습니다. 그 결과 사람, 존재, 자아 등등에 대한 개념이 제거됩니다. 사람, 존재, 자아 등등에 대한 개념이 제거되면 욕망, 갈망, 육욕, 탐욕, 증오, 무지 등등과 같은 어떠한 정신적 오염원도 일어나지 않게 됩니다. 왜냐하면 이러한 정신적 오염원들은 사람, 존재라는 개념에 의존해서 일어나기 때문이지요.

이런 식으로 복부의 움직임을 관찰하여 대상인 움직임의 육체적 과정과 그것을 관찰하는 마음의 정신적인 과정인 주체를 구별하는 첫 번째 꿰뚫어보는 지혜가 사람, 존재에 대한 개념인 삭까야 딧티 또는 앗따 딧티를 제거합니다.

그러나 사람, 존재에 대한 개념은 첫 번째 성인의 지혜인 도-지혜를 얻었을 때 비로소 완전히 파괴되므로 여러분에게 다시 이 개념이 일어날 것입니다.

그렇다 할지라도 여러분이 수행을 통해서 꿰뚫어보는 지혜를 다시 얻거나 또는 수행시 경험했던 이 꿰뚫어보는 지혜를 회상함으로써, 여러분이 다시 이 꿰뚫어보는 지혜를 지닐 때, 자아, 영혼, 사람, 존재의 개념은 파괴될 수 있습니다. 이런 식으로 첫 번째 꿰뚫어보는 지혜는 여러분의 견해를 청정하게 합니다.

꿰뚫어보는 지혜를 얻는데 필요한 어느 정도의 깊은 집중

그런데 견해를 청정하게 하는 이 꿰뚫어보는 지혜를 얻기 위해서는 마음의 청정이라 불리는 깊은 집중이 필요하다고 했습니다만 여기서 깊은 집중이란 '매우 깊은 집중'이 아니라 '어느 정도의 깊은 집중'을 의미한다는 것을 알아야 합니다.

위빳사나 수행자에게는 '매우 깊은 집중'이 필요하지 않습니다. 그것은 '매우 깊은 집중' 상태에서는 관찰하는 마음이 수행의 대상에 아주 깊게 완전히 흡수되어져서 어떤 정신적·육체적 과정을 깨달을 수 없기 때문입니다.

그러나 '어느 정도의 깊은 집중' 즉, 적어도 약 10분 정도 또는 20분 30분 정도의 끊이지 않고 계속해서 집중되어진 마음은 필요합니다.

마음이 10분 이상 즉 20분 30분 또는 1시간 동안 집중될 수 있다면 더 좋겠지만 적어도 약 10분 동안이라도 깊게 대상들에 집중될 수 있다면 그 집중은 정신적·육체적 현상의 본성을 꿰뚫어 보는 지혜를 돕는데 충분합니다.

그러나 이 정도의 집중을 얻는 것도 노력 없이는 당연히 불가능합니다. 따라서 여러분 모두 최선을 다해 꿰뚫어보는 지혜를 일으킬만한 어느 정도의 집중을 얻고 마침내는 여러분의 목적을 이룰 수 있기를 기원합니다.

사두! 사두! 사두!

일곱 번째 날

다섯 가지 정신적 기능 1

어제는 집중과 꿰뚫어보는 지혜의 진보에 걸림돌이 되는 다섯 가지 장애와 그것들을 극복하는 방법에 대해 알아보았습니다. 나아가 그 장애를 극복함으로써 마음의 청정을 얻은 후에 첫 번째 꿰뚫어보는 지혜가 사람, 존재에 대한 개념을 제거하는 것까지 살펴보았습니다.

오늘은 그동안 법문을 하면서 시간 관계상 미처 설명하지 못했던 몇 가지를 다룬 후에 수행자가 지녀야 하는 다섯 가지 정신적 기능에 대해 알아보겠습니다.

정상적이고 자연스런 호흡으로 복부의 움직임을 관찰하기

여러분이 복부의 불러오고 꺼지는 움직임을 관찰할 때는 움직임의 맨 처음부터 끝까지를 모두 알아차려야 합니다. 아주 정확하고 세밀하게 움직임의 맨 처음부터 끝까지 그 과정을 따라가면서 관찰해야 하는 것입니다.

그러나 수행 초기에는 그렇게 하기가 어렵습니다. 그 까닭은 여러분이 아직 수행에 익숙하지 못하고, 호흡 또한 규칙적이지 않기 때문입니다.

여러분은 자연스런 호흡에 동반되어 발생하는 복부의 불러오고 꺼지는 움직임에 만족하지 못합니다. 그리고는 복부의 움직임이 더 분명하면 관찰도 더 잘 할 수 있을 것이라 생각합니다. 따라서 일부러 강하게 호흡을 하기도 하고, 빠르게 호흡을 하기도 합니다.

그러나 실제로는 호흡이 조화롭고 안정적일 때만이 불러오는 움직임과 꺼지는 움직임을 세세하고 주의 깊게 관찰할 수 있습니다. 따라서 인위적인 호흡을 하지말고 정상적이고 자연적이며 안정된 호흡을 하도록 해야합니다.

헤매는 마음을 알아차리는 순간 즉시 관찰하기

자연스런 호흡에 따라 발생하는 복부의 움직임을 관찰하는 것에 차차 익숙해져서 복부의 움직임의 과정을 아주 세세하게 관찰할 수 있게 되면, 비록 관찰하는 마음이 불러오는 움직임과 꺼지는 움직임을 약 네 번 내지 다섯 번 관찰하고 밖으로 나가게 된다고 할지라도, 여러분은 마음이 나가는 것을 알아차릴 수 있습니다.

혹시 나가는 그 순간 알아차리지 못한다 하더라도 마음이 나간 후에는 곧바로 그것을 알아차릴 수 있습니다. 그러면 '나감-나감…' 또는 '헤맴-헤맴…' '생각함-생각함…' 이라고 명명하며 그것을 관찰할 수 있습니다.

그러나 복부의 움직임을 세세하게 잘 관찰할 수 없을 때는 마음이 나갈 때 그것을 알아차리지 못하는 것은 물론이고, 마음이 나간 다음에 생각하거나 헤매고 있는 것도 알아차리지 못합니다. 그런 수행자는 헤매는 마음의 끝 부분, 즉 헤매는 마음이 거의 사라지려고 할 무렵에 가서야 비로소 마음이 헤매고 있었다는 것을 알아차리게 됩니다.

그러나 그때라도 헤매는 마음을 아는 즉시 '헤맴, 헤맴…', 또는 '생각함, 생각함…' 이라고 명명하며 관찰해야 합니다. 네 번에서 다섯 번 정도 관찰하십시오. 이렇게 해야 하는 까닭은 생각을 알아차리는 순간 관찰하는 습관을 들이기 위해서입니다.

지금 말한 것의 요점은, 헤매는 마음이나 생각하는 마음을 처음부터 알아차릴 수 있으면 더 좋겠지만 중간이나 끝 부분에서 알아차렸다 할지라도 알아차리는 순간 즉시 명칭을 붙이며 관찰해야 한다는 것입니다.

헤매는 마음을 관찰해야 하는 이유

〈마하사띠빳타나 숫따〉 가운데 찟 따 아누빳사나 사띠빳타나(의식에 대한 주의기울임)의 장에서 부처님께서는 "워킷땅 와 찟땅 워킷땅 찟딴띠 빠자나띠."라고 말씀하셨습니다. 이것은 마음이 헤매거나 어떤 것을 생각할 때는 마음속으로 '헤맴-헤맴…', 또는 '생각함-생각함…' 이라고 명명하며 관찰해야 한다는 것을 의미합니다. 그러면 부처님께서는 왜 헤매거나 생각하는 마음에 주의를 기울이라고 가르치셨을까요? 그것은 그분께서는 우리들로 하여금 헤매거나 생각하는 마음을 그것의 본성대로 깨닫기를 원하셨기 때문입니다.

여러분이 헤매는 마음을 정신성의 자연 그대로의 과정으로서 깨닫는다면 여러분은 헤매는 마음을 사람, 또는 존재와 동일시하지 않게 됩니다.

사실 헤매는 마음은 사람도 아니고 존재도 아닙니다. 그러면 그것은 무엇입니까? 그것은 정신성의 자연 그대로의 과정일 뿐입니다. 여러분이 이렇게 깨달을 때 헤매는 마음이나 생각하는 마음과 관련해 사람, 존재라는 개념을 갖지 않게 됩니다.

그러면 여러분은 이 대상, 즉 헤매는 마음에 반응하지 않으며, 그것을 있는 그대로 받아들이게 됩니다. 그것을 있는 그대로 받아들이고 반응하지 않을 때, 여러분에게는 그것에 대한 혐오나 욕망과 같은 정신적 오염원이 일어나지 않습니다. 따라서 우리는 마음이 밖으로 나가 어떤 것을 생각하거나 헤맬 때마다 그것을 관찰해야만 합니다.

그러나 초심자들이 헤매는 마음을 관찰하는 것은 매우 어렵습니다. 딴 생각을 하고 있다는 것을 알자마자 그들은 의식적으로, 또는 무의식적으로 기본대상인 배의 움직임으로 돌아옵니다. 생각을 관찰한 다음 돌아와야 하는데도 말입니다.

이와 같은 습관은 지금, 현재 가장 두드러진 정신적 현상이나 육체적 현상을 관찰해야 하는 위빳사나 수행의 기본 원리를 잊지 않고 실천하려고 노력할 때 고쳐질 수 있을 것입니다.

또한 생각하는 것을 관찰하는 것은 위빳사나 수행에서 진보를 이루는 데 첫 번째로 중요한 요인이라는 것을 명심하는 것도 도움이 될 것입니다.

그러나 어떨 때는 생각과정을 강력하고 주의 깊게 관찰하는데도 생각과정이 그것을 관찰하는 마음보다 더 강하기 때문에 생각이 오래, 예컨대 30초에서 1분 정도 지속될 때가 있습니다.

이런 경우에는 생각과정을 잘 관찰할 수 없기 때문에 여러분은 기본 관찰 대상으로 돌아올 수도 있습니다만, 그런 경우는 아주 드뭅니다.

대개의 경우는 마음이 나갈 때 그것을 강하고 주의 깊게 그리고 다소 빠르게 관찰하면 관찰하는 마음이 점점 강력해져서 생각과정을 압도하게 됩니다. 그러면 생각과정은 약해져서는 멈추게 됩니다.

마음이 불안할 때 도움이 되는 자애 수행

어떤 수행자는 생각하고, 헤매고, 상상하는 것을 즐기기도 합니다. 그러나 그렇게 하는 것은 올바른 태도가 아닙니다. 생각을 즐기는 수행자는 그것을 극복할 수 없고, 급기야는 이 정신적 상태 때문에 불안해지기까지 합니다. 이런 경우에는 위빳사나 수행을 잠시 보류하고 멧따 바와나(자애 수행)로 전환하는 것이 좋습니다.

여러분은 자애, 즉 멧따를 계발해 본 경험이 있습니까?

여러분이 멧따 수행을 할 때 마음은 쉽사리 집중됩니다. 그러나 그 집중은 '매우' 깊은 것이 아니라 '어느 정도' 깊은 것입니다. 마음이 어느 정도 깊게 집중되면 여러분은 고요하고 평온하고 안정된 마음이 됩니다.

그 상태에서 멧따 수행(자애 수행)을 계속하면 마음은 더욱 깊게 집중되어 고요와 평온과 안정을 한층 더 느끼게 됩니다. 이런 과정을 거쳐 충분한 집중, 고요, 평온을 얻었다고 생각될 때 자애 수행으로부터 위빳사나 수행으로 돌아오십시오.

멧따 수행으로 마음을 집중하기 위해서는 15분이나 30분, 때로는 한 시간 정도가 걸릴지도 모릅니다. 그렇다고 할지라도 어느 정도 충분한 마음의 집중과 고요와 평온을 얻을 때까지는 멧따 수행을 해야 합니다.

그리고나서 위빳사나 수행으로 전환하면 복부의 움직임이나 다른 대상들을 잘 관찰할 수 있게 됩니다.

이처럼 자애 수행은 수행자로 하여금 불안, 절망, 우울, 긴장, 스트레스 등을 극복하여 위빳사나 수행의 대상인 정신적·육체적 과정에 집중하는데 큰 도움을 줍니다. 따라서 가끔 한 두 번의 좌-수행, 또는 보-수행 중에도 자애 수행을 할 필요가 있습니다. 멧따 수행을 어떻게 하는지에 대한 자세한 방법은 나중에 시간이 나면 다루도록 하겠습니다.[23]

지나친 노력은 오히려 마음을 산란케 함

(한 수행자가 질문) 네, 산만한 마음, 헤매는 마음, 생각하는 마음, 상상, 아이디어, 견해, 정신적 영상, 분석하는 것, 비평하는 것, 생각하는 것, 추론하는 것, 숙고하는 것 등은, 어제도 말했듯이 다섯 가지 장애 중 하나인 웃닷짜 꾸꿋짜 니와라나(들뜸과 회한의 장애)에 속합니다.

이러한 정신적 상태들이 있으면 여러분은 마음을 잘 집중할 수 없습니다. 그것들은 집중의 적입니다. 따라서 여러분의 마음에 그것들이 있다는 것을 알자마자 그것들을 사라질 때까지 관찰해야 합니다.

다만 여기서 한 가지 유의할 것이 있습니다. 어제, 그것들을 관찰할 때는 주의깊고 강하며 다소 빠르게 관찰해야 한다고 했더니 이 말을 잘

───────────

23) 자애수행의 자세한 방법에 대해서는 이 책의 '부록 2'를 참조하기 바란다.

못 해석하여 너무 빠르게 하는 수행자가 있었습니다.

그러나 그래서는 안됩니다. 만일 '생각함-생각함-생각함-생각함-생각함…(아주 빠르게 하심)' 이라고 명명하며 '매우 빠르게' 관찰하면 여러분은 오히려 더 불안하게 되어 집중이 잘 되지 않습니다.

빠알리어 경전에 대한 주석은 "너무 많은 노력은 마음을 흩어지게 하거나 산만하게 한다."고 말하고 있습니다. 네, 실제 수행에서 이 말은 아주 옳습니다.

여러분이 '생각함-생각함-생각함-생각함-생각함…(아주 빠르게 하심)' 이라고 명명하며 너무 빠르게 관찰할 때는 관찰하는데 많은 노력을 기울이게 됩니다. 그러면 마음은 수행 대상에 잘 집중되지 않습니다. 집중을 얻으려는 마음이 너무 강렬하면 마음은 오히려 본 길을 벗어나 옆길로 새버리게 된다는 말입니다.

그러므로 여러분은 생각하는 것을 관찰할 때 '아주 빠르게' 가 아니라 '약간 빠르게' 해야만 합니다. 바꿔 말해서 성급하지 않은 차분하고 꾸준한 노력이 필요하다는 말입니다.

그렇게 했을 때 관찰하는 마음은 점차 강력해지고 생각하는 마음은 점차 약해져서 머지 않아 멈춥니다. 이런 식으로 수행하여 들뜸과 회한의 장애가 물러나면 마음은 더욱 더 잘 집중되어져서 장애로부터 청정해집니다.

위빳사나 = 주의기울임 + 꿰뚫어 봄

마음이 장애로부터 청정할 때만이 집중, 또는 청정한 마음과 함께 일어나는 꿰뚫어보는 지혜가 예리해져서 정신적·육체적 과정의 본성을 있는 그대로 꿰뚫어 볼 수 있습니다.

여기서 꿰뚫어보는 지혜를 빠알리어로는 위빳사나 냐나라고 합니다.

그런데 우리가 위빳사나라는 말을 영어로 꿰뚫어 봄(insight)으로 번역한다할지라도 이것에는 사실상 주의기울임(mindfulness)이 포함됩니다. 왜냐하면 '주의기울임' 없이는 '꿰뚫어 봄'이 일어나지 않기 때문입니다. 즉 여러분이 대상인 정신적·육체적 과정에 주의기울이지 않고서는 집중과 함께 일어나는 꿰뚫어보는 지혜를 얻을 수 없다는 말입니다.

따라서 위빳사나라는 말의 뜻을 더 정확하게 표현하면 '정신적·육체적 현상에 대한 주의기울임에 의해 그것들의 세 가지 특성인 아닛짜, 둑카, 아낫따를 꿰뚫어 봄'이라 하겠습니다.

정신적·육체적 현상의 본성을 깨달을 수 없는 두 가지 경우

그러나 사실 이것도 완전히 정확하게 위빳사나라는 말의 의미를 나타냈다고 할 수는 없습니다. 왜냐하면 주의기울임과 꿰뚫어 봄 사이에 집중의 과정이 생략되어 있기 때문입니다.

여러분이 잘 아는 것처럼 집중이 깊을 때만이 꿰뚫어보는 지혜가 예리해져서 정신적·육체적 현상들의 본성을 깨달을 수 있습니다. 그러나 집중이 깊을지라도 정신적·육체적 현상의 본성을 깨달을 수 없는 두 가지 경우가 있는데, 그것은 다음과 같습니다.

1. 목적이 정신적·육체적 현상을 깨닫는 것이 아닌 경우

위빳사나 수행은 정신적·육체적 현상을 있는 그대로 깨닫는 것을 일차목적으로 하지만 사마타 수행은 정신적·육체적 현상을 깨닫는 것이 아니라 보다 높은 정도의 집중만을 얻는 것을 목적으로 합니다.

따라서 사마타 수행자가 비록 빤짜마 자나 즉, 보다 높은 집중인 다섯 번째 단계의 깊은 집중을 얻는다고 하더라도, 그는 정신적·육체적 현상을 깨달을 수 없습니다.

2. 마음이 수행의 대상에 '너무 깊게 집중'된 경우

이런 경우는 마음이 수행의 대상에 너무 깊게 들어가 있으면 도리어 정신적·육체적 현상을 깨달을 힘(능력)을 갖지 못하기 때문입니다. 그러나 이런 경우는 매우 드물게 발생합니다. 여기에 모여 있는 우리 수행자들 역시 '너무 깊은 집중' 때문에 곤란을 겪을 수행자는 아무도 없으니 걱정하지 않아도 될 것입니다. (웃음)

다섯 가지 정신적 기능

어쨌든 위빳사나라는 말의 정확한 의미를 나타내는데 필요한 주의기울임, 집중, 꿰뚫어 봄은 수행자가 반드시 지녀야만 하는 다섯 가지 정신적 기능(능력)에 속하는 요인들입니다.

《위숫디막가 앗타까타(청정도론 주석)》에서는 다섯 가지 정신적 기능에 대해 다음과 같이 언급하면서, 이것들은 조화롭게 유지되어져야 하며, 날카롭고 강해야 한다고 말하고 있습니다.

1. 삿다 : 담마에 대한 확고한 믿음
2. 위리야(또는 빠다나) : 불요불굴의 노력
3. 사띠 : 지속적이고 강력한 주의기울임
4. 사마디 : 깊은 집중(깊은 삼매)
5. 빤냐 : 지혜(꿰뚫어 보는 지혜+깨달음enlightenment)

여러분이 정신적·육체적 과정을 관찰할 때, 예를 들어 복부의 불러오고 꺼지는 움직임을 관찰한다고 할 때, 처음에 여러분은 바람요소(와요 다투)의 고유한 특성인 움직임 그 자체만을 깨닫지 못하고, '나의' 복부가 불러오고 꺼지고 있다는 식으로 압니다. 즉, 복부의 불러오고 꺼지는 움직임과 관련해서 사람, 존재의 개념을 가진다는 말입니다.

그러나 여러분이 충분한 노력을 기울여 주의기울임이 더 명확하고 예리해지면 여러분의 마음은 복부의 불러오고 꺼지는 움직임에 어느 정도 집중됩니다.

그러면 여러분은 불러오는 움직임과 꺼지는 움직임을 자연 그대로의 육체적 과정으로만 깨닫습니다. 그리고는 그것들을 관찰하는 마음도 단지 자연 그대로의 정신적 과정으로만 깨닫게 됩니다.

마음이 복부의 불러오고 꺼지는 움직임의 과정에 오로지 집중되어 있기 때문에 여러분은 복부와 몸의 형태를 의식함 없이 정신적 과정과 육체적 과정을 구별하게 되는 것입니다. 그러면 그 순간에 여러분은 나, 너, 사람, 존재의 개념을 갖지 않게 됩니다.

그러면 나도 아니고, 너도 아니고, 사람도 아니고, 존재도 아닌 그것들은 무엇입니까? 그것들은 단지 불러오고 꺼지는 움직임의 육체적 과정과 그것을 관찰하는 정신적 과정일 뿐입니다. 이렇게 깨닫는 것을, '불러오고 꺼지는 움직임과 그것들을 관찰하는 마음의 본성을 꿰뚫어보는 지혜' 라고 부릅니다. (다섯 번째 요인인 빤냐)

이런 식의 꿰뚫어보는 지혜가 일어나게 하기 위해 여러분에게는 어느 정도의 집중이 필요합니다. (네 번째 요인인 사마디)

그리고 어느 정도의 집중을 얻기 위해서는 반드시 지속적이고 명확하고 강한 주의기울임이 필요합니다. 여러분의 주의기울임이 아직은 하루 종일 끊임없이 지속되지 못하더라도 그것은 가능한 한 오랜 시간 동안, 보다 명확하고 강력해야만 합니다. (세 번째 요인인 사띠)

이런 주의기울임을 지니기 위해 필요한 것이 불요불굴의 노력입니다. 정신적 노력이 강력할 때만이 몸과 마음에 일어나는 현상을 아주 주의깊고 세세하고 빈틈없이 관찰할 수 있습니다. 그럼으로써 여러분은 강력하고 명확한 주의기울임을 지닐 수 있게 되는 것입니다. (두 번째 요인인 위리야)

그러면 불요불굴의 노력을 기울이기 위해 필요한 것은 무엇일까요? 그것은 부처님께서 가르치신 담마, 특히 우리가 지금 수행하고 있는 방

법에 대한 강한 믿음과 확신입니다. (첫 번째 요인인 삿다)

수행법에 대해 강한 믿음을 가질 때, 여러분은 수행에 충분한 노력을 기울일 수 있습니다. 충분한 노력으로 정신적·육체적 과정에 세세하고 빈틈없게 주의기울일 때 주의기울임은 강력하고 명확해집니다. 주의기울임이 강력해지고 명확해질 때 마음은 수행 대상에 더욱 깊게 집중됩니다.

이와 같은 마음의 깊은 집중 상태에서 여러분은 감각적 욕망, 악의, 혐오와 같은 모든 장애로부터 벗어나 청정한 마음을 지니게 됩니다. 그러면 이 청정한 마음상태에서 집중과 함께 일어나는 꿰뚫어보는 지혜는 날카롭고 예리하게 되어 심신 과정의 본성을 꿰뚫어 보게 됩니다.

이런 식으로 수행자는 조화롭고 날카롭고 강한 다섯 가지 정신적 기능을 갖추어야 합니다.

다섯 가지 정신적 기능을 다시 정리하면 강한 믿음, 강력한 노력, 명확하고 강력한 주의기울임, 깊은 집중, 그리고 지혜입니다. 이 다섯 가지 정신적 기능을 묶어 빠알리어로는 '빤짜 인드리야니' 라고 하는데, 이것은 수행자가 갖추어야 하는 '다섯 가지 정신적 기능' 이라는 뜻입니다.

원인과 결과의 관계로 맺어진 다섯 가지 정신적 기능 (삿다→위리야→사띠→사마디→빤냐)

이 다섯 가지 정신적 기능들은 원인과 결과의 관계로 맺어져 있습니다.

삿다(담마, 또는 수행법에 대한 강한 믿음)가 충분히 강할 때 강력한 위리야(노력)가 일어납니다. 위리야가 강력해질 때 사띠(주의기울임)가 명확하고 강력하고 끊임없이 지속됩니다. 사띠가 명확하고 강력하고 끊임없이 지속될 때 수행의 대상에 대한 깊은 사마디(집중)가 얻어집니다.

깊은 사마디가 얻어질 때 빤냐(지혜)의 시작이라 할 수 있는 정신적·육체적 현상을 구별하는 첫 번째 꿰뚫어보는 지혜가 일어납니다. 그리고는 하나씩 차례대로 더 높은 단계의 꿰뚫어보는 지혜들을 거쳐, 열세 번째 단계의 꿰뚫어보는 지혜를 통과하면 첫 번째 도-지혜 또는 깨달음(enlightenment)이 일어납니다. 이때 몇 가지 정신적 오염원이 완전히 근절됩니다.

그 후에 계속 수행을 하면 두 번째, 세 번째 깨달음이 일어나 각각에 해당하는 정신적 오염원들이 파괴됩니다. 그리고는 빤냐의 끝이라 할 수 있는 네 번째 깨달음이 일어날 때, 모든 정신적 오염원이 완전히 근절되어 여러분은 마침내 괴로움의 소멸인 닙바나(열반)를 얻게 됩니다.

이런 식으로 여러분은 이 존재에서 괴로움의 소멸을 얻을 수 있습니다. 그러기 위해 여러분이 갖추어야 하는 것이 무엇이라고요? 네, 그것은 다섯 가지 정신적 기능, 즉 삿다, 위리야, 사띠, 사마디, 그리고 빤냐입니다.

여러분 모두 이 다섯 가지 정신적 기능을 조화롭고 충분히 강하게 지녀서 괴로움의 소멸을 얻기를 기원합니다.

사두! 사두! 사두!

다섯 가지 정신적 기능 2

다섯 가지 정신적 기능을 날카롭고 강하게 하는 방법

어제에 이어 다섯 가지 정신적 기능에 대한 법문을 계속하겠습니다.

수행자는 다섯 가지 정신적 기능인 강한 믿음(삿다), 불요불굴의 노력(위리야), 지속적이고 강력한 주의기울임(사띠), 깊은 집중(사마디), 그리고 꿰뚫어보는 지혜와 깨달음을 의미하는 지혜(빤냐)를 갖추어야 합니다.

이 다섯 가지 정신적 기능은 수행자가 그의 목표를 달성할 수 있도록 강하고 날카로워야 한다고 《위숫디막가 앗타까타(청정도론 주석)》는 말하고 있습니다. 주석서는 거기에 더하여 다섯 가지 정신적 기능을 날카롭고 강하게 하는 데는 아홉 가지 방법이 있다고 말하고 있는데, 여기서는 그 중 세 가지만 다루고자 합니다.

1. 위빳사나 수행을 할 때, 집중이 깊으면 관찰되어지는 모든 정신적·육체적 과정의 사라짐을 깨달을 수 있다는 것을 마음에 미리 새겨 둘 것

정신적·육체적 과정은 그 어떤 것도 영속하지 않습니다. 그것들은 일어나서는 아주 빠르게 사라지고 일어나서는 아주 빠르게 사라집니다. 이것이 정신적·육체적 과정의 실상이지만 이에 반하는 생각, 즉 정신적·육체적 과정이 영속한다고 믿는 선입견을 갖고 있을 경우 우리는 그것들의 본성을 깨닫기 어렵습니다.

따라서 집중이 충분히 깊은 상태에서 모든 정신적·육체적 현상의 사라짐을 깨달을 수 있을 것이라는 것을 마음에 새기고 위빳사나 수행에 임해야 합니다.

그렇게 했을 때 여러분은 관찰되어지는 정신적·육체적 현상의 사라짐을 쉽게 깨달을 수 있을 것이고 그 결과 삿다(강한 믿음)는 더 강해집니다. 삿다가 더 강해질 때 위리야(노력) 역시 더 강해지고 그 결과로 사띠(주의기울임) 또한 끊이지 않고 지속됩니다. 그에 따라 사마디(집중)는 더 깊어져서, 빤냐(지혜) 또한 더 예리해집니다. 이런 식으로 수행자의 다섯 가지 정신적 기능은 강하고 날카로워집니다.

2. 수행을 아주 진지하게 여길 것

수행을 진지하게 여기지 않을 경우 여러분은 관찰에 충분한 노력을 기울이지 않게 되므로 수행의 좋은 결과들을 기대할 수 없습니다.

따라서 '심신 과정을 본성대로 깨달아 모든 정신적 오염원을 파괴함으로써 고통의 소멸을 이루어 행복하고 평화롭게 사는 것은 매우 중요하다. 그리고 그것은 위빳사나 수행을 함으로써 얻을 수 있으므로 위빳사나 수행을 하는 것은 참으로 가치가 있는 일이다.'라고 마음에 새겨야 합니다.

이처럼 수행의 목적과 방법을 진지하게 여겨보십시오. 그러면 이런 진지한 자세로부터 위빳사나 수행에 대한 열의가 생겨 여러분의 수행은 진보를 이루게 될 것입니다.

3. 주의기울임을 끊이지 않고 지속적이게 할 것

주의기울임이 지속적이고 끊임없이 되기 위해서는 몸과 마음에서 일어나는 것은 무엇이든지 그것이 일어나는 바로 그 순간에 주의기울여야 합니다. 모든 순간순간마다 주의를 잘 기울이면 주의기울임은 끊이지 않고 지속됩니다. 주의기울임이 끊임없이 지속될 때 집중이 더 깊어지고 그 결과 꿰뚫어보는 지혜도 더욱더 예리해져서 정신적·육체적 현상의 과정을 하나씩 차례대로 일어나서는 사라지는 자연 그대로의 과정으로 깨닫게 됩니다.

　이상은 《위숫디막가 앗타까타(청정도론 주석서)》에 언급된 다섯 가지 정신적 기능을 날카롭게 하는 세 가지 방법입니다.[24] 여러분이 이 세 가지 방법을 유념해서 사용한다면 여러분의 목적인 괴로움의 소멸을 얻는데 부족함이 없을 것이라고 생각합니다.

조화롭게 유지되어야 하는 두 쌍

그런데 다섯 가지 정신적 기능 중에는 정신적·육체적 현상의 본성을 쉽게 깨달을 수 있도록 서로 조화롭게 유지되어야 하는 두 쌍이 있습니다. 그것들은 삿다와 빤냐의 한 쌍과 위리야와 사마디의 한 쌍입니다.

---

24) 참고로 큰스님께서 다른 법문에서 언급한 나머지 여섯 가지는 다음과 같다. 4. 적절한 수행실이나 음식, 기후 등등 수행자가 의존해야 하는 일곱 가지 종류의 적절한 조건을 따르거나 지킬 것. 5. 이전에 얻었던 깊은 집중을 얻는 방법을 기억할 것. 6. 깨달음의 일곱 요인을 계발할 것(스물네 번째 날 법문 참조). 7. 수행하는 동안 몸의 건강이나 목숨에 대해 걱정하지 않을 것. 8. 수행에서 육체적 통증을 불요불굴의 노력을 통해 극복할 것. 9. 아라한의 경지를 이룰 때까지 중도에서 멈추지 말고 계속 수행할 것.

믿음과 지혜의 조화

먼저 삿다(믿음)와 빤냐(지혜)의 조화에 대해 알아보겠습니다.

주석은 믿음이 강하고 지혜가 약한 사람은 남의 말을 쉽게 믿는다고 말하고 있습니다. 그런 수행자는 믿어서는 안 되는 것을 쉽사리 믿을 가능성이 높습니다. 심지어 그는 보통 사람으로서는 도저히 믿을 수 없는 견해나 생각을 믿음으로써 그를 파멸로 이끄는 잘못된 길에 빠질 수도 있습니다.

따라서 믿음은 지혜와 조화되어야 합니다. 무턱대고 믿을 것이 아니라 합리적이고 이치에 맞는 것을 믿기 위해서는 지혜의 도움을 받아야만 한다는 말입니다.

맹신을 벗어나는 지혜를 갖기 위해서는 경전을 배우는 일과 법문을 듣는 일이 필요합니다. 이 방면에 능력이 있는 분들과의 종교적 토론도 도움이 될 것입니다.

이런 식으로 지나치게 강한 믿음이 지혜와 조화를 이루게 되면 믿지 말아야 할 것을 믿음으로써 잘못된 길로 빠지는 문제에서 벗어날 수 있습니다.

그런데 이와는 반대로 지혜가 지나치게 강하고 지식은 매우 광범위하며 깊은 대신 믿음이 약한 사람도 있습니다. 이런 사람은 자기가 경험했던 것에 대해 생각하고, 또는 자기가 가지고 있는 선입견과 비교하면서 마음이 비뚤어진 사람이 될 수 있습니다.

이런 경우에는 그 결함을 보완하기 위해 종교적 스승들이 하신 말씀을 읽거나 들어야합니다. 그렇게 할 때 강한 지혜 또는 경전에 대한 깊은 지식은 믿음과 조화를 이루어 그 사람은 참된 담마를 지니게 될 것입니다.

집중과 노력의 조화

이번에는 집중(사마디)과 노력(위리야)의 조화에 대해 살펴보겠습니다.

수행 경험이 많거나 수행한 지 2주나 3주쯤 된 수행자는 어떤 정신적 또는 육체적 과정에 주의기울일 때 쉽게 수행대상에 집중할 수 있습니다. 그가 오래 앉아 수행하면 할수록 이 집중은 더 깊어집니다.

이렇게 집중이 깊어지면 상대적으로 노력은 약해집니다. 그것은 그가 애써 노력하지 않아도 수행 대상에 쉽게 잘 집중할 수 있기 때문입니다.

마음이 쉽게 수행대상에 집중되어지므로 그는 깊고 꾸준하게 관찰하지 않습니다. 이렇게 되면 그의 노력은 점점 약해져서 추진력을 잃게 되므로 마침내 마음은 무겁고 둔하게 되고 맙니다.

결국 그는 게으름과 무기력의 장애에 걸리게 되어 졸음에 빠져 버리는데, 이때문에 주석은 "만일 수행자의 집중이 강하고 노력이 약하면 게으르고 무기력한 상태, 즉 졸음의 상태에 빠지게 된다."라고 말하고 있습니다.

그렇지만 나는 우리 수행자들 중에 이러한 마음의 상태를 경험한 사람은 아무도 없다고 생각합니다. 그렇지요? (웃음) 네, 여러분의 집중은 졸음에 빠질 만큼 아직 충분히 깊거나 강하지 않습니다. 왜 그렇지요? 그것은 아직 여러분이 수행 초기의 단계에 있기 때문입니다. 8일간의 수행은 그저 수행의 시작단계일 뿐입니다.

그러나 여러분 중에는 깊은 집중이 아닌 '어느 정도'의 깊은 집중을 얻은 수행자들이 약간 있습니다. 그들은 '어느 정도'의 깊은 집중을 얻었기 때문에 게으름과 무기력의 장애 없이 정신적·육체적 현상을 그것들의 본성대로 깨달을 수 있는 지혜를 얻었습니다.

따라서 여러분이 유의해야할 점은 깊은 집중이 아닌 '어느 정도'의 집중의 상태를 유지하도록 해야한다는 것입니다. 왜 그렇게 해야 한다고요? 집중이 너무 강하거나 깊으면 노력이 줄어들어 추진력이 없어지므로 마음이 둔하고 게으르며 무기력하게 되어 이내 졸음에 떨어지기 때문입니다.

하지만 이런 경우 그 치료는 매우 쉽습니다. 여러분의 집중이 충분히 깊다고 느낄 때 관찰에 더 많은 노력을 기울이면 이 문제는 저절로 해결됩니다.

그 노력으로 인해 다시 추진력이 생기기 때문에 마음은 기민해져서 졸음에 떨어지지 않고 우리가 필요로 하는 '어느 정도'의 집중 상태가 잘 유지될 수 있습니다. 이런 식으로 집중은 노력과 조화를 이루어야 합니다.

그런데 이와는 반대로 노력이 너무 강하고 집중이 약하면 어떤 일이 일어날까요? 주석은 "만일 노력이 너무 강하고 집중이 약하면 마음이 산란하고 들뜨게 되는 위험이 있다."라고 말하고 있습니다.

이런 상황은 여기에 있는 일부 수행자들에게서 일어났었는데 그 중

하나의 사례에 대해서만 말해 보겠습니다.

한 수행자가 그저께 내가 한 법문 중 "생각하는 것을 관찰할 때는 관찰하는 마음이 생각하는 마음보다 더 강력해지도록 주의깊고 다소 빠르고 강하게 관찰해야 합니다."라는 조언을 수행에 적용했습니다.

그에게는 생각이 아주 많았으나 그는 끈덕지게 그것들을 '매우 빠르고 강하게' 관찰했습니다. 이것은 그가 생각을 관찰하는데 너무 많은 노력을 기울였다는 것을 의미합니다.

이처럼 노력이 너무 강하게 되자 그는 도리어 수행 대상에 마음을 잘 집중할 수 없게 되었습니다. 계속해서 생각이 진행됨에 따라 그도 있는 힘을 다해 그것들을 관찰하고 또한 그것들을 멈추게 하려고 애도 썼지만 생각은 여전히 계속 진행될 뿐이었습니다.

열심히 노력을 했음에도 불구하고 이런 결과가 나오자 그는 실망하게 되었고, 마침내는 불안하게까지 되었습니다. 이 불안이 거의 하루 종일 지속되었으므로 그는 이제는 불안과의 전쟁으로 돌입하게 되었습니다.

그러자 온몸이 뜨거워지기 시작했습니다. 특히 머리가 더 뜨거웠고 머리에서 맥박이 치고 있음을 느끼게까지 되자 그는 마침내 자기가 미친 것 같다고 생각하게 되었습니다.

이처럼 그가 꿰뚫어보는 지혜는 고사하고 고요, 평온, 안정조차도 얻을 수 없었던 것은 내 법문에서 핵심적인 단어 하나를 놓쳤기 때문입니다.

내가 "생각을 관찰할 때는 주의 깊고 강하게, 그리고 '다소' 빠르게 해야 합니다."라고 말했음에도 불구하고, 그는 '다소'라는 낱말을 놓치고 말았던 것입니다. (웃음) 그리고는 생각을 사라지게 하려는 욕심에서

'아주' 빠르게 관찰했고, 그 결과는 앞에서 본 그대로였던 것입니다.

나는 그에게 이 점을 납득시켰고, 그는 자기의 잘못을 알아 그 뒤부터는 생각을 관찰할 때 '다소' 빠르게 하라는 내 충고를 따랐습니다. 그 결과 이제는 불안과 초조로부터 벗어나 조금씩 진보해 가고 있습니다.

이 수행자의 예에서 보듯이 너무 많은 노력은 마음을 들뜨고 산란하게 합니다. 따라서 너무 많은(너무 강한) 노력은 집중과 조화를 이루어야 합니다. 어떻게요? 간단합니다. 노력을 줄이면 됩니다.

몸과 마음에 일어나고 있는 것에 주의기울일 때 '너무' 욕심내지 말고, '너무' 열심히 말고, 그저 그 순간에 일어나는 대로 꾸준히 주의기울이십시오.

그렇게 함으로써 강한 노력은 줄어들어 꾸준해집니다. 노력이 꾸준해지면 마음은 편안하고 행복해지며, 그럼으로써 집중은 더욱 깊어집니다.

이런 식으로 너무 강한 노력은 집중과 함께 조화롭게 유지되어야 합니다.

아무리 강해도 지나침이 없는 주의기울임

이상으로 각각 쌍으로 조화를 이루어야만 하는 네 가지 정신적 기능에 대해 살펴보았습니다. 그러면 다섯 가지 정신적 기능 중 나머지 하나인 주의기울임은 어떻습니까?

이것도 그 기능이 지나치면 좋지 않으므로 다른 어떤 것과 균형을 이루어야만 할까요? 이와 관련하여 주석은 "주의기울임은 너무 강하다고 말해질 수 없다."라고 말하고 있습니다. 그렇습니다. 주의기울임, 즉 사띠에는 지나침이라는 것이 없습니다.

여러분이 밤낮으로, 그러니까 24시간 내내 끊임없이 강하게 대상에 주의기울이면 주의기울임은 더욱 강력해질 것입니다. 이 경우 "내 주의기울임은 너무 강력하다."라고 말할 수 없습니다.

이것이 주석이 말하고자 했던 요점인데, 그 이유는 지속적이고 강한 주의기울임으로 인해 집중은 더 깊어질 것이며 그럼으로써 꿰뚫는 지혜도 더 예리해져서 여러분은 심신 과정을 그것들의 본성대로 더 잘 깨닫게 되기 때문입니다.

어떤 경우에도 주의기울임이 너무 강하다고는 말해질 수 없으므로 여러분은 지금까지도 그래왔지만 앞으로도 하루종일 끊임없이 지속되는 주의기울임을 지니기 위해 애써야만 합니다.

이 수련회의 한 수행자가 얼마 전에 나에게 와서 "큰스님, 어떤 수행자가 이 수행을 두 달간 강하게 훈련하면 주의기울임이 끊임없이 지속되는 상태에 도달할 수 있습니까?"라고 물은 적이 있습니다.

이에 대해 나는 그렇다고 대답했습니다. 만일 그가 스승의 지도에 따라 강하게 훈련한다면 그는 두 달 이내에 하루 종일 끊임없이 지속되는 주의기울임을 확실히 지닐 수 있습니다.

여러분이 내가 말한 것을 믿지 못한다면 미얀마에 있는 나의 수행센터인 찬메 예익따[25]에 와서 두 달 동안 강하게 수행해 보십시오. 그러면 여러분의 경험을 통해 이것이 사실인지 아닌지를 여러분 스스로 알게 될 것입니다.

그러나 이 수행처에서는 여러분이 그 결과를 확인해볼 수 없습니다. 왜냐하면 이곳에서는 여러분이 두 달 동안 숙식을 제공받을 수 없고, 나 또한 여기에 그렇게 장시간 머물 수 없기 때문입니다. (웃음)

어쨌거나 끊임없는 주의기울임은 수행의 진보를 이루는데 있어 절대적으로 필요한 기능입니다. 이 끊임없는 주의기울임은 좌-수행이나 보-수행 뿐만 아니라 일상적 행위에 더욱더 자세히 주의 기울일 때 보다 빠르게 얻어질 수 있습니다.

일상 행위에 대한 관찰을 놓치지 않는 것의 가치

내가 영국에서 두 달간 위빳사나 수행을 지도하던 때의 일입니다.

존귀하신 수메다 스님의 사원에 살고 있는 서른 살쯤 되는 낏띠사라 라는 법명의 미국 스님이 이 수련회에 참가했었는데요. 그는 박사학위 과정을 밟고 있는 중이어서 두 달의 수련기간 중 한 달만 참가할 수 있었습니다.

그렇다고 해서 그의 수행이 다른 수행자들보다 못했던 것은 아닙니다. 오히려 훨씬 좋았는데 그것은 그의 수행태도가 남달랐기 때문이었습니다.

---

25) 찬메 예익따(Chanmyay Yeiktha) : 큰스님께서 원장스님으로 있는 수행센터의 이름으로 '평화로운 안식처' 라는 뜻이다. 미얀마 수도 양곤에 본원이 있으며, 양곤 근처 숲속과 북부 지방에도 몇 개의 분원이 있다.

그는 첫날, 위빳사나 수행의 실제적인 훈련에 관한 법문을 들은 후부터 '앉음-앉아 있음-절함-자리로부터 일어남-팔을 뻗음' 등과 같은 일상 행위들을 아주 세심하게 관찰하면서 열심히 수행했습니다.

대부분의 수행자들은 행行-수행(일상 행위에 대한 관찰)보다는 좌-수행이나 보-수행 쪽에 더 큰 비중을 두었습니다만 그는 그렇지 않았습니다. 그는 좌-수행과 보-수행뿐 아니라 일상 행위 중의 그 어떤 동작이나 움직임도 주의기울임 없이는 지나치지 않으려는 듯이 보였습니다.

그 결과 그는 한 달만에 11번째 단계의 꿰뚫어보는 지혜에 도달했습니다. 이 단계에 이르면 마음은 안정됩니다. 수카(행복)나 둑카(불행, 고통)가 마음에 영향을 끼치지 않으므로 수행자의 마음은 수카와 둑카의 한가운데에 머뭅니다. 이 때문에 이 단계의 지혜는 '평정(평온)의 통찰 지혜'라고 불려지는데, 그 스님은 불과 한 달이라는 짧은 기간의 수행만으로 그 단계에 도달했던 것입니다.

그가 수행처를 떠나기 위해 작별인사를 하러 나에게 왔을 때 그는 절을 하기 전에 다음과 같이 말했습니다. "존경하는 스승님, 일상 행위에 대한 관찰을 하지 않는 수행은 아무 것도 아닙니다."

나는 지금도 그 말을 또렷이 기억하고 있는데, 여러분도 이 말을 잘 기억하기 바랍니다. 다시 한 번 반복하겠습니다. "존경하는 스승님, 일상 행위에 대한 알아차림이 없는 수행은 아무 것도 아닙니다."

그는 이 명구를 그의 개인적인 경험을 통해 얻었습니다. 모든 일상 행위들을 가능한 한 많이, 그리고 더욱더 세세하게 주의기울이기 위해 애썼기 때문에 그는 불과 한 달간의 수행으로 11번 째 단계의 꿰뚫어보는 지혜에 도달할 수 있었던 것입니다.

　일반적인 경우 한 달간의 수행으로 수행자가 이 단계에 도달하기는 매우 어렵습니다. 그러나 그는 모든 일상적 행위들을 더욱더 세세하게 알아차림에 의해 하루 종일 끊임없이 지속되는 주의기울임을 지녔기 때문에 그 어려운 결과를 이루어냈던 것입니다.

　나는 지금 여기서 수행하고 있는 여러분 역시 미국 스님 낏띠사라처럼 한 달 후 평정(평온)의 통찰지혜의 단계에 도달하리라 기대하고 있습니다.

　만일 여러분이 일상 행위에 대한 주의 기울임의 가치를 믿는다면 여러분은 모든 동작과 행위를 천천히 하면서 그것들을 가능한 한 모두 관찰하려고 할 것입니다.

　그러면 일상적 행위에 대해 상세하게 주의기울일 수 있어 주의 기울임은 끊임없이 지속되며, 강력해져서 수련회가 끝날 때쯤, 여러분은 그 스님과 같은 경지, 즉 11번째 꿰뚫어보는 지혜의 단계에 도달할 수 있을 것입니다.

　그래서 내가 여기서 한 달 수행을 지도하고 있는 것이니 내 기대대로 여러분은 이 평정(평온)의 단계에 도달할 수 있겠지요? (웃음) 네, 많은 수행자들이 그럴 수 있기를 희망해 봅니다.

다섯 장애를 물리칠 수 있는 다섯 가지 정신적 기능

이상으로 강하고 날카롭게 그리고 조화롭게 유지하면서 모든 수행자가 지녀야만 하는 빤쨔 인드리야니(다섯 가지 정신적 기능)에 대해 모두 알아보았습니다.

여러분이 이 다섯 가지 정신적 기능을 충분히 강하게 할 수만 있다면 마음에 들어오는 어떤 장애도 물리칠 수 있습니다. 장애가 물리쳐질 때 여러분의 마음은 장애들로부터 청정해집니다. 무엇이 다섯 장애들이지요? 감각적 욕망, 악의, 게으름과 무기력(졸음), 들뜸과 회환, 회의적 의심입니다.

여기서 마지막 장애와 관련해 오늘 한 여자 수행자가 나에게 질문한 것에 대해 잠깐 짚고 넘어가겠습니다. 그녀는 그저께 다섯 가지 장애에 대한 법문을 들었고, 또 그것들에 대해 바르게 이해도 하고 있었습니다만, 그 중 마지막 장애를 갖고 있었습니다. 그게 무엇이지요? (수행자들 회의적 의심이라고 대답)

네, 그런데 그녀의 의심은 법에 대한 것이 아니라 수행의 진보를 위한 자신의 능력에 대한 것이었습니다.

이럴 경우 여러분이라면 어떻게 조언해 주겠습니까? (수행자들 대답 없음) 그녀의 의심은 약한 노력으로 인한 것이기 때문에 나는 그녀에게 다음과 같이 조언해주었습니다. "만일 네가 수행에 충분한 노력을 기울이면 진보를 할 너의 능력에 대해 의심하지 않게 될 것이다. 뿐만 아니라 너는 분명히 높은 단계의 꿰뚫어보는 지혜 아마도 11번 째 단계의 꿰뚫어보는 지혜에 도달할 수 있을 것이다."

이 조언은 그녀뿐만 아니라 여러분 모두에게도 해당됩니다. 여러분이 일상 생활을 하는 동안의 모든 동작과 행위를 천천히 하면서 그것들을 낱낱이 알아차리는 것에 충분한 노력을 기울인다면, 여러분도 머지 않아 그 단계의 꿰뚫어보는 지혜를 얻을 수 있을 것이라고 나는 생각합니다.

정신적·육체적 현상을 구별하는 지혜

장애를 물리침으로써 마음이 청정해지는 주제로 돌아가 이야기를 계속하겠습니다.

나는 앞에서 여러분이 정신적·육체적 과정을 매우 주의깊게 알아차림으로써 수행의 대상에 마음이 잘 집중되면 여러분의 마음은 장애로부터 벗어나 찟따 위숫디(마음의 청정)를 얻게 된다고 말했습니다. 그 결과, 이미 여러 번 말했듯이, 청정해진 마음 또는 집중과 함께 일어나는 꿰뚫어 보는 지혜가 예리해져서 무엇보다 먼저 정신적 현상(나마)과 육체적 현상(루빠)의 고유한 특성을 꿰뚫어 보고, 또한 두 현상을 구별하기 시작합니다.

지금 여러분이 보-수행을 하고 있다고 가정합시다. 여러분은 발을 드는 동작의 맨 처음부터 시작하여 전 과정을 따라가면서 아주 면밀하고 세세하게 알아차리고 있습니다. 그러면 여러분의 마음은 점점 더 대상에 집중됩니다.

이것은 여러분이 여기저기를 둘러보지 않고 수행에만 전념할 때 그렇다는 것입니다. 여러분이 발의 동작을 관찰하는 것에 충분한 노력을 기울이고 있다고 할지라도 자주 주위를 쳐다본다면 어떻게 되겠습니까?

네, 그 경우 집중 역시 자주 깨어져서 아주 약해집니다. 따라서 주위를 쳐다보지 않아야 합니다. 주의를 쳐다보려는 욕망이 일어나면, 그것이 사라질 때까지 관찰하십시오.

이렇게 해서 여러분의 마음이 발의 동작에 점차적으로 집중되면 무엇보다 먼저 발이 가벼워져서 여러분은 걸음에 매우 만족스러워하게 될 것입니다. 걸음이 가볍기 때문에 여러분은 걷는 것을 즐깁니다. 그러나 아주 많이 즐기지는 않습니다. 너무 많이 즐기면 애착 때문에 오히려 괴로워진다는 것을 여러분은 알고 있기 때문이지요. (웃음)

어쨌거나 이 단계에서 여러분은 '드는 동작이 있고, 그것을 관찰하는 마음이 있다. 미는 동작이 있고, 그것을 관찰하는 마음이 있다. 내리는 동작이 있고 그것을 관찰하는 마음이 있다.'라고 깨닫게 됩니다. 이 단계에서 여러분은 여전히 발의 형태와 몸의 형태를 의식하고 있습니다만, 육체적인 과정인 발의 동작과 정신적 과정인 관찰하는 마음은 구별할 수 있습니다.

꿰뚫어보는 지혜가 더욱더 강력해질 때 여러분은 발의 형태를 의식함이 없이 단지 발의 동작과 관찰하는 마음만 깨달을 수 있게 됩니다. 강한 노력으로 수행을 계속해서 집중이 더 깊어지면 때로는 몸이 로봇 같다고 느낄 수도 있는데 그것은 인격, 개인이라는 개념이 제거되었음을 의미합니다.

벌써 시간이 다 되었군요. (웃음) 여러분 모두 여러분의 목적을 달성하기 위해 최선을 다해 노력해서 괴로움의 소멸, 닙바나를 얻기를 기원합니다.

사두! 사두! 사두!

마음의 청정과 집중(삼매)의 종류

사마타 수행자가 마음의 청정을 얻을 수 있는
두 가지 종류의 사마디(집중)

어제는 마음의 청정과 관련하여 수행자의 다섯 가지 정신적 기능에 대해 설명했습니다.

마음의 청정은 위빳사나 수행자와 사마타 수행자를 위한 교차로로서 사마타 수행자 역시 위빳사나 수행자처럼 도덕적 행위의 청정(실라 위숫디)과 마음의 청정(찟따 위숫디)을 얻어야 합니다. 그런데 사마타 수행자가 마음의 청정을 얻는 경로는 위빳사나 수행자와는 좀 다릅니다. 사마타 수행자는 다음 두 가지의 사마디로 마음의 청정을 얻습니다.

1. 자나 사마디

사마타 수행을 하여 마음이 하나의 대상에 깊게 집중되면 마음은 그 대상에 견고하게 고정되는데 그때의 마음의 상태를 자나 사마디라고 합니다. 그래서 이 말은 고정집중(fixedness concentration, 안지정安止定)이라고 번역됩니다.

이 사마디 상태에서 수행자의 마음은 완전히 수행 대상에 몰입되기 때문에 이것은 압빠나 사마디(몰입집중)라고도 불립니다. 그러니까 자나 사마디와 압빠나 사마디는 같은 마음의 상태를 의미하는 말입니다.

2. 우빠짜라 사마디

우빠자라 사마디는 자나 사마디 또는 압빠나 사마디를 얻기 전에 얻는 깊은 집중으로 자나 사마디에 매우 가까운 집중 상태입니다. 따라서 이 사마디는 이웃집중, 또는 근접집중(근접정近接定)이라고 번역됩니다.

자나 사마디는 물론이고 이 우빠짜라 사마디의 상태에서도 마음은 모든 장애로부터 벗어나기 때문에 사마타 수행자는 이 두 가지 사마디 중 어느 것에 의해서도 마음의 청정(찟따 위숫디)을 얻을 수 있습니다.

두 가지 청정밖에 얻을 수 없는 사마타 수행

사마타 수행자가 이 두 종류의 집중으로 마음의 청정을 얻었을지라도 더욱더 높은 마음의 집중을 얻기 위해서는 사마타 수행을 계속해야 합니다. 또한 높은 집중을 바탕으로 신통력, 즉 하늘을 날기, 물 위를 걷기, 산을 통과하기, 많은 몸의 사람을 만들기 등을 얻을 목적을 가진 경우에도 이 사마타 수행을 계속해야 합니다.

그러나 이와 같이 사마타 수행을 계속한다 할지라도 그는 어떤 정신적·육체적 과정을 깨달을 수는 없습니다. 왜냐하면 그의 수행의 목표는 깊은 집중과 신통력을 얻는 것이기 때문입니다. 따라서 사마타 수행자는 일곱 가지 단계의 청정 중 처음의 두 가지 청정만을 얻을 수 있을 뿐입니다.

일곱 가지 청정 모두를 얻을 수 있는 위빳사나 수행의
두 가지 유형

그러나 여러분이 잘 아는 것처럼 위빳사나 수행은 정신적·육체적 현상의 본성을 깨달아 괴로움의 소멸을 얻는 것을 목적으로 하기 때문에 일곱 가지 청정 모두를 얻을 수 있습니다. 이러한 위빳사나 수행에는 다음의 두 가지 유형이 있습니다.

1. 사마타 뿝방가마 위빳사나
사마타 수행에 의해 선행되어지는 위빳사나 수행

2. 숫다 위빳사나
사마타 수행을 거치지 않는 순수 위빳사나 수행

사마타 뿝방가마 위빳사나

사마타 뿝방가마 위빳사나 라는 말에서 여러분이 처음 들어보는 낱말인 '뿝방가마' 는 '선행되어짐' 을 의미하므로 사마타 뿝방가마 위빳사나는 '사마타 수행에 의해서 선행되어지는 위빳사나 수행' 이라는 뜻이 됩니다.

이것은 부처님 시대에 수행에 전념할 시간이 충분히 있는 사람들에 의해 수행되었습니다. 그들은 여섯 달, 1년, 2년, 어떤 경우 20년이나 30년씩 수행에 전념할 시간이 있었으므로 사마타 수행으로 자나 사마디를 통해 마음의 청정을 얻고서는 위빳사나 수행으로 전환했던 것입니다.

경전에 의하면 자나 사마디에는 형태가 있는 자나 사마디(색계 선정삼매)와 형태가 없는 자나 사마디(무색계 선정삼매)가 있으며, 각각의 사마디마다 네 단계씩 해서 모두 여덟 단계로 이루어져 있습니다. 단계가 올라갈수록 집중은 더 깊습니다.

형태있는 자나 사마디는 육체적 현상과 정신적 현상 둘 다를 바탕으로 한 집중을 뜻하며, 형태없는 자나 사마디는 육체적 현상 없이 단지 정신적 과정만을 바탕으로 한 집중을 의미합니다.

그러나 여러분이 이런 것들을 이론적으로 깊게 알 필요는 없습니다. 여러분의 마음이 수행 대상에 아주 잘, 그리고 매우 깊이 집중되어진 것을 실질적으로 알 수 있으면 그것으로 위빳사나 수행으로 전환하는데 충분하기 때문입니다. 굳이 이것은 첫 번째이고 저것은 여덟 번째이다라고 구분할 필요가 없다는 말입니다.

어쨌거나 사마타 뿝방가마 위빳사나 수행(사마타 수행에 의해 선행되어지는 위빳사나 수행)을 하는 사람은 먼저 사마타 수행을 해서 자나 사마디를 얻어야 합니다. 그것을 위해 수행자는 마음을 호흡이나, 까시나(편처遍處)²⁶⁾와 같은 장치에 집중해야 합니다.

이것들 중 어떤 것이든지 사마타 수행을 하는 동안에는 단 하나의 수

---

26) 까시나(편처遍處) : 스무 여섯 번째 날 법문에 어느 정도 언급되니 참조하기 바란다.

행 대상에만 마음을 집중해야 합니다. 즉, 수행을 하는 중에 마음이 기본 대상에서 벗어나면 수행자는 마음을 기본 대상으로 되돌려야 합니다.

마음이 어디로 가든지 그것을 따라가서는 안되며, 언제나 기본 대상으로 마음을 되돌려서 거기에 마음을 모아야 합니다. 이런 식으로 수행자가 한 달이나 두 달, 여섯 달, 또는 1년이나 2년, 3년 등 충분한 시간을 가지고 최선을 다해 수행을 하면 점차적으로 집중된 마음을 얻게 됩니다.

그의 집중이 매우 깊어질 때 우빠짜라 사마디(근접집중)가 얻어집니다. 이 상태에서도 마음은 장애로부터 벗어나 청정해진다는 것은 이미 말한 그대로입니다. 따라서 수행자는 이 상태에서도 위빳사나 수행으로 전환할 수 있습니다.

그러나 더 깊은 집중을 원하는 경우라면 사마타 수행을 계속해야 합니다. 그러면 수행자는 의식의 두세 순간 안에 자나 사마디(고정집중, 몰입집중)를 얻게 되며, 이때 위빳사나 수행으로 전환하면 됩니다.

이와 같이 근접집중이든 몰입집중(고정집중)이든 둘 중에 하나를 얻은 후에 위빳사나 수행으로 전환한 때부터는 배의 불러오고 꺼지는 움직임이나 발을 들고 밀고 내리고 닿고 누르는 동작 또는 감각이나 느낌 등등의 지금 현재 뚜렷하게 일어나고 있는 정신적 또는 육체적 과정을 관찰해야 합니다.

이처럼 근접집중이나 몰입집중으로 마음의 청정을 얻기 위해 먼저 사마타 수행을 하고 나서 위빳사나 수행으로 전환하는 수행을 '사마타 뿝바가마 위빳사나' 라고 하며 이런 수행을 하는 수행자는 '사마타 수행에 의에 선행되어지는 위빳사나 수행을 하는 수행자' 라고 불립니다.

여러분에게 충분한 시간, 적어도 여섯 달 정도의 시간이 있다면 사마타 수행을 먼저 한 다음에 위빳사나 수행을 나중에 하는 편이 더 낫습니다.

여러분 중에는 수행에 쏟을 시간을 적어도 여섯 달 정도 가진 사람들이 있다고 생각되는데 그런 사람은 석 달은 사마타 수행을 하는데 사용해야 합니다. 왜냐하면 사마타 수행으로 마음의 청정을 얻기 위해서는 적어도 석 달 정도는 소요되기 때문입니다.

그리고는 나머지 석 달은 위빳사나 수행을 하는 데 사용할 수 있습니다. 석 달 동안의 사마타 수행으로 여러분의 집중은 이미 충분히 깊어져 있기 때문에 위빳사나 수행으로 전환했을 때 관찰되어지는 어떤 정신적 과정이나 육체적 과정도 있는 그대로 쉽게 깨달을 수 있을 것입니다.

숫다 위빳사나

그러나 여섯 달 보다 적은 수행 시간을 가진 수행자는 숫다 위빳사나, 즉 사마타 수행을 거치지 않는 위빳사나 수행을 해야 합니다. 그것은 시간이 없는 사람들, 예를 들어 여러분처럼 4주밖에 수행할 시간이 없는 사람들이 수련회 맨 처음부터 사마타 수행을 해야 한다면, 그들은 최선을 다해도 위빳사나 수행으로 전환은 커녕 근접집중에도 도달하지 못한 채 4주간의 수행을 마쳐야 할 것이기 때문입니다.

관찰하는 마음이 헤매거나 어떤 것에 대해 생각함 없이 약 1시간 내지는 2시간 가량 수행의 대상에 잘 집중되어질 때, 여러분은 근접집중을 얻었다고 할 수 있습니다.

이러한 근접집중은 전생에 사마타 수행을 많이 했던 사람이 아니고서는 4주간의 수행으로 얻기 어렵습니다. 또한 그런 근접집중이 위빳사나 수행의 목적을 달성하는데 있어 사실 반드시 필요한 것도 아닙니다.

위빳사나 수행에서는 꿰뚫어보는 지혜를 예리하게 하기 위해서 장애를 제거할 수 있는 정도의 집중을 얻을 수 있다면 그것으로 충분합니다. 그리고 이와 같은 집중은 사마타 수행을 거치지 않아도 바로 여러분이 해오고 있는 것처럼 '불러옴-꺼짐'이나 '듦-밂-내림-닿음' 등의 육체적 현상 또는 느낌, 마음 등의 정신적 현상을 관찰하는 순수 위빳사나 수행으로 얻을 수 있습니다.

그러면 순수 위빳사나 수행을 통해 얻는 집중은 무엇이라고 할까요? 그것은 카니까 사마디라고 합니다. '카니까'는 '순간(찰나)'을 뜻하고 '사마디'는 '집중(삼매)'을 뜻하므로 카니까 사마디는 순간집중(찰나삼매)을 의미합니다.

여러분이 불러오고 꺼지는 움직임에 마음이 잘 집중될 때 그 움직임에 대한 집중은 얼마나 오래 갑니까? 그것은 그리 오래 지속되지 않습니다. 왜냐하면 그 집중은 움직임이 존재하는 한 지속되기 때문입니다.

그러면 불러오는 움직임이나 꺼지는 움직임은 얼마나 오래 지속됩니까? 한 시간 정도인가요, 아니면 두 시간 정도인가요? (웃음)

그것은 정상적인 호흡을 하는 수행자에게는 실망스럽게도 겨우 2초 정도씩 지속될 뿐입니다. 보다 짧은 호흡을 가진 수행자들의 경우에는 아마도 2분의 1초밖에 안 되겠지요. (웃음) 이 때문에 호흡이 짧은 수행자들 중에는 복부가 불러오고 꺼지는 움직임을 잘 느끼지 못하는 수행자도 가끔 있으며, 짧은 호흡 때문에 쉽게 지치기도 합니다.

그에 비해 호흡이 긴 수행자들은 배가 불러오는 과정이 3초나 4초가 소요되어 '불러옴-불러옴-불러옴-불러옴-불러옴…' 이라고 명명하며 다섯 번 내지 여섯 번 가량 불러오는 움직임을 관찰할 수 있습니다.

그렇지만 정상적인 호흡을 하는 수행자들의 불러오는 움직임은 2초 가량 지속되고 꺼지는 움직임도 2초 가량 지속됩니다. 그래서 '불러옴-꺼짐-불러옴-꺼짐…' 이라고 명명하며 불러오는 움직임과 꺼지는 움직임을 관찰하게 되는데, 이런 경우 그들은 1분에 30번 정도 관찰할 수 있습니다.

이 말을 듣고 실제로 자신이 1 분에 몇 번이나 관찰을 하는지 세어 보려고 하는 사람이 있는 것은 아니겠지요? 그렇게 해서는 안됩니다. 이것은 대략 그럴 것이라고 추정하는 것 뿐으로, 만일 여러분이 실제로 횟수를 센다면 그렇게 하는데는 시간이 소요될 것이고 그것으로 인해 여러분의 집중은 깨질 것이기 때문입니다.

어쨌거나 불러오는 움직임에 집중할 때 여러분의 마음은 그것에 약 2초 가량 집중되고는 곧 꺼지는 움직임에 집중됩니다. 그런 다음 다시 불러오는 움직임에, 그 다음엔 꺼지는 움직임에….

이런 식으로 순수 위빳사나 수행에서의 집중은 각각의 대상이 존재하는 동안 집중되기 때문에 카니까 사마디(순간집중)라고 하며 그것은 각각의 수행대상에 하나씩 차례대로 방해받지 않고 지속적으로 이어집니다.

이와 같이 순간집중이 이어지면 그 집중은 점점 더 강력해집니다. 여러분은 불러오고 꺼지는 움직임을 5분에서 10분 가량 아주 집중하여 관찰할 수 있습니다. 그러면 여러분의 마음은 평온하고 침착해집니다.

때로는 30분 가량 고요하고 평온한 안정감을 느낄 수 있는데, 그런 상태에 있다는 것은 마음이 매우 자주 밖으로 나가지 않는다는 것을 의미합니다.

그러나 30분 동안 서너 번 정도 마음이 밖으로 나갈 수는 있습니다. 그렇더라도 여러분은 마음이 밖으로 나가자마자 마음이 밖으로 나갔다는 것을 바로 알 수 있으며, 아는 순간 관찰하면 즉시 밖으로 나갔던 마음은 곧 멈춥니다. 그러면 다시 기본대상으로 돌아와서 복부의 불러오고 꺼지는 움직임을 관찰합니다.

이런 식으로 마음이 각각의 수행 대상에 30분 가량 연속적으로 이어지면서 집중될 때 30분 동안 장애들로부터 벗어나게 되어 여러분은 마음의 청정(찟따 위숫디)을 얻습니다. 그 결과 집중되어진 마음과 함께 일어나는 꿰뚫어보는 지혜는 예리하고 날카로워져서 정신적·육체적 현상을 그것들의 본성대로 깨닫기 시작하게 됩니다. 이것은 그가 약간의 꿰뚫어보는 지혜를 얻게 되는 것임을 의미합니다.

이처럼 여러분이 시간이 적을 때는 사마타 수행으로 인한 깊은 집중이 주는 이익을 얻을 수는 없지만 순간집중을 통해 꿰뚫어보는 지혜를 얻어 괴로움을 소멸할 수 있는 순수 위빳사나 수행을 해야합니다.

세 가지 종류의 집중에 의한 마음의 청정

지금까지 살펴본 것 중에 여러분이 기억해야 할 것은 사마타 수행자는 근접집중이나 몰입집중(고정집중)으로 장애를 극복하여 마음의 청정을 얻고, 순수 위빳사나 수행자는 순간집중으로 장애를 극복하여 마음의 청정을 얻는다는 것입니다.

그러나 순간집중(카니까 사마디)에 대한 앎과 경험이 없는 일부 빠알리어 학자들은 마음의 청정은 근접집중이나 몰입집중에 의해서만 얻을 수 있기 때문에 오직 사마타 수행자들만이 마음의 청정을 얻을 수 있다고 생각합니다. 바꿔 말해서 그들은 순수 위빳사나 수행자들은 근접집중이나 몰입집중을 얻을 수 없으므로 마음의 청정도 얻을 수 없다고 생각한다는 말입니다.

이것은 이론적으로나 경험적으로나 사실이 아닙니다. 여러분은 불교에 대해 체계적으로 배우지 않았기 때문에 이론적으로는 그들이 틀렸다고 입증할 수 없으나 경험적으로는 그들이 틀렸다고 말할 수 있습니다.

여러분은 순수 위빳사나 수행자로서, 지금까지 비록 9일밖에 수행하지 않았을지라도 어느 정도의 순간 집중을 얻었고, 그 집중으로써 여러분의 마음이 장애들로부터 어느 정도 청정해진 것을 체험을 통해 잘 알고 있습니다.

여러분은 앞으로 2주나 3주 가량을 더 수행할 것입니다. 그러면 집중은 더 좋아질 것이고, 그 상태에서 마음은 더욱더 청정해져서 여러분은 더 크게 마음의 청정을 얻게 될 것입니다. 그때는 그들이 틀렸음을 아주 분명하고도 단호하게 여러분의 경험을 통해 말할 수 있을 것입니다.

이론적으로 그들이 틀렸음은 주석을 통해서 입증할 수 있습니다. 주석들의 많은 곳에서 순간집중(카니까 사마디)이 언급되고 있기 때문입니다.

주석은 위빳사나 수행을 통해 얻는 순간집중은 사마타 수행으로 얻는 근접집중이 장애를 극복하기 위해 갖는 능력과 같은 능력을 갖는다고 말하고 있습니다. 이것은 순간집중과 근접집중 둘 다 모두 장애들로부터 마음을 청정하게 하는데 있어 동등한 능력을 갖고 있다는 의미입니다.

아비담마[27]의 첫 번째 텍스트인《담마 상가니(법집론法集論)》에 대한 주석에 카니까 사마디(순간집중)가 잘 설명되어 있습니다. 또 수행을 위한 교본인《위숫디 막가(청정도론)》에서도 네 가지 기본적인 물질적 요소에 집중한 수행자는 카니까 사마디로써 마음의 청정을 얻을 수 있다고 설명하고 있습니다.

네 가지 기본적인 물질적 요소

여기서 네 가지 기본적인 물질적 요소라는 용어가 여러분에게 생소하게 여겨질지 모르겠으나 사실 그 내용은 여러분이 잘 알고 있는 것입니다.

네 가지 기본적인 물질적 요소는 다음과 같습니다.

1. 빠타위 다투 : 땅의 요소
2. 아뽀 다투 : 물의 요소
3. 떼조 다투 : 불의 요소, 또는 온도(temperature)의 요소

---

27) 아비담마 : 경 · 율 · 론 삼장 가운데 논장論藏을 말한다.

4. 와요 다투 : 바람, 또는 공기 요소

여기에서 주의할 것은 우리가 비록 땅, 물, 불, 바람이라는 용어를 사용한다고 할지라도 각각의 요소들이 진짜 땅이나 물, 불, 바람이라는 의미가 아니라는 것입니다. 그저 낱말을 통해 서로 쉽게 소통할 수 있도록 이 요소들의 특성을 땅, 물, 불, 바람으로 명명하는 것뿐입니다.

땅의 요소의 특성을 깨달음으로써 아견(我見)을 제거

빠따위 다투(땅의 요소)의 특성은 딱딱함과 부드러움입니다.

때때로 수행 중 여러분은 몸의 딱딱함이나 부드러움에 집중할 수 있습니다. 여러분은 그것에 집중해 본 적이 있습니까? (수행자들 대답)

네, 보-수행을 하는 동안 발의 동작에 대한 집중이 충분히 깊을 때, 여러분은 발이 가벼워짐을 느낍니다. '듦-밂-내림-닿음-놓음…'. 마치 발이 없는 것처럼, 마치 아무 노력도 하지 않는 것처럼, 동작은 그렇게 저절로 이루어지고 마음 또한 그것을 쉽게 관찰합니다. 집중이 점점 더 깊어지기 때문에 여러분은 그것을 관찰하기 위해 어떤 노력도 할 필요가 없음을 느낍니다.

'드는 움직임이 있고, 그것을 관찰하는 마음이 있으며 미는 움직임이 있고, 그것을 관찰하는 마음이 있다.' 이처럼 깨달으면서 여러분은 아주 편안하고 행복함을 느낍니다.

이때 여러분은 수행하는 것을 매우 기뻐하며 즐깁니다. 그래서 한 시간 후에도 멈추려 하지 않고 30분이나 한 시간 동안 보-수행을 더 계속하고 싶어합니다. 그러다 법문시간을 알리는 종이 울리면 여러분은 실망합니다. 왜냐하면 보-수행을 계속하고 싶은데도 법문을 듣기 위해 이곳으로 와야하기 때문이지요. (웃음)

네, 이렇게 수행자는 보-수행시 깊은 집중으로 인해 발이 가볍고 걷는 일이 자동으로 이루어짐을 느낍니다. 때로는 자신이 아니라 로봇이 걸어가고 있는 것처럼 느끼기도 합니다.

여러분이 로봇이 아님에도 불구하고 로봇처럼 느껴진다는 것은 무엇을 의미합니까? 그것은 걷는 동작을 여러분 자신, 사람, 존재로 동일시하지 않는다는 것을 의미합니다.

여러분은 그것을 사람, 존재로서 여기지 않고 기계의 힘에 의해 걷고 있는 로봇으로 느낍니다. 그리고는 점차적으로 목화솜 더미 위를 걷고 있다고 느낍니다. 바닥이 부드러워지기 때문에, 그것의 부드러움을 느끼고, 또한 여러분이 밟고 있는 장소와 걷는 동작 역시 지극히 부드러워짐을 느낍니다.

발의 느낌이 아주 부드러울 때 여러분은 딱딱한 어떤 것 위를 걷고 있다고 생각하지 않고 공기 위를 걷고 있는 것으로 느낍니다. 여러분의 발은 땅이나 마루에 닿지 않는 것만 같습니다. 때로는 땅으로부터 2피트가량 높이 걷고 있다고 느끼기도 하며 또는 단지 공기 속에 있다고 느끼기도 합니다.

이와 같이 여러분의 발 밑에서 부드러움을 느낄 때, 그것은 땅의 요소의 독특한 특성을 깨닫고 있음을 뜻합니다. 때로는 여러분 자신, 또는 여러분의 발이나 몸, 몸의 형태를 의식함이 없이 단지 부드러운 느낌과 그것을 아는 마음이 있다고 느낍니다. 이것은 빠타위 다투(땅의 요소)의 부드러운 특성을 꿰뚫어보는 지혜가 인격, 개인(개체)의 개념(삭까야 딧티 또는 앗따 디티)을 파괴하거나 제거했다는 것을 의미합니다.

바람 요소의 특성을 깨달음으로써 아견을 제거

여러분은 다시 '듦-밂-내림-닿음-누름…', 또는 '의도함-듦-밂-내림-닿음-누름…'을 관찰합니다. 그러다가 어떤 경우 여러분은 움직임이 튀는 것을 느낍니다. 발을 들려고 하는데 발이 갑자기 저절로 들어 올려집니다. 그때 여러분은 그것이 튀어 오를 것이라고 기대하지 않고 있었기 때문에 놀랍니다.

또한 발을 앞으로 밀려고 할 때도 발이 갑자기 앞으로 쭉 밀려집니다. 이런 현상은 여러분이 어떻게 조절할 수 있는 것이 아닙니다. 여러분은 그때, '어라, 누가 내 다리를 앞으로 당기는 거지?' 라고 하며 역시 놀라게 됩니다. (웃음)

그런가 하면 발을 놓을 때도 발이 갑자기 뚝 떨어져 내려집니다. 여러분은 아주 천천히 내려놓으려 했는데도 발이 갑자기 내려 놓여지는 것입니다. 이런 현상은 여러분이 와요 다투(바람 요소)를 깨닫고 있다는 것을 의미합니다.

때로는 여러분은 여러분 자신, 또는 여러분의 발이나 몸, 몸의 형태를 의식함이 없이 이 바람요소만을 깨닫고 있습니다. 이것은 바람 요소의 독특한 특성을 꿰뚫어보는 지혜에 의해 나, 너, 사람, 존재라는 개념이 제거되어진 것을 뜻합니다.

인격, 개인(개체), 나, 너, 자아, 영혼이라는 개념은 모든 정신적 오염원의 자리(seat)입니다.

여러분은 자리가 있으면 그 위에 앉습니다. (웃음) 그렇지요? 네, 여러분이 인격, 개인(개체)이라는 개념을 가지면 정신적 오염원이 그것들에 의존해서 일어납니다. 따라서 사람, 존재라는 개념은 모든 정신적 오염원의 자리입니다.

의자가 없는데도 의자 위에 앉고 싶어하면 무슨 일이 일어날까요? (수행자들 뭐라고 함) 아닙니다, 여러분은 의자를 가졌다고 생각합니다. 그래서 그 위에 앉습니다. 그러나 사실 의자는 거기에 없습니다. 그 때 무슨 일이 발생하지요? 당연히 뒤로 넘어지겠지요. (웃음)

이 비유에서 의자는 무엇입니까? 그것은 바로 인격, 개인(개체)이라는 개념(삭까야 딧티 또는 앗따 디티)입니다. 이 삭까야 딧티 또는 앗따 딧티라는 의자가 없을 때 정신적 오염원은 그 곳에 더 이상 자리잡을 수 없게 됩니다.

여러분 모두 삭까야 딧티 또는 앗따 딧티를 제거하여 여러분의 목적인 괴로움의 소멸을 이루기를 기원합니다.

사두! 사두! 사두!

열 번째 날

스리랑카 장로스님의 일화 두 개와 견해의 청정

스리랑카 장로 스님의 일화 1 : 인내의 중요성

오늘로서 우리 수련회는 10일째가 되었습니다. 지난 10일이 마치 100일이나 되는 것처럼 느껴지는 수행자가 있을 지도 모르겠으나 사실 이 10일은 아라한의 경지를 얻기를 기대하는 사람들에게는 아주 짧은 기간에 불과합니다.

5세기 경 스리랑카에 만 명 이상의 제자를 거느린 마하테라 한 분이 계셨습니다. 마하테라는 대장로大長老를 의미하는 빠알리어입니다.

이 마하테라는 경전에 조예가 매우 깊었으며, 그의 제자들 중에는 아라한의 경지를 얻은 제자도 있었습니다. 그렇지만 정작 본인 자신은 수행을 하지 않았기 때문에 경전에 통달한 것과는 관계없이 가장 낮은 단계의 도-지혜도 얻지 못하고 있었습니다.

어느 날 아라한 제자 하나가 스승이 경전만을 내세울 뿐 수행을 중시하지 않는 점을 지적하자 마하테라는 큰 부끄러움을 느꼈습니다. 그래서 수행을 하기로 결심했습니다.

마하테라는 사흘이면 수행의 모든 과정을 마치고 아라한이 될 수 있다고 생각했기 때문에 제자들에게 알리지도 않은 채 아주 이른 아침에 숲으로 갔습니다.

그리고는 사흘 동안 숲에서 수행했지만 그분의 생각과는 달리 어떤 작은 경험도 하지 못했습니다. 수행의 경험은 고사하고 수행의 대상에조차 잘 집중할 수 없었습니다.

그러나 그분은 매우 끈기있는 성품이어서 사흘을 하려던 수행을 중단하지 않고 계속하여 삼 년 동안 수행했습니다. 하지만 삼 년을 수행했는데도 어떤 깨달음도 얻지 못했습니다.

그 뒤로도 수행은 계속되었고 어느덧 그분이 숲속에 온 지도 구 년째가 되었으나 그분은 그 때까지도 아무것도 얻지 못하고 있었습니다.

다시 삼 년이 지나 그분이 숲속에 들어온 지 12년이 되었습니다. 그러나 역시 아무 것도 얻지 못했습니다. 그래도 그분은 계속 수행하는 것을 꺼려하지 않았습니다. 때때로 우울함을 느꼈지만 (웃음) 포기하지 않고 수행을 계속했습니다.

그러던 어느 날 밤이었습니다. 그 날은 그분이 수행을 시작한 지 30년째가 되는 날이었는데, 보-수행을 하고 있던 마하테라에게 지난 30년 동안의 수행과정이 떠올랐습니다.

수행 첫날부터 지금까지 30년 동안을 있는 힘을 다해 수행을 해왔음에도 불구하고 제일 낮은 단계의 막가냐나(도-지혜)와 팔라냐나(과-지혜)조차 얻지 못한 그의 형편없는 수행에 대한 생각을 하게 되자 그에게는 걷잡을 수 없는 슬픔이 밀려왔습니다. 그래서 그는 울기 시작했습니다.

그때 그분이 수행을 하고 있는 근처 나무에 사는 여신 하나가 노스님이 우는 소리를 듣고는 그를 일깨워 주려고 덩달아 더 크게 울기 시작했습니다. 노스님은 그 여신이 우는 소리를 듣고 울음을 그치고는 "도대체 이 주위에서 누가 울고 있는 거요?"라고 물었습니다.

주위를 둘러보는 노스님에게 아무도 눈에 띄지 않았습니다. 밤이었기 때문에 주변은 깜깜했는데, 그런 가운데 어디선가 "존귀하신 큰스님, 울고 있는 것은 저입니다."라는 목소리가 들렸습니다.

노스님은 그녀에게 왜 울고 있는지 물어보았습니다. 그러자 여신은 "큰스님께서 우시는 것을 보면서 저는 우는 것은 아라한의 경지를 얻을 수 있는 수행의 일종이라고 생각하였습니다. 그래서 큰스님을 흉내내어 울고 있었던 것입니다."라고 말했습니다. (웃음)

그 말을 들은 노스님은 부끄러움을 느끼게 되어 자신에게 말했습니다. "떳사(이것은 그분의 이름입니다)여, 잘 보아라. 네가 아라한의 경지에 이르지 못한 것을 서러워하며 울음을 터뜨렸기 때문에 저 여신이 너를 따라 울면서 너를 비웃고 욕보였다. 스님으로서 이 얼마나 부끄러운 일이냐?"

노스님의 마음은 수치스러움 때문에 곧 고요해졌습니다. 그 뒤부터 노스님은 고요한 마음으로 꾸준히 수행을 할 수 있었고, 마음은 점차적으로 점점 더 깊게 집중되었습니다.

그 여신은 노스님에게 있어서 스승이나 마찬가지였습니다. 그 여신의 말을 들음으로써 노스님의 슬픔, 우울, 스트레스, 긴장이 사라져 버렸으니까요.

이제 노스님의 마음은 맑고 고요해졌으며 집중 또한 점점 더 깊어져서 노스님은 마침내 모든 정신적·육체적 현상의 아닛짜, 둑카, 아낫따를 깨달았습니다. 그리고는 첫 번째부터 차례대로 도道와 과果의 지혜를 얻은 뒤에 마침내 아라한의 경지를 성취하였습니다.

여러분도 지금 들어서 알다시피, 이 이야기에 나오는 마하테라는 아라한의 경지를 얻기 위해 30년을 수행해야만 했습니다. 그러나 처음에 수행을 시작할 때만 해도 수행을 완성하는데 30년이 걸릴 거라고는 생

172

각하지 못했습니다.

그분은 자신이 경전에 통달하고 있기 때문에 단 사흘만 수행하면 아라한의 경지에 도달할 거라고 생각했었습니다. 그 때문에 제자들에게 알리지도 않고 숲으로 갔지만 수행은 그분이 생각한 것처럼 쉽고 만만한 것이 아니었습니다.

그의 목적인 아라한의 경지에 이르기 위해서는 무려 30년이라는 기나긴 세월을 바쳐야만 했습니다. 이런 이유로 여러분이 지금까지 보낸 열흘 동안의 수행은 아라한의 경지를 얻고자 하는 이들에게는 아주 짧은 기간에 불과하다고 오늘 법문 처음에 말했던 것입니다.

여러분은 사흘을 잡았다가 30년이 걸렸어도 수행을 끈질기게 해낸 마하테라의 인내심을 본받아야 합니다. 아라한은 이루지 못할지라도 가장 낮은 단계의 도의 경지인 소따빳띠 막가(수다원 도)를 얻을 때까지는 집에 돌아가지 말고 끈기있고 끈덕지게 수행해야 합니다.

그러나 여러분이 그 경지를 얻을 때까지 여기에 머물고 싶어할 지라도 내가 여기에 머무는 것이 가능하지 않습니다. (웃음) 올해 남은 기간 동안의 내 일정이 이미 잡혀져 있기 때문에, 나는 2월 16일에 미얀마로 돌아가서 19일부터 한 달 동안 지방에서 법문과 수행지도를 해야 합니다.

다만 여기서 내가 여러분에게 말하고 싶은 것은 지난 열흘 동안의 수행을 긴 것으로 여기지 말라는 것입니다. 미얀마에서는 17살이나 18살짜리 소녀들조차도 적어도 한 달 반이나 두 달간 수행을 하곤 합니다.

그들 중에는 강력하게 수행을 하는 사람도 있습니다. 그런 수행자들은 새벽 3시 30분에 일어나 밤 10시까지 쉬지 않고 수행을 합니다. 어떤 수행자는 밤 10시 이후에도 수행을 계속하여 자정을 넘어 새벽 1시까지 수행하기도 합니다.

여러분 또한 그런 열성을 본받기 바랍니다. 그런 열성으로 순간순간 일어나는 모든 정신적·육체적 과정에 주의를 기울이십시오.

여러분에게 이미 설명했듯이 주의기울임은 적어도 10분 이상, 가능하다면 2, 30분간 끊이지 않고 지속되어야 합니다. 만일 주의기울임이 10분 이상 끊이지 않고 지속된다면 집중은 더 좋아질 것입니다.

그때 여러분은 좌-수행이나 보-수행 뿐 아니라 행-수행(일상행위에 대한 관찰)에서도 새롭거나 독특하고 놀라운 경험을 할 수 있을 것입니다.

이와 같이 적어도 10분간의 끊임없이 지속하는 주의 기울임은 수행자가 깊은 집중을 얻고 꿰뚫어보는 지혜를 예리하게 하는데 큰 도움이 되기 때문에 모든 동작과 움직임들을 천천히 하면서 일상 행위들에 더욱더 세세하게 주의 기울이라고 자주 말했던 것입니다.

스리랑카 장로스님의 일화 2 : 행-수행의 중요성

6, 7세기경 스리랑카에 주의기울임 수행(위빳사나 수행)을 3년 동안 해 온 마하테라(대장로)가 계셨습니다. 어느 날 몇몇의 젊은 스님들이 마하테라를 뵈러 왔기 때문에 마하테라는 그들과 대화를 나누게 되었습니다.

대화를 하던 중에 마하테라는 손을 빠르게 들었습니다. 그러나 곧 속도를 늦추어 천천히 내려놓았습니다. 그리고는 다음 번에는 아주 천천히 손을 들었습니다.

　노스님의 특이한 행동을 본 젊은 스님들은 노스님께 지금 하신 행동이 무얼 의미하는지에 대해 여쭈어 보았습니다. 그러자 마하테라는 이렇게 대답했습니다.

　"젊은 스님네들, 내가 수행을 시작한 이래 주의기울이지 않은 채로 어떤 행위나 동작도 한 적이 없었소. 그런데 조금 전에는 그대들과 이야기를 하는데 마음이 팔린 나머지 손을 드는 동작에 주의를 기울이지 못했소. 그래서 손이 빨리 들려졌지만 이내 그것을 알아차리게 되어 천천히 손을 내렸던 것이오."

　이 말을 들은 젊은 스님들은 "존귀하신 큰스님, 큰스님처럼 철저하게 수행하시는 분은 머지 않아 아라한의 경지를 얻으실 것입니다."라고 찬탄한 다음 그 자리를 떠났습니다. 그 후 대장로는 계속해서 수행하여 2~3일 후에 아라한의 경지를 얻었다고 주석은 말하고 있습니다.

　만일 여러분도 이 이야기에 나오는 마하테라처럼 일상행위를 관찰하는 것을 잊어버릴 때마다 자신을 일깨우며 일상행위에 주의기울이는 것을 반복해서 훈련하면, 아라한의 경지나 아니면 최소한 가장 낮은 단계의 성인인 수다원의 경지에 이를 수 있다는 희망을 가져도 좋을 것입니다.

　한 수행자가 오늘 인터뷰에서, 전에는 행-수행(일상행위에 대한 알아차림)과 보-수행에 대해 의심을 가지고 있었는데 이제는 그러한 의심이 사라져 버렸다고 말했습니다.

　무엇이 다섯 가지 장애 중의 하나인 그녀의 의심을 몰아낸 것일까요? 그것은 그녀가 행-수행과 보-수행에서 약간의 특별한 경험을 했기 때문이었습니다.

그녀는 일상 행위를 천천히 하면서 가능한 한 행위들을 모두 관찰하려고 노력했고, 보-수행에서도 천천히 걸으며 발의 동작을 아주 세세하게 관찰했습니다. 그 결과, 전에는 하지 못했던 특별한 경험을 행-수행과 보-수행에서 하게 되었으므로 그녀의 의심이 해소되었던 것입니다.

마음속으로 명명하며 관찰하는 것의 필요성과 시기

어제 나는 여러분이 보-수행을 하는 동안 발의 모든 동작들을 마음속으로 '듦-밂-내림-닿음-누름…' 이라고 명명하며 매우 세세하고 면밀하게 관찰할 때 바람요소(또는 공기요소)의 고유한 특성인 움직임, 동작, 진동, 팽창, 수축을 경험한다고 말했습니다.

그러나 이것은 발의 동작은 관찰하지 않고 단지 마음속으로 '듦-밂-내림-닿음-누름…' 이라고 명명만 해서는 경험될 수 없습니다. 왜냐하면 그와 같은 경험은 실제 발의 동작을 면밀하고 세세하게 알아차림으로 인한 마음의 집중을 통해 꿰뚫어보는 지혜가 예리해졌을 때 얻어지기 때문입니다.

그렇다고 명명하는 것을 무시하라는 것은 아닙니다. 여러분이 마음속으로 명명하지 않고 관찰하다보면 점차적으로 노력이 약해집니다. 그러면 마음은 수행대상을 주의깊게 관찰하지 못하므로 밖으로 나가서 헤매게 되고 그 결과 집중은 약해집니다.

따라서 발의 동작을 관찰할 때, 마음 속으로 '듦-밂-내림…' 이라고 명명하며 관찰해야 합니다. 그러면 명명하는 것의 도움을 받아 마음을 발의 동작에 주의 깊고 강하게 모을 수 있습니다. 특히 수행초기에는 마음 속으로 명명하지 않고서는 모든 수행대상에 마음을 잘 모을 수 없으므로 명명하는 것이 더욱 필요합니다.

요약해보면 대상을 관찰할 때 마음속으로 명명하는 것이 필요는 하지만 잘못 습관이 들어 앵무새처럼 명명만 하고 있으면 안 된다는 것입니다.

이런 잘못된 습관을 고치기 위해서는, 또는 그런 습관을 만들지 않기 위해서는 대상을 알아차리는 순간 바로 명명하도록 하는 것입니다. 대상을 알아차림 없이 명명하는 것을 허락해서는 안됩니다.

그러나 이것은 어디까지나 여러분이 네 번째나 다섯 번째, 또는 열한 번째 단계의 꿰뚫어보는 지혜에 도달하기 전까지의 이야기입니다. 여러분이 이러한 지혜의 단계에 있을 때는 명명하며 관찰하는 것이 수행의 진보를 이루는데 오히려 방해가 되기 때문이지요

정신적·육체적 현상의 두 가지 특성

명명하는 것에 대해서는 이쯤 해 두고 발의 동작을 관찰하며 바람요소를 경험하는 것에 대해 계속 설명하도록 하겠습니다.

여러분이 발의 동작을 알아차리면서 걷고 있는 동안 집중이 깊어지면 여러분은 발의 각각의 동작들을 일련의 많은 매우 작은 끊어지는 움직

임들로써 경험합니다.

즉, '듦, 밂, 내림…' 등 하나의 움직임이 아니라 '듦-듦… 밂-밂… 내림-내림…' 등 여러 개의 잘게 끊어지는 움직임으로 깨닫게 된다는 것입니다. 이때 여러분이 깨닫고 있는 것은 바람요소의 독특한 특성입니다.

그러나 집중이 충분히 깊지 않으면, 발의 움직임이 잘게 끊어지는 것을 깨닫는다고 할지라도 여전히 육체적인 형태와 다리, 또는 발을 의식합니다. 그리고는 '내' 발이 들려지고 있다, '나'는 알아차리고 있다는 등으로 '나'라는 개념을 가지게 되는데, 그렇다고는 해도 그 개념은 평소보다 희미합니다.

그러다가 집중이 충분히 깊어져서 바람요소의 고유한 특성을 꿰뚫어 보는 지혜가 성숙되면 여러분은 다리나 발, 또는 육체적 형태를 알아차리지 않고 단지 잘게 끊어지고 있는 발의 움직임과 그것을 관찰하는 마음만을 깨닫게 됩니다. 그때 나, 존재, 사람이라는 개념이 제거됩니다.

여기서 둘째 날 잠깐 언급한 적이 있는 정신적 · 육체적 현상의 두 가지 특성을 다시 간단하게 설명해야할 것 같습니다.

경전과 주석에서는 수행자가 나마 · 루빠(정신적 · 육체적 과정)를 깨달을 때 먼저 사바와 락카나를 깨달으며, 그 다음에 사만냐 락카나를 깨닫는다고 말하고 있습니다.

사바와 락카나를 매우 분명하게 깨달을 때, 나 또는 너, 사람 또는 존재의 개념을 제거할 수 있습니다. 그리고 사만냐 락카나를 깨달을 때 어떤 정신적 과정이나 육체적 과정에도 애착하지 않게 됩니다.

그러면, 사바와 락카나란 무엇입니까? 사바와 락카나는 '정신적 · 육체적 현상의 개별적, 또는 고유한 특성'을 의미합니다. 한편 사만냐 락카나는 '정신적·육체적 현상의 일반적, 또는 공통적 특성'을 의미합니다. 그리고 그것은 다름 아닌 심신 과정의 세 가지 특성인 아닛짜, 둑카, 아낫따(비영속, 고통, 비인격성)를 일컫습니다.

사만냐 락카나가 이처럼 세 가지로 되어있는 데 비해 사바와 락카나는 매우 다양합니다. 왜냐하면 모든 정신적 상태들과 감정적 상태들, 그리고 육체적 상태들은 저마다 그 자신의 고유한 특성들을 갖고 있기 때문입니다.

네 가지의 기본적인 물질적 요소의 특성

따라서 시간 관계상 그 많은 정신적·육체적 현상의 고유한 특성을 지금 다룰 수는 없습니다. 그러나 여러분이 주의기울임 수행을 할 때, 대부분의 시간을 네 가지의 기본적인 물질적 요소들에 주의를 기울이게 되므로 적어도 그것들의 고유한 특성들은 살펴보아야 할 것입니다.

그 중 땅과 바람요소의 고유한 특성은 어제 법문 후반부에서, 그리고 조금 전에도 약간 다루었으므로 여러분이 잘 기억하고 있으리라 생각합니다.

그럼 빠타위 다투(땅의 요소)의 특성은 무엇이지요? 네, 딱딱함과 부드러움입니다.

나는 어제 여러분이 보-수행시 집중이 깊으면 발이 가벼워지는 한편,

걷는 일이 자동으로 이루어져서 마치 자신이 아니라 기계의 힘에 의해 로봇이 걷고 있는 것처럼 느껴진다고 말했습니다.

또한 그때 여러분은 밟고 있는 장소와 걷는 동작 역시 지극히 부드러워짐을 느끼기 때문에, 여러분은 마치 목화솜 더미 위를 걷고 있는 것처럼 또는 공기 속을 걷고 있는 것처럼 느낀다고도 했습니다.

이와 같이 여러분의 발 밑에서 부드러움을 느낄 때 그것은 여러분이 땅의 요소의 고유한 특성을 깨닫고 있음을 뜻합니다. 그러나 이런 특성은 여러분의 집중이 충분히 좋을 때만 경험될 수 있습니다.

처음에는 여러분이 발의 각각의 동작에 주의기울인다 할지라도, 즉 발을 들면서 '듦-믦…' 이라고 명명하며 관찰한다고 할지라도 마음은 밖으로 나가버립니다. 그리고 어느 사이 발은 이미 들려져 있습니다.

그러면 여러분은 발을 내려놓는 것이 옳은지, 아니면 생각을 관찰하는 것이 옳은지 잘 몰라 쩔쩔 맬지도 모릅니다.

그런 경우 여러분은 먼저 발을 내려놓아야 합니다. 물론 내리는 움직임에 주의기울이면서 말이지요. 그런 다음에 생각을 관찰하는 것이 옳습니다. 그러나 생각은 이미 가 버리고 없습니다.

어떤 경우에는 생각의 과정이 매우 강력해서 가 버리지 않고 계속 진행되고 있을 수가 있는데, 그럴 때는 생각 과정을 마음속으로 '생각함-생각함…' 이라고 명명하며 다소 빠르게 관찰해야 합니다. 그러다 생각이 사라지면 다시 걸으며 발의 움직임을 관찰합니다.

이런 식으로 보-수행을 계속해 나가다 보면 집중이 깊어지는 때가 옵니다. 그러면 여러분은 아까 말한대로 땅의 요소의 고유한 특성을 깨달을 수 있습니다.

두 번째 아뽀 다투(물의 요소)의 고유한 특성은 응집성(점착성)과 유동성입니다.

때때로 보-수행 중 집중이 어느 정도 좋을 때 여러분은 발 밑에서 끈적끈적한 감각을 느끼기도 합니다. 그러면 어떤 수행자들은 끈적거리게 하는 것을 찾으려고 걷는 것을 멈추고 발 밑을 살펴보기도 합니다. 그러나 아무 것도 발견하지 못합니다. 그것은 발 밑에 끈적거리게 하는 무엇이 실제로 있는 것이 아니라 그들이 단지 아뽀 다투(물의 요소)의 고유한 특성인 점착성을 경험하고 있었던 것이기 때문입니다.

또한 때때로 여러분은 눈에서 눈물을 느낍니다. 그래서 천으로 그것을 닦아 내려고 '듦-듦…' 이라고 명명하며 드는 동작에 주의 기울입니다. 그리고는 눈물을 닦습니다만 정작 눈물을 발견하지 못합니다. 어떻게 된 것일까요?

네, 눈물을 느낀다는 것은 물의 요소의 고유한 특성인 유동성을 경험한다는 것입니다. 그런데 정작 눈물이 없다는 것은 여러분이 외적인 유동성이 아니라 내적인 유동성을 경험한 것이기 때문입니다. 어쨌거나 점착성과 유동성이 물의 요소의 고유한 특성입니다.

세 번째 떼조 다투(불의 요소, 온도의 요소)의 고유한 특성은 따뜻함과 차가움입니다. 여러분은 수행하면서 따뜻함과 차가움을 경험해 본 적이 있습니까? 많이 경험해 보았다고요?

네, 때때로 여러분은 마치 불 위에 앉아 있는 것처럼 아주 뜨거움을 느낍니다. 또한 때로는 그 반대로 마치 얼음 덩어리 위에 앉은 것처럼 차가움을 느끼기도 합니다. 이와 같은 것을 느낄 때 여러분은 떼조 다투를 경험하고 있는 것입니다.

마지막으로 와요 다투(바람요소, 또는 공기요소)의 고유한 특성은 무엇입니까? 네, 동작, 움직임, 진동, 지탱하기, 팽창, 수축 등이 와요 다투의 고유한 특성입니다.

여러분이 복부의 움직임을 관찰할 때나 발의 동작을 관찰할 때 그리고 일상생활에서 하는 모든 행위나 동작들에 주의기울일 때마다 와요 다투에 주의기울이게 되므로 여러분은 이 와요 다투의 고유한 특성을 깨달을 수 있는 기회가 많습니다.

견해의 청정

그러나 여러분이 움직임, 동작, 진동, 지탱함 등의 바람요소의 특성을 깨닫는다 할 지라도 '나' 는 움직임을 느낀다, '나' 는 동작을 느낀다고 하면서 거기에 '나' 라는 개념을 포함시킵니다. 그것은 여러분이 아직 '나' 라는 개념을 제거할 만큼 바람요소의 고유한 특성을 분명하게 깨닫지 못했기 때문입니다.

그러나 여러분이 복부의 불러오는 움직임과 꺼지는 움직임에 주의기울일 때 집중이 아주 깊으면 여러분은 복부의 움직임과 그것을 아는 마음만을 깨닫습니다.

다시 말하면, 여러분은 여러분의 몸이나 복부도 의식하지 못하고, 또는 육체적 형태의 감각을 잃어버린 채 단지 불러오는 움직임과 꺼지는 움직임, 그리고 그것들을 관찰하는 마음의 두 과정만을 깨닫고 있을 뿐이란 말입니다.

집중이 더 깊어지면 여러분은 불러오는 과정의 일련의 끊어지는 움직임과 꺼지는 과정의 일련의 끊어지는 움직임, 그리고 그것들을 관찰하는 마음을 깨닫게 됩니다.

그러면 여러분은 불러오고 꺼지는 움직임의 과정을 영속한 것으로 여기지 않게 됩니다. 또한 관찰하는 마음도 영속한 것으로 여기지 않게 됩니다. 왜냐하면 불러오는 움직임이 일어날 때, 마음은 그것을 알고는 사라지고 꺼지는 움직임이 일어날 때도 마음은 그것을 알고는 사라지기 때문입니다.

이와 같이 영속하지 않은 두 과정만을 깨닫고 있을 때, 여러분은 이 두 과정을 여러분 자신, 사람 또는 존재로 여기지 않습니다. 즉, 불러오고 꺼지는 움직임의 과정도 여러분 자신, 사람 또는 존재로 여기지 않고, 관찰하는 마음의 과정도 여러분 자신, 사람 또는 존재로 여기지 않는다는 말입니다. 그러면 나, 너, 사람 또는 존재의 잘못된 개념이 제거되어 여러분의 견해는 청정하게 됩니다.

여기서 불러오고 꺼지는 움직임의 과정과 그것들을 관찰하는 마음을 있는 그대로 깨닫고 그 두 과정을 구별하는 것을 나마루빠 빠릿체다 냐나라고 합니다. 이것은 열세 단계의 꿰뚫어 보는 지혜 중 첫 번째 꿰뚫어보는 지혜에 해당합니다.

이 첫 번째 꿰뚫어보는 지혜에 의해 나, 너, 사람 또는 존재에 대한 잘못된 개념이 제거됨으로써 여러분은 딧티 위숫디를 얻게 되는 것입니다.

'딧티'는 '견해'를 의미하고 '위숫디'는 '청정'을 의미합니다. 따라서, '딧티 위숫디'는 '견해의 청정'을 의미합니다. 이것은 위빳사나 수행 과정에서 여러분이 경험해야 하는 일곱 가지의 청정 단계 중 세 번째 단계에 해당하는 청정입니다.

그런데 이 단계에서 수행자는 일시적으로만 견해를 청정하게 할 수 있을 뿐입니다. 그것은 인격, 개성(개체)이라는 잘못된 견해를 당분간은 제거할 수 있지만 완전히는 근절할 수 없다는 것을 의미합니다.

당분간이란 수행자가 이 두 과정을 매우 분명하고 깊게 깨닫고 있는 동안을 의미합니다. 사람, 존재라는 개념을 완전히 제거하는 것은 첫 번째 도-지혜를 얻었을 때입니다.

시간이 다 되었군요. 여러분 모두 모든 정신적 오염원의 소재지인 인격, 개인(개체)이라는 개념을 근절해서 괴로움의 소멸을 얻기를 기원합니다.

사두! 사두! 사두!

열한 번째 날

견해의 청정

일곱 가지 단계의 청정

오늘은 어제 법문 끝 부분에서 잠깐 다룬 견해의 청정에 대해 계속하겠습니다.

위빳사나 수행과정에는 여러분이 하나씩 차례대로 모두 경험해야하는 일곱 가지 청정이 있는데 그것은 다음과 같습니다.

1. 실라 위숫디 : 도덕성의 청정, 또는 덕(virtue)의 청정
2. 찟따 위숫디 : 마음의 청정
3. 딧티 위숫디 : 견해의 청정
4. 깡카 위따라나 위숫디 : 의심을 극복함에 의한 청정
5. 막가아막가 냐나 닷사나 위숫디 : 도와 도가 아닌 것의 앎과 봄에 의한 청정
6. 빠디빠다 냐냐닷사나 위숫디 : 수행도의 앎과 봄에 의한 청정
7. 냐나닷사나 위숫디 : 앎과 봄에 의한 청정

이 중 첫 번째 도덕성의 청정은 여러 분이 잘 아는 것처럼 계를 잘 지킴으로써 얻어집니다.

두 번째 마음의 청정은 깊은 집중을 통해 얻어집니다. 그것은 수행자의 마음이 대상에 깊게 집중되어 있는 동안은 마음을 더럽히는 다섯 가지 장애들이 일어날 수 없기 때문입니다.

다섯 가지 장애에 대해서는 이미 여러 번 설명한 바 있으므로 잘 기억

하고 있겠지요? (수행자들 그렇다고 대답) 무엇 무엇이지요? (수행자들 대답) 성적 욕망이 아니라 감각적 욕망입니다. 그리고요? 그렇습니다. 악의, 게으름과 무기력(졸음), 불안과 회한, 그리고 회의적 의심입니다.

여러분의 마음 안에 이들 중 어떤 것이라도 있게 되면 마음은 오염됩니다. 반대로 그것들이 없으면 마음은 청정하게 되지요. 마음을 오염시키는 이 장애들은 마음이 수행대상에 깊이 집중되어 있는 동안은 일어나지 못합니다. 그래서 깊은 집중을 통해 마음의 청정이 얻어지는 것입니다.

세 번째부터 여섯 번째 청정까지는 꿰뚫어보는 지혜들을 통해 얻어집니다. 이 청정들에 대해서는 앞으로 시간이 허락하는 대로 하나씩 설명해 나갈 것입니다.

마지막 앎과 봄에 의한 청정은 첫 번째 단계의 깨달음인 막가 냐나(도-지혜)를 통해 얻어집니다.

보-수행에서 경험하는 견해의 청정

그럼 지금부터는 어제에 이어 견해의 청정에 대해 좀 더 살펴보도록 하겠습니다.

어제 나는 여러분이 보-수행시 드는 동작, 미는 동작, 내리는 동작, 닿는 감각, 누르는 동작을 알아차릴 때, 주의기울임이 분명하고 강하고 깊으면 마음은 점차적으로 각각의 발의 동작에 집중되어 여러분은 각각의 동작들을 잘게 끊어지는 많은 움직임들로서 경험한다고 말했습니다.

그와 같은 움직임을 경험하는 것은 여러분이 바람의 고유한 특성을 경험하고 있다는 것입니다. 그러나 여러분이 바람의 고유한 특성인 움직임들을 경험한다 할지라도 집중이 충분히 깊지 않으면 '나'는 '내' 발을 들고, '나'는 그것을 관찰한다, '나'는 '내' 발을 앞으로 밀고, '나'는 그것을 관찰한다, '나'는 '내' 발을 내려놓고 '나는' 그것을 관찰한다… 등등으로 생각합니다.

이것은 여러분이 대상인 발의 동작, 드는 동작, 미는 동작 등을 사람, 존재 그리고 나 또는 너로 여기며 관찰하는 마음 역시 사람, 존재, 나 또는 너로 여긴다는 의미입니다. 따라서 인격, 개인(개체)에 대한 개념은 제거되지 않습니다.

그러나 집중이 지속적으로 5분, 10분이나 20분 정도 이어져서 어느 정도 깊은 집중을 얻으면 꿰뚫어보는 지혜가 분명하고 예리하게 되어 발에 대한 감각을 잃어버리고, 때로는 육체적 형태에 대한 감각도 잃어버린 채로, 단지 잘게 끊어지는 움직임만을 매우 분명하게 깨닫습니다. 또한 움직임의 과정과 그것을 관찰하는 마음의 과정도 구별합니다.

이 경험을 통해 여러분은 이 두 과정을 여러분 자신이나 사람, 또는 존재와 동일시하지 않습니다. 즉, 여러분은 육체적 현상인 움직임의 과정도 사람, 존재로 여기지 않고 정신적 현상인 움직임을 관찰하는 마음도 사람, 존재로 여기지 않는다는 말입니다. 그때 사람, 존재라는 잘못된 개념이 제거되어지므로 여러분의 견해는 청정해집니다.

여기서 바람요소의 특성인 움직임을 분명히 깨닫거나 움직임의 과정과 그것을 관찰하는 마음의 과정을 구별하는 것을 나마루빠 빠릿체다 냐나라고 하며, 그것은 첫 번째 단계의 꿰뚫어보는 지혜입니다. 이 첫 번째 꿰뚫어보는 지혜로 사람, 존재라는 개념이 제거되므로 여러분은 견해의 청정을 얻게 되는 것입니다.

행-수행에서 경험하는 견해의 청정

이 견해의 청정은 행-수행(일상행위에 대한 관찰) 중에도 경험될 수 있습니다.

팔을 뻗고 구부리는 일상 행위를 관찰한다고 합시다. 그때 그 행위를 천천히 하지 않으면 여러분은 팔을 뻗고 구부리는 과정을 피상적으로밖에는 알아차릴 수 없습니다. 따라서 깊은 집중도 얻을 수 없으므로 팔의 움직임에 대한 여러분의 앎은 '나'는 '내' 팔을 뻗는다, '나'는 '내' 팔을 구부린다 등으로 사람, 존재의 개념과 함께 하는 수준에 머물게 됩니다.

그러나 이 행위를 천천히 하면 할수록 관찰하는 마음은 행위의 각각의 움직임에 더 분명하고 면밀하게 집중됩니다. 예를 들어 여러분이 팔의 구부림을 관찰할 때 '구부림-구부림…'이라고 명명하며 가능한 한 천천히, 네 번이나 다섯 번이 아니라 열다섯 번이나 스무 번 정도를 구부리며 관찰하면(그렇다고 그 수를 세라는 뜻은 아닙니다) 집중은 지속적으로 깊어집니다.

집중이 어느 정도의 시간 동안 지속적으로 이어지면서 깊을 때 꿰뚫어보는 지혜는 예리해집니다. 그러면 여러분은 여러분의 팔이 아닌 다른 어떤 것이 움직이고 있는 것처럼 느끼기 시작합니다.

여러분은 그것을 어떤 개별적인 대상, 또는 어떤 개별적인 사람과 동일시할 수 없으며, 그저 어떤 것이 여러분에게로 점점 가까이 구부려져 오고 있다고 느낄 뿐입니다. 따라서 여러분은 점점 구부려져 오고 있는 그것을 여러분 또는 여러분의 팔이라고 여기지 않습니다.

이런 현상을 경전과 주석에서는 '빤짯칸다 빠라또 빳사띠', 즉 '다섯 무더기를 자신과 연관되지 않은 어떤 것으로 보는 것', 또는 '다섯 무더기를 자신에게 속하지 않은 어떤 것으로 보는 것'이라고 합니다.

여러분을 향하여 천천히 구부려지며 다가오는 움직임을 여러분 자신, 사람, 존재로 동일시하지 않을 때 사람, 존재라는 개념은 제거되어 여러분의 견해는 청정해집니다.

또한 여러분이 팔의 뻗는 동작을 아주 천천히 그리고 아주 면밀히 관찰할 때도 여러분은 어떤 실체적인 것이 없이, 단지 뻗는 동작의 과정만을 깨닫게 됩니다. 단지 동작의 과정만이 있는 그대로 이해되어집니다.

따라서 이 뻗는 동작의 과정도 사람, 존재, 나 또는 너로 여겨지지 않습니다. 그러면 여기에서도 사람, 존재라는 개념은 제거되어 여러분의 견해는 청정해집니다.

두 가지 양식으로 깨닫는 첫 번째 단계의 꿰뚫어보는 지혜로 얻는 견해의 청정

지금까지 살펴본 견해의 청정에 대해 정리해보면 견해의 청정은 첫 번째 단계의 꿰뚫어보는 지혜가 사람, 존재라는 개념을 제거할 때 얻어진다는 것입니다.

그런데 이 첫 번째 꿰뚫어보는 지혜는 두 가지 양식으로 정신적·육체적 과정을 깨닫습니다.

첫 번째 양식은 정신적 과정과 육체적 과정의 고유한(개별적) 특성을 깨닫는 것이고, 두 번째는 정신적 과정과 육체적 과정을 구별하는 것입니다.

여러분이 좌-수행이나 보-수행뿐만 아니라 행-수행(일상행위에 대한 관찰) 중에도 관찰되고 있는 정신적·육체적 과정을 이 두 양식 중의 하나로 깊고 철저하고 바르게 이해할 수 있다면 사람, 존재, 나, 너라는 개념이 제거되어 여러분은 견해의 청정을 얻습니다.

정신적·육체적 과정의 인과관계를 깨닫는 지혜

여러분이 이와 같이 견해의 청정을 얻은 후 수행을 계속할 때, 여러분은 두 번째 단계의 꿰뚫어보는 지혜에 의해 네 번째 단계의 청정인 의심을 극복함에 의한 청정을 얻게 됩니다.

위숫디막가 주석에는 "두 번째 단계의 꿰뚫어보는 지혜를 얻지 못할 때, 우리는 과거 생에 나, 또는 사람, 그리고 영속하는 실체가 있었는지 없었는지, 그리고 현생에 나, 또는 사람, 그리고 영속하는 실체가 있는지 없는지, 또한 내생에 나, 또는 사람, 그리고 영속하는 실체가 있을 것인지 없을 것인지에 대한 의심을 가질 수 있다.' 라고 되어 있습니다.

그렇습니다. 과거·현재·미래에 있어 사람, 개인(개체)의 존재에 대한 의심은 육체적·정신적 현상의 원인과 결과를 깨달을 때 극복되어집니다. 그러나 이 부분에 대해서는 나중에 더 분명하게 설명하도록 하고 먼저 두 번째 꿰뚫어보는 지혜를 얻는 과정에 대해 알아보겠습니다.

두 번째 단계의 꿰뚫어보는 지혜는 빠알리어로 '빳짜야빠릭가하 냐나' 라고 하는데, 이것은 '육체적·정신적 과정의 인과관계를 깨닫는 지혜' 라는 뜻입니다.

여러분이 첫 번째 꿰뚫어보는 지혜로 견해의 청정을 얻고 수행을 계속하여 마음을 복부의 불러오고 꺼지는 움직임에 쉽고 편안하게 집중할 수 있게 되면, 여러분은 불러오는 움직임이 있기 때문에 그것을 관찰할 수 있으며, 꺼지는 움직임이 있기 때문에 그것을 관찰할 수 있다는 것을 깨닫게 됩니다.

불러오고 꺼지는 움직임이 희미해져서 사라지게 되면 여러분은 불러오고 꺼지는 움직임을 관찰할 수 없습니다. 따라서 불러오고 꺼지는 움직임의 현존이 관찰의 일어남의 원인입니다. 즉 움직임이 있기 때문에 마음이 그것을 관찰할 수 있다는 것입니다. 그래서 불러오는 움직임은 원인이고, 그것을 관찰하는 마음은 결과입니다.

불러오는 움직임이 없어졌을 때는 불러오는 움직임을 관찰하는 마음도 없습니다. 따라서 불러오는 움직임의 없음은 원인이고, 관찰하는 마음의 없음은 결과입니다. 이런 식으로 여러분은 육체적·정신적 현상의 인과관계를 깨닫게 됩니다.

　시간이 다 되어서 법문을 완전하지 않은 상태로 끝내야 되겠군요. 여러분 모두 육체적·정신적 현상을 그것들의 본성대로 깨달아서 목표를 달성하기를 기원합니다.

　사두! 사두! 사두!

열두 번째 날

인과관계를 깨닫는 지혜
(조건부를 구별하는 지혜) 1

복부의 움직임에 대한 관찰로 인과관계를 깨닫기까지의 과정

오늘은 어제 법문 끝 부분에서 간략하게 다루었던 육체적·정신적 현상의 인과 관계를 깨닫는 것에 대하여 계속하도록 하겠습니다.

여러분이 복부의 불러오고 꺼지는 현상을 관찰할 때 처음에는 마음이 자주 밖으로 나갑니다. 이때 여러분은 밖으로 나간 마음이 사라질 때까지 그것을 관찰해야 합니다. 그러다가 헤매는 마음이 멈추면 기본 관찰 대상인 복부의 움직임으로 돌아와 '불러옴-꺼짐-불러옴-꺼짐…' 이라고 명명하며 관찰합니다.

여러분이 복부의 불러오고 꺼지는 움직임을 처음부터 끝까지 면밀하고 세세하게 알아차릴 수 있게 되면 마음은 점차적으로 불러오고 꺼지는 움직임의 과정에 집중됩니다. 불러오는 움직임의 과정을 따라갔다가 꺼지는 움직임의 과정을 따라가며 관찰을 반복하면서 마음은 복부의 움직임에 잘 집중되는 것입니다.

이런 식으로 꾸준한 노력을 기울이면 집중은 더욱 깊어져서 집중과 함께 일어나는 꿰뚫어보는 지혜가 예리하고 강력해집니다. 그러면 불러오는 움직임은 하나의 과정이고, 그것을 관찰하는 마음은 다른 하나의 과정이라는 것을 깨닫게 됩니다. 같은 이치로 복부가 꺼지는 움직임은 하나의 과정이고, 그것을 관찰하는 마음은 다른 하나의 과정이라는 것을 깨닫게 됩니다.

이런 식으로 여러분은 정신적 과정과 육체적 과정, 바꿔 말해서 주체와 대상을 구별하게 되는데 이것을 나마루빠 빠릿체다 냐나(정신적 과

정과 육체적 과정을 구별하는 지혜)라고 합니다

이 두 과정을 분명하게 볼 수 있게 되면 여러분은 복부의 불러오는 과정과 꺼지는 과정을 여러분 자신, 사람, 존재로 여기지 않게 되고, 그것들을 관찰하는 마음의 과정에 대해서도 여러분 자신, 사람, 존재로 여기지 않게 됩니다. 여러분은 그것들을 단지 육체적·정신적 현상의 각각 분리된 두 개의 과정으로 바르게 이해할 뿐입니다.

그리고나서 부지런하고 강력하고 성실히 수행을 계속하면 불러오는 움직임이 있기 때문에 그것을 관찰하는 마음이 있고, 꺼지는 움직임이 있기 때문에 그것을 관찰하는 마음이 있다는 것을 깨닫게 됩니다.

불러오는 움직임이 있기 때문에 그것을 관찰하는 마음이 있다는 것은 불러오는 움직임이 그것을 관찰하는 마음을 일으킴을 뜻하는 것입니다. 그래서 여러분은 대상인 불러오는 움직임은 원인이고, 그것을 관찰하는 마음인 주체는 결과라는 것을 깨닫습니다.

대상이 있기 때문에 그것을 관찰하는 마음이 있습니다. 대상이 없으면 그것을 관찰하는 마음도 없습니다. 이런 식으로 여러분은 원인과 결과를 깨닫게 됩니다.

이것은 꺼지는 움직임과 그것을 관찰하는 마음과의 관계에서도 똑같이 적용됩니다.

행-수행(일상 행위에 대한 알아차림)에서
인과관계를 깨닫는 지혜 경험

일상 행위에 대한 알아차림에서도 여러분은 같은 방식으로 원인과 결과를 깨닫게 됩니다.

자리에서 일어날 때 여러분은 천천히 일어나면서 '일어남-일어남…' 이라고 명명하며 일어나는 동작의 과정을 매우 세세하고 면밀하게 관찰합니다. 자리에 앉을 때도 같은 방식으로 앉는 과정을 관찰합니다.

집중이 깊어지면 여러분은 자리에서 일어나는 과정이 있기 때문에 그것을 관찰하는 마음이 일어나고, 앉는 동작이 있기 때문에 그것을 관찰하는 마음이 일어난다는 것을 깨닫게 됩니다.

따라서 자리에서 일어나는 동작은 원인이고, 그것을 관찰하는 마음은 결과이며, 앉는 동작은 원인이고, 그것을 관찰하는 마음은 결과입니다. 여기에서도 여러분은 원인과 결과, 또는 인과 관계를 깨닫는 지혜를 경험하게 됩니다.

보-수행에서 인과관계를 깨닫는 지혜를
경험하기까지의 과정

여러분은 또한 보-수행에서도 인과관계를 깨닫는 지혜를 경험할 수 있습니다.

보-수행시 여러분은 분명하고 세세하며 면밀하게 걸음을 관찰해야 합니다. 그러나 수행 초기에는 마음이 자주 밖으로 나가 헤매면서 다른 어떤 것에 대해 생각하게 됩니다.

마음이 헤매고 있다는 것을 알게 된 순간 바로 여러분은 헤매는 마음을 관찰해야 합니다. 그러다가 마음이 사라지면 다시 발의 동작을 관찰합니다. 발의 동작을 세세하고 면밀하게 관찰하기 위해서는 천천히 걸어야 합니다.

때때로 마음은 명칭에만 머물기도 합니다. 즉, 마음이 실제의 동작인 발을 드는 동작, 미는 동작, 내리는 동작을 아는 것이 아니라 명칭만을 안다는 말입니다.

마음이 단지 명칭만을 안다는 것을 알아차리게 되면 여러분은 발의 실제적인 동작을 알아차리도록 관찰에 더 많은 노력을 기울여야 합니다. 그러면 발을 실제로 드는 동작, 미는 동작, 내리는 동작, 그리고 닿음 등을 깨닫게 됩니다.

더 나아가 여러분은 육체적·정신적 현상의 두 과정을 구별하게 됩니다. 즉 '발을 드는 동작은 하나의 과정이고, 그것을 관찰하는 마음은 다른 하나의 과정이다.' 이런 식으로 여러분은 정신성과 육체성의 두 개의 분리된 과정을 깨닫게 됩니다. 이와 같이 깨닫는 것은 첫 번째 꿰뚫어보는 지혜인 나마루빠 빠릿체다 냐나(육체적·정신적 현상의 두 과정을 구별하는 지혜)에 의해서입니다.

다시 여러분이 계속해서 수행을 하면 더 깊은 집중으로 꿰뚫어보는 지혜가 예리해져서 발이 들려질 때 그것을 관찰하는 마음이 일어나고,

발이 앞으로 밀려질 때 또는 앞으로 미는 동작이 있을 때 그것을 관찰하는 마음이 일어난다는 것을 깨닫게 됩니다.

드는 동작, 미는 동작, 내리는 동작, 닿는 감각, 누르는 동작 때문에 그것들을 각각 관찰하는 마음이 일어납니다. 대상이 있을 때 그것을 관찰하는 마음이 있고, 대상이 없을 때는 그것을 관찰하는 마음도 없습니다. 대상인 동작은 원인이고 동작을 관찰하는 마음은 결과입니다. 이와 같이 여기서도 여러분은 원인과 결과의 관계를 깨닫는 지혜를 경험합니다.

또한 여러분은 동작 전에 일어나는 의도를 관찰하는 것에서도 원인과 결과의 관계를 깨닫는 지혜를 경험할 수 있습니다.

수행 초기에는 집중이 충분히 깊지 않기 때문에 각각의 발의 동작 전에 일어나는 의도를 발견하지 못합니다. 심지어는 발을 드는 동작 전에 조차도 의도를 발견하지 못합니다. 따라서 의도를 관찰하는 마음도 없습니다. 대상이 없기 때문에 그것을 관찰하는 마음도 없게 되는 것이지요.

그러나 집중이 충분히 깊어지면 발을 드는 동작을 하기 전에 의도가 일어나는 것을 발견하게 됩니다. 그러면 그 의도를 '의도-의도…' 또는 '의도함-의도함…' 이라고 명명하며 관찰해야 합니다.

또한 발을 밀고 내리고 누르는 동작을 하기 전에도 의도를 발견하게 되면 역시 '의도함-의도함…' 이라고 명명하며 관찰해야 합니다.

이 경우에는 대상인 의도가 있기 때문에 그것을 관찰하는 마음인 주체도 있습니다. 따라서 의도는 원인이고, 그것을 관찰하는 마음은 결과입니다. 이런 식으로 여러분은 대상인 의도와 그것을 관찰하는 마음인 주체 사이의 인과 관계를 깨닫게 됩니다.

의도와 동작 또는 행위사이의 인과관계의 깨달음

또한 여러분은 의도와 동작을 관찰할 때 둘 사이의 인과 관계도 깨닫게 됩니다.

여러분이 '의도함-듦-의도함-밂-의도함-내림-닿음-의도함-누름…' 이라고 명명하며 의도와 각 동작을 관찰할 때, 어떤 경우에는 각각의 동작을 하기 전에 의도를 관찰하기만 하면 발이 저절로 움직이는 상황을 경험합니다.

즉, 여러분은 발을 들기 전에 의도를 관찰하고 있을 뿐인데 발이 갑자기 자동적으로 들려지는 것을 느낍니다. 그러면 여러분은 발을 든 적이 없는데도 불구하고 발이 저절로 들려지므로 놀라게 됩니다. 또한 '도대체 지금 무슨 일이 일어난 거지?' 라고 반문하며 당황하기도 합니다.

마음을 가다듬고 나서 발을 앞으로 밀기 전에 여러분은 의도를 관찰합니다. 그러나 여기서도 발이 갑자기 앞으로 밀려가는 경험을 하고서는 '나는 아직 발을 앞으로 밀지 않았는데 발이 자동적으로 앞으로 갔어.' 또는 '내가 앞으로 밀기도 전에 발이 어떤 것에 의해서 앞으로 당겨졌어.' 라고 하며 역시 놀랍니다.

다시 여러분은 발을 내리기 전에 의도를 관찰합니다. 그리고 막 발을 내리려고 하는 순간에 여기서도 발이 자동적으로 내려가는 것을 경험합니다. 그러면 반복되는 특이한 경험에 여러분은 소스라치기까지 합니다.

반대쪽 걸음에서도 여러분은 역시 같은 경험 즉 의도만 관찰하면 발의 동작이 자동적으로 일어나는 경험을 하게 됩니다.

이와 같은 경험이 계속되면 나중에는 자신이 인형극에 나오는 인형같이 느껴집니다. 때로는 여러분 자신이 강철로 된 줄에 의해 움직여지는 장난감 같다고도 느낄 것입니다. 이것은 여러분의 몸 또는 발이 여러분의 노력 없이 자동적으로 움직이고 있음을 의미합니다.

그와 같은 상황은 깊은 집중상태에서 바로 의도에 의해 발생하는 것이란 것을 나중에 여러분은 알게 됩니다. 의도 없이 발은 움직이지 않는다는 것을 여러분은 깨닫습니다.

즉, 의도가 있기 때문에 발이 들려지고 의도가 있기 때문에 발이 앞으로 밀려지며 의도가 있기 때문에 발이 내려진다는 것을 깨닫게 된다는 말입니다.

그때 여러분은 발을 들고 앞으로 밀고 내리고 누르게 하는 사람이나 존재를 발견하지 않습니다. 그럼 발을 들고 앞으로 밀고 내리고 누르는 동작을 여러분이 하게 한 것이 아니라면 그럼 무엇이 이 모든 동작을 일으킨 것이란 말입니까?

여러분은 그것을 압니다. 그렇지요? (수행자들 대답) 의도! 네, 내 설명을 들었기 때문에 여러분은 그것을 이론적으로 알게 되었습니다만(웃음) 집중이 충분히 깊어지면 그것을 직접 체험하게 될 것입니다. 여기서 몇몇 수행자는 이미 그것을 체험했습니다. 그들은 이론적인 지식이 아니라 개인적인 체험을 통해 발을 움직이는 동인(動因)이 의도라는 것을 알게 되었습니다.

그러나 그들은 경전에 대한 지식이 부족하기 때문에 어떻게 그것이 발생하는지 설명하지는 못합니다. 지금 내가 여러분에게 설명하는 것은 경전 지식과 경험이 혼합된 것입니다.

어쨌거나 발을 들고, 밀고, 내리고, 누르기 위한 동작, 또는 행위를 하기 위해 필요한 것은 단지 의도(쩨따나)뿐입니다. 발을 들려는 의도가 있을 때 여러분은 발을 들며, 발을 앞으로 밀려는 의도가 있을 때 여러분은 발을 앞으로 밉니다. 그리고 발을 내리려는 의도가 있을 때 발을 내립니다.

그렇다면 여러분이 식당에 가려는 의도가 있을 때 여러분은 무엇을 하겠습니까? (수행자들 대답) 네, 그때 여러분은 식당으로 갑니다. 또한 의자에 앉으려는 의도가 있을 때 여러분은 앉습니다. 음식을 쳐다보려는 의도가 있을 때 여러분은 쳐다봅니다. 수저나 포크를 집으려는 의도가 있을 때 여러분은 그것을 집습니다.

이런 식으로 마치 자동적인 것 같이 행해지는 모든 행위나 동작들조차 역시 그것을 하기 위한 의도가 선행된 다음 행해집니다. 의도 없이 행해지는 것은 아무 것도 없습니다. 따라서 의도는 원인이고 행위나 동작은 결과입니다. 여기서 여러분은 의도와 그것을 뒤따르는 동작과의 인과관계를 깨닫게 됩니다.

상카따(조건지어진 것)와 아상카따(조건지어지지 않은 것)

여러분이 육체적·정신적 현상의 이 원인과 결과를 개인적인 체험을 통해 충분히 깨달았을 때 여러분은 일어나는 것은 무엇이든지 그 원인을 갖는다는 것, 또는 조건지어져 있다는 것을 깨닫게 됩니다.

조건없이는 어떠한 것도 일어나지 않습니다. 지금 나는 여러분에게 법문을 하고 여러분은 그것을 듣고 있는데 이 현상도 조건지어져 일어납니다.

여러분은 지금 내 말을 들을 수 있습니까? (수행자들 대답) 네, 여러분에게는 의식이 있기 때문에 들을 수 있습니다. 그러면 무엇이 듣는 의식을 일어나게 할까요? 왜 듣는 의식이 일어납니까? (수행자들 대답) 이야기를 들으려는 주의(attention) 때문이라고요?

물론 주의도 듣는 의식이 일어나는데 필요한 조건 중의 하나입니다. 그러나 여러분이 귀머거리라고 가정해 봅시다. (웃음) 여러분이 귀머거리일지라도 주의만 있으면 이야기를 들을 수 있습니까?

(어떤 수행자가 뭐라고 말함) 듣기 위해서는 소리도 필요하다고요? 네, 그러면 지금 소리도 있고 주의도 있습니다. 허나 여러분은 귀머거리입니다. 들을 수 있을까요? 그럴 수 없습니다.

여러분은 지금 법문시간이라는 것을 알기 때문에 내 말소리가 있다는 것을 짐작까지는 할 수 있지만 들을 수는 없습니다. 아무리 들으려고 애를 써도 여러분은 귀머거리이기 때문에 들을 수 없습니다.

따라서 듣기 위해서는 즉 듣는 의식을 일어나게 하기 위해서는 주의, 소리와 함께 귀머거리가 아닌 좋은 귀(웃음)가 필요합니다. 그리고 또 다른 것이 한 가지 더 필요한데 그것이 무엇일까요? (수행자들 대답)

의식이라고요? 지금 우리는 의식을 일어나게 하는 조건을 찾는 중입니다. 여러분은 한 가지를 잊은 것 같군요. 여러분의 기억을 돕기 위해

내 주위에 좋은 유리로 된 집이 있다고 가정해 보겠습니다.

나는 지금 유리로 된 집 안에 있습니다. 지붕도 유리이고 벽도 유리인 집 안에 앉아서 나는 법문을 하고 있습니다. 그렇다고 하면 여러분은 내 말을 들을 수 있을까요?

아닙니다, 여러분은 내 말을 듣지 못합니다. 왜 그렇지요? 왜냐하면 충분한 공간이 없기 때문입니다. 유리는 아주 촘촘하게 이루어진 혼합물이므로 내가 얘기할 때 공기가 통과할 충분한 공간을 가지고 있지 않습니다.

그래서 나는 유리벽에 구멍을 뚫을 것입니다. 그러면 여러분은 내 말을 들을 수 있게 됩니다. 왜 그럴까요? 네, 그것은 그 구멍을 통해 공기가 여러분의 귀에 소리를 전달할 수 있기 때문입니다.

이로써 듣는데 필요한 것은 주의, 소리, 좋은 귀 그리고 공간이라는 것을 알 수 있습니다. 즉, 이것들이 듣는 의식을 일어나게 하는 네 가지 조건들이라는 말입니다.

이렇듯 조건없이 어떠한 것도 일어나지 않습니다. 일어나는 모든 것은 조건지어져 있다는 말입니다. 여기서 '조건지어진 것(유위有爲)'을 빠알리어로 '상카따'라고 하고 그 반대인 '조건지어지지 않은 것(무위無爲)'은 '아상카따'라고 합니다. 이 상카따와 아상카따라는 말은 불교도들에게 아주 잘 알려져 있는 중요한 말이므로 잘 기억해두기를 바랍니다.

모든 육체적·정신적 현상은 상카따에 속합니다. 그래서 조건에 의지해 일어나는 이 모든 육체적·정신적 현상은 사라지게 되어 있습니다.

즉, 일어나는 것은 무엇이든지 사라지게 되어 있다는 말입니다.

반면에 닙바나, 즉 괴로움의 소멸은 아상카따(조건지어지지 않은 것)에 속하므로 그것은 일어나지도 않고 사라지지도 않습니다.

매우 중요한 말을 시작했는데 시간이 다 되어 여기서 법문을 마쳐야 되겠군요. 법문은 마치지만 상카따(조건지어진 것)라는 말과 아상카따(조건지어지지 않은 것)라는 말은 기억하기를 바랍니다.

여러분 모두 이 주의기울임 수행을 통해 여러분의 목적인 조건지어지지 않은 것, 닙바나(열반)를 얻게 되기를 기원합니다.

사두! 사두! 사두!

인과관계를 깨닫는 지혜
(조건부를 구별하는 지혜) 2

보-수행의 장점

어제에 이어 원인과 결과를 깨닫는 지혜에 대한 법문을 계속해서 하도록 하겠습니다.

어제 나는 여러분이 발을 드는 동작, 미는 동작, 내리는 동작, 닿는 감각, 그리고 누르는 동작을 알아차리면서 보-수행을 하는 동안 어떻게 원인과 결과를 경험하는지에 대해 설명했습니다.

내가 여러분에게 정신적·육체적 과정을 어떻게 경험하는지에 대한 예를 들 때마다 보-수행을 소재로 삼아 설명해온 것은 여러분이 보-수행에서 육체적 과정의 고유한 특성을 깨닫는 것과 다른 여러 가지 경험을 하는 것이 보다 쉽기 때문이었습니다. 그래서 앞으로도 보-수행을 예로 들며 설명하는 경우가 많을 것입니다.

그런데 오늘 한 수행자가 보-수행의 이익이 무엇이냐고 내게 물어 왔습니다. 발의 동작에 대한 집중이 깊어지면 무엇을 어떻게 깨닫게 되는지 여러 차례 설명을 했는데도 그 수행자가 이해하지 못한 것을 보면 아마도 그 시간에 졸았었나 봅니다. (웃음) 그래서 다시 한 번 설명하려고 하니 이번에는 졸지 말고 잘 듣기 바랍니다.

여러분이 걷는 동작을 관찰할 때는 '듦-듦-밂-밂-내림-내림-닿음-닿음-누름-누름…' 이라고 명명하며 관찰합니다. 만일 발을 들기 전에 의도를 발견하면 '의도함-듦-밂-내림-닿음-누름…' 이라고 명명하며 관찰해야겠지요.

여러분이 발의 동작을 아주 면밀하고 세세하게 관찰하면 집중은 점차적으로 좋아져서 마음은 가끔씩은 밖으로 나가지만 자주 나가지는 않게 됩니다. 이와 같은 상태에서 여러분은 발이 매우 가벼워짐을 느끼므로 발의 동작에 대한 관찰을 즐기게 됩니다.

그리고는 어느 정도의 집중을 얻었을 때 꿰뚫어보는 지혜가 예리해지면 여러분은 어제와 그저께 설명한대로 깨닫게 됩니다. 즉, '발의 동작은 하나의 과정이고, 그것을 관찰하는 마음은 또 다른 하나의 과정이다.'

이런 식으로 여러분은 정신적 과정과 육체적 과정 또는 주체와 대상을 구별하게 됩니다. 어떠한 용어를 사용하든지 여기서 중요한 것은 정신성과 육체성의 두 과정이 있다는 것을 깨닫는 것입니다. 그것이 전부입니다.

여러분이 정신적·육체적 과정을 자연 그대로의 성품으로서 바르게 이해하지 못하면 그것들을 사람, 존재로 여기게 되어 그로부터 모든 문제가 일어납니다.

그러나 육체적 과정과 그것을 관찰하는 정신적 과정을 깨닫고 두 과정 사이를 매우 분명하게 구별할 때, 여러분은 육체적 과정인 동작을 사람, 존재, 또는 영속적인 실체로 여기지 않습니다. 또한 정신적 과정인 관찰하는 마음도 사람, 존재, 또는 영속적인 실체로 여기지 않습니다. 그럼으로써 여러분은 인격, 개인(개체)의 개념인 삭까야 딧티 또는 앗따 딧티를 제거하게 됩니다.

여기서 두 과정에 대한 깨달음 또는 두 과정을 구별하는 지혜를 나마루빠 빠릿체다 냐나라고 하고 바로 이 지혜에 의해 인격, 개인(개체)의 개념이 파괴되는 것입니다.

육체적 과정이 원인이고 정신적 과정은 결과인 경우

수행을 계속하여 집중이 보다 더 깊어지면 여러분은 발을 드는 동작이 있기 때문에 그것을 관찰하는 마음이 일어나고, 발을 미는 동작이 있기 때문에 그것을 관찰하는 마음이 일어나며, 발을 내리는 동작이 있기 때문에 그것을 관찰하는 마음이 일어나고, 닿는 감각이 있기 때문에 그것을 관찰하는 마음이 일어나며, 발을 누르는 동작이 있기 때문에 그것을 관찰하는 마음이 일어난다는 것을 깨닫게 됩니다. 이것은 여러분이 발의 동작은 원인이고, 그것을 관찰하는 마음은 결과인 것을 깨닫고 있음을 의미합니다.

여러분이 이처럼 정신적·육체적 과정의 원인과 결과의 관계를 깨닫는데는 다음의 세 가지 경우가 있습니다.

1. 육체적 과정이 원인이고 정신적 과정이 결과인 경우
2. 정신적 과정은 원인이고 육체적 과정이 결과인 경우
3. 정신적 과정이 원인이고 다른 정신적 과정이 결과인 경우

이 중 좀 전에 언급한 것은 첫 번째 경우에 해당한다 하겠습니다. 왜냐하면 발의 동작은 육체적 과정이고 관찰하는 마음은 정신적 과정이기 때문입니다.

210

정신적 과정이 원인이고 육체적 과정은 결과인 경우

그럼 두 번째 경우에 대해 알아보겠습니다.

여러분이 각 동작 전에 의도를 발견할 수 있으면 '의도-듦-의도-밂-의도-내림-닿음-의도-누름…' 이라고 명명하며 관찰해야 합니다.

의도를 발견하는 것이 어려워 의도를 관찰할 수 없는 수행자들을 위해 조언하자면, 걸음을 더 천천히 해보라는 것입니다.

여러분이 빨리 걸을 경우에는 마음이 발의 동작을 관찰하느라 허둥대게 되므로 들고, 밀고, 내리고, 누르기 전에 일어나고 있는 의도를 발견할 시간이 부족합니다.

그러나 여러분이 느리게 걸으면 발의 모든 동작을 따라잡으려고 서두르지 않고 긴장과 스트레스없이 편안하며 차분하고 꾸준하게 관찰할 수 있습니다. 그 결과 발을 들고 밀고 내리고 누르기 전에 일어나고 있는 의도를 매우 분명하고 차분하게 발견하게 되므로 의도를 관찰할 수 있습니다.

그런데 천천히 걷는데도 의도를 발견하지 못한다면 그것은 보폭이 길기 때문입니다. 보폭이 길면 앞발을 놓을 때 뒷발의 뒤꿈치가 이미 들려져 버리므로 여러분은 의도 대신 뒷발의 뒤꿈치가 들리는 것을 먼저 발견하게 됩니다. 따라서 보폭은 길게 하지말고 한 발 길이 정도로 해서 걸으십시오.

보폭을 한 발 길이 정도로 해서 걸으면 앞발을 완전하게 누른 다음에 뒷발의 뒤꿈치가 들려지기 시작할 것입니다. 그러면 발을 들기 전에 의도를 발견할 수 있습니다.

이상과 같이 보폭을 한 발길이 정도로 해서 천천히 걸은 결과 각 동작 전에 의도를 발견하게 되면 여러분은 의도-듦-의도-밂-의도-내림-닿음-의도-누름…’ 이라고 명명하며 관찰합니다.

충분한 노력으로 발의 동작을 관찰함으로써 집중이 점점 더 깊어지면 꿰뚫어보는 지혜가 예리하게 되어 여러분은 의도를 발의 동작으로부터 분리해서 매우 분명하게 알게 됩니다. 여러분은 의도가 분명하게 관찰된 다음에 발을 드는 것을 관찰합니다. 이것은 발을 밀고, 내리고, 누르는 경우에도 마찬가지입니다.

그렇게 되면 ‘의도는 하나의 과정이고, 발의 동작은 다른 하나의 과정이다. 의도는 하나의 과정이고, 미는 동작은 또 다른 하나의 과정이다. 의도는 하나의 과정이고, 내리는 동작은 또 다른 하나의 과정이다.’라는 식으로 여러분은 의도와 그것을 뒤따르는 동작을 매우 명확하게 구별하게 됩니다.

계속 수행을 해서 집중이 더 깊어지면 여러분은 ‘의도가 있을 때만이 발을 들 수 있다. 의도가 있을 때만이 발을 밀 수 있다. 의도가 있을 때만이 발을 내릴 수 있다.’ 라고 깨닫게 됩니다.

이때 여러분은 의도를 관찰하기면 하면 노력하지 않아도 발이 자동적으로 움직여지는 것을 경험하기도 합니다.

즉, 발을 드는 의도를 관찰하고 나면 발이 자동적으로 들려짐을 느낍니다. 또한 앞으로 미는 의도를 관찰하고 나면 마치 누군가에 의해 앞으로 끌려지는 것처럼 발이 저절로 앞으로 나갑니다. 마찬가지로 발을 내리는 의도를 관찰하고 나면 마치 누군가가 그것을 밑으로 끌어당기는 것처럼 발이 갑자기 내려집니다. 여러분은 그것을 조절할 수 없습니다.

이처럼 발의 동작은 여러분에 의해서가 아니라 의도에 의해서 행해지고 있습니다. 여러분은 먼저 의도를 느끼고 그리고는 발이 움직여짐을 깨닫게 됩니다. 의도가 발을 들게 하고 의도가 발을 앞으로 밀게 하며 의도가 발을 내리게 하고 또한 의도가 발을 누르게 합니다.

이런 식으로 여러분은 의도는 원인이고 발의 동작은 결과임을 깨닫게 됩니다. 여기서 의도는 정신적 과정이고 발의 동작은 육체적 과정이므로 이 예는 정신적 과정은 원인이고, 육체적 과정은 결과인 두 번째 경우라 하겠습니다.

정신적 과정이 원인이고 다른 정신적 과정은 결과인 경우

그럼 세 번째, 즉 정신적 과정이 원인이고 다른 정신적 과정은 결과인 경우에 대해 알아볼 차례인데 시간이 거의 다 되었으므로 간략하게 살펴보겠습니다.

화를 느낄 때 여러분은 어떻게 관찰하나요? '행복함-행복함-행복함…' 이라고 명명하며 관찰하나요? (웃음)

그렇습니다. 여러분은 '화남-화남-화남…' 이라고 명명하며 관찰합니다. 여러분이 화를 관찰해서 집중이 깊어진 결과 꿰뚫어보는 지혜가 예리해지면 여러분은 화의 정신적 상태와 그것을 관찰하는 마음을 구별하게 됩니다.

그리고는 수행이 더 진전되면 화가 있기 때문에 그것을 관찰하는 마음도 있다는 것을 깨닫게 됩니다. 즉, 화는 원인이고, 관찰하는 마음은 결과라는 것을 깨닫는다는 말입니다.

여기서 화는 정신적 과정입니까, 육체적 과정입니까? 네, 정신적 과정입니다. 또한 관찰하는 마음도 정신적 과정입니다. 따라서 이 예는 정신적 과정이 원인이고 다른 정신적 과정은 결과인 경우입니다.

그러면 이와 같은 경우로서 기억나는 다른 예가 있습니까? (수행자들 대답) 네, 마음이 밖으로 나가 헤맬 때 여러분은 '헤맴, 헤맴…' 또는 '생각함, 생각함…' 이라고 하며 관찰합니다. 그러면 여기서는 무엇이 원인이고, 무엇이 결과입니까?

네, 헤매는 마음이나 생각하는 것은 원인이고, 그것을 관찰하는 마음은 결과입니다. 여기서 헤매는 마음은 정신적 과정이고, 그것을 관찰하는 마음도 정신적 과정이므로, 이 예도 정신적 과정이 원인이고 다른 정신적 과정은 결과인 경우라 하겠습니다.

시간이 다 되었군요. 오늘은 여러분이 수행에 더 많은 시간을 보낼 수 있도록 30분간만 법문을 했습니다. 여러분 모두 원인과 결과를 구별하고 더 나아가서 여러분의 목표를 얻게 되기를 기원합니다.

사두! 사두! 사두!

원인과 결과의 법칙을
바르게 이해하기 위한 준비

정신적·육체적 현상의 분석적인 지혜를 얻기까지의 과정에 대한 재설명

어제는 수행자가 집중이 충분히 깊을 때 어떻게 정신적·육체적 현상의 인과관계를 경험할 수 있는지에 대해 설명했습니다. 오늘은 수행자가 정신적·육체적 현상을 어떻게 그것들의 고유한 특성과 일반적 특성대로 경험하는지를 되풀이해서 말하고자 합니다. 그러나 원인과 결과의 법칙을 바르게 이해하기 위한 준비로서 어떻게 나마·루빠, 즉 정신적·육체적 현상의 분석적인 지혜를 얻는지에 중점을 둘 것입니다.

그것을 위해 여러분이 기억해야 할 것은 먼저 마음을 청정하게 할 수 있는 어느 정도의 깊은 집중을 얻지 못하면 어떤 정신적·육체적 현상도 깨달을 수 없다는 점입니다. 그 까닭은 마음의 청정이 없이는 정신적·육체적 현상을 있는 그대로 깨달을 수 있게 해주는 꿰뚫어보는 지혜가 예리해질 수 없기 때문입니다.

그러면 마음을 청정하게 하여 꿰뚫어보는 지혜를 예리하게 할 수 있는 집중은 어느 정도의 집중을 말하는 것일까요?

만일 여러분의 마음이 관찰되고 있는 정신적 과정이나 육체적 과정에 약 10분 동안만이라도 중단없이 계속적으로 집중된다면 그것만으로 여러분의 마음을 청정하게 하여 꿰뚫어보는 지혜를 예리하게 하는데 충분합니다.

그러면 이와 같은 10분 정도의 계속되는 집중을 얻기 위해서는 어떻게 해야합니까? (수행자들 대답)

네, 그와 같은 집중을 얻기 위해 여러분은 적어도 한시간이나 두 시간, 하루 종일이면 더 좋겠는데, 어쨌거나 끊임없이 지속되는 주의기울임을 지녀야만 합니다.

물론 이런 수준의 주의기울임을 여러분은 지금은 지닐 수 없습니다. 그러나 나중에 여러분의 주의기울임이 점차적으로 더 분명하고 날카롭고 강력해져서 집중이 더 깊어지면 여러분은 하루 종일 끊어지지 않는 주의기울임을 지니기 위해 노력을 할 필요조차도 없게 될 것입니다. 바꿔 말해서 지금 하고 있는 한 달간의 수련회가 끝날 때쯤이면 여러분이 그렇게 될 거라고 나는 확신합니다. (웃음)

그러나 한 달 후에 그렇게 되기 위해서는 여러분은 다음과 같은 점들을 유념하면서 최선을 다해야 합니다. 행-수행에서는 모든 행위와 동작들을 천천히 하면서 거의 모든 일상 행위들을 가능한 한 많이 관찰할 수 있도록 더 많은 노력을 해야 합니다.

좌-수행과 보-수행에서도 지속적인 주의기울임을 지닐 수 있도록 현재 분명하게 일어나고 있는 모든 정신적·육체적 현상을 관찰하는데 더욱더 애써야 합니다.

특히 생각들을 가급적 다 알아차릴 수 있도록 더 노력해야 합니다. 생각은 집중이 좋거나 깊지 않을수록 더 많아지고 집중이 좋거나 깊을수록 더 적어집니다. 어쨌거나 생각이 있다는 것을 아는 순간 생각함-생각함…' 이라고 명명하며 주의깊고 강력하고 다소 빠르게 관찰해야 합니다.

그리하여 주의기울임이 분명하고 날카롭고 강력해져서 집중이 충분히 깊어지면 그 결과 꿰뚫어보는 지혜 또한 예리해져서 여러분은 '생각하는 마음은 하나의 과정이고, 그것을 관찰하는 마음은 다른 하나의 과정이다.' 라는 것을 깨닫게 됩니다.

이것을 깨닫기 전까지 여러분은 '나는 생각하고 있다. 나는 관찰하고 있다.' 라고 하며 생각함과 그것을 관찰하는 마음의 두 정신적 과정을 여러분 자신과 동일시해 왔습니다. 그러나 두 과정을 구별하여 깨달음으로써 나, 너, 존재의 개념은 제거되어집니다.

교대로 일어났다 사라지고 있는 두 정신적 과정

정신적 현상의 이 두 과정은 나, 너, 존재가 아니라 교대로 일어났다가 사라지는 자연 그대로의 현상일 뿐입니다. 그러나 이 단계에서 여러분은 그것까지는 깨닫지 못합니다. 즉, 여러분은 두 과정을 구별은 하지만 같은 순간에 진행되고 있다고 생각한다는 말입니다.

그러나 실제적으로 두 정신적 상태, 또는 의식이 같은 순간에 일어나고 있는 경우란 없습니다. 즉, 생각하는 과정이 일어나고 있을 때, 관찰하는 과정은 일어나지 않습니다. 단지 생각의 순간만이 일어나서 사라집니다. 그리고는 관찰하는 마음의 순간이 일어나서는 사라집니다. 다시 생각의 순간이 일어나서 사라지고 그 후에 관찰하는 마음의 순간이 일어나서는 사라집니다.

이와 같이 이 두 정신적 과정은 교대로 일어났다 사라지는데, 그 속도가 매우 빠릅니다. 이 점과 관련하여 부처님께서는 의식이 일어났다가 사라지는 속도를 표현할 만한 비유는 없다고 말씀하셨습니다.

경전의 주석에서도 또한 "눈 한 번 깜빡할 사이에 많은 의식이 일어났다가 사라진다."라고 말하고 있습니다. 이것은 의식이 일어났다가 사라지는 순간이 너무나 빨라서 다른 어느 것과도 비교할 수 없음을 의미합니다. 이런 식으로 생각하는 마음과 관찰하는 마음의 두 과정도 아주 빠르게 교대로 일어났다가 사라지고 일어났다가 사라지기 때문에 보통의 마음을 지닌 사람들은 그것들을 깨달을 수가 없습니다. 그래서 여러분은 정신적 현상의 두 과정이 같은 순간에 일어나고 있다고 생각하게 되는 것입니다.

그러나 비록 여러분이 생각하는 과정과 관찰하는 마음의 과정이 교대로 하나씩 차례대로 일어났다 사라지는 것은 아직 깨닫고 있지 못할지라도 정신성의 이 두 과정을 구별해서 깨달을 수는 있습니다.

그럼 여기서 여러분에게 질문 하나 하겠습니다. 여러분이 '생각함-생각함…'이라고 명명하며 관찰하고 있는 동안 생각함과 관찰함이라는 두 과정을 제외한 다른 어떤 것을 발견하나요? 여러분 자신의 수행 경험을 바탕으로 대답해 주기 바랍니다.

복부의 움직임의 과정과 그것들을 관찰하는 마음의 과정 이외는 그 어떤 것도 없음

어려운 질문이 아닌데 대답하지 못하는군요. 그러면 이번에는 복부의 불러오고 꺼지는 움직임에 대한 관찰을 예로 들면서 다시 물어보겠습니다. 복부의 움직임에 대한 관찰은 여러분이 수련회 시작부터 지금까지 좌-수행시 관찰해오고 있는 기본대상이므로 쉽게 대답할 수 있을 것입니다.

복부가 불러올 때 여러분은 '불러옴-불러옴…' 이라고 명명하며 관찰하고, 복부가 꺼질 때는 '꺼짐-꺼짐…' 이라고 명명하며 관찰합니다. 그리하여 집중이 충분히 깊어지면 꿰뚫어보는 지혜가 예리해져서 여러분은 다음과 같이 깨닫습니다.

'복부가 불러오는 과정은 하나의 과정이고, 그것을 관찰하는 마음은 다른 하나의 과정이다. 복부가 꺼지는 과정은 하나의 과정이고 그것을 관찰하는 마음은 다른 하나의 과정이다'

이때, 즉, 정신성인 관찰하는 마음의 과정과 육체성인 불러오고 꺼지는 움직임의 과정을 분명하게 깨닫고 있을 때 여러분은 이 두 과정 이외에 다른 어떤 것을 발견할 수 있습니까? 여러분이 이미 경험한 것을 바탕으로 대답해 보십시오. (수행자들 대답)

여러분의 대답은 여러분의 경험에서 나온 것입니까, 아니면 이론적인 앎에서 나온 것입니까? (수행자들 이론적인 앎이라고 대답하자 모두 웃음)

네, 여러분이 대답을 이론적인 지식으로 했건 경험을 바탕으로 했건, 그때 정신성과 육체성의 두 과정을 제외하고는 다른 어떠한 것도 발견되지 않습니다. 그 순간에 여러분이 깨닫고 있는 것은 단지 불러오는 움직임과 그것을 관찰하는 마음뿐입니다. 또한 꺼지는 움직임과 그것을 관찰하는 마음만을 발견합니다.

집중이 더 깊은 상태에서는, 여러분의 육체적 형태, 또는 여러분 자신조차도 의식하지 못합니다. 여러분이 육체적 형태와 여러분 자신에 대한 감각을 잃었기 때문에 전세계, 전우주에 오직 이 두 과정만이 존재합니다. 따라서 여러분이 정신적 현상과 육체적 현상의 이 두 과정을 매우 명확하고 분명하게 깨닫고 있는 동안 이 두 과정말고 별도의 다른 어떤 것은 없습니다.

복부의 움직임의 비영속성 깨닫기

여러분의 집중이 더욱더 깊어지면, 그때 여러분은 일련의 많은, 작게 끊어지는, 불러오는 움직임과, 역시 일련의 많은, 작게 끊어지는 꺼지는 움직임을 깨닫게 됩니다.

여러분이 복부의 움직임을 그와 같이 깨닫고 있을 때, 여러분이 그 과정을 영속한다고 여길까요, 아니면 영속하지 않는다고 여길까요? (수행자들 대답)

그렇습니다. 여러분은 그 과정을 영속하지 않는다고 여길 것입니다. 왜냐하면 작게 끊어지는 많은 일련의 움직임이라는 것은 하나의 움직임이 일어났다 사라지면 다른 움직임이 일어나서 사라지고, 또다른 움직임이 일어나서 사라지는 것을 의미하기 때문입니다.

발의 동작의 비영속성 깨닫기

이와 같은 육체적 과정 또는 육체적 현상의 비영속성은 보-수행에서도 깨달을 수 있습니다.

　여러분이 보-수행을 할 때 먼저 '의도함'이라고 명명하며 의도를 관찰한 다음에 '듦-듦…'이라고 명명하며 발을 드는 동작을 관찰합니다. 그리고는 '의도함-밂-밂…', '의도함-내림-내림…', '닿음-닿음…', '의도함-누름-누름…'이라고 명명하며 발의 각 동작에 선행하는 의도와 발의 각각의 동작을 아주 세심하게 알아차리면 집중은 점차적으로 깊어지고 여러분의 발도 점차적으로 가벼워집니다.

　그러면 여러분은 듦을 관찰할 때 움직임이 하나씩 차례대로 들려지고 있음을, 밂을 관찰할 때도 움직임이 차례대로 연속해서 과정으로써 앞으로 밀려지고 있음을 깨닫게 됩니다. 내리고 딛는 동작도 역시 마찬가지 방식으로 깨닫게 됩니다.

　본 수련회에서 보-수행에 관심을 가지고 발의 동작을 아주 강력하게 알아차린 여러 수행자들이 그와 같이 경험했습니다. 그들 중 네다섯 명은 많은 드는 움직임, 많은 미는 움직임, 많은 내리는 움직임, 많은 누르는 움직임을 경험했습니다.

　여러분이 이와 같이 경험할 때 들고, 밀고, 내리고, 누르는 동작들은 영속적인가요, 그렇지 않은가요? (수행자들 대답) 예, 그것들은 영속하지 않습니다. 그것들은 일어났다가 사라지는 육체적 현상의 항상 변화하고 있는 과정입니다.

의도와 대상을 관찰하는 마음의 비영속성 깨닫기

그럼 의도는 어떻습니까? 의도는 영속합니까, 영속하지 않습니까? 네, 그것도 영속하지 않습니다. 왜냐하면 의도가 일어날 때 관찰하면 그것은 곧 사라지기 때문입니다. 이 점은 여러분이 아주 분명하게 경험한 것입니다.

그러면 드는 동작을 관찰하는 마음은 어떻습니까? 관찰하는 마음은 영속합니까, 아니면 영속하지 않습니까?

네, 그 또한 영속하지 않습니다. 왜냐하면 관찰하는 마음은 듦이라는 하나의 움직임을 관찰하고는 이내 사라지고, 다시 다른 드는 움직임이 일어나게 되면 새로운 관찰하는 마음이 그것을 관찰하고는 사라지기 때문입니다. 그러나 여러분은 아직 이 점은 분명하게 깨닫지 못한 것 같습니다.

여러분의 수행이 보다 성숙되면, 여러분은 드는 동작을 관찰할 때마다 관찰하는 마음은 단지 하나가 아니라 많은 작은 끊어지는 마음들로 되어 있다는 것을 깨닫게 됩니다. 여러분은 마치 물이 똑똑 떨어짐을 보고 있는 것처럼 하나씩 차례대로 발에 떨어지고 있는 관찰하는 마음을 알게 됩니다.

여러분은 그런 흥미로운 경험을 해 보았습니까? 아직 경험해 보지 못했을 겁니다. 이런 경험을 하는 예는 매우 드뭅니다. 왜냐하면 그것은 집중이 충분히 매우 깊어진 결과 꿰뚫어보는 지혜가 명확하고 날카로워서 대상을 꿰뚫어볼 수 있을 때만 경험하게 되기 때문입니다.

관찰하는 마음이 영속하지 않다는 것을 보다 쉬운 예로 설명해 보겠습니다.

여러분이 보-수행을 할 때 관찰하는 마음은 먼저 발을 들고자 하는 의도를 관찰합니다. 그런 다음 드는 동작을 관찰합니다. 그 다음에는 밀고자 하는 의도를 관찰하고, 그 다음에 미는 동작을 관찰합니다.

이런 식으로 대상을 관찰하는 마음은 하나씩 차례대로 일어났다가 사라집니다. 여기서 발을 들고자 하는 의도를 관찰하는 마음과 드는 동작을 관찰하는 마음을 같은 것이라고 말할 수 있겠습니까?

물론 아닙니다. 그 둘은 같은 것이 아닙니다. 그 둘은 완전히 구별되는 다른 것입니다. 여러분은 수행을 통해 그 점을 깨달을 수 있습니다.

여러분이 의도를 관찰할 때 관찰하는 마음은 의도를 관찰한 다음 곧 사라집니다. 드는 움직임을 관찰할 때도 관찰하는 마음은 대상을 관찰한 다음 곧 사라지는데, 이런 현상을 직접 봄으로써 여러분은 의도를 관찰하는 마음과 드는 동작을 관찰하는 마음이 다른 것이라는 것, 별개로 구별되는 다른 과정이라는 것을 깨닫게 됩니다.

이 두 마음이 다른 과정이라면 관찰하는 마음을 영속하다고 말할 수 있을까요? 네, 그것은 영속하지 않습니다. 그것은 일어났다가는 사라지는 것일 뿐입니다.

참으로 존재하는 것은 기능만을 할 뿐인 정신성과 육체성의 두 과정

그럼 오늘 법문의 요점을 보-수행 중심으로 정리해보겠습니다.

1. 보-수행시 깊은 집중의 상태에서 꿰뚫어보는 지혜가 예리해지면 발의 동작 과정과 그것을 관찰하는 마음의 과정만을 발견할 뿐이지 이 두 과정 이외의 그 어떤 것도 발견할 수 없다.

2. 이 두 과정은 영속하지 않다. 그것들은 비영속의 지배를 받는다.

여기서 여러분에게 묻고 싶은 것이 하나 있습니다. 이에 대해서는 전에 언급한 적이 있기 때문에 여러분은 쉽게 대답할 수 있을 것입니다.

영속하지 않은 이 두 과정을 여러분은 사람, 존재, 인격, 개인(개체), 자아, 영혼으로 여길 수 있습니까? (수행자들 대답)

네, 그럴 수 없습니다. 왜냐하면 사람, 존재, 개인(개체), 자아, 영혼 등은 항상 지속하는 실체로 간주되는 무엇이기 때문입니다.

따라서 영속하지 않는 두 과정, 즉 육체적 과정인 발의 동작과 정신적 과정인 관찰하는 마음은 사람도 아니고 존재도 아니고 자아도 아니고 영혼도 아닙니다.

이와 같이 여러분은 보-수행시 발의 동작을 관찰하면서 어떤 사람이나 존재를 발견할 수 없습니다. 그렇다면 참으로 존재하는 것은 정신성과 육체성의 두 과정으로, 이것들은 일어났다가는 각각의 기능을 하고 사라집니다.

육체성의 하나인 발의 동작은 바람요소(공기요소)로서 움직임, 진동과 같은 기능을 할 뿐이고, 정신성의 하나인 관찰하는 마음은 대상을 아는 기능을 할 뿐입니다.

　그러나 이것들이 기능을 하는 데는 법칙이 있습니다. 여러분은 그 법칙이 무엇이지 알고 있지요? 시간이 다 되었으므로 여러분의 대답은 내일 들어야겠군요. (웃음) 여러분 모두 최선을 다해 여러분의 목적을 이루기를 기원합니다.

　사두! 사두! 사두!

인과관계를 깨닫는 지혜
(조건부를 구별하는 지혜) 3

인과관계의 법칙

어제 법문이 질문으로 끝났으므로 오늘 법문은 여러분의 대답을 듣는 것으로 시작해야할 것 같군요.

어제 나는 보-수행시 여러분이 발견하는 것은 나, 너, 존재, 사람이 아니라 각각의 기능만을 하고 있을 뿐인 정신성과 육체성이라고 말했습니다. 그런데 이 정신성과 육체성이 그것들의 기능을 하는데는 법칙이 있다고 말하고, 그 법칙이 무엇인지 여러분에게 물었습니다. 그렇지요? 자, 그럼 그 법칙은 무엇입니까? 여러분이 그저께 법문을 상기하면 대답할 수 있을 것입니다. 모른다고요? 여러분이 모르면 나도 모릅니다. (웃음)

네, 그것은 인과 관계의 법칙입니다. 이 두 과정은 원인과 결과의 관계로 연결되면서 각각의 기능을 하고 있습니다. 어떤 것이 원인입니까? (수행자들 대답) 네, 그저께 살펴보았듯이 대상인 발의 동작이 원인이고 주체인 관찰하는 마음은 결과입니다.

발의 동작이 있을 때 관찰하는 마음이 일어나 동작을 관찰할 수 있습니다. 발의 동작이 없으면 그것을 관찰하는 마음도 없습니다. 따라서 발의 동작은 원인이고, 관찰하는 마음은 결과입니다.

그런데 이 발의 동작도 다른 것을 원인으로 하여 일어납니다. 무엇이 발의 동작을 일으키나요? 네, 그것은 쩨따나(의도)입니다. 의도가 일어나기 때문에 여러분은 발을 듭니다. 의도가 일어나기 때문에 여러분은 발을 앞으로 밉니다. 의도가 일어나기 때문에 여러분은 발을 내립니다.

그러나 닿는 감각에는 의도가 없습니다. 여러분에게 닿는 의도가 있든 없든 발이 내려질 때 발은 바닥에 닿게 됩니다. 그래서 발의 내림이 닿는 감각의 원인입니다. 그 다음에 의도가 일어나기 때문에 앞발을 누릅니다.

이렇게 이루어지는 과정을 우리는 관습적인 용어로 '걷는다.' 라고 말합니다. 그렇지요? 네, '걷는다.' 는 표현은 쉽게 의사를 소통하기 위한 관습적인 어법일 뿐입니다.

그러면 다시 더 생각해 봅시다.

다른 쪽 발이 막 들려지려고 할 때 의도가 일어납니다. 그래서 '의도-듦-의도-밂-의도-내림-닿음-의도-누름' 이라고 명명하며 관찰합니다. 이와 같이 다른 걸음이 만들어집니다. 누가 그것을 만들지요? (웃음) 나 또는 사람입니까? 누가 그것을 만드나요?

의도없이 여러분은 어떤 걸음을 만들 수 있습니까? 그럴 수 없습니다. 따라서 걸음을 만드는 것은 의도입니다. 네, 그런데 의도는 사람이나 존재, 나 또는 너입니까? (수행자들 대답)

아닙니다. 만일 의도가 영속하다면 그것은 사람, 존재, 나, 너이겠지만 어제 말했듯이 의도는 비영속의 지배를 받습니다. 따라서 의도는 사람, 존재, 나, 너가 아니라 일어났다 사라지면서 동작을 일으키는 원인으로서의 기능만을 할 뿐인 정신적 과정, 또는 정신적 상태일 뿐입니다. 동작 또한 사람, 존재, 나, 너가 아니라 일어났다 사라지며 결과로서의 기능만을 할 뿐인 육체적 과정입니다.

이처럼 여러분은 걸을 때 어떤 사람이나 존재, 나 또는 너를 발견하지 못합니다. 거기에는 원인이 있을 때 결과가 일어나는 인과관계의 법칙만이 있을 뿐입니다. 즉, 원인과 결과가 서로 관계되어 그것들의 기능만을 하고 있을 뿐이라는 말입니다.

그렇다면 여러분은 현재에 걷고 있는 사람이 있다고 할 수 있겠습니까? 물론 아닙니다. 또한 현재에는 없는 그것이 과거에 있었다고, 그러니까 과거 생에 걸었던 사람이 있었다고 말할 수 있겠습니까? 물론 아닙니다. 그러면 미래에는요? 그에 대한 대답 또한 마찬가지입니다.

인과 관계의 법칙을 깨달음으로써 얻게 되는 의심을 극복함에 의한 청정

심신 과정의 원인과 결과를 이처럼 보다 깊은 의미에서 깨달아 항상 지속하는 어떤 실체, 사람, 개인(개체)을 발견할 수 없게 되었을 때, 여러분은 네 번째 청정인, 의심을 극복함에 의한 청정을 얻게 됩니다.

즉, 그때 여러분은 과거생, 현생, 내생에 걸쳐 영속하는 사람이 있다는 의심을 갖지 않게 됩니다. 이제 여러분의 의심은 청정해집니다. 그것은 영원히 추방됩니다.

이제 여러분은 사람이라는 존재에 대한 의심을 갖지 않게 됩니다. 여러분에게 있어 이 세상에는 어떤 사람도 존재하지 않습니다. 실제로 존재하는 것은 인과관계의 법칙뿐입니다.

이해되나요? (수행자들 대답) 네, 여러분은 이 인과관계의 법칙을 약간 경험했기 때문에 내 말을 이해할 수 있을 것입니다. 여러분이 더 많이 경험할 때 여러분은 이 의심을 극복함에 의한 청정에 아주 대단히 기뻐할 것입니다.

심신 과정의 원인과 결과를 완전히 깨닫기 위해 필요한 행위 이전의 의도 관찰

의심을 극복함에 의한 청정의 결과를 이루어내는 꿰뚫어보는 지혜를 '빳짜야빠릭가하 냐나' 라고 하며 '조건부(conditionality)를 구별하는 지혜' 라고 번역합니다. 어떤 경우에는 '인과관계를 꿰뚫어보는 지혜' 라고도 부르며, 또는 '원인과 결과를 깨닫는 지혜' 라고도 부릅니다.

이름이야 어떻든간에 심신 과정의 원인과 결과를 완전히 깨닫기 위해서는, 보-수행을 할 때뿐 아니라 행-수행(일상 행위에 대한 관찰)을 할 때에도 행위를 하기 전에 선행되기 마련인 의도에 주의를 기울여야 합니다.

이 때문에 나는 여러 차례에 걸쳐 여러분에게 가능한 한 많이 의도에 주의를 기울이라고 말했던 것이며, 내가 여러분과의 개별 면담을 할 때도 자주 "의도를 관찰할 수 있었나요?" 라고 물었던 것입니다.

어떤 경우 나는 "의도와 동작 사이의, 또는 의도와 그에 뒤따르는 행위 사이의 관계에 대해 경험한 것이 있었습니까?" 라고 묻기도 했습니다. 그러나 대부분의 수행자들이 나의 질문에 잘 대답하지 못했습니다. 그것은 그 수행자들이 아직 그것을 분명하게 경험하지 못했다는 것을 의미합니다. 일부 수행자들은 그에 대해 보고할 수 있었지만 그렇다고는 해도 그 수행자들 또한 아주 분명하게 그것을 경험한 것은 아니었습니다.

그러나 너무 실망하지는 마십시오. 여러분이 가능한 한 모든 일상행위를 천천히 하며 더 세세하게 알아차리려고 노력한다면 마침내 의도와 동작간의 원인과 결과의 관계를 아주 분명하게 경험할 수 있을 것입니다.

대상과 그것을 관찰하는 마음간의 원인과 결과의 관계에 대한 깨달음

또한 그때 여러분은 대상과 관찰하는 마음간의 원인과 결과의 관계도 깨닫게 될 것입니다.

예를 들어 식사시간 식당에서 접시에 손을 뻗고자할 때 여러분은 의도를 관찰합니다. 그런 다음 '뻗음-뻗음…' 이라고 명명하며 뻗는 동작을 관찰합니다.

손이 접시 가까이에 가게되면 여러분은 그것을 잡기를 원합니다. 그러면 '의도-의도…' 하고 명명하며 의도를 관찰하고나서, '닿음-닿음…' 하고 명명하며 닿음을 관찰합니다. 그리고는 그것을 집고자 할 때는 의도-의도…', 집을 때는 '집음-집음...' 이라고 명명하며 관찰합니다.

그런 다음 포크에 손을 뻗고자 할 때는 '의도-의도…', 뻗을 때는 '뻗음-뻗음…', 포크에 가까워져 잡고자할 때는 '의도-의도…', 잡을 때는 '닿음-닿음…' 또는 '잡음, 잡음…', 포크를 집고자 할 때는 '의도-의도…', 집을 때는' 집음, 집음…' 이라고 명명하며 관찰합니다.

이와 같이 식사시 벌어지는 그 밖의 많은 모든 행위와 행위 이전에 일어나는 모든 의도를 계속해서 관찰할 때 여러분은 대상들과 그것들을 관찰하는 마음간의 원인과 결과의 관계를 깨닫게 됩니다.

즉, 각각의 대상이 일어나기 전에는 그것을 관찰하는 마음도 없으나 각각의 대상이 일어날 때 그것을 관찰하는 마음도 일어난다는 것을 알게 되고 따라서 각각의 대상은 원인이고 그것들을 관찰하는 마음은 결과임을 깨닫게 된다는 말입니다.

이와 같은 대상과 관찰하는 마음간의 원인과 결과의 관계는 좌-수행에서도 깨달아집니다.

즉, 불러오는 움직임이 있을 때 관찰하는 마음이 일어나 그것을 관찰합니다. 불러오는 움직임이 없을 때는 그것을 관찰하는 마음도 없습니다. 마찬가지로 꺼지는 움직임이 있을 때 관찰하는 마음이 일어나 그것을 관찰합니다. 따라서 불러오고 꺼지는 움직임은 원인이고 그것들을 각각 관찰하는 마음은 결과입니다.

또한 보-수행에서도 대상인 동작과 그것을 관찰하는 마음의 원인과 결과의 관계를 깨달을 수 있는데 그것에 대해서는 이미 오늘 법문 처음에 언급한 바 있습니다.

원인과 결과를 깨달음으로써 자아관념이 제거됨

여러분이 이와 같이 원인과 결과의 법칙, 또는 인과관계를 깨닫게 되면 여러분은 항상 지속하는 사람, 존재라는 개념을 갖지 않게 됩니다.

소위 사람이라는 것은 그가 태어나서 죽을 때까지 항상 지속하는 어떤 것으로 여겨지는 무엇입니다. 그러나 여러분이 정신적·육체적 과정을 관찰해보면 거기에서 여러분은 항상 지속하는 사람이니 존재니 하는 것을 발견할 수 없습니다.

그것들은 단지 원인과 결과로써 연관되어 일어났다 사라지는 자연 그대로의 과정들이기 때문에 항상 지속하는 사람이나 존재가 아닙니다. 이런 깨달음을 얻음으로써 여러분은 영혼, 앗따, 나, 너라는 잘못된 관념으로부터 벗어나게 됩니다.

모든 순간과 모든 것에서 깨달을 수 있는 원인과 결과를 꿰뚫어보는 지혜

그렇다면 여러분은 어디에서 이 원인과 결과를 깨달을 수 있습니까? (수행자들 대답)

그렇습니다. 그것은 모든 것과 모든 순간에서 깨달을 수 있습니다. 즉, 좌-수행을 하거나 보-수행을 하거나 또는 행-수행을 하거나 어떤 수행을 하든지 여러분은 이 원인과 결과를 깨달을 수 있습니다.

그렇다면 좌-수행은 유익합니까, 유익하지 않습니까? (웃음) (수행자들 유익하다고 대답) 보-수행과 행-수행은요? (역시 유익하다고 대답) 바로 그렇습니다.

심신 과정을 깨닫는데 가장 중요한 세 가지 덕목

그렇다면 여러분은 무엇을 해야 할까요? (웃음) 네, 여러분은 좌-수행을 할 때도, 보-수행을 할 때도, 그리고 또한 행-수행을 할 때에도 정신적·육체적 과정에 주의를 기울여야 합니다.

이 말은 여러분이 하루 온종일 주의기울임을 지속하도록 해야 한다는 것을 의미합니다. 아직은 아니지만 수행에 충분한 노력을 쏟으면 여러분은 그렇게 할 수 있습니다. 그럼으로써 여러분은 심신 과정에 대해, 지금까지 내가 설명한 인과 관계의 법칙을 깨닫게 되고, 나아가 더 높은 단계의 꿰뚫어보는 지혜를 얻게 될 것입니다.

그런데 그렇게 되기 위해서는 노력과 더불어 다른 중요한 요인들이 필요합니다. 그것이 무엇일까요?

네, 노력뿐만 아니라 (한 수행자가 부단히 분투하는 노력이라고 대답함) (웃음) 네, 부단히 분투하는 노력뿐 아니라 인내와 끈기가 필요합니다.

노력과 인내, 그리고 끈기, 이 세 요인은 심신 과정을 깨닫는데 가장 중요한 것들입니다. 부단히 분투하는 노력, 인내, 그리고 무엇이라고요? 그렇습니다. 끈기입니다.

여러분이 기울이고 있는 노력에 대해서는 나 또한 어느 정도 만족합니다만, 인내에 대해서는 그렇지 않습니다. 여러분에게는 인내심이 좀 부족한 것 같습니다. 좀더 많은 인내심을 갖도록 하십시오. (웃음) 모든 것에 대해, 모든 사람에 대해 인내할 수 있어야 합니다. 그렇게 되도록 자신을 훈련하십시오.

인과 관계를 꿰뚫어보는 지혜에 대해 설명할 것이 몇 가지 더 있는데, 만일 여러분이 듣기를 원하면 더하도록 하겠습니다. 듣고 싶다고요? 네, 그렇지만 시간이 다 되었기 때문에 그에 대해서는 내일 말하도록 하겠습니다. (웃음)

여러분 모두 정신적·육체적 현상에 최선을 다해 주의기울임으로써 그것들을 깨달아 괴로움의 소멸인 열반을 얻기를 기원합니다.

사두! 사두! 사두!

열여섯 번째 날

인과관계를 꿰뚫어보는 지혜
(조건부를 구별하는 지혜) 4

두 가지 방식으로 분명하게 깨달을 수 있는 무아

오늘은 인과 관계를 꿰뚫어보는 지혜와 관련하여 어제 시간 관계상 살펴보지 못한 몇 가지를 더 설명하고자 합니다. 그것을 위해 그저께 법문의 일부를 다시 언급해야할 것 같습니다.

그제 나는 여러분이 복부의 불러오고 꺼짐을 관찰할 때 집중이 좋아지면 불러오는 움직임과 그것을 관찰하는 마음, 꺼지는 움직임과 그것을 관찰하는 마음을 깨닫는다고 했습니다.

집중이 더 좋아지면 여러분은 복부나 육체에 대한 감각을 잃은 채로 전 우주에서 단지 불러오는 움직임과 그것을 관찰하는 마음, 꺼지는 움직임과 그것을 관찰하는 마음의 자연 그대로의 과정만 깨닫게 됩니다.

그때 여러분은 이 두 과정을 제외하고는 별도로 영속하는 어떤 실체를 발견하지 못합니다. 따라서 이 두 과정 이외에 지속적인 실체인 사람, 존재, 나, 자아 영혼 등은 없다고 판단할 수 있습니다.

또한 여러분은 이 두 과정에서도 사람, 존재, 나, 자아 영혼 등을 발견하지 않습니다. 왜냐하면 이 두 과정은 영속하지 않기 때문입니다.

여러분의 집중이 더 좋을 때 여러분은 복부의 불러오고 꺼지는 움직임에서 작게 끊어지는 많은 일련의 움직임의 과정을 보게 됩니다. 즉, 하나의 작은 움직임이 일어났다가 즉시 사라지면 또다른 작은 움직임이 일어났다가 사라지는 식으로 많은 작은 끊어지는 움직임이 일어나서는 사라짐을 본다는 말입니다.

그와 같은 복부의 움직임에서 여러분은 복부의 움직임은 영속하지 않음을 깨닫게 됩니다.

여러분의 집중이 충분히 깊으면, 관찰하는 마음 또한 하나씩 차례대로 일어났다가 사라지는 것으로써 깨닫습니다. 움직임이 일어날 때, 마음은 그것을 관찰하고는 사라져 버립니다. 그리고나서 다른 움직임이 일어나면 그것을 관찰하고는 사라집니다. 그러면 다른 움직임이 일어나고, 마음은 그것을 관찰하고는 역시 사라집니다. 이런 식으로 여러분은 관찰하는 마음 역시 일어나서는 사라지는, 영속하지 않는 것으로 깨닫게 됩니다.

이처럼 복부의 불러오고 꺼지는 움직임과 그것을 관찰하는 마음의 비영속을 깨달을 때 여러분은 그것들을 사람, 존재, 나, 너, 자아, 영혼으로 여기지 않습니다. 왜냐하면 영속하는 것만이 사람, 존재, 자아로 여겨질 수 있기 때문입니다.

이와 같이 여러분은 복부의 움직임을 관찰할 때 두 가지 방식으로써 항상 지속하는 실체인 사람, 존재, 자아, 영혼이 없음을 즉 무아(아낫따)를 아주 분명하게 깨닫게 됩니다. 두 가지 방식으로 깨달을 수 있는 무아를 다시 요약하면 다음과 같습니다.

1. 복부의 불러오고 꺼지는 움직임과 관찰하는 마음의 두 과정만이 존재하기 때문에 이것을 제외하고는 별도로 영속하는 실체인 사람, 존재, 자아, 영혼 등은 없다.

2. 두 과정은 영속하지 않기 때문에 또한 사람, 존재 자아, 영혼이 아니다.

영속하는 실체 없이 원인과 결과의 관계로
끊임없이 이어지는 자연의 이치

그런데 이와 같은 무아에 대한 깨달음에 대해 일부 사상가들은 다음과 같은 문제를 제기합니다.

"만일 항상 지속하는 실체인 사람, 존재, 자아, 영혼이 없다면 사람이 죽을 때 무엇이 다른 존재로 옮겨가는가?"

또는 "만일 다른 존재로 옮겨가는 것이 없다면 결국 죽음 이후에는 삶이 없어야 마땅할 것이다."

그러나 이 문제는 순간에서 순간으로 하나씩 차례대로 일어나서 사라지는 정신적 과정과 육체적 과정을 분명하게 본 위빳사나 수행자에게 있어서는 아무런 문제가 되지 않습니다. 그들은 일부 사상가들의 그와 같은 문제를 아주 쉽게 풀어 줄 수 있습니다.

그런 의문은 주로 서양인들에게서 일어납니다. 서양인들은 정신적·육체적 과정이 일어났다가 사라지고 일어났다가 사라지는 것을 경험하고서도 그것 이외에, 또는 그 배후에 다른 어떤 지속하는 실체가 있는 것이 아닐까 생각하는 경향이 있습니다.

또한 다음 삶이 있기 위해서는 그 다음 삶으로 옮겨가는 무엇이 반드시 있어야만 한다고 생각합니다. 그래서 그들은 그것을 찾으려고 합니다. (웃음)

지난번에 이곳에서 수련회를 마치던 날 한 여자 수행자가 지금 언급한 상황이 걱정이 된 나머지 다음과 같이 질문한 적이 있습니다. "만일 항상 지속하는 실체가 없다면 어떻게 다시 태어날 수 있습니까?"

이 질문자는 이번 수련회에도 참가한 비비아나라는 여자 수행자인데, (웃음) 오늘은 그녀가 많은 일련의 드는 움직임을 어떻게 경험했는지를 보다 명백하게 설명하기 위해 그림까지 그려서 내게 보여주었습니다. 비록 그녀가 그런 좋은 경험을 했을지라도, 또한 그녀가 질문을 했을 당시 내가 대답을 해주었지만, 그녀에게는 여전히 항상 지속하는 실체에 대한 개념이 있을 거라고 나는 생각합니다.

네, 혹시라도 비비아나처럼 궁금해하는 수행자들을 위해 지속하는 실체 없이도 얼마든지 다음 삶이 있을 수 있다는 것을 설명하고자 합니다.

나는 여러분이 드는 동작, 미는 동작, 내리는 동작, 닿는 감각, 그리고 누르는 동작을 관찰할 때, 집중이 충분히 좋으면, 여러분은 각 동작에서 일련의 많은 끊어지는 움직임을 본다고 말했습니다. 끊어지는 움직임을 처음 깨닫기 시작할 때는 두셋의 끊어지는 움직임만을 보지만, 나중에 집중이 점점 더 깊어지면 많은 작은 끊어지는 움직임을 보게 됩니다.

이와 같이 일련의 드는 움직임, 미는 움직임 등을 볼 때 여러분은 움직임의 한 단위가 일어났다가는 이내 사라지는 것을 볼 수 있습니다. 그때 육체적 과정이 거기에서 멈춥니까, 아니면 계속해서 일어납니까? (수행자들 대답)

그렇습니다. 그를 이어 다른 움직임이 일어났다가 사라집니다. 그리고는 다른 움직임이 일어났다가 사라집니다. 이것은 관찰하는 마음에 대해서도 마찬가지입니다.

즉, 관찰하는 마음도 하나씩 차례대로 일어나서 각각의 끊어지는 발의 움직임들을 관찰하고는 사라지고 관찰하고는 사라집니다. 이와 같은 과정은 멈추지 않고 계속됩니다.

또한 의도의 경우도 일어났다가 사라지는 과정이 멈추지 않고 계속됩니다. 발을 들고자 하는 의도가 일어나서 사라지고 발이 들립니다. 그리고는 발을 밀고자 하는 의도가 일어나서 사라지고 발이 밀립니다. 이런 식으로 계속 다른 의도가 일어났다가 사라집니다.

때때로 집중이 예리한 수행자들은 끊어지는 움직임들 사이에서도 의도가 일어나서 사라지는 것을 발견하기도 합니다. 그래서 그들은 '의도함-드는 하나의 움직임-의도함-드는 다른 하나의 움직임-의도함-드는 다른 하나의 움직임…' 이라고 명명하며 관찰합니다. 사실 이 끊어지는 움직임들 가운데에서 의도를 발견하는 것은 아주, 아주 어렵습니다만 그것들은 거기에 있습니다.

이렇게까지 자세하게 깨닫지는 않는다 할지라도 여러분은 행위나 동작을 하기 전마다 의도가 일어났다가 사라지는 과정이 멈추지 않고 계속되는 것을 볼 수 있습니다.

그러면 여기서 왜 다른 의도나 다른 관찰하는 마음, 그리고 다른 움직임들이 멈추지 않고 일어나는지 여러분은 의아해할지 모르겠습니다. 마침 여러분의 의문을 해결하는데 좋은 예가 하나 있기에 인용하고자 합니다.

최근에 오스트레일리아 수상이 직위에서 물러났습니다. 그렇게 되면 오스트레일리아에는 수상이 없겠지요? 있다고요? 어떻게요? 아, 새 수상이 있다고요. 전 수상인 호크가 사라졌을 때 새 수상인 키딩이 일어났다고요. (웃음)

네, 좋습니다. 그럼 왜 키딩이 일어났습니까? (수행자들 대답) 아주 정직하고 직접적으로 말한다면 호크가 사라졌기 때문입니다. 만일 호크가 수상 자리에 남아 있다면 키딩은 그 자리에 앉아 있을 수 없을 것입니다. (웃음) 호크가 사라졌기 때문에 키딩이 일어난 것입니다.

하나가 사라져 버릴 때 다음 것이 일어나고, 그것 역시 사라지면 다음 것이 일어나는 것은 자연의 이치입니다. 따라서 의도 역시 호크나 키딩의 상황과 마찬가지로 이전의 의도가 사라져 버렸기 때문에 다음 의도가 일어나는 것입니다.

또한 움직임의 경우도 이전의 움직임이 사라졌기 때문에 다음 움직임이 일어나는 것입니다. 그것 또한 사라지면 다음 움직임이 일어났다가 사라질 것입니다. 물론 관찰하는 마음의 경우도 마찬가지입니다.

여기서 여러분은 어떤 것이 사라졌다고 해서 거기에서 멈추는 것이 아닌 이 자연의 이치에 주목해야 합니다. 이와 같은 이치는 현 존재가 사라질 때도 적용되기 때문입니다.

즉, 어떤 것의 사라짐 때문에 다음 것이 일어나는 자연의 법칙에 의거해 사람이 죽을 때도 그의 마지막 의식이 사라지면 역시 다음 의식이 일어난다는 말입니다.

그러나 현존재의 마지막 의식이 사라진 다음에 일어나는 의식은 현존재 안에는 있지 않습니다. 그것은 새 존재 안에 있게 됩니다. 새 존재 안에서 또 하나의 삶이 시작되는 것입니다. 그러면 이때 어떤 것이 현존재로부터 새 존재로 이동하는 것일까요?

아닙니다, 아무 것도 이동하지 않습니다. 단지 현존재의 마지막 의식이 사라진 것이 원인이 되어 새 존재에서 다음 의식이 결과로써 일어나는 것뿐입니다. 이때 새 존재가 있기 위해 전의 존재로부터 이 새 존재로 이동할 수 있도록 영속하는 어떤 실체가 필요할까요? 아닙니다, 전혀 필요하지 않습니다. 이로써 비비아나가 걱정하던 문제, 즉 영속하는 실체 없이 새 삶이 가능한가 하는 문제는 해결된 셈입니다. (웃음)

그러나 이 문제는 이런 설명이 아니라, 여러분이 수행을 통해 원인과 결과의 관계로 맺어지며 끊임없이 일어나서 사라지는 정신적 · 육체적 현상을 분명하게 깨달을 때 확실히 해결될 것입니다.

그 이전까지 여러분은, 다른 존재가 있기 위해서는 그 다른 존재로 이동하는 영속하는 실체가 있어야 하지 않을까 하는 생각을 지닐 수도 있을 것입니다.

바르지 않은 두 가지 종류의 견해

사실 그와 같은 생각은 오래 전 인도에서도 신봉되었던 견해입니다. 빠알리어로 삿사따 딧티(영원주의, 상견常見)라고 하는 이 견해에 의하면 영속하는 실체 또는 자아가 있는데, 이것은 육체가 죽더라도 결코 죽는 법이 없어서 사람이 죽을 때 죽은 몸밖으로 나가 다음 존재로 이동한다고 합니다.

그러나 이 견해는 옳지 않기 때문에 부처님께서는 받아들이지 않으셨습니다. 여러분은 비록 부처님과 같은 경지에 오르지는 못했지만 그동안의 수행경험으로도 이 견해가 옳지 않다는 것을 알 수 있을 것입니다.

이미 여러 번 말한 바 있고 오늘 법문을 시작할 때도 언급했듯이 여러 분이 그동안 수행을 하며 발견한 정신적·육체적 현상의 두 과정은 영속 하는 자아가 아닙니다. 왜냐하면 이 두 과정은 순간에서 순간으로 하나씩 차례대로 일어났다가 사라지는 것, 즉 영속하지 않는 것이기 때문입니다.

따라서 이 두 과정은 다른 존재로 이동할 수 없습니다. 그것들은 영속 하지 않고 일어나서 사라짐의 지배를 받고 있기 때문에 같은 순간에 다 른 존재로 이동할 수 없습니다.

한편으로 이 두 과정을 제외하고 별도로 존재하고 있는 영속하는 실 체나 자아도 없습니다. 만일 그러한 것이 있다면 그것이 다른 존재로 이 동할 것입니다. 그러나 그러한 것은 없다는 것을 여러분은 수행경험을 통해 확인할 수 있습니다. 따라서 영속하는 자아가 있다는 생각, 즉 영 원주의는 옳지 않은 견해입니다.

이에 대비되는 또 하나의 견해가 있습니다. 그것은 웃체다딧티라고 하는데, 웃체다 딧티는 허무주의(斷見단견)라는 뜻입니다.

이 견해가 주장하는 바는 살아 있는 동안 임시적으로 계속되는 자아 라는 것이 있다는 것입니다. 그래서 일생동안 임시적으로 지속되고 있 는 이 자아라는 것은 사람이 죽을 때 육체적인 몸의 죽음과 함께 역시 붕 괴되어 소멸됩니다.

따라서 죽음 후의 삶은 없습니다. 그러면 죽음 이전의 삶은 있겠습니 까, 없겠습니까? 물론 없습니다. 따라서 이 견해에 따르면 우리의 삶은 자궁과 무덤 사이에 있게 됩니다. (웃음)

부처님께서는 이 견해도 부인하셨습니다. 왜냐하면 살아있는 동안 임시적으로 지속하면서 사람이 죽을 때 붕괴되는 자아라는 것도 없고, 죽는다고 해서 거기서 삶이 끝이 나는 것이 아니기 때문입니다.

이미 살펴본 것처럼 사람이 죽을 때 마지막 의식이 사라져 버리면 다른 의식이 즉시 일어납니다. 왜 다른 의식이 일어난다고요? 왜냐하면 이전 의식, 즉 현존재의 마지막 의식이 사라졌기 때문입니다. 이 경우 이전 의식의 사라짐은 원인이고, 새 의식의 일어남은 결과입니다.

이런 식으로 어떤 것도 다른 존재로 이동하지 않으면서 둘은 원인과 결과로써 연결되어 있습니다. 이것이 올바른 견해로서 부처님께서는 이 견해를 가르치셨습니다.

요약하면 현생 동안만 지속하고 있는 자아가 있다는 허무주의(웃체다 딧티)도 옳지 않고, 전생에서 현생으로 그리고 현생에서 내생으로 이동하는 자아가 있다는 영원주의(삿사따 딧티)도 옳지 않습니다.

옳은 견해는 전생에서 현생으로, 그리고 현생에서 내생으로 이동하는 영속하는 자아없이, 단지 원인과 결과로써 의존하며 멈추지 않고 순간에서 순간으로 일어났다가 사라지는 정신적·육체적 현상들만이 있다는 것입니다.

여기서 원인과 결과의 관계로 연결되는 전생-현생-내생의 고리를 설명하시기 위해 부처님께서는 빠띳짜사뭇빠다(연기緣起)라는 것을 가르치셨습니다. 여러분도 배우고 싶나요? (수행자들 대답) 네, 그것에 대해서는 나중에 시간이 나면 다루도록 하고 지금은 하던 법문을 계속하겠습니다.

다음 존재를 일어나게 하는 세 가지 요인

현존재의 마지막 의식이 사라지면 다음 존재에서 새 의식이 일어난다고 했는데 그렇지 않은 경우도 있습니다. 그것은 정신적·육체적 과정을 일어나게 하는데는 사실 하나의 원인만이 아니라 적어도 서너 개의 원인이 필요하기 때문입니다.

여러분이 잘 아는 것처럼 불교에는 네 부류의 성인[28]이 있습니다. 그중 제일 높은 경지의 성자인 아라한의 경우에는 현존재의 마지막 의식이 사라질지라도 새 의식이 일어나지 않습니다. 이것은 아라한에게는 현생이 끝나도 내생이 없게 된다는 것을 뜻합니다.

그렇다면 이 경우는 자연의 이치를 거스르는 것입니다. 자연의 이치는 앞의 것이 사라질 때 뒤의 것이 일어나는 것인데 아라한은 앞의 것인 마지막 의식이 사라져도 뒤의 것인 다른 의식이 일어나지 않게 되니까 말입니다.

왜 아라한에게 이런 일이 일어날까요? 그것은 아라한에게는 '바와 딴하', 즉 존재하고자 하는 갈망이 없기 때문입니다.

우리 모두는 살기를 원합니다. 누구도 죽기를 원하지 않습니다. 이것은 모든 사람은 존재하고자 하는 갈망이 있음을 의미합니다. 그런데 이

---

28) 네 부류의 성인 : 스물두 번째와 스물 세 번째 날 법문에서 각각의 성인의 단계에 대해 설명되고 있으니 참조하기 바란다.

와 같은 존재에 대한 갈망이나 애착의 힘이 마지막 의식이 사라진 후, 다음 존재에서 새 의식이 일어나도록 하는 원인이 됩니다. 따라서 살고자 하기 때문에 다른 존재가 있게 된다고, 또는 생에 애착하기 때문에 현생이 끝난 후에 다른 생이 있게 된다고 말할 수 있습니다.

그런데 아라한에게는 어떤 갈망(욕망, 애착)도 없습니다. 모든 갈망과 애착은 아라한의 매우 강력하고 예리한 깨달음에 의해 완전히 파괴되어졌기 때문에 아라한에게는 다시 태어나기 위한, 또는 다른 존재를 위한 어떠한 갈망도 애착도 없습니다. 따라서 아라한에게는 현생에서 마지막 의식이 사라질지라도 다음 존재에서 새 의식이 일어나지 않게 됩니다.

여기에서 우리는 다음 존재를 위한 하나의 원인을 더 발견하게 됩니다. 그것은 '존재하고자 하는 갈망' 입니다. 즉, 다음의 삶을 일어나게 하는데 있어서 이 '존재하고자 하는 갈망' 은 마지막 의식의 사라짐과 함께 반드시 필요한 조건입니다.

그렇긴 하지만 이 존재하고자 하는 갈망 역시 다음 존재의 첫 번째 의식을 초래하는 원인일 뿐 다른 존재로 이동해 가는 것은 아닙니다. 왜냐하면 갈망은 정신적 과정의 하나로서 일어났다가 즉시 사라지는 것이기 때문입니다.

이미 살펴본 것처럼 영속하는 것만이 다음 존재로 이동할 수 있습니다. 그러나 존재하고자 하는 갈망은 일어나서는 사라지기 때문에 그것은 다른 존재의 첫 번째 의식을 일으키는 한 원인으로만 작용할 뿐입니다. 따라서 존재하고자 하는 갈망은 원인이고, 다음 존재, 즉 새로운 정신적·육체적 과정의 일어남은 결과입니다.

그런데 다음 존재를 일어나게 하는데는 사실 한 가지 원인이 더 필요합니다. 그것이 무엇이냐고요? 그것은 바로 깜마입니다.

깜마가 무엇이지요? 깜마는 행위를 의미합니다. 이 행위에는 좋은 행위와 나쁜 행위가 있어서 좋은 행위는 좋은 결과를, 나쁜 행위는 나쁜 결과를 초래합니다.

이상의 세 가지 원인, 즉 현존재의 마지막 의식의 사라짐, 존재하고자 하는 갈망, 거기에 깜마가 함께 결합하여 다른 존재를 초래합니다.

시간이 다 되었군요. 지금까지 말한 것을 수행을 통해 깨닫기 위해서 여러분이 해야 할 일은 무엇이지요?

네, 걷는 행위를 포함하여 어떤 행위를 할 때마다 그 행위를 하기 전에 일어나는 의도를 가급적 다 관찰해야 합니다. 그리고 의도에 따라 일어나는 발의 동작과 다른 행위들도 매순간마다 명확하고 세세하게 관찰해야 합니다.

또한 좌-수행 중에는 복부의 움직임을 비롯하여 두드러지게 일어나고 있는 모든 정신적·육체적 현상을 관찰하는데 최선을 다해야 합니다. 그렇게 함으로써 여러분 모두 마침내 깨달음을 얻어 괴로움의 소멸을 이룰 수 있기를 기원합니다.

사두! 사두! 사두!

열 일곱 번째 날

사성제와 팔정도 1

갈망의 원인이자 다음존재를 일으키는 최초의 원인인 무지

어제는 다음 존재를 있게 하는 조건들에 대해 설명하면서 아라한에게는 존재하고자 하는 갈망이 완전히 파괴되었기 때문에 마지막 의식이 사라져도 다음 존재가 일어나지 않는다는 것을 언급했었습니다.

이 말은 여러분도 존재하고자 하는 갈망을 파괴할 수 있다면 다음 존재를 갖지 않을 수 있다는 것을 의미합니다. 그럼 존재하고자 하는 갈망은 어떻게 하면 파괴할 수 있겠습니까? 네, 존재하고자 하는 갈망 역시 그 원인에 의해 일어나므로 마땅히 원인을 먼저 알아 그것부터 파괴해야 할 것입니다.

그럼 존재하고자 하는 갈망의 원인은 무엇인가요? 부처님께서는 그것은 아윗자, 즉 무지라고 하셨습니다. 정신적·육체적 현상의 자연 그대로의 과정에 대한 무지로 인해 여러분은 정신적·육체적 현상을 사람, 존재, 나, 너, 자아로 여기게 됩니다. 그러면 여러분에게는 인격, 개인(개체)의 견해인 삭까야 딧티 또는 앗따 딧티가 일어나게 되어 그 결과 존재하고자 하는 갈망이 일어나는 것입니다.

지금 언급한 것을 원인과 결과의 관계로 다시 정리해보겠습니다.

정신적·육체적 현상의 자연 그대로의 과정에 대한 무지는 원인이고, 인격, 개인(개체)이라는 개념의 일어남은 결과입니다. 인격, 개인(개체)이라는 개념은 원인이며 존재하고자 하는 갈망의 일어남은 결과입니다. 존재하고자 하는 갈망은 이전 존재의 마지막 의식의 사라짐과 더불어 원인이며 다음 존재의 첫 번째 의식의 일어남은 결과입니다.

여기서 다음 존재를 일으키는 직접적인 원인은 갈망과 마지막 의식의 부재이나 최초 원인은 정신적·육체적 현상의 자연 그대로의 과정에 대한 무지라는 것을 알 수 있습니다. 따라서 다음 존재에서 벗어나려면 최초 원인부터 제거해야 합니다.

이 최초 원인, 그러니까 정신적·육체적 현상의 자연 그대로의 과정에 대한 무지는 정신적·육체적 현상들을 본성대로 깨달을 때 제거됩니다. 즉, 정신적·육체적 현상은 비영속, 괴로움, 비인격성(무아)의 성품을 지닌 자연 그대로의 과정이라는 것을 깨달을 때 최초 원인인 무지가 파괴된다는 말입니다.

그럼 어떻게 하면 정신적·육체적 현상을 그 본성대로 깨달을 수 있습니까? 여러분은 이미 그 답을 아주 잘 알고 있습니다. (수행자들 대답)

네, 여러분이 정신적·육체적 현상에 있는 그대로 주의기울여 어느 정도의 집중이 형성되면 여러분은 정신적·육체적 현상을 그 본성대로 깨닫습니다. 그때 무지가 파괴됨으로써 여러분에게는 나, 너, 존재, 사람이라는 개념이 일어나지 않게 됩니다. 그러면 이 개념을 바탕으로 해서 일어나는 존재하고자 하는 갈망이 제거되고 그 결과 여러분은 다음 존재로부터 벗어나게 됩니다.

네 가지 고귀한 진리

지금 언급한 것들과 관련해 오늘은 부처님의 모든 가르침의 바탕인 네 가지 고귀한 진리(사성제四聖諦)에 대해 알아보도록 하겠습니다.

부처님께서 첫 번째 설법인 〈담마짝까빠왓따나 숫따(진리의 수레바퀴를 굴리는 경)〉에서 언급하신 네 가지 고귀한 진리는 다음과 같이 구성되어 있습니다.

1. 둑카 삿짜 : 괴로움의 진리(고제苦諦)
2. 사뭇다야 삿짜 : 괴로움의 원인의 진리(집제集諦)
3. 니로다 삿짜 : 괴로움의 소멸의 진리(멸제滅諦)
4. 막가 삿짜 : 괴로움의 소멸로 이끄는 길의 진리(도제道諦)

완전히 깨달아져야만 하는 괴로움의 진리

이 중 첫 번째 진리인 둑카 삿짜, 즉 괴로움의 진리를 부처님께서는 취착의 다섯 다발(오취온五取蘊)이라고 하셨습니다. 취착의 다섯 다발이란 육체적 과정의 다발(색온色蘊), 지각의 다발(상온想蘊), 느낌의 다발(수온受蘊), 정신적 형성의 다발(행온行蘊), 그리고 의식의 다발(식온識蘊)을 가리킵니다.

이 다섯 다발은 두 그룹으로 나눌 수 있는데, 첫 번째 그룹은 육체적 현상에 속하고, 나머지 둘째, 셋째, 넷째, 다섯째는 정신적 현상에 속합니다. 따라서 정신적·육체적 현상이 바로 괴로움의 진리라고 하겠습니다.

그런데 왜 정신적·육체적 현상 또는 다섯 다발이 괴로움의 진리인가요? 왜냐하면 그것들은 영속하지 않기 때문입니다. 그것들은 비영속의 지배를 받기 때문에 괴로움(둑카)인 것입니다

따라서 여러분에게 정신적 현상이 있으면 여러분은 틀림없이 그것으로 인해 괴롭습니다. 또한 육체적 현상이 있을 때도 여러분은 틀림없이 그것으로 인해 괴롭습니다.

이와 같은 괴로움의 진리인 정신적·육체적 현상을 부처님께서는 〈담마짝까빠왓따나 숫따〉에서 '빠라네이야', 즉 '완전히 깨달아져야만 하는 것'이라고 하셨습니다.

여기에서 부처님께서 말씀하시고자 한 것은 괴로움의 진리인 정신적·육체적 현상을 깨닫지 않는 한 여러분은 괴로움을 제거할 수 없다는 것입니다.

그런데 일반적으로 우리는 괴로움의 진리인 정신적·육체적 과정을 괴로움으로써 깨닫지 못하고 행복하고, 즐겁고 기쁜 것으로 생각합니다. 따라서 이 두 과정을 사람, 존재, 나 또는 너 등등으로 여기게 되어 사람, 존재, 나, 너라는 개념이 일어나지요.

그리고는 이 개념에 의거해 욕망, 갈망, 애착, 악의, 혐오, 자만, 질투 등과 같은 정신적 오염원이 일어납니다. 그러면 그것들은 괴로움의 원인들이므로 여러분은 괴로움을 겪습니다.

또한 여러분은 존재하고자 하는 갈망에 의해 역시 괴로움의 진리인 정신적·육체적 현상으로 구성되는 다음 존재를 갖게 되어 계속해서 온갖 괴로움을 겪어야 합니다.

그러나 여러분이 이 괴로움의 진리인 정신적·육체적 현상들을 있는

그대로, 즉 괴로움(둑카)으로써 철저하고 완전하게 깨달을 때, 아! 좀 전에 세 가지 종류의 둑카에 대하여 설명했어야 했는데, 그만 잊었군요. 그런데, 시간이 충분하지 않아 지금 그것을 다 설명할 수는 없을 것 같네요.

네, 여기서 여러분이 깨달아야 할 둑카(괴로움)는 세 가지 종류의 둑카[29] 중 세 번째인 상카라 둑카(행고行苦)입니다. 상카라 둑카란 '계속적으로 일어나고 사라짐에 의해서 계속적으로 압박되어지는 성질의 괴로움'을 뜻하는 것으로 여러분의 이해를 돕기 위해 예를 잠깐 들어보겠습니다.

여러분이 모든 일상적 행위들을 더욱더 세세하게 관찰할 수 있게 되면 여러분은 어떤 행위나 의도라도 주의기울이지 않은 채로 내버려두게 되지 않습니다. 그 결과 여러분의 마음은 각각의 대상에 잘 집중되어집니다. 그러면 여러분은 관찰하고 깨달아야 할 많은 대상이 있다는 것을 알게 됩니다.

예컨대 점심 시간에 식당에서 식사를 하기 위해 여러분이 의자에 앉아야 할 때 여러분은 앉는 동작을 관찰합니다. 그리고는 몸이 의자에 닿을 때는 닿음을 관찰합니다. 계속해서 그 다음 행위인 접시를 쳐다볼 때도 관찰해야 합니다. 그리고는 접시로 손을 뻗으려는 의도, 뻗는 동작, 잡는 동작… 등등 여러분은 계속해서 식사시 셀 수도 없이 아주 많은 의

---

29) 세 가지 종류의 둑카: 큰스님께서 다른 법문에서 설명한 바에 의하면, 나머지 둑카 중 첫 번째 둑카는 둑카 둑카(고고苦苦)로 우리가 흔히 겪는 정신적·육체적 괴로움을 뜻한다. 두 번째 둑카는 위빠리나마 둑카(괴고壞苦)인데, 변화에 의해서 산출되는 괴로움을 뜻하며 행복이 불행으로 바뀔 때 느껴지는 괴로움이 바로 여기에 해당된다고 하겠다.

도와 행위를 관찰합니다.

그리하여 깊은 집중을 얻게 되면 여러분은 대상들이 하나씩 차례대로 일어났다가 사라짐을 깨닫게 됩니다. 하나의 대상이 일어납니다. 여러분은 그것을 관찰합니다. 그러나 그 대상은 곧 사라지고 다음 대상이 일어납니다. 그러면 여러분은 그것도 관찰합니다. 그리고나서 그 대상은 사라집니다. 또 다음 대상이 일어납니다. 여러분은 그것을 관찰합니다….

이와 같이 일어나고 사라짐이 계속되는 것에 여러분은 무엇을 느낍니까? 네, 피곤해지고 싫증이 납니다. (웃음) 그것은 여러분이 상카라 둑카, 즉 정신적·육체적 현상의 계속적인 일어남, 사라짐에 의해 계속적으로 압박되어지는 성질의 괴로움을 깨닫고 있음을 의미합니다.

여러분이 이처럼 정신적·육체적 현상의 상카라 둑카를 깨달을 때 정신적·육체적 현상에 대한 무지가 제거되어 여러분에게는 나, 너, 사람, 존재라고 하는 개념이 일어나지 않습니다. 그 결과 갈망을 비롯한 다른 정신적 오염원이 모두 파괴되므로 여러분은 괴로움을 겪지 않게 됩니다.

뿐만 아니라 다음 존재에 대한 갈망 또한 파괴됩니다. 따라서 괴로움의 진리인 정신적·육체적 현상으로 구성되는 다음 존재를 갖지 않게 되어 괴로움으로부터 영원히 해방됩니다.

그래서 부처님께서는 정신적·육체적 현상을 일컫는 괴로움의 진리(둑카삿짜)를 '빠라네이야' 즉 '완전히 깨달아져야만 하는 것'이라고 하셨던 것입니다.

파괴되어져야만 하는 괴로움의 원인의 진리

두 번째 진리인 사뭇다야 삿짜, 즉 괴로움의 원인의 진리에 대해서 부처님께서는 이것은 갈망, 또는 욕망을 일컬으며, '빠하땁바', 즉 '파괴(포기)되어져야만 하는 것'이라고 말씀하셨습니다. (한 수행자가 뭐라고 함) 아, 여기서는 괴로움의 직접적인(즉각적인) 원인을 일컫는 것입니다. 무지는 괴로움을 일으키는 근본적인 원인이기는 하나 직접적인 원인은 아닙니다.

예를 들어 보겠습니다.

여러분은 이 수련처에 올 때 자동차를 가져왔습니다. 자동차는 여러분의 삶에 매우 유용한 것이므로 여러분은 자동차에 매우 애착합니다.

그런데 여러분이 애지중지하던 자동차를 어떤 사람이 가져가 버렸다고 합시다. 새벽에 보니 여러분의 자동차가 없어져 버린 것입니다. 그러면 여러분의 마음은 어떨까요? 새 차를 다시 살 수 있으므로 아주 행복하겠지요? (웃음) (수행자들 대답)

그렇습니다. 그때 여러분은 행복하지 않습니다. 여러분은 '집에 어떻게 돌아가야 하나? 걸어서 가야 하나? 잃어버린 자동차를 되찾는 방법은 없을까?' 등등에 대해 생각하며 걱정하기도 하고 '돈이 충분하지 않은 데 어떻게 새 자동차를 장만하지?' 등을 생각하며 슬퍼하기도 합니다.

이런 걱정, 슬픔 등은 모두 괴로움, 정신적 괴로움입니다. 그렇지요? 그럼 무엇이 그 정신적 괴로움을 일으킵니까? 나입니까, 아니면 사람입니까? (수행자들 대답)

그렇습니다. 차에 대한 애착이 괴로움을 일어나게 합니다. 만일 여러분에게 자동차에 대한 욕망, 갈망, 애착이 없다면 자동차를 잃어버린다고 해도 괴로워하지 않을 것입니다. 따라서 애착, 욕망, 또는 갈망이 괴로움의 직접적인(즉각적인) 원인입니다. 동의합니까?

네, 여러분이 내 말에 동의한다면 그것은 부처님 말씀에 동의한다는 것을 의미합니다. (웃음) 왜냐하면 부처님께서는 애착, 욕망, 갈망이 괴로움의 원인의 진리(사뭇다야 삿짜)라고 가르치셨기 때문입니다.

그러면 여기서 우리는 갈망 또는 욕망을 가지고 무엇을 해야 합니까? 그것을 갖도록 해야 합니까? 또는 계발해야 합니까? 그것을 가지고 무엇을 해야 하지요?

네, 우리는 그것을 파괴(포기, 극복, 근절, 절멸)해야 합니다. 그것은 괴로움의 직접적인 원인이기 때문에 완전히 포기(파괴)되어져야 합니다. 그래서 부처님께서는 갈망, 욕망, 애착을 일컫는 사뭇다야 삿짜(괴로움의 원인의 진리)는 '빠하땁바', 즉 '파괴(포기)되어져야만 하는 것'이라고 하신 것입니다.

얻어지거나 경험되어져야 하는 괴로움의 소멸의 진리

그리고 세 번째 진리인 니로다 삿짜, 즉 괴로움의 소멸의 진리는 열반을 일컫는 것으로 '삿치까땁바' '얻어지거나 경험되어져야만 하는 것'이라고 하셨습니다.

두 번째 진리인 사뭇다야 삿짜 즉 갈망(욕망, 애착)이 파괴되었을 때 여러분에게는 괴로움이 전혀 일어나지 않습니다. 괴로움은 존재하기를 그만 둡니다. 그러면 여러분은 세 번째 진리인 괴로움의 소멸의 진리(니로다 삿짜)를 얻게 됩니다.

이처럼 세 번째 진리인 괴로움의 소멸의 진리는 얻어지거나 경험되어져야만 하는 것입니다.

계발되어져야 하는 괴로움의 소멸로 이끄는 길의 진리

마지막으로 네 번째 진리에 대해 알아보겠습니다. 부처님께서는 막가 삿짜, 즉 괴로움의 소멸로 이끄는 길의 진리는 중도를 일컫는다고 하셨습니다.

중도를 빠알리어로는 '맛지마 빠띠빠다' 라고 하는데, 〈담마짝까빠왓따나 숫따〉는 다음과 같이 설명하고 있습니다.

"빅쿠여, 세상에는 두 개의 극단이 있느니라. 그것들은 무엇인가? 첫 번째는 감각적 쾌락에의 탐닉이고, 두 번째는 고행인데, 여래는 이 두 극단은 사람으로 하여금 괴로움을 제거하도록 할 수 없고 오직 중도만이 괴로움을 제거할 수 있도록 한다는 것을 알았느니라."

그럼 중도란 구체적으로 무엇이며, 어떻게 괴로움을 제거할 수 있는 것일까요?

중도는 다음과 같이 구성되어 있습니다.

1. 삼마 딧티 : 올바른 이해(정견正見)

2. 삼마 상깝빠 : 올바른 생각(정사유正思惟)

3. 삼마 와짜 : 올바른 말(정언正言)

4. 삼마 깜만따 : 올바른 행위(정행正行)

5. 삼마 아지와 : 올바른 생업(정업正業)

6. 삼마 와야마 : 올바른 노력(정정진正精進)

7. 삼마 사띠 : 올바른 주의기울임(정념正念)

8. 삼마 사마디 : 올바른 집중, 올바른 삼매(정정正定)

중도가 이상 여덟 가지 요인으로 이루어지기 때문에 중도는 고귀한 여덟 가지 길(팔정도)이라고도 불립니다.

이 중도, 또는 팔정도는 다시 세 부류로 나뉘어 훈련됩니다.

첫 번째와 두 번째는 지혜(빤냐)의 훈련을 위한 요인이고, 세 번째, 네 번째, 다섯 번째는 계(실라)의 훈련을 위한 요인이며, 여섯 번째, 일곱 번째, 여덟 번째는 집중(사마디)의 훈련을 위한 요인입니다.

이처럼 세 부류로 나뉘어져 훈련되는 모든 팔정도의 요인이 완전히 계발될 때 여러분은 첫 번째 요인인 올바른 이해로 인해 모든 정신적·육체적 현상을 그것들의 본성대로, 즉 괴로움으로써 완전히 깨닫게 됩니다.

그때 무지가 제거되고, 그 결과 나, 너, 사람, 존재라는 개념을 바탕으로 일어나는 갈망이 파괴되어 여러분은 여러분의 부인, 남편, 아들, 딸, 부모, 형제, 자동차, 집 등등 그 어느 것에도 애착하지 않게 됩니다.

여러분이 이처럼 그 어느 것에도 애착하지 않도록 모든 갈망, 욕망을 파괴했을 때, 여러분에게 괴로움이 있을까요? 아닙니다. 그때 여러분에게는 괴로움이 없습니다. 따라서 여러분은 괴로움의 소멸에 도달합니다.

지금 설명한 것처럼 팔정도가 계발되어질 때 몇 가지 과정을 거쳐 마침내 괴로움이 소멸된 경지에 도달하므로 부처님께서는 팔정도 즉 괴로움의 소멸로 이끄는 길의 진리는 '바위땁바', '계발되어져야 하는 것'이라고 말씀하신 것입니다.

시간이 다 되었으므로 오늘은 여기서 마치고 내일 계속하겠습니다. 여러분 모두 부처님의 가르침을 바르게 이해하고 실천하여 해탈을 얻게 되기를 기원합니다.

사두! 사두! 사두!

열 여덟 번째 날

사성제와 팔정도 2

고귀한 네 가지 진리(사성제)

어제는 고귀한 네 가지 진리(사성제)와 고귀한 여덟 가지 길(팔정도)에 대해 알아보았습니다. 이것은 부처님의 모든 가르침의 바탕이 되는 중요한 가르침이므로 다시 요점을 반복하면서 미처 설명하지 못한 것에 대해 부연하도록 하겠습니다.

부처님께서는 첫 번째 진리인 둑카 삿짜(괴로움의 진리)는 '정신적·육체적 현상'을 일컫는 것으로 이것은 '빠라네이야', 즉 '실제 일어나는 대로 바르게 또는 완전히 깨달아져야 하는 것'이라고 하셨습니다.

정신적·육체적 현상이 완전히 깨달아질 때 무지가 제거되고, 무지가 제거될 때 딴하(애착이나 갈망)가 일어나지 않게 됩니다. 그리고 딴하가 일어나지 않을 때 모든 종류의 괴로움으로부터 벗어나게 되며, 또한 다른 존재로 다시 태어나지 않게 됩니다. 그래서 부처님께서는 딴하(애착, 갈망)를 일컫는 사뭇다야 삿짜(괴로움의 원인의 진리)는 '빠하땁바', 즉 '제거(포기)되어져야만 하는 것'이라고 말씀하신 것입니다

그러나 이 딴하(애착, 갈망)를 일컫는 사뭇다야 삿짜(괴로움의 원인의 진리)를 근절하지 못한다면 우리는 괴로울 것이고, 다른 존재로 다시 태어날 것입니다.

오직 딴하(애착, 갈망)를 근절할 때만이 우리에게 괴로움이 전혀 없게 됩니다. 우리에게 괴로움은 존재하기를 멈추게 됩니다. 이때 우리는 닙바나(열반), 즉 괴로움의 소멸의 진리(니로다 삿짜)를 얻게 됩니다. 그래서 부처님께서는 니로다 삿짜(괴로움의 소멸의 진리)는 '삿치까땁바'

즉 '얻어지거나 경험되어져야 하는 것'이라고 하신 것입니다.

그렇다면 괴로움의 소멸의 진리는 어디에서 얻어집니까? 지구 위에서입니까, 아니면 하늘 위에서입니까? (수행자들 대답)

네, 부처님께서는 그것은 여러분 밖에서가 아니라 여러분 안에서 발견되어진다고 말씀하셨습니다. 어떻게 그것이 여러분 안에서 발견되어질 수 있습니까? 그것은 괴로움의 소멸의 원인인 딴하(애착, 갈망)의 파괴가 여러분의 밖이 아니라 안에서 이루어지는 것이기 때문입니다.

이와 관련된 이야기를 하나 하겠습니다.

부처님 당시에 한 부자가 있었는데, 그는 삶을 아주 세차게 타오르는 불처럼 여겼습니다. 그래서 그와 같은 삶에서 벗어나기 위해 빅쿠가 되려고 하였습니다.

그러나 그에게는 부인과 자식이 하나 있었으므로 그가 빅쿠가 되기 위해서는 부인의 허락을 받아야만 했습니다. 그는 부인을 설득하여 어렵게 허락을 얻었습니다.

그는 곧 부처님께 나아가 빅쿠가 되게 해달라고 청했고, 부처님께서는 그의 출가를 허락하셨습니다.

빅쿠가 되자 그는 숲속으로 들어가 아주 강력하게 위빳사나 수행(주의기울임 수행)에 매진하였습니다. 낮에는 물론 밤에도 잠자지 않고 수행한 결과 그는 단 사흘만에 모든 정신적인 오염원을 파괴하여 아라한이 되었습니다.

여담입니다만, 부처님 당시에는 빅쿠가 되고자 하는 사람은 부모에게 허락을 받아야 했습니다. 부모가 허락하면 스님이 될 수 있었던 것이지요. 그런데 오늘날에는 부모의 허락은 중요시되지 않는 것 같습니다. 오직 아내의 허락만 받으면 된다고 생각들을 하고 있는 분들이 많으니 말입니다.

요즘 남자들은 출가하는 것이 아니라 잠깐 동안 수련처에서 수행을 하는 경우에조차 아내의 허락을 받아야 하는가 봅니다. 어제 나는 미얀마의 청년 하나로부터 연락을 받았는데, 그는 이 수련회에 참여하기를 원했지만 그의 아내가 허락하지 않아서 올 수 없다고 말했습니다.

안타까운 일이라고 하지 않을 수 없습니다. 그에 비할 때 여러분은 운이 좋은 사람들이라 하겠습니다. 여러분은 부인으로부터 허락을 받을 수 있었으니까 말이지요. (웃음)

다시 그 스님 이야기로 돌아가겠습니다. 내가 이 이야기를 하는 것은 괴로움의 소멸이 밖이 아니라 여러분 안에 있다는 것을 말하고 싶기 때문이니, 이 점을 염두에 두고 잘 듣기 바랍니다.

그 스님은 아라한의 경지를 성취한 다음 부처님이 계시는 제따와나 사원으로 돌아왔습니다. 그리고는 스님을 위해 배정된 꾸띠(숙소) 근처의 나무 밑에 앉아 계속해서 수행을 하였습니다.

스님이 돌아왔다는 소식을 들은 스님의 전부인은(출가한 스님에게는 부인이란 있을 수 없으므로 그녀는 전부인이라고 불러야 마땅합니다) (웃음) 전남편이었던 스님을 찾아와 환속하라고 간청했습니다. 그녀의 간청은 세 번이나 계속되었지만 스님은 꿈쩍도 하지 않았습니다.

그러자 전부인은 계속해서 스님께 환속하라고 요청하였습니다. 그러나 스님은 눈을 감은 채 몸과 마음에 일어나고 있는 것들에 있는 그대로 주의를 기울일 뿐이었습니다.

　스님이 통 반응을 하지 않자 그녀는 마침내 울음을 터뜨렸습니다. 그렇지만 스님은 여전히 미동도 하지 않았습니다. 그녀는 울음을 그치고 어떻게 하면 스님의 생각을 돌릴 수 있을까를 생각하기 시작하였습니다.

　그러던 중 마침내 그녀에게 좋은 생각이 떠올랐습니다. 그녀는 그 생각을 실천하기 위해 집으로 돌아갔습니다. 여러분, 그녀가 생각해낸 비법이 무엇이었을까요? 한 번 맞춰 보겠습니까? (수행자들 대답)

　네, 이미 말한 것처럼 두 사람에게는 자식이 하나 있었습니다. 그래서 그녀는 집으로 돌아가 자식과 함께 스님에게로 돌아왔습니다. '아이를 통해 스님의 마음을 움직이게 하는 것', 그것이 그녀가 생각해낸 비법이었습니다. 내가 생각해봐도 아주 좋은 비법인 것 같습니다. 그렇지요? (웃음)

　그녀는 스님 앞에 아이를 세워 놓고 말했습니다. "존경하는 스님, 이 아이가 아버지인 당신을 몹시 그리워하고 있습니다." (웃음)

　그러나 그녀의 기대와는 달리 스님은 여전히 꿈쩍도 하지 않았습니다. 그녀의 말은 스님에게는 아무 영향도 끼치지 못했습니다. 심지어 스님은 눈도 뜨지 않았습니다.

　그런데 그 부인 또한 만만한 여자가 아니었습니다. 그녀는 재치가 있는 여자였습니다. 그래서 그녀는 자기가 가진 재치를 발휘했습니다. 과연 그녀가 어떻게 했을까요?

　놀랍게도 그녀는 아이의 손을 비틀기 시작했습니다. 자기 자식의 손을 말입니다. (웃음) 손이 비틀린 아이는 소리를 질렀습니다. 그러나 아라한 빅쿠는 여전히 아무런 반응도 보이지 않았습니다.

그러자 여인은 나무 뒤로 아이를 끌고 가더니 아이를 때리기 시작했습니다. 물론 아이는 엉엉 울어댔지요. 그렇지만 스님은 아라한으로서의 평화를 누리면서 자식의 울음에 아무런 반응도 보이지 않았습니다.

이런 상태로 아주 오랜 시간이 흐르자 여인은 실망했습니다. 이 방법역시 아무런 효과가 없음을 알고 마침내 여인은 자신의 의도, 즉 스님을 다시 남편으로 되돌리려는 의도를 포기했습니다. 그리고는 아이를 데리고 집으로 돌아갔습니다.

오랜 수행 후에 스님은 자리에서 일어나 보-수행을 했습니다. 그는 평화롭고 행복했습니다. 그에게 영향을 주는 것은 어떠한 것도 없었습니다. 어떠한 것도 그를 움직이게 할 수는 없었습니다. 왜일까요? 왜냐하면 그는 이미 완전한 괴로움의 소멸을 얻어 스스로 평화롭고 행복할 수 있었기 때문입니다.

그럼 그가 어떻게 괴로움의 소멸을 얻을 수 있었지요? (수행자들 대답) 네, 딴하(애착, 갈망)를 일컫는 괴로움의 원인의 진리(사뭇다야 삿짜)가 그의 안에서 완전히 파괴되어졌기 때문입니다.

그럼 괴로움의 소멸은 어디에서 얻어집니까? 안입니까, 아니면 밖입니까? (수행자들 대답) 네, 바로 딴하(애착, 갈망)가 소멸된 곳, 즉 여러분의 안에서 얻어집니다. 따라서 여러분도 마찬가지로 괴로움의 소멸을 이루어 항상 평화롭고 행복하려면 여러분의 밖이 아닌 안에서 찾아야 합니다.

그럼 이제 여러분도 괴로움의 소멸을 얻을 수 있겠지요? (수행자들

"네."라고 대답) 언제요? (수행자들 대답) 나중이라고요? 그 나중은 언제입니까? 몇 년 후를 가리키는 거지요?

네, 그것은 여러분에게 달렸습니다. 여러분이 딴하(애착, 갈망)를 파괴할 수만 있다면 짧은 시간 내에도 여러분은 니로다 삿짜(괴로움의 소멸의 진리)를 경험할 수 있습니다.

그럼 딴하는 어떻게 파괴할 수 있습니까? (수행자들 대답) 그렇습니다, 정신적·육체적 현상을 그것들의 본성대로 철저히 깨달을 때 딴하가 파괴됩니다.

그것들의 본성대로 철저히 깨닫는다는 것은 그것들의 일반적인 세 가지 특성을 깨닫는다는 것을 의미합니다. 정신적·육체적 현상의 일반적인 세 가지 특성은 무엇인가요? 네, 비영속, 괴로움, 비인격성입니다.

여러분이 괴로움의 원인인 딴하(애착, 갈망)를 제거하고자 한다면 정신적·육체적인 과정의 본성인 이 세 가지 특성을 깨달아야만 합니다. 왜냐하면 괴로움의 원인인 딴하(애착, 갈망)는 정신적·육체적 현상들의 본성에 대한 무지에 의존해서 일어나기 때문입니다. 만일 정신적·육체적 현상에 대한 그 무지가 바른 이해로 바뀌어진다면 여러분은 딴하(애착, 갈망)를 파괴할 수 있습니다.

그럼 어떻게 하면 이 정신적·육체적 현상을 그것들의 본성대로 바르게 이해할 수 있겠습니까? 정신적·육체적 현상을 바르게 이해할 어떤 길이나 방법이 있습니까? 있다면 그것은 무엇입니까? (수행자들 대답)

그렇습니다. 중도, 또는 팔정도가 그것입니다. 여러분이 팔정도를 여러분 안에서 완전히 계발하면 첫 번째 요인인 삼마 딧티(올바른 이해)가 정신적·육체적 현상을 그것들의 본성대로 깨닫게 됩니다. 그러면 여러분의 무지는 제거됩니다. 즉 무지가 올바른 이해로 바뀌지는 것이지요.

그 결과 무지에 의존해서 일어나는 딴하(애착, 갈망)도 파괴되어 여러분은 괴로움의 소멸인 닙바나(열반)를 얻게 됩니다. 그래서 부처님께서는 중도, 또는 팔정도는 막가 삿짜, 즉 괴로움의 소멸로 이끌어주는 길의 진리이며, 이것은 '바위땁바', 즉 '계발되어져야만 하는 진리'라고 하신 것입니다.

그럼 지금부터 나를 따라 사성제와 팔정도를 빠알리어로 되풀이하기를 바랍니다. 나는 여러분이 부처님 말씀의 진수인 사성제와 팔정도를 빠알리어로 기억하기를 원하는데, 여러분은 어떻습니까? 여러분은 그것을 기억하기를 원합니까? (수행자들 대답) 네, 그래야만 합니다. 그러면 나를 따라 반복하세요. (큰스님을 따라 수행자들 사성제를 빠알리어로 반복)

이번에는 팔정도 차례입니다. 역시 나를 따라 반복하세요. (큰스님을 따라 수행자들 팔정도를 빠알리어로 반복)

고귀한 여덟 가지 길(팔정도)

팔정도에 대해 하나하나 설명하겠습니다.

팔정도의 첫째 요인은 삼마 딧티(올바른 이해)로서, 이것은 정신적·육체적 현상을 그것들의 본성대로 바르게 이해하는 것, 즉 정신적·육체적 현상의 세 가지 특성을 바르게 이해하는 것을 뜻합니다.

둘째 요인은 삼마 상깝빠(올바른 생각)인데, 이것은 어떤 것에 대해 생각하는 것이 아니라 수행의 대상으로 마음을 향하게 하는(또는 이끄는) 정신적인 상태를 뜻합니다.

이 정신적 상태는 마음을 수행의 대상으로 되풀이하여 이끌거나 향하게 합니다. 만일 삼마 상깝빠(올바른 생각)라는 이 정신적 상태가 없다면 여러분은 자주 밖으로 나가려는 경향이 있는 마음 때문에 수행의 대상에 잘 집중할 수 없을 것입니다.

수행 대상에 잘 집중하기 위해서는 삼마 상깝빠(올바른 생각)의 도움이 있어야 합니다. 마음이 밖으로 나가려고 할 때마다 주의기울임과 함께 일어나는 이 삼마 상깝빠(올바른 생각)라는 정신적 상태가 마음을 수행의 대상으로 이끌거나 향하게 합니다.

그럼 이와 같이 마음을 수행의 대상으로 이끌거나 향하게 하는 정신적인 상태를 왜 삼마 상깝빠(올바른 생각)라고 하는 것일까요? (수행자들 대답 없음)

한 번 이렇게 생각해보면 어떻겠습니까? 생각이란 어떤 대상에 반복적으로 향하고 있음을 뜻하는 것이라고 말이지요. 그러니까 마음이 반복해서 어떤 대상으로 향하고 있는 것을 가지고 우리는 무엇에 대하여 생각한다고 말한다고 말이지요. 그러면 수행의 대상으로 이끌거나 향하게 하는 정신적인 상태를 삼마 상깝빠(올바른 생각)라고 하는 것이 그다지 이상하지 않을 것입니다. 이상의 첫째, 둘째의 두 요인은 지혜의 부류에 속합니다.

셋째 요인은 삼마 와짜(올바른 말)인데, 고결하지 않은 말이나 나쁜 말을 삼가는 것을 뜻합니다.

넷째 요인은 삼마 깜만따(올바른 행위)인데, 고결하지 않은 행위나 나쁜 행위를 삼가는 것을 뜻합니다.

다섯째 요인은 삼마 아지와(올바른 생업)인데, 고결하지 않은 생업이나 나쁜 생업을 삼가는 것을 뜻합니다.

이 세 가지는 도덕의 부류에 속하는 것으로서 각각 나쁜 말, 나쁜 행위, 그리고 나쁜 생업을 삼감으로써 얻어질 수 있습니다. 그럼 어떻게 나쁜 말, 나쁜 행위 그리고 나쁜 생업을 삼갈 수 있습니까? 그것은 아주 쉽습니다. 계를 잘 지키기만 하면 되니까 말이지요.

5계나 8계를 잘 지킬 때, 여러분은 나쁜 말, 나쁜 행위, 나쁜 생업을 삼갈 수 있습니다. 그러면 여러분은 이 세 가지를 지니게 됩니다. 그래서 계를 완전히 지킬 때부터 여러분은 도덕(실라)의 부류의 이 세 가지 요인을 부여받습니다.

이 세 가지에 대하여 언급 할 것이 더 있지만 내일로 미루겠습니다. 지금 여러분에게 설명하고 싶은 것은 팔정도의 실질적인 방법이기 때문입니다.

실제 수행에서의 팔정도 계발

여러분이 보-수행시 각각의 발의 동작을 열심히 관찰한 결과 어느 정도

동안 주의기울임이 지속되어 여러분의 집중이 아주 좋아졌다고 가정해 봅시다.

마음이 발의 각각의 동작, 그러니까 드는 동작, 미는 동작, 내리는 동작, 닿음, 누르는 동작에 잘 집중되면 점차적으로 거기에서 꿰뚫어보는 지혜가 일어납니다. 그것은 여러분이 발의 형태를 알아차리지 못한 채 각각의 동작을 일련의 매우 작게 끊어지고 있는 움직임으로서만 깨닫고 있음을 의미합니다.

여러분은 발의 형태와 몸에 대해 의식하지 못한 채로 단지 드는 동작, 미는 동작, 내리는 동작, 닿는 감각과 누르는 동작 등만을 깨닫고 있을 뿐입니다. 그때 여러분은 이 발의 동작들을 여러분의 다리나 여러분의 발로 또는 여러분의 자아, 사람으로 여기지 않습니다.

그 경우, 그러니까 여러분이 발의 동작을 일련의 매우 작은 끊어지는 움직임들로 깨닫고 있을 때 그것을 올바른 이해라고 말할 수 있을까요? 네, 그렇게 말할 수 있습니다. 왜냐하면 여러분은 발의 동작을 있는 그대로 보고 있기 때문입니다. 여러분은 발의 움직임을 단지 움직임으로서, 움직임의 자연 과정으로서 보고 있습니다.

그렇다면 여러분이 보-수행시 발의 동작을 관찰하기 위해 기울이는 정신적인 노력은 어떻습니까? 그것 또한 올바릅니다. 왜지요? 왜냐하면 그 노력이 결국에는 움직임의 자연 그대로의 과정에 대한 깨달음으로 이끌기 때문입니다.

또한 이 올바른 노력으로 여러분은 발의 동작에 있는 그대로 주의기울일 수 있게 되는데 이때 이 주의기울임 역시 올바릅니다. 왜냐하면 그것 역시 자연 그대로의 과정에 대한 깨달음으로 이끌기 때문입니다.

올바른 주의기울임 때문에 마음은 잘 집중되어지며 그 집중 또한 올바릅니다. 왜냐하면 그것 또한 자연 그대로의 과정에 대한 깨달음으로 이끌기 때문입니다.

그런데 때때로 마음은 밖으로 나가려고 합니다. 그러면 주의기울임과 함께 일어나는 삼마 상깝빠(올바른 생각)라는 정신적 상태가 관찰하는 마음을 현재의 수행대상인 발의 동작으로 향하게 합니다. 이것 역시 올바릅니다. 왜냐하면 그것 또한 자연 그대로의 과정에 대한 깨달음으로 이끌기 때문입니다.

이런 식으로 해서 마음이 더욱 더 집중되어지면 동작을 자연 그대로의 과정의 일련의 움직임으로써 깨닫는 지혜가 일어납니다. 이것은 이미 설명한 올바른 이해입니다.

이로써 여러분은 팔정도 가운데 다섯 요인을 얻게 되었습니다. 삼마 와야마(올바른 노력), 삼마 사띠(올바른 주의기울임), 삼마 사마디(올바른 집중), 삼마 상깝빠(올바른 생각), 그리고 다섯 번째로 삼마 딧티(올바른 이해)가 그것입니다 .

이렇게 되면 팔정도 중 세 가지 요인인 삼마 와짜(올바른 말), 삼마 깜만따(올바른 행위), 삼마 아지와(올바른 생계)가 남게 됩니다. 그러나 이것들은 여러분이 계를 지니고 수행을 시작하던 때 이미 여러분 안에 갖추어져 있었던 것입니다.

이런 식으로 주의기울임 수행(위빳사나 수행)은 팔정도 모두를 갖추는 수행법이 됩니다. 그리하여 이 수행은 여러분을 괴로움의 소멸, 즉 열반(닙바나)으로 이끌어 줍니다.

시간이 다 되었군요. 지금 말씀드린 팔정도가 여러분을 괴로움의 소
멸인 닙바나로 이끌게 되기를 기원합니다.

사두! 사두! 사두!

열아홉 번째 날

사성제와 팔정도 3

기능에 의거해 서로 연관되어지는 사성제

어제는 사성제와 팔정도에 대해 반복 부연 설명한 다음 수행자가 주의 기울임 수행을 통해 어떻게 실질적으로 팔정도를 계발하는지에 대해 알아보았습니다. 그 중 빠라네이야, 빠하땁바, 삿치까땁바, 그리고 바위땁바에 대해 여러분이 기억하고 있는지 모르겠습니다.

부처님께서 가르치신 네 가지 고귀한 진리(사성제) 중 첫 번째는 괴로움의 진리(둑카 삿짜)인데, 이것은 완전히 깨달아져야만 하는 진리(빠라네이야)입니다. 두 번째는 괴로움의 원인의 진리(사뭇다야 삿짜)이며, 이것은 제거(포기)되어야만 하는 진리(빠하땁바)입니다.

세 번째는 괴로움의 소멸의 진리(니로다 삿짜)로서, 얻어져야만 하는, 또는 경험되어야만 하는 진리(삿치까땁바)이고, 네 번째는 괴로움의 소멸로 이끄는 길의 진리(막가 삿짜)이며, 이것은 계발되어야만 하는 진리(바위땁바)입니다.

이 네 가지 고귀한 진리(사성제)는 빠라네이야, 빠하땁바, 삿치까땁바, 그리고 바위땁바라는 각각의 기능에 의거해 다음과 같은 고리로 서로 연관되어집니다.

닙바나(열반, 해방, 해탈)를 일컫는 세 번째 진리인 괴로움의 소멸의 진리를 경험하기 위해서는 딴하(욕망, 갈망, 애착)를 일컫는 두 번째 진리인 괴로움의 원인의 진리를 제거해야만 합니다. 그리고 괴로움의 원인의 진리를 제거하기 위해서는 정신적·육체적 현상을 일컫는 첫 번째 진리인 괴로움의 진리를 완전히 깨달아야만 합니다. 또한 이를 위해서는 중도, 또는 팔정도를 일컫는 네 번째 진리인 괴로움의 소멸로 이끄는 길의 진리를 계발해야 합니다.

이 고리를 반대 방향에서 다시 정리해 보겠습니다.

몸과 마음에서 일어나고 있는 현상을 실제로 일어나는 대로 주의기울이는 수행을 하여 팔정도 즉 괴로움의 소멸로 이끄는 길의 진리를 완전히 계발하면 여러분은 괴로움의 진리인 정신적·육체적 현상의 본성을 있는 그대로 깨닫게 됩니다. 이 깨달음을 통해 괴로움의 원인의 진리인 욕망, 갈망, 애착이 파괴되고, 그것이 파괴되면 괴로움은 존재하기를 중지합니다. 그러면 여러분은 괴로움의 소멸의 진리인 열반을 얻게 됩니다.

두 그룹으로 나뉘어져 원인과 결과의 관계로 이루어지는 사성제

또한 사성제는 다음과 같이 두 그룹으로도 나뉘어져 각각의 그룹 안에서 원인과 결과의 관계를 맺기도 합니다.

두 그룹 중 첫째와 둘째 진리가 첫 번째 그룹을 이루는데 여기서 딴하(애착, 갈망)를 일컫는 둘째 진리인 괴로움의 원인의 진리(사뭇다야 삿짜)는 원인이고, 정신적·육체적 현상을 일컫는 첫째 진리인 괴로움의 진리(둑카 삿짜)는 결과입니다.

한편 셋째와 넷째 진리가 두 번째 그룹을 이루며, 여기서 중도, 또는 팔정도를 일컫는 넷째 진리인 괴로움의 소멸로 이끄는 길의 진리(막가 삿짜)는 원인이고, 닙바나(열반)를 일컫는 셋째 진리인 괴로움의 소멸의 진리(니로다 삿짜)는 결과입니다.

그런데 각기 원인과 결과로 맺어지는데 있어서 두 그룹간에는 약간의 차이가 있습니다. 즉, 첫 번째 그룹에서의 딴하(애착, 갈망)는 결과인 괴로움의 즉각적인 원인이지만, 두 번째 그룹에서의 팔정도는 결과인 괴로움의 소멸의 즉각적인 원인이 아니라는 것입니다.

이것은 딴하(욕망, 갈망, 애착)가 있으면 즉각적으로 괴로움이 일어나지만, 팔정도를 계발한다고 즉각적으로 괴로움이 소멸하는 것은 아니라는 것을 의미합니다.

여러분이 잘 아는 것처럼 팔정도를 계발하면 여러분은 먼저 정신적 · 육체적 현상을 그것들의 본성대로 깨닫게 됩니다. 나아가 이 깨달음에 의해 딴하(욕망, 갈망, 애착)가 파괴되며, 딴하가 파괴되면 그때 비로소 여러분은 괴로움의 소멸을 얻게 됩니다. 이처럼 팔정도는 비록 그것이 괴로움을 소멸시키는 원인이긴 하지만 즉각적인 원인은 아닌 것입니다.

불교 아비담마 철학에 따르면 즉각적인 원인은 빠알리어로 빠닷타나라고 합니다. 딴하(욕망, 갈망, 애착)는 괴로움의 즉각적인 원인이므로 그것은 괴로움의 빠닷타나입니다. 그러나 팔정도는 괴로움의 소멸의 빠닷타나가 아닙니다. 하지만 이 팔정도의 계발 없이는 괴로움의 소멸을 얻을 수 없으므로 팔정도가 괴로움의 소멸의 원인인 것은 분명합니다.

사성제의 세간적인 부분과 출세간적인 부분

앞에서 사성제는 두 그룹으로 나뉘어진다고 했는데 그 중 첫 번째 그룹은 세간적이라고 말할 수 있습니다. 이 그룹은 세간적인 일과 관련되어 있고, 세상 안에 있습니다. 반면에 두 번째 그룹은 출세간적입니다. 우리는 그것을 빠알리어로 '로꿋따라' 라고 하는데, 그것은 '세상 너머' 를 의미합니다.

그런데 두 번째 그룹 중 팔정도를 일컫는 막가삿짜는 엄밀하게 말하면 세상과 연결되어지는 팔정도와, 세상과 연결되어지지 않고 세상 너머에 있어 출세간적인 팔정도의 두 부분으로 나뉘어집니다.

팔정도가 세간적인지 출세간적인지는 여러분이 첫 번째 도-지혜, 또는 첫 번째 단계의 깨달음을 얻었는지 얻지 못했는지에 달려 있습니다.

나는 어제 법문 끝 부분에서 보-수행을 예로 들면서 실질적인 팔정도의 계발에 대해 설명했는데, 그때도 말한 것처럼 여러분이 몸과 마음에 일어나고 있는 것은 무엇이든지 간에 그것이 실제로 일어나는 대로 주의기울이고 있는 동안 여러분은 다음과 같이 팔정도를 계발합니다.

즉, 여러분이 정신적·육체적 현상에 아주 분명하고 세세하게 주의기울일 때, 여러분은 정신적인 노력을 해야 합니다. 이 정신적 노력은 올바른 노력(삼마 와야마)입니다. 이 노력으로 인해 여러분은 몸과 마음에 일어나고 있는 것에, 그것이 일어나는 대로 주의기울이게 됩니다. 이 주의기울임은 올바른 주의기울임(삼마 사띠)입니다. 점차적으로 마음은 정신적 과정이나 육체적 과정에 어느 정도 집중되어지며, 그 집중은 바릅니다. 따라서 그것은 올바른 집중(삼마 사마디)입니다.

수행을 하는 중에 마음이 밖으로 나가려고 할 때, 마음을 수행의 대상인 정신적·육체적 과정으로 향하게 하는 정신적 상태가 있는데, 그것은 올바른 생각(삼마 상깝빠)입니다.

이런 식으로 여러분은 점차적으로 더 깊은 집중으로 정신적 과정을 정신성의 자연 그대로의 과정으로 깨닫게 되며, 육체적 과정도 단지 육체적 현상의 자연 그대로의 과정으로 깨닫게 됩니다.

그것들은 사람도 아니고 존재도 아닙니다. 그러면 그것들은 무엇입니까? 그것들은 정신성과 육체성의 자연 그대로의 과정입니다. 이와 같이 아는 것은 올바른 이해(삼마 딧티)입니다.

이런 식으로 위빳사나 수행(주의기울임 수행)을 하고 있는 동안 여러분은 팔정도의 다섯 가지 요인인 올바른 노력, 올바른 주의기울임, 올바른 집중, 올바른 생각, 올바른 이해를 계발하게 됩니다.

또한 여러분은 도덕적 행위의 그룹인 팔정도의 다른 세 요인 역시 지니고 있습니다. 여러분의 마음이 발의 움직임 또는 어떤 정신적·육체적 과정에 집중되어지는 동안 여러분은 나쁜 말을 삼가고 있습니다. 이 것은 여러분이 올바른 말(삼마 와짜)을 지니고 있다는 것을 의미합니다. 왜냐하면 올바른 말은 나쁜 말을 삼감으로써 얻어지는 것이기 때문입니다.

같은 이유로 여러분은 나쁜 행위를 삼가고 있기 때문에 올바른 행위(삼마 깜만따)도 지니게 됩니다. 또한 여러분은 나쁜 생업도 삼가고 있으므로 올바른 생업(삼마 아지와) 역시 지니게 됩니다.

이렇게 하여 여러분이 몸과 마음에 일어나고 있는 것은 무엇이든지 그것들이 실제로 일어나는 대로 주의기울이고 있는 동안 여러분은 팔정도의 모든 요인을 다 계발하게 됩니다.

그러나 이러한 팔정도는 세간적인 것입니다. 그것들은 세상너머가 아니라 세상에 포함되어지는 팔정도입니다. 적어도 첫 번째 도-지혜, 또는 첫 번째 단계의 깨달음에 이르지 않은 한 여러분은 팔정도의 세상적인 요인을 계발하고 있는 것입니다.

여러분이 첫 번째 단계의 깨달음에 다다르는 순간에도 여러분은 팔정도의 이 여덟 요인을 지닙니다. 그러나 첫 번째 단계의 도-지혜, 또는 깨달음이라고 불려지는 지혜를 위한 의식부터는 출세간적인 것으로 불립니다.

따라서 여러분이 첫 번째 단계의 깨달음, 또는 첫 번째 도-지혜를 얻은 순간에 계발된 팔정도의 요인 또한 출세간적이라고 불려집니다.

그러나 출세간적 팔정도의 요인들 중의 그 어떠한 것도 세간적인 요인들 없이는 얻어질 수 없습니다. 오직 여러분이 팔정도의 세간적인 요인들을 완전히 계발했을 때만이 도-지혜(막가 냐나), 즉 첫 번째 단계의 깨달음을 얻을 수 있는 것입니다.

그리고 첫 번째 단계의 깨달음을 얻는 그 순간 여러분은 괴로움의 소멸(니로다 삿짜)을 경험하게 됩니다. 그러니까 괴로움의 소멸은 팔정도의 출세간적인 요인들을 계발한 수행자에 의해서만 경험되어진다고 말할 수 있습니다.

팔정도 중 일곱 요인만으로 구성되는 주의기울임의 경우와 여덟의 모든 요인으로 구성되는 주의기울임의 경우

팔정도가 세간적이든 출세간적이든, 여러분이 복부의 불러옴, 꺼짐, 발의 듦, 밂, 내림, 닿음, 누름, 팔을 구부림, 팔을 뻗음, 생각, 아이디어, 의견, 정신적 이미지, 또는 통증 등등 어느 것이든 그것이 일어나는 대로 주의기울일 때, 여러분은 그 주의기울임은 여덟 요인으로 구성된다고 알고 있을 것입니다.

그러나 항상 그런 것은 아닙니다. 여러분의 마음이 대상에 어느 정도 집중이 되기 시작했으나 올바른 이해가 아직 계발되지 않아 정신적·육체적 현상의 본성을 깨닫지 못했을 때는 여러분의 주의기울임은 여덟 요인이 아니라 일곱 요인만으로 구성됩니다.

여러분의 집중이 충분히 깊어진 결과 꿰뚫어 보는 지혜가 예리해져서 불러오고 꺼지는 움직임의 자연 그대로의 과정과 그것들을 관찰하는 마음을 이해하기 시작할 때, 또한 통증을 여러분의 몸으로부터 분리되어 여러분의 몸과 관련되어지지 않는 어떠한 것으로 느낄 때, 또는 육체적 과정의 드는 동작, 미는 동작, 그리고 내리는 동작을 그것들을 관찰하는 마음과 함께 이해하기 시작할 때, 그때야 비로소 여러분은 이 자연과정들을 바르게 이해하고 있는 것입니다. 즉, 올바른 이해가 계발된 다음에라야 비로소 주의기울임은 팔정도의 모든 여덟 요인으로 구성되는 것입니다.

도덕적 행위의 그룹에 대한 부연 설명

시간이 좀 남았으므로 어제 미처 하지 못한 도덕적 행위의 그룹을 형성하는 세 가지 요인에 대해 좀 더 설명하겠습니다.

팔정도 가운데 도덕적 행위의 그룹은 무엇이었습니까? (수행자들 대답) 그렇습니다. 그것은 올바른 말, 올바른 행위, 올바른 생업입니다.

올바른 말(삼마 와짜)은 네 가지 종류의 나쁜 말을 삼가는 것입니다. 나쁜 말의 첫 번째는 거짓말입니다. 두 번째는 '두 사람 사이의 자애를 깨뜨리는 말'이라는 뜻을 지닌 '삐수나', 또는 '삐소니야'입니다. 그런데 이 의미를 완전히 전달할 수 있는 한 단어로 된 영어가 없기 때문에 보통 '험담' 또는 '비방(중상)'으로 번역합니다.

세 번째는 버릇없고 무례한 말입니다. 마지막 네 번째는 '삼팝빨라빠'라고 하는데 쓸모 없는 말, 유익하지 못한 말, 하찮은 말을 뜻합니다. 여러분은 때때로 이와 같은 말을 할 것입니다. 그러나 그런 말은 수행을 위해서는 물론 세상사를 위해서도 아무런 이익이 되지 않습니다.

여러분이 이 네 가지 종류의 나쁜 말을 삼갈 때 여러분은 올바른 말(삼마 와짜)을 지니게 됩니다. 그렇다면 여러분이 정신적·육체적 과정에 마음을 집중하여 수행하고 있는 동안 여러분은 올바른 말을 지니는 것입니까? (수행자들 대답)

아닙니다. (웃음) 여러분은 수행을 하는 동안 고귀한 침묵을 지키고 있기 때문에 자연스럽게 네 가지 나쁜 말을 삼가게 됩니다. 그래서 여러분은 올바른 말을 지닌다고 할 수 있습니다.

도덕적 행위의 두 번째 요인인 올바른 행위(삼마 깜만따)는 세 가지 나쁜 행위를 삼가는 것입니다. 그 중 첫 번째는 살생을 삼가는 것입니다. 두 번째는 불법적인 성행위를 삼가는 것인데, 이것은 간단한 문제가 아닙니다. 왜냐하면 각 나라마다 이와 관련된 관습이 다르기 때문입니다.

부처님의 가르침을 따르는 경우에는 이 문제는 아주 분명해집니다. 그러나 여기 오스트레일리아에서도 부처님의 가르침이 적용될 수 있는 것인지에 대해서는 나는 잘 모르겠습니다. (웃음) 어쨌거나 불법적인 성행위는 삼가야 할 나쁜 행위입니다.

올바른 행위의 세 번째 요인은 주어지지 않은 것을 취하는 것을 삼가는 것입니다. 미얀마의 일부 불교도들은 이 말을 훔치는 행위로 번역하기도 하는데, 그것은 매우 피상적인 번역입니다. 세 번째 올바른 행위와 관련된 것을 '주어지지 않은 것을 취하는 것을 삼가는 것'이라고 정확하게 이해해 두는 것이 좋습니다.

도덕적 행위의 마지막 요인인 올바른 생업(삼마 아지와)은 올바른 말과 올바른 행위를 바탕으로 한 생업을 가리킵니다.

만일 여러분이 어떤 살아 있는 존재를 죽여서 생활비를 번다면 그것은 올바른 생업이 아닙니다. 또한 주어지지 않은 것을 취해서 생활비를 벌 경우 그것도 올바른 생업이 아닙니다. 거짓말을 해서 생활비를 벌 경우에도 올바른 생업이 아닙니다.

어떤 사업가는 많은 이익을 얻기 위해 거짓말을 할지도 모릅니다. 물건을 파는 상점 주인도 이익을 위해 거짓말을 할지도 모릅니다. 만일 그렇다면 그들은 나쁜 생업을 선택한 것입니다.

올바른 생업을 지니기 위해서는 지금까지 언급한 것처럼 나쁜 말과 나쁜 행위들을 바탕으로 한 생업을 삼가야 합니다. 또한 여러분은 독약이나 총 등 죽음을 초래하는 물건을 파는 것도 삼가야 합니다. 그런 상행위는 나쁜 생업입니다. 술이나 마약을 파는 것 역시 나쁜 생업이므로 삼가야 합니다.

여러분이 지금까지 설명한 도덕적 행위의 그룹에 속하는 세 가지 요인인 올바른 말, 올바른 행위, 올바른 생활 수단을 잘 실천하면서 산다면 여러분은 참다운 불교도라고 할 수 있습니다.

시간이 다 되었군요. 여러분 모두 나날의 생활에서 이 나쁜 말, 나쁜 행위 그리고 나쁜 생업을 삼감으로써 행복하고 평화로운 삶을 살 수 있기를 기원합니다.

사두! 사두! 사두!

스무 번째 날

분명한 이해의 지혜

지금까지 일곱 단계의 청정으로 이루어지는 위빳사나 수행 코스에서 네 번째 단계의 청정까지 다루었는데, 여러분이 그것을 다 기억하고 있는지 모르겠군요.

첫 번째 청정은 무엇이었지요? 도덕적 행위의 청정. 두 번째는? 마음의 청정. 세 번째는요? 견해의 청정. 네 번째는요? 의심을 극복하는 것에 의한 청정.

잘 기억하고 있군요. 그럼 첫 번째 청정은 어떻게 얻어지나요? 네, 그것은 계를 잘 지킴으로써 얻어집니다.

두 번째 청정은 어떻게 얻어지나요? 그것은 충분히 깊은 집중 상태를 통해서 얻어집니다.

세 번째 청정은 어떻게 얻어지나요? 네, 그것은 정신적·육체적 과정을 구별하는 첫 번째 꿰뚫어보는 지혜에 의해서 얻어집니다.

네 번째 청정은 어떻게 얻어지나요? 그것은 조건부, 또는 육체적·정신적 과정의 원인과 결과를 깨닫는 두 번째 꿰뚫어보는 지혜에 의해 얻어집니다. 우리는 이 두 번째 지혜를 다루면서 그것과 관련해 사성제와 팔정도 역시 살펴보았습니다.

관찰하는 대상마다 비영속성 발견

오늘은 세 번째 꿰뚫어보는 지혜에 대해 알아보고자 합니다.

두 번째 지혜를 경험한 후 열심히 수행하여 집중이 점점 더 깊어지면 꿰뚫어보는 지혜가 예리해져서 정신적·육체적 현상을 아닛짜, 둑카, 아 낫따(비영속, 괴로움, 비인격성)의 세 가지 특성으로 깨닫게 됩니다.

물론 첫 번째와 두 번째 꿰뚫어보는 지혜의 단계에서도 어느 정도, 그 러니까 30초나 1, 2분 가량 정신적·육체적 현상의 일어남과 사라짐을 깨닫기 시작합니다. 그러나 그 단계에서의 깨달음은 분명하지도 날카 롭지도 않습니다. 그에 비해 세 번째 단계에서는 더 깊은 집중으로써 정 신적·육체적 과정의 일어남과 사라짐을 분명하게 깨닫게 됩니다.

예를 들어 여러분이 복부의 불러오고 꺼지는 움직임을 관찰할 때, 세 번째 꿰뚫어보는 지혜의 단계에서는 불러오는 움직임의 처음, 중간, 끝 을 매우 분명하게 깨닫습니다. 여러분은 불러오는 움직임이 사라진 후 에 그것이 가 버린 것을 매우 분명하게 깨닫습니다.

그리고는 불러오는 움직임이 사라진 후에 즉시 일어나는 꺼지는 움직 임의 시작, 중간, 마지막 단계를 깨닫습니다. 꺼지는 움직임이 사라졌을 때, 여러분은 매우 분명하게 그것을 봅니다.

때로는 꺼지는 움직임이 사라진 후에 작은 틈(공백)을 발견하기도 합 니다. 만일 꺼지는 움직임의 사라짐을 아주 분명하게 깨닫지 못한다면 꺼지는 움직임과 불러오는 움직임 사이에 있는 틈을 발견하기 어렵습니 다. 그러나 세 번째 꿰뚫어보는 지혜의 단계에서는 꺼지는 움직임의 사 라짐을 매우 철저하게 깨닫기 때문에 이 틈을 발견하게 되는 것입니 다.[30]

이와 같이 여러분은 하나씩 차례대로 일어나서는 사라지는 복부의 불 러오고 꺼지는 움직임을 깨닫습니다. 그것들은 일어났다가 즉시 사라집니다. 따라서 여러분은 그것들이 영속하는 것이 아니라 순간적인 것이라고 판단할 수 있습니다. 이것이 육체적 과정의 비영속성을 이해하는 지혜입니다.

여러분은 관찰하는 마음도 같은 식으로 깨닫게 됩니다. 즉, 복부의 불러오는 움직임이 하나씩 차례대로 일어났다가 사라짐에 따라 관찰하는 마음도 하나씩 차례대로 일어났다가 사라진다는 것을 깨닫는다는 말입니다.

하나의 관찰하는 마음이 일어나 불러옴의 시작을 관찰하고 사라지면, 다른 관찰하는 마음이 일어나 불러옴의 중간 부분을 관찰하고는 사라지고, 다시 다른 관찰하는 마음이 일어나 불러오는 움직임의 마지막 부분을 관찰하고 사라집니다. 이런 식으로 여러분은 정신적 과정인 관찰하는 마음의 비영속도 깨닫게 됩니다.

같은 식으로 여러분은 보-수행을 할 때도 일어났다가 사라지는 발의 동작과 관찰하는 마음을 봅니다. 따라서 거기서도 발의 동작과 그것들을 관찰하는 마음의 비영속을 깨닫습니다.

---

30) 이런 상황을 경험하는 수행자를 위해 큰스님께서는 다른 법문에서 다음과 같이 말씀하셨다. "그런데 이 틈을 그대로 놔두면 마음이 밖으로 나가 방황할 수 있으므로 이때는 주의기울임의 대상을 늘여야 합니다. 즉 꺼지는 움직임과 불러오는 움직임 사이의 빈틈은 똑바로 앉아있는 몸의 자세나 또는 몸이 바닥에 닿는 것을 관찰하는 것으로 채워야 한다는 말입니다. 따라서 '불러옴-꺼짐...'이라고 명명하며 두 가지 대상을 관찰하던 것을 '불러옴-꺼짐-앉아있음...'또는 '불러옴-꺼짐-닿음...'이라고 명명하며 세 가지 대상을 관찰해야 합니다. 아니면 '불러옴-꺼짐-앉아있음-닿음...'이라고 명명하며 네 가지 대상을 관찰해도 좋습니다. 그런데 여기서 똑바로 앉아있는 몸의 자세를 관찰하라고 하면 어떤 수행자들은 머리, 눈, 코, 어깨, 다리 등을 훑어 내려가며 앉아있는 몸의 형태를 관찰하려고 하는데 그래서는 안됩니다. 왜냐하면 똑바로 앉아있는 몸의 자세를 관찰하는 것을 통해 여러분은 바람요소의 특성 중 지탱하는 성품을 깨달아야 하기 때문이지요."

또한 생각함을 관찰하는 것에서도 여러분은 비영속을 깨닫습니다. 여러분이 생각하는 것을 관찰할 때 집중이 충분히 깊으면 생각이 일어난 후 오래되지 않아 생각을 알아차리고는 관찰합니다. 그러면 생각은 매우 즉시인 것처럼 빠르게 사라집니다. 생각이 사라진 후에는 기본 대상인 불러옴, 꺼짐으로 돌아와 관찰합니다.

이와 같이 생각이 일어날 때마다 그것이 일어난 후에 오래지 않아 생각이 있다는 것을 알아차리고는 '생각함-생각함-생각함…' 이라고 명명하며 관찰합니다. 세 번 내지 네 번 관찰하면 생각은 사라집니다. 이런 식으로 생각하는 것 역시 일어났다가 사라지므로 비영속을 면할 수 없습니다.

어떤 경우에는 여러분이 생각이 있는 것을 알고서 그 생각을 막 관찰하려고 하면 생각은 벌써 사라져 버리고 없습니다. 그때 여러분은 생각이 매우 빠르게 사라져버린 데 대해 매우 놀라게 됩니다. 그것은 생각의 사라짐을, 생각의 비영속을 분명하게 깨닫는다는 것을 의미합니다.

이번에는 통증의 비영속에 대한 깨달음에 대해서 알아보겠습니다. 여러분이 통증을 관찰할 때 집중이 충분히 깊으면 꿰뚫어보는 지혜가 예리해져서 통증의 성품을 꿰뚫어보게 됩니다. 그때 여러분은 고통스러워하지 않고 그저 통증을 불쾌한 감각으로만 깨닫습니다. 통증은 여러분과 연관되어 있지 않습니다. 통증은 여러분으로부터 떨어져 있습니다. 집중이 더 깊으면 신체적 형태도 의식하지 못한 채로 통증만을 깨닫게 됩니다.

거기서 수행이 더 진전되면 여러분은 통증을 마치 일어났다 사라지는 바다의 물결처럼 깨닫습니다. 하나의 물결이 일어났다가 사라지고나서 다른 물결이 일어났다가 사라지고, 그 뒤를 이어 또 다른 물결이 일어났다가 사라집니다. 이런 식으로 여러분은 하나씩 차례대로 일어나서는 사라지는 통증의 물결들을 봅니다.

때로는 통증을 하나하나의 층으로서 보기도 합니다. 하나의 층이 일어났다가 사라지고나서, 그 뒤를 이어 또 다른 층이 일어났다가 사라집니다.

여러분이 통증의 일어나고 사라짐을 바다의 물결처럼 경험하든 층으로써 경험하든 그것은 여러분이 통증의 비영속을 깨닫고 있음을 의미합니다.

또한 여러분은 통증의 비영속을 다음과 같이 경험하기도 합니다.

깊은 집중의 결과로 꿰뚫어보는 지혜가 예리해지면 여러분은 통증을 물거품으로서 깨닫습니다. 왜냐하면 여러분이 통증 그 자체에서 깨닫고 있는 것은 단지 통증에 무질서하게 구성되어진 물질의 많은 작은 입자들이기 때문입니다. 그러나 이 물질적 혼합물은 통증 그 자체가 아니며, 단지 통증이라는 감각을 산출하고 있을 뿐입니다.

때때로 이 물거품과 같은 통증은 폭발하거나 분해됩니다. 여러분은 통증에서 어떠한 실체적인 것을 발견하지 않고 단지 불쾌한 느낌(또는 감각)이 분해되고 있음을 발견할 뿐입니다. 이런 식으로 통증을 보게될 때 여러분은 통증이 영속하지 않음을 깨닫습니다(이해합니다).

정신적·육체적 현상의 비영속을 깨달을 때
차례로 깨닫게 되는 괴로움과 비인격성(무아)

이처럼 여러분이 정신적·육체적 현상의 비영속을 깨달으면 여러분은
이어서 또 하나의 특성인 정신적·육체적 현상의 괴로움도 깨닫게 됩니
다. 왜냐하면 비영속인 것은 괴로움이기 때문입니다.

　부처님께서는 "야드 아닛쪼 이단 둑캄." 이라고 말씀하셨습니다. 그
것은 '비영속인 것은 괴로움이다.' 라는 뜻입니다. 그래서 전에 여러분
에게 둑카(괴로움)의 의미를 설명하는 중에 "둑카는 일어나고 사라짐에
의해 계속적으로 압박되어지는 성질을 가진다."라고 말했던 것입니다.

　어쨌거나 정신적·육체적 현상의 비영속과 괴로움을 깨닫고 나면 여
러분은 자연적으로 비인격성(무아)도 깨닫게 됩니다. 왜냐하면 비영속
이고 괴로움인 것은 비인격성이기 때문입니다.

　정신적·육체적 현상의 이와 같은 세 가지 특성 때문에 부처님께서는
정신적·육체적 현상 즉 다섯 다발을 다음과 같이 비유하셨습니다.

물질(또는 물질적 과정)의 다발의 비유

먼저 다섯 다발 중 첫 번째 다발인 물질의 다발(루빠칸다)을 부처님께서
는 수행자의 집중이 매우 깊을 때 작은 거품 덩어리(foam)[31]로서 깨닫는
다고 말씀하셨습니다.

여러분이 작은 거품 덩어리에서 어떤 중심부를 발견할 수 없듯이 물질적 과정의 다발 안에는 아무 것도 없다고 부처님께서는 말씀하셨습니다. 여러분이 거기에서 발견하는 것은 단지 일어나고 사라지는 상카타 담마뿐입니다.

예를 들어 여러분이 불러오는 움직임, 꺼지는 움직임, 드는 동작, 미는 동작, 구부림이나 폄 등 그 어떤 육체적 과정을 관찰하든지 그때 여러분이 발견하는 것은 어떤 실체가 아니라 그것들은 일어났다가 사라진다는 것입니다. 그래서 그것들은 작은 거품 덩어리와 같은 것입니다.

감각의 다발의 비유

두 번째 다발인 통증, 아픔, 뻣뻣함, 행복, 불행 등과 같은 느낌(또는 감각)의 다발(왜다낙칸다)을 부처님께서는 물거품(bubble of water)과 같다고 하셨습니다. 그것은 아까도 통증을 다룰 때 언급했듯이, 여러분의 집중이 깊을 때 감각들은 분해되고 흩어지며 사라지고 폭발하는 것으로 깨달아지기 때문입니다.

여러분이 물위로 돌들을 던지면 물거품이 일어납니다. 그러나 그것

---

31) 작은 거품 덩어리(foam) : 큰스님 지도 하에 위빳사나 수행을 하고 난 후 현재 큰스님의 보조자로서 위빳사나 수행을 지도하고 있는 캐나다 출신 아쉰 왐사락키따 스님께 foam 과 bubble의 차이를 여쭈었더니 foam은 남성들이 비누를 이용하여 면도할 때 생기는 작은 거품을 의미하고, bubble은 보다 큰 거품을 의미한다고 하였다. 이를 근거로 물질의 다발의 비유인 'foam'을 감각의 다발에 대한 비유인 'bubble of water(물거품: 방울 형태의 거품)' 와 구별하기 위해 '작은 거품 덩어리'로 옮겨보았다.

은 곧 흩어집니다. 마찬가지로 감각들 역시 백만분의 일초조차도 지속하지 않습니다. 그것은 일어나자마자 즉시 사라집니다. 그래서 그것들은 물거품과 같습니다.

지각의 다발의 비유

세 번째는 지각의 다발입니다. 이것은 산냐칸다의 번역어인데 사실 정확한 번역은 아닙니다. 왜냐하면 산냐는 대상을 기억하거나 되풀이하여 인지하는(recognize) 것을 뜻하기 때문입니다. 그렇다고 더 온전한 번역어도 없으니 이 문제는 내버려둡시다.

이 대상을 기억하고 되풀이하여 인지하는 정신적 상태인 산냐를 부처님께서는 신기루와 같다고 말씀하셨습니다.

여러분은 신기루에 대해 압니까? 신기루가 무엇이지요? (수행자들 대답) 네, 신기루란 사막이나 바다 같은데서 대기의 밀도가 층을 이루며 달라질 때 굴절하는 빛으로 인해 실제로는 있지 않는 곳에 어떤 사물의 모습이 있는 것처럼 보이는 현상을 말합니다.

미얀마에는 이런 격언이 있습니다. 목마른 사슴 한 마리가 아주 멀리서 물을 발견하고는 그 쪽을 향해 달립니다. 그러나 물이 있으리라고 생각했던 곳에 막상 도착해 보면 물은 없습니다. 사슴은 신기루를 보았던 것입니다.

같은 방식으로 중생은 이 정신적·육체적 현상을 영원하고 영속하는 실체적인 것으로써 생각합니다. 그러나 그것들에 주의기울여 보면 거기에 실체적인 것은 없습니다. 그가 발견하는 것은 모든 정신적·육체적 현상들이 일어났다가 사라진다는 것입니다.

따라서 중생은 사슴과 같습니다. (웃음) 이것이 미얀마의 격언이 말하고자 했던 것입니다. 어쨌거나 산냐의 다발은 신기루와 같다고 부처님께서는 말씀하셨습니다.

정신적 형성의 다발의 비유

네 번째 다발은 정신적 형성의 다발(상카락칸다)입니다. 여기에는 감각, 지각, 의식을 제외한 50가지의 정신적 상태가 모두 포함됩니다.

주의기울임, 집중, 지혜 등도 정신적 형성의 다발에 포함되고, 욕망(갈망, 육욕, 탐욕), 혐오, 질투, 게으름과 무기력, 불안과 회한 등도 여기에 포함됩니다. 나머지도 더 알고 싶나요? (수행자들 그렇다고 대답) 네, 나중에 내가 아비담마를 가르치게 되면 그때 여러분은 그것을 알 수 있을 것입니다. (웃음) 지금은 그저 숫자만을 알아두십시오.

이와 같은 50가지의 정신적 형성의 다발을 부처님께서는 바나나 나무의 줄기(파초 줄기)와 같다고 하셨습니다.

여러분은 바나나 나무 줄기를 본적이 있습니까? (수행자들 대답) 네, 여러분이 건물이나 가구를 만들기 위해 사용되어질 수 있는 실제적인 것을 찾기 위해 바나나 나무 줄기를 한 층씩 차례대로 벗긴다고 가정합시다.

여러분은 바나나 나무 줄기를 한층 벗겨보지만 실제적인 것을 발견하지 못합니다. 그래서 다른 층을 벗겨봅니다만 마찬가지입니다. 포기하지 않고 계속 한층씩 벗겨 마지막까지 벗겨보지만 결국 발견하지 못합니다.

이처럼 이 50가지 정신적 상태들도 하나씩 차례대로 벗길 때, 어떤 실체적인 것을 발견할 수 없습니다. 그래서 부처님께서는 그것들은 바나나 줄기와 같다고 하신 것입니다. 비유가 매우 좋지요? (웃음)

의식의 다발의 비유

마지막으로 다섯 번째인 의식의 다발(윈냐낙칸다)을 부처님께서는 마술사와 같다고 하셨습니다. 왜냐하면 의식은 마술사처럼 여러분을 속이기 때문입니다.

그러면 의식이 여러분을 어떻게 속이는 것일까요?

여러분이 '생각함-생각함…' 이라고 명명하며 관찰할 때 집중이 충분히 깊으면 여러분은 생각하는 마음은 일어나서 사라지는 것이라는 것을 발견합니다. 따라서 생각하는 마음은 나, 너, 존재 사람이 아닙니다.

그러나 이와 같이 생각하고 있는 사람이 없음에도 불구하고 여러분이 그것을 깨닫지 못할 때는 '나는 생각하고 있다.' 라고 여깁니다. 이런 식으로 의식은 여러분을 속입니다. 그래서 부처님께서는 의식을 마술사와 같다고 하신 것입니다.

　그럼 여기서 이 다섯 다발을 여러분이 빠알리어로 기억할 수 있도록 여러 번 반복하는 시간을 갖도록 하겠습니다. 나를 따라 하십시오. (수행자들 큰스님께서 말씀하시는 대로 각각의 다섯 다발을 빠알리어로 반복함)

　네, 잘했습니다. 그럼 이 다섯 다발에 대한 비유도 다 기억할 수 있지요?

　루빡칸다(물질의 다발)의 비유는 무엇이지요? 네, 루빡칸다는 작은 거품 덩어리 같은 것입니다.

　왜다낙칸다(감각의 다발)의 비유는 무엇이지요? 네, 왜다낙칸다는 물거품 같은 것입니다.

　산냑칸다(지각의 다발)의 비유는 무엇이지요? 네, 산냑칸다는 신기루 같은 것입니다.

　상카락칸다(정신적 형성의 다발)의 비유는 무엇이지요? 네, 상카락칸다는 바나나 줄기 같은 것입니다.

　마지막으로 윈냐낙칸다(의식의 다발)의 비유는 무엇이지요? 네, 윈냐낙칸다는 마술사 같은 것입니다.

분명한 이해의 지혜

네, 이렇게 작은 거품 덩어리, 물거품, 신기루, 바나나 줄기, 그리고 마술사 같은 다섯 다발의 세 가지 특성인 비영속, 괴로움, 비인격성(무아) 모

300

두를 분명하게 깨달을(이해할) 때 여러분은 세 번째 꿰뚫어보는 지혜인 분명히 이해하는 지혜를 얻은 것입니다. 이 세 번째 꿰뚫어보는 지혜를 빠알리어로는 삼마사나 냐나라고 합니다.

이 냐나(지혜)의 단계에서 여러분은 많은 통증을 느끼게 됩니다. 그렇더라도 통증을 견디기 어려운 것으로 느끼지는 않습니다. 왜냐하면 여러분은 통증을 여러분으로부터 분리된 것으로 알기 때문입니다. 여러분은 통증을 여러분의 사람, 또는 여러분 자신과 함께 동일시하지 않습니다.

때때로 여러분은 통증을 자신으로부터 멀리 있는 것으로 봅니다. 어쩌면 3피트쯤 떨어져 있다고 느낄지도 모릅니다. 이와 같이 느낄 때 여러분은 통증을 여러분과 동일시 할 수 있겠습니까? (수행자들 대답) 네, 그럴 수 없습니다. 왜냐하면 통증은 저기에 있고, 여러분은 여기에 있기 때문입니다. 그러면 통증은 여러분도 아니고 사람도 아니고 존재도 아닙니다. 집중이 충분히 깊을 때, 여러분은 그와 같이 깨닫습니다.

그러면 깊은 집중을 갖기 위해 여러분은 무엇을 해야 합니까? (수행자들 대답) 그렇습니다. 깊은 집중을 갖기 위해서는 지속적이고 부단한 주의기울임이 필요합니다.

지속적이고 부단한 주의기울임을 갖기 위해서는 또한 강력한 노력이 필요합니다. 여기서 이 강력한 노력을 대신하는 말로 두려워하지 않는 (undaunted) 노력이라는 낱말을 사용할 수 있습니까? (어떤 수행자가 용감한courageous 이라는 낱말이 더 낫다고 함) 그러나 나는 '두려워하지 않는' 이라는 말을 사용하고 싶습니다. (웃음) 실망했나요? (웃음)

시간이 다 되었군요. 여러분 모두 수행에 있어 두려워하지 않는 또는 용감한 노력을 보다 많이 기울여서 여러분의 목적을 달성하게 되기를 기원합니다.

사두! 사두! 사두!

스물한 번째 날

위빳사나 수행의 이익 1

오늘은 주의기울임 수행(위빳사나 수행)의 일곱 가지 이익에 대해 알아
보고자 합니다.

주의기울임의 네 가지 토대에 대한 설법인 〈마하사띠빳타나숫따〉는
부처님께서 지금으로부터 2573년 전에 설하신 것으로서, 수련회 첫날
말했듯이 거기에는 주의기울임 수행을 어떻게 해야 하는지가 자세히 언
급되어 있습니다.

그런데 그 경에서 일체지자이신 부처님께서는 수행법에 대해 말씀하
시기 전에 주의기울임 수행이 가져다 주는 일곱 가지 이익에 대해 먼저
설하셨습니다. 따라서 여러분도 주의기울임 수행을 할 때, 이 수행의 이
익에 대해 어느 정도 아는 것이 좋습니다.

물론 여러분의 경우에는 그것에 대해 들어보지 않았어도 실질적인 수
행을 통해 약간의 특별한 경험을 했기 때문에 이익을 어느 정도 경험했
습니다. 그래서 여러분의 수행경험에 의거한 이익을 바탕으로 수행에
균형 잡힌 노력을 기울이는데 있어서 여러분은 어느 정도 고무되어지고
격려되어질 수 있을 것입니다.

그렇다 하더라도 여러분이 부처님께서 설하신 대로 수행의 이익을 이
론적으로 세밀하게 안다면 더 고무되어질 수 있으므로 지금 그 이익들
에 대해 다루고자 하는 것입니다.

주의기울임 수행(위빳사나 수행)의 첫 번째 이익

주의기울임 수행이 가져다 주는 첫 번째 이익은 존재의 청정입니다. 이 것은 주의기울임 수행을 한 사람은 모든 정신적 오염원으로부터 완전히 청정해질 수 있음을 의미합니다. 그렇다고 수행 초기부터 여러분이 정 신적 오염원으로부터 청정할 수 있는 것은 아닙니다. 왜냐하면 여러분 의 마음이 아직 어느 정도 집중되지 않았기 때문입니다.

따라서 어느 정도의 집중을 얻기 위해 여러분은 좌-수행, 보-수행, 행-수행의 세 가지 면으로 아주 부지런하고 진지하게 노력해야 합니다. 특 히 자리에서 일어남, 앉음, 서있음, 팔을 구부림, 팔을 뻗음, 어떤 것을 잡음, 어떤 것을 집음 등등과 같은 일상적 행위들에 대한 알아차림에 충 분한 노력을 기울여야 합니다.

부처님께서는 〈마하사띠빳타나 숫따〉에서 이 일상적 행위들에 대한 알아차림을 위해 별도로 분리된 장에서 다음과 같이 가르치셨습니다.

"그대들이 앞으로 갈 때, 그것에 주의기울이며 가라. 뒤로 갈 때, 그것 에 주의기울이며 가라. 팔을 뻗을 때, 그것에 주의기울이며 뻗어라. 팔 을 구부릴 때 그것에 주의기울이며 구부려라. 앞을 쳐다 볼 때 그것에 주의 기울이며 쳐다 보라. 옆을 쳐다 볼 때, 그것에 주의기울이며 쳐다 보라."

이것은 여러분이 앞으로 갈 때는 걸음을 알아차려야 함을, 뒤로 갈 때 도 걸음, 또는 발의 움직임을 알아차려야 함을, 팔을 뻗을 때는 뻗는 움 직임을 알아차려야 함을, 팔을 구부릴 때는 구부리는 움직임을 알아차 려야 함을, 그것을 놓을 때는 놓는 동작을 알아차려야 함을, 그것을 들을 때는, 드는 동작을 알아차려야 함을 의미합니다.

그런데 부처님께서 이 설법을 하실 때, 재가 신도들도 많이 있었지만 주된 청중은 스님들이었으므로 "빅쿠들이여!"라는 호칭을 사용하셨습니다. 그래서 "빅쿠들이여, 그대들이 가사를 잡을 때 그것에 주의 기울이며 해야 하느니라."라고 말씀하셨는데, 이것은 스님네들이 가사를 잡고 있는 동안, 가사를 만지고 있는 동안, 가사를 입고 벗고 있는 동안, 행해지는 모든 동작이나 행위들을 알아차려야 한다는 것을 의미합니다. 재가 신자의 경우라면 옷을 입을 때마다, 신을 신고 벗을 때마다 행해지는 모든 동작이나 행위에 주의기울이거나 알아차려야겠지요.

부처님께서는 거기에서 그치지 않고 한 걸음 더 나아가, 화장실이나 욕실에서도 여러분이 하고 있는 행위와 동작에 주의기울여야 한다고 말씀하셨습니다. 그러면 왜 부처님께서는 이런 것에조차 주의기울이면서 하라고 하셨을까요?

그것은 여러분이 그런 것에조차 주의기울이는 것을 간과하지 않았을 때 주의기울임이 끊어지지 않고 하루 종일 계속되어 그로 인해 여러분은 더 깊은 집중을 얻을 수 있게 되고 또한 그 결과 꿰뚫어보는 지혜도 더 예리해질 수 있기 때문입니다.

나는 여러분이 부처님께서 가르치신 것대로 따르고 있는지 궁금하군요. 여러분은 부처님의 가르침에 잘 따르고 있습니까? (수행자들 대답) 그렇다면 여러분은 사와까입니다.

'사와까'라는 빠알리어의 어근은 '수'이고, '까'는 그 접미사인데, 어근인 '수'는 '듣는 것', 또는 '따르는 것'을 의미합니다. 그리고 접미사 '까'는 '어떤 것을 하는 사람'을 의미합니다. 두 단어가 합쳐질 때,

'수'가 '사와'로 바뀌어져서 '사와까'가 됩니다.

따라서 '사와까'는 '부처님께서 그에게 가르치신 것을 듣는 사람', 즉 '부처님께서 그에게 하라고 말씀하신 것을 따르는 사람'을 의미합니다.

여러분이 부처님의 가르침을 가능한 한 많이, 더욱더 세세하게, 심지어는 화장실과 욕실에서조차도 잘 따른다면 여러분은 분명 사와까, 그것도 좋은 사와까입니다.

이 사와까는 따르는 자(follower)라고 번역될 수 있을 것입니다. 부처님을 따르는 자, 부처님께서 걸으셨던 길을 따르는 사람. 그가 가는 길은 무슨 길이지요? 네, 그 길의 이름은 팔정도(중도)입니다.

여러분은 욕실에서의 행위, 그리고 화장실에서조차, 자연의 부름에 응하는 행위에 포함되어지는 모든 행위들과 동작들에까지도 세세하게 주의기울이기 위해 애쓰고 있습니다. 따라서 여러분은 부처님의 좋은 사와까입니다.

이렇듯 여러분이 모든 일상적 행위에 대한 알아차림을 강조하면서 좌-수행, 보-수행, 행-수행을 통해 지속적인 주의기울임을 유지할 때, 관찰하는 마음은 수행의 대상에 깊게 집중됩니다. 집중이 깊을 때 비로소 여러분은 정신적 오염원으로부터 여러분 자신을 청정하게 할 수 있습니다. 수행 시작 때부터가 아니라 말이지요.

그래서 부처님께서는 주의기울임 수행의 이익 중의 하나는 존재의 청정이라고 말씀하신 것입니다. 다시 말하자면 주의기울임 수행을 하는 사람은 단계별로 정신적 오염원으로부터 청정해져서 깨달음의 마지막 단계에서 모든 정신적 오염원으로부터 완전히 청정해진다는 말입니다.

이와 같이 단계별로 이루어지는 존재의 청정은 다섯 가지로 구분할 수 있는데 여기서는 여러분이 이해하기 쉽도록 주요한 세 가지의 청정만 다루고자 합니다. 세 가지의 존재의 청정은 다음과 같습니다.

1. 일시적 청정
2. 부분적 청정
3. 완전한 청정

일시적 청정 : 정신적 오염원의 일시적인 제거

이 중 첫 번째인 일시적 청정은 집중(삼매)을 통해 얻어지는데, 이 청정이 일시적인 이유는 마음이 대상에 집중되어 있는 동안만 정신적 오염원이 일시적으로 제거되기 때문입니다. 여기서 일시적 제거를 빠알리어로는 윅캄바나 빠하나라고 합니다.

여러분의 마음이 수행의 각각의 대상에 잘 집중되면 마음은 자주 밖으로 나가지 않고 가끔만 나가게 됩니다. 그럴지라도 여러분은 마음이 밖으로 나가는 것을 알 수 있습니다. 그러면 여러분은 곧 생각을 관찰하게 되고, 생각이 사라지면 다시 수행 대상에 집중합니다.

여러분의 마음은 연속적으로 각각의 수행의 대상에 잘 집중되어 수행 대상으로 흡수되기 때문에 어떠한 정신적 오염원도 마음속으로 들어올 수 없습니다. 그래서 마음은 정신적 오염원으로부터 청정해집니다.

그런데 다음 순간 한 수행자가 문을 거칠게 열고 수행실로 들어온 다음 큰소리를 내며 문을 닫습니다. 그러면 그 소리에 방해를 받아 여러분의 집중은 깨지고 맙니다.

그 결과 여러분에게는 그동안 들어올 수 없었던 정신적인 오염원이 들어오게 되므로 여러분이 얻었던 마음의 청정은 사라져 버립니다. 이것은 집중을 통해서는 정신적 오염원이 일시적으로밖에 제거될 수 없으므로 마음의 청정도 일시적일 뿐이라는 것을 의미합니다.

부분적 청정 : 정신적 오염원의 부분적인 제거

두 번째인 부분적 청정은 꿰뚫어보는 지혜에 의해 얻어지는 것으로서, 이 청정이 부분적인 이유는 꿰뚫어보는 지혜가 정신적 오염원을 부분적으로 제거하기 때문입니다. 여기서 부분적인 제거를 빠알리어로는 따당가 빠하나라고 하는데, 수행 경험이 없는 학자들은 이 말을 '순간적인 제거' 라고 잘못 번역하기도 합니다.

정신적인 오염원의 부분적인 제거란 여러분이 100달러를 가지고 있는데 도둑이 들어와 20달러를 훔쳐간 경우와 같습니다. 이 20달러가 없어진 것은 완전한 제거가 아닙니다. 왜냐하면 여러분에게 아직 80달러가 남아있기 때문입니다. 그렇다고 순간적인 제거도 아닙니다. 왜냐하면 도둑이 가져간 20달러는 더 이상 여러분에게 남아있지 않기 때문입니다.

여러분의 마음이 수행의 대상에 잘 집중되어 꿰뚫어보는 지혜가 예리하고 날카로워지면 여러분은 그런 결과, 즉 약간의 정신적 오염원이 부분적으로 제거되는 결과를 얻게 됩니다. 그리고 그것에 따라 부분적인 청정을 얻게 됩니다.

예를 들어 설명해 보겠습니다. 여러분이 지금 장미를 보고 있다고 가정합시다.

부처님께서는 어떤 것을 보고 듣고 냄새맡고 맛보고 접촉하고 생각할 때마다 주의기울여야 한다고 말씀하셨습니다. 따라서 여러분도 지금 장미를 보는 것에 주의기울여야 합니다.

어떻게요? (수행자들 대답) 그렇습니다. '봄-봄…'이라고 명명하며 보는 의식을 계속적으로 주의 깊게 관찰해야 합니다.

그런데 만일 장미를 보면서 '봄-봄…'이라고 명명하며 관찰하지 않으면 어떻게 될까요? 그럴 경우 여러분은 장미의 색, 형태, 꽃잎의 구조 등을 매우 잘 보게 될 것입니다. 그러면 무엇이 발생할까요?

네, 여러분이 장미의 질을 더 분명하게 알수록 여러분은 그것에 애착하게 됩니다. 그래서 여러분의 손을 뻗어서 그것을 꺾습니다. 그러면 무엇이 발생합니까? 가시에 찔리는 일이 발생합니다. (웃음) 그것이 여러분이 장미를 애착함으로써 받는 첫 번째 괴로움입니다. (웃음)

그러나 '봄-봄…'이라고 명명하며 장미를 관찰하면 보는 의식은 장미를 잘 볼 수 없게 됩니다. 왜냐하면 관찰하는 마음이 보는 의식을 방해하기 때문입니다.

관찰하는 마음이 보다 더 강력해지면 그에 따라 보는 의식이 점점 더 약해져서 보는 질 또한 현저하게 약해집니다. 봄은 점점 희미해져서 마침내는 그것이 장미인지조차 알지 못하게 됩니다.

그때 여러분은 눈앞에 어떤 대상이 있다는 것밖에는 알지 못합니다. 여러분은 단지 눈에 보이는 대상을 볼뿐입니다. 그러면 여러분은 부처님께서 말씀하신 "딧테 딧타맛땀 바위삿띠.", 즉 "그대들이 어떤 것을 볼 때, 그대들의 마음은 보이는 것을 보아야만 한다."라고 하신 말씀을 이해할 수 있을 것입니다.

이 어구는 불교학자들 사이에 아주 유명하지만 그들은 수행을 하지 않았기 때문에 이 어구의 의미를 완전히 이해하지 못합니다.

여러분이 보이는 것만을 보면서 보는 의식을 관찰할 때 집중은 충분히 깊어지고 그 결과 꿰뚫어보는 지혜가 예리해지면 여러분은 보는 의식이 있고, 그것을 관찰하는 마음이 있다는 것을 알게 됩니다.

더 나아가 여러분은 보는 의식이 하나씩 차례대로 일어났다가 사라진다는 것을, 즉 보는 의식의 비영속을 깨닫게 됩니다. 그리고나서 나머지 두 특성인 괴로움과 비인격성(무아)도 깨닫게 됩니다.

그러면 그 순간에 여러분은 그 보는 의식을 사람(존재, 자아, 영혼)으로 여기지 않게 되어 여러분에게는 사람(존재, 자아, 영혼)의 개념을 바탕으로 일어나는 욕망이나 혐오와 같은 어떠한 정신적 오염원도 일어나지 않습니다.

그러나 이때 제거된 욕망이나 혐오와 같은 정신적 오염원은 이 보는 의식과 관련해서 부분적으로 제거되어졌을 뿐입니다. 왜냐하면 이 보는 의식을 꿰뚫어보지 않아 발생할지도 모를 욕망이나 혐오와 같은 정신적 오염원은 제거되었지만, 여러분이 어떤 것을 듣거나 냄새맡거나 할 때 그것들을 관찰하지 않은 결과, 꿰뚫어보는 지혜가 일어나지 않아 발생할 지도 모를 욕망이나 혐오와 같은 정신적 오염원은 제거되지 않은 채 그대로 남아있기 때문입니다.

이와 같이 꿰뚫어보는 지혜는 정신적인 오염원을 부분적으로 제거하므로 꿰뚫어보는 지혜로는 부분적인 청정을 얻을 뿐입니다.

완전한 청정 : 정신적 오염원의 완전한 제거

세 번째인 완전한 청정은 도-지혜(막가 냐나), 또는 깨달음에 의해 얻어지는 것으로서, 이 청정이 완전한 이유는 도-지혜가 정신적 오염원을 완전히 제거하기 때문입니다. 여기서 완전한 제거를 빠알리어로는 사뭇체다 빠하나라고 합니다.

도-지혜에는 네 가지가 있으며 각각의 도-지혜는 그에 해당하는 정신적 오염원을 부분적이 아니라 완전히 뿌리째 제거합니다. 그리하여 마지막 도-지혜에 이르면 결과적으로 모든 정신적 오염원이 완전히 제거됩니다.

네 가지의 도-지혜는 다음과 같습니다.

1. 소따빳띠 막가 냐나 : 흐름에 들어가는 분의 도-지혜
첫 번째 도-지혜를 얻으면 그 결과로 즉시 과-지혜가 일어납니다. 이

때 첫 번째 과-지혜를 얻은 분을 '소따빤나'라고 하는데, 이 말은 '흐름에 들어가는 분(예류자預流者)'이라는 뜻입니다.

흐름이란 출세간적인 팔정도를 의미하는 것으로, 그저께 말했듯이, 수행자는 첫 번째 도-지혜를 얻을 때 비로소 처음으로 출세간적인 팔정도를 갖춥니다. 그래서 첫 번째 도-지혜 후 즉시 일어나는 과-지혜를 얻은 분을 '소따빤나', 즉 '흐름에 들어가는 분'이라고 하는 것입니다.

2. 사까다가미 막가 냐나 : 한 번 돌아오는 분의 도-지혜

두 번째 도-지혜를 얻은 후에도 역시 즉시 과-지혜가 일어나며, 이 과-지혜를 얻은 분을 '사까다가민'이라고 합니다. 여기서 '사까'는 '한 번'을 의미하고, '다가민'은 '돌아오는 분'을 의미합니다.

이 두 번째 과-지혜를 얻은 분은 죽은 뒤에 더 높은 단계의 천상의 영역인 신들의 영역이나 브라흐마의 영역(범천계梵天界)으로 갈 것입니다. 그러나 이 세상, 즉 감각적 욕망의 영역으로 단 한번 돌아올지도 모릅니다.

이곳에 한 번 돌아온 후로는 세 번째 도-지혜와 네 번째 도-지혜를 얻고서 모든 정신적 오염원을 완전히 청정하게 하므로 다시는 여기로 돌아오지 않습니다. 그래서 '사까다가민', 즉 '한 번 돌아오는 분(일래자一來者)'이라고 하는 것입니다.

3. 아나가미 막가 냐나 : 돌아오지 않는 분의 도-지혜

세 번째 도-지혜 후 즉시 일어나는 과-지혜를 얻은 분을 '아나가민'이라고 하는데, 이 말은 '돌아오지 않는 분(불환자不還者)' 이라는 뜻입니다.

이 세 번째 과-지혜를 얻은 분은 죽게 되면 브라흐마의 보다 더 높은 세계에 태어나게 됩니다. 그러나 감각적 즐거움이 있는 이 세계로는 전혀 돌아오지 않습니다. 그래서 그는 '아나가민', 즉 '돌아오지 않는 분' 이라고 불려지는 것입니다.

4. 아라핫따 막가 냐나 : 존경을 받을만한 가치가 있는 분의 도-지혜

마지막인 네 번째 도-지혜 후 즉시 일어나는 과-지혜를 얻은 분을 '아라한阿羅漢' 이라고 하는데, 이 말은 '모든 정신적 오염원을 완전히 파괴한 분, 그래서 완전한 존경을 받을 만한 가치가있는 분' 이라는 뜻입니다.

이 네 번째 과-지혜를 얻은 분은 죽으면 여러분이 잘 아는 것처럼 어디에도 태어나지 않습니다.

그럼 계속해서 각각의 도-지혜로 제거되는 정신적 오염원에 대해 알아보도록 하겠습니다.

먼저 첫 번째 도-지혜로 제거되는 정신적 오염원은 삭까야 딧티(인격의 개념 또는 인격의 잘못된 견해)와 위찌낏차(회의적인 의심)입니다. 이 두 가지의 정신적 오염원은 첫 번째 도-지혜에 의해 부분적으로 제거되어지는 것이 아니라 완전히 모두 뿌리째 제거됩니다.

그래서 첫 번째 단계의 도-지혜, 즉 깨달음을 얻은 분은 삭까야 딧티와 위찌낏차를 전혀 갖지 않습니다. 그 분은 인격, 개인(개체), 자아 또는 영혼의 개념을 갖지 않고 삼보에 대한 의심도 전혀 갖지 않는다는 말입니다.

이런, 벌써 시간이 다 되었군요. 나머지 도-지혜로 제거되어지는 정신적 오염원에 대해서는 내일 살펴보도록 하겠습니다.

오늘 우리는 주의기울임 수행의 첫 번째 이익인 존재의 청정을 다루었습니다. 그 결과 존재의 청정은 세 단계, 즉 부분적 청정, 일시적 청정, 완전한 청정의 단계로 이루어진다는 것을 알았습니다.

여러분은 이중 어떤 종류의 청정을 갖기를 원합니까? (수행자들 대답) 완전한 청정을 원한다고요? 그러면 여러분은 여기에 적어도 일년은 머물러야 할 것입니다. (웃음) 강력하고 불요불굴하게 계속해서 수행을 하면서 말이지요.

만일 여러분이 이 주의기울임 수행을 시간을 낭비하지 않고 연속적으로 강력하게 수행한다면 여러분의 목적을 이룰 수 있습니다. 그러나 여러분은 그렇게 하지 않습니다. 쉬기도 하고 자기도 하면서 시간을 낭비합니다.

미얀마에 있는 나의 수행센터에서 수행자들은 세 시 삼십 분에 잠자리에서 일어납니다. 그런 다음 밤 열 시가 될 때까지 중단하지 않고 쉼없이 수행합니다. 점심식사 후 약 15분에서 30분 정도 이외에는 그들이 쉬는 것은 허락되지 않습니다.

그들은 좌-수행과 보-수행을 할 때는 물론 일상 행위를 할 때에도 주의기울임을 놓치지 않으려고 최선을 다 합니다. 열성적인 일부 수행자들은 밤 11시, 12시까지, 어떤 경우 새벽 한 시까지 수행하기도 합니다. 그리고는 세시 삼십 분에 일어나 다시 수행합니다.

그들은 시간을 전혀 낭비하지 않습니다. 그런 수행자들과 비교할 때

지금의 여러분은 어떻습니까? (웃음)

여러분이 시간을 낭비하지 않고 집중적으로 수행한다면 여러분 자신을 청정하게 할 수 있습니다. 아마도 석 달 후면 완전한 청정을 얻을 지도 모릅니다. 믿지 못하겠으면 내 수행센터에 와서 한 번 수행해보기 바랍니다. (웃음)

시간이 다 되었군요. 여러분 모두 주의기울임 수행에 최선을 다해 여러분 자신을 완전하게 청정하게 하여 괴로움의 소멸을 얻기를 기원합니다.

사두! 사두! 사두!

스물두 번째 날

위빳사나 수행의 이익 2

어제는 주의기울임 수행의 일곱 가지 이익 중 첫 번째 이익인 존재의 청정에 대해 다루면서 세 가지 종류의 청정, 즉 부분적 청정, 일시적 청정, 완전한 청정에 대해서 설명했습니다.

그 중 완전한 청정은 네 단계의 도-지혜(즉 깨달음)가 각각에 해당하는 정신적 오염원을 부분적이 아니라 완전히 제거함으로써 성취된다고 말했습니다. 그런 다음 첫 번째 단계의 도-지혜로써 제거할 수 있는 정신적 오염원에 대해 언급했는데, 그것이 무엇이었는지 기억납니까?

첫 번째 단계의 도-지혜로 완전히 제거되는 정신적 오염원

네, 그것은 삭까야딧티와 위찌낏차입니다.

이 두 가지 정신적 오염원 중 삭까야 딧티란 인격, 개인(개체), 자아, 영혼의 잘못된 개념이나 견해입니다.

그런데 이것들이 첫 번째 도-지혜, 또는 깨달음으로 완전히 제거되기 위해서는 여러분은 정신적 · 육체적 현상의 비영속, 괴로움, 비인격성을 깨달으면서 열세 단계의 꿰뚫어보는 지혜를 통과해야 합니다.

여러분이 등이나 다리에서 느낀 통증을 '통증-통증…' 이라고 명명하며 주의기울일 때 여러분의 집중이 충분히 깊으면 꿰뚫어보는 지혜가 통증의 중심을 꿰뚫게 됩니다. 그 결과 여러분은 통증, 또는 불쾌한 육체적 감각의 과정과 그것을 관찰하는 마음의 두 과정만을 깨닫게 됩니다.

여러분은 통증을 여러분의 등이나 다리에 있는 것이 아니라 여러분의 몸과 분리되어진 것으로 발견합니다. 때로는 몸의 감각도 잃어버린 채로 그저 통증의 과정과 그것을 관찰하는 마음의 과정만을 깨닫습니다. 그때 여러분은 이 두 과정을 나, 너, 사람, 존재로 여기지 않습니다. 그러면 나, 너, 사람, 존재의 그릇된 개념은 이 통증을 관찰하는 것과 관련해 첫 번째 꿰뚫어보는 지혜에 의해 부분적으로 제거됩니다.

그리고나서는 통증이 여전히 있으므로 여러분은 계속해서 관찰합니다. 집중이 충분히 깊어지면 이번에는 두 번째 꿰뚫어보는 지혜가 일어납니다. 그러면 여러분은 통증이 있기 때문에 관찰하는 마음이 있다는 것을 깨닫습니다. 즉, 통증은 원인이고 관찰하는 마음은 결과라는 것을 깨닫습니다.

그리고는 계속해서 통증을 관찰할 때 여러분은 통증 안에서 약간의 맥박이나 욱신거리는(tingling, 따끔거리는) 감각을 발견합니다. 때로는 열기의 물결, 때로는 한기의 물결로 통증을 경험하기도 합니다. 이와 같은 통증의 물결은 일어났다가 사라지고 일어나서는 사라지면서 점차적으로 분해되어집니다. 어떤 때는 통증을 층으로 느껴 하나하나의 층이 일어났다가 사라지고 일어났다가 사라지는 것을 경험합니다.

여러분이 통증을 이와 같이 경험할 때 통증이 영속한다고 여기게 될까요? (수행자 중 한 사람이 "아니오."라고 대답) 그렇습니다. 여러분은 통증은 영속하는 것이 아니라는 것, 즉 통증의 아닛짜(비영속)를 깨닫게 됩니다.

여러분이 통증의 아닛짜를 깨달을 때 여러분은 둑카(괴로움)도 깨닫게 됩니다. 왜냐하면 여러분은 통증의 계속적인 일어남과 사라짐에 의해 압박되어지는 정신적인 상태를 경험하기 때문입니다.

이와 같은 둑카는 상카라 둑카(행고行苦), 즉 정신적·육체적 현상의 계속적인 일어남과 사라짐에 의해 계속적으로 압박되어지는 상태의 괴로움입니다. 여러분이 이 상카라 둑카를 깨달을 때 진정으로 둑카(괴로움)를 경험하는 것이라고 전에 언급한 적이 있는데 기억나나요?

네, 여러분이 통증을 관찰할 때 처음에 느끼는 참을 수 없이 아픈 감각이나, 벌레가 여러분을 물었을 때 느끼는 아픈 감각도 둑카입니다. 그러나 이러한 종류의 둑카는 깊은 둑카가 아닙니다. 따라서 여러분은 상카라 둑카를 경험할 수 있도록 통증의 비영속성을 꿰뚫어보아야 합니다.

여러분이 아닛짜와 상카라 둑카를 깨달으면 여러분은 아낫따(비인격성, 무아)도 깨닫습니다. 왜냐하면 끊임없이 일어났다 사라지고 하는 것을 면할 수 없는 것을 사람, 존재, 자아 또는 영혼으로 여길 수 없기 때문입니다. 그것은 아낫따, 사람도 아니고 존재도 아니고 영혼도 아니고 자아도 아닙니다.

이와 같이 여러분은 위빳사나 수행 코스에서 정신적·육체적 과정을 그것들의 본성대로 깨닫고 있는 동안조차 사람, 존재, 나 또는 너의 이 그릇된 개념을 부분적으로 제거할 수 있습니다. 하물며 여러분이 첫 번째 도-지혜를 얻었을 때야 더 말할 것이 있겠습니까? 그때는 부분적이 아니라 완전히 제거합니다.

여기서 여러분에게 질문하나 하고자 합니다. 왜 첫 번째 도-지혜를 얻었을 때 인격, 개인(개체)에 대한 그릇된 개념이 완전히 근절될 수 있습니까? 여러분은 이 질문에 매우 쉽게 대답할 수 있습니다. 왜 이 첫 번째 도-지혜를 얻은 고귀한 분은 인격, 개인(개체)의 개념인 삭까야딧티라는 그릇된 개념을 파괴할 수 있습니까? (수행자들 대답)

정신적·육체적 현상의 비영속, 괴로움, 그리고 비인격성을 깨닫는 것에 의해서라고요? 네, 그러면 왜 여러분은 이 정신적 육체적 현상을 비영속, 괴로움, 그리고 비인격성으로 깨닫습니까? (수행자들 대답) 존재에 대한 특성이 그러하기 때문이라고요?

네, 그러면 왜 여러분은 존재의 이 특성을 그것의 본성대로 깨닫습니까? (누가 "청정해진 마음"이라고 함) 그러면 왜 마음은 청정해집니까? (수행자들 대답) 네, 주의기울임 수행 때문에 청정해집니다. 그러면 마지막으로, 이 주의기울임 수행은 왜 마음을 청정하게 할 수 있습니까? (웃음)

왜냐하면 주의기울임 수행은 올바른 수행법이기 때문입니다. (웃음) 그러면 여러분은 어디에서 이 수행법을 발견할 수 있습니까? (수행자들 대답) 미얀마에서라고요? (웃음) 아, 미얀마의 한 큰스님께서 이 수행법을 되살리셨기 때문에 그렇다고요?

그것도 틀렸다고 할 수는 없지만 내가 원했던 답은 '부처님의 가르침에서' 입니다. 네, 우리는 부처님께서 설하신 〈마하사띠빳타나 숫따〉에서, 그리고 다른 가르침에서도 마음을 청정하게 하며 정신적 오염원을 파괴하는 이 고귀한 수행법을 발견할 수 있습니다. (수행자들 뭐라고 함)

바른 도라고요? 왜지요? 아, 이 수행법은 수행자로 하여금 첫 번째 단계의 깨달음인 고귀한 도-지혜를 얻어서 정신적 오염원을 파괴하게 하기 때문이라고요? 그러면 여러분은 부처님의 가르침을 믿습니까? (수행자 중에 "네!"라고 대답하는 사람이 있음)

그러면 여러분은 부처님도 믿습니까? (웃음) 여러분이 부처님의 가르침을 믿는다면 부처님도 믿어야 합니다. 또한 여러분은 상가라고 불리는, 부처님의 가르침을 따라 수행하는 부처님의 제자도 믿어야 합니다.

그럴 때만이 여러분은 삼보로 불리는 부처님, 부처님의 가르침, 그리고 그분의 제자들에 대한 의심을 갖지 않게 됩니다. 이 삼보에 대한 회의적 의심(위찌껫차)은 첫 번째 단계의 깨달음인 도-지혜에 의해 파괴되어집니다. 이것이 바로 여러분에게 설명하고 싶었던 것이었고 그래서 많은 질문을 한 것이었습니다.

그러면 결과적으로 첫 번째 단계의 도-지혜 또는 깨달음에 의해 두 가지의 정신적 오염원 즉 인격, 개인(개체)이라는 그릇된 개념인 삭까야 딧티와 삼보에 대한 회의적 의심이 파괴되어지는 것입니다. 맞습니까? (수행자들 그렇다고 함)

네, 그러면 여러분이 삼보, 특히 부처님의 가르침을 믿는다면 그리고 수행에서의 여러분 자신의 경험을 숙고한다면, 사람, 존재의 그릇된 개념을 갖습니까? 아닙니다.

그러나 여러분의 개인적인 경험을 숙고하거나 회상하지 않는 동안에는 관습적인 용어나 이름으로써 나, 너, 사람, 존재의 약간의 희미한 개념을 가질지 모릅니다.

이름은 실재가 아닌 개념이지만 대상을 아는데, 그리고 서로 의사를 소통하는데 필요합니다. 예를 들어 지금으로부터 이천 오백여 년 전에 깨달음을 이루셨던 분에 대해 말하기 위해 우리는 '부처님'이라는 명칭을 사용해야 합니다.

그러나 이와 같은 명칭으로서의 부처님은 실재實在가 아닌 개념이므로 일어났다가 사라지지 않습니다. 만일 그것이 실재, 궁극적 실재에 속하는 것이라면 그것은 일어났다 사라집니다. 왜냐하면 괴로움의 소멸인 닙바나(열반)를 제외하고 모든 궁극적 실재는 변하고 일어나서 사라지는 것을 면할 수 없기 때문입니다.

불교철학에 따르면 빠라맛타라고 불리는 궁극적 실재는 다음의 네 가지로 이루어져 있습니다.

1. 육체적 현상(또는 물질적 현상)
2. 의식 : 모든 정신적 부수를 배제한 순수한 의식
3. 정신적 부수 : 의식과 함께 일어나는 정신적 상태로 52가지가 있음.
4. 닙바나(열반) : 괴로움의 소멸

이 중 닙바나를 제외한 나머지 세 가지 빠라맛타(궁극적 실재)는 비영속을 면하지 못한다고 했는데, 그 이유가 무엇일까요? 왜 그것들은 일어나서 사라집니까? 그것이 자연의 법칙이기 때문이라고요?

네, 이 세 가지 궁극적 실재들은 그것들을 일어나게 하는 원인이 있기 때문에, 다시 말하면 그것들은 조건지어졌기 때문에 일어나는 것입니다. 그리고는 일어났기 때문에 사라지는 것입니다. 그것들이 일어나지 않았다면 사라지지 않을 것입니다. (웃음)

만일 여러분이 태어나지 않았다면 죽지 않을 것입니다. (웃음) 여러분은 태어났기 때문에 죽는 것입니다. 일어난 모든 것은 사라지도록 되어 있습니다. 그것들은 비영속을 면할 수 없습니다. 이것이 닙바나를 제외한 빠라맛타(궁극적 실재)의 성질입니다. 그래서 약 2500년 전에 궁극적 실재인 정신적·육체적 과정으로서 존재하셨던 부처님께서도 돌아가신 것입니다.

그러나 실재가 아닌 개념으로서의 명칭부처님(name Buddha)은 사라지지 않고 지금도 존재합니다. 개념은 마음에서 만들어지는 것이므로 여러분이 명칭부처님을 생각할 때마다 그것은 존재합니다. 만일 여러분이 죽는다면 그때는 여러분의 마음에 명칭부처님을 가지지 못하겠지요. (웃음)

어쨌거나 첫 번째 깨달음을 얻은 수행자가 개인적인 경험을 숙고하거나 회상하지 않는 동안에는 관습적인 용어나 이름으로써 나, 너, 사람, 존재의 약간의 희미한 개념을 가질 수 있습니다. 그렇다 할지라도 아빠야(악처惡處)와 같은 끔찍한 상태들의 네 가지 낮은 세계로 태어나게 하는 강한 정신적 오염원은 이미 파괴되었기 때문에 그와 같은 정신적 오염원은 일어나지 않습니다.

그러나 첫 번째 단계의 깨달음으로는 욕망, 분노 등과 같은 정신적 오염원은 완전히 파괴되지 않기 때문에 강하지는 않지만 여전히 그에게 욕망, 분노 등이 일어납니다.

예를 들어, 그는 호감이 가는 어떤 것을 취하려는 욕망을 가질 수 있습니다. 그런데 그것이 다른 사람의 것이라고 할 때, 그가 그것을 훔칠 수 있을까요? (수행자들 대답) 네, 그때 그의 욕망은 그렇게 강하지 않기 때문에 그것을 훔칠 수 없습니다. 또한 그는 물건의 주인을 죽일 수도 없습니다. (웃음)

네, 욕망이 아주 강한 사람은 주인을 죽이기까지 하며 소유물을 취하려고 합니다. 그러나 첫 번째 단계의 깨달음을 얻은 수행자의 욕망은 그다지 강하지 않기 때문에 그런 일을 저지르지는 않습니다.

그래서 그는 주어지지 않은 것을 취하는 것을 삼가고, 죽이는 일을 삼가고, 불법적인 성행위를 삼가고, 거짓말을 하는 것을 삼가고, 정신을 취하게 하는 술이나 마약을 복용하는 것을 철저히 삼갑니다.

이 중 정신을 취하게 하는 것을 삼갈 수 있도록 서양인이 적어도 첫 번째 단계의 깨달음을 얻는 것은 아주 중요합니다. (웃음) 네, 그래서 그것을 얻도록 애쓰십시오. 이유가 아주 훌륭하지요? (웃음)

여러분이 죽이기, 주어지지 않은 것을 취하기와 같은 나쁜 행동과 거짓말하기 등과 같은 나쁜 말을 삼갈 수 있다면 여러분에게 나쁜 결과가 일어나지 않을 것입니다. 왜냐하면 여러분의 깜마(행위, 업業)가 나쁘지 않기 때문입니다.

그래서 경전은 여러분이 첫 번째 단계의 깨달음을 얻으면 아빠야(악처惡處)와 같은 끔찍한 상태들의 낮은 세계에 태어나지 않게 된다고 말하고 있는 것입니다. 즉 여러분은 축생으로 태어나지 않을 것이고, 지옥에 태어나지도 않을 것이며, 아귀나 아수라로 태어나지 않게 된다는 말입니다.

두 번째 단계의 도-지혜로 완전히 제거되는 정신적 오염원

그럼 이번에는 두 번째 단계의 도-지혜인 사까다가미 막가로 제거되어지는 정신적 오염원에 대해 알아보겠습니다.

두 번째 단계의 도-지혜 또는 깨달음에서는 감각적 욕망과 분노(미움, 혐오, 악의)의 거친 질이 완전히 파괴되어 여러분의 욕망, 또는 탐욕은 점점 더 약해지고 엷어집니다. 그러나 미세한 부분의 감각적 욕망과 분노까지는 다 파괴되지 않습니다.

따라서 때때로 분노가 일어납니다. 즉 여러분이 누군가에게 모욕을 당하거나 여러분이 탐탁하게 여기지 않는 것에 대해 생각하게 되면 화가 일어날 수 있습니다.

그렇긴 하나 그 분노는 매우 엷습니다. 그래서 제삼자는 그것이 분노인 줄 모를 수도 있습니다.

세 번째 단계의 도-지혜로 완전히 제거되는 정신적 오염원

세 번째 단계의 도-지혜인 아나가미 막가에서는 모든 감각적 욕망과 모든 분노(미움, 혐오, 악의)가 예외없이 전면적으로 파괴됩니다.

세 번째 도-지혜 또는 깨달음을 얻으신 고귀하신 분인 아나가민은 감각적 욕망을 전혀 갖지 않기 때문에 좋은 음식을 바라지도 않고, 좋은 풍경을 바라지도 않으며, 좋은 향기도 바라지 않습니다.

또한 그 분이 누군가에 의해 모욕을 받는다고 해도 그 분에게서는 화가 일어나지 않습니다. 따라서 그 분의 마음은 언제나 고요하고 평온하고 침착합니다.

세 번째 깨달음을 얻었던 억만장자 위사카 이야기

여기서 그와 같은 경지를 얻었던 분의 이야기를 하고자 하는데, 어떻습니까? 듣고 싶습니까? (수행자들 "네."라고 대답).

부처님 당시에 위사카라는 억만장자가 있었는데 어느 날 빔비사라 왕과 함께 웰루와나 사원에서 부처님의 설법을 들었습니다.

그때 부처님께서는 사성제에 대해 아주 명확하게 설명하시고 계셨습니다. 부처님께서 사성제의 네 번째 진리인 막가삿짜, 즉 괴로움의 소멸로 이끄는 길을 언급하실 때 부처님께서는 팔정도에 대해 설명하셨습니다.

팔정도 안에는 주의기울임이 있기 때문에 부처님께서는 정신적·육체적 현상에 어떻게 주의기울여야 하는지, 그 결과 어떻게 꿰뚫어보는 지혜를 얻게 되는지, 또한 어떻게 막가냐나(도-지혜)와 팔라냐나(과-지혜)를 얻는지 등등을 설명하셔야 했습니다.

위사카는 부처님의 설법을 듣고 있는 동안에 담마에 대한 느낌이나 담마를 듣는 것을 포함하여 자신의 몸과 마음에서 일어나고 있는 것은 무엇이든지 주의를 기울였습니다. 그 결과 설법이 막 끝나려는 무렵 그는 세 번째 단계의 깨달음을 얻었습니다.

세 번째 단계의 깨달음을 얻으면 어떤 정신적 오염원이 파괴된다고 했지요? (수행자들 대답) 그렇습니다. 그는 모든 감각적 욕망과 함께 모든 분노를 파괴했습니다.

그래서 이제 그에게는 어떤 감각적 욕망도 없게 되었습니다. 이 말은 그가 아무 것도 바라지 않는다는 것을 의미합니다. 그는 이제 어떠한 소유물도 바라지 않게 되었습니다. 어떠한 살아있는 생명도 사랑하지 않고 애착하지 않게 되었습니다. 또한 어떠한 무생물도 사랑하지 않게 되었습니다. 그리고 그에게는 어떠한 분노도 일어나지 않게 되었습니다.

그는 사원으로부터 집으로 돌아왔습니다. 위사카는 당시 25세에서 30세 사이 정도의 젊은 남자로서 그에게는 매우 아름다운 부인이 있었습니다. 그가 집으로 돌아왔을 때 그의 아내는 평상시처럼 문앞에 나와 그를 맞이하면서 그의 팔을 잡았습니다.

그러나 위사카는 부드럽게 아내의 손을 밀어냈습니다. 그러자 젊은 아내는 다시 그의 손을 잡았습니다. 위사카는 다시 한 번 부드럽게 아내의 손을 밀어냈습니다.

위사카의 아내는 전에 없던 남편의 행동에 매우 놀랐습니다. 그러나 그녀는 왜 그러느냐고 묻는 대신 남편의 얼굴을 찬찬히 살펴보았습니다.

위사카의 아내가 쳐다보니 남편의 얼굴은 빛으로 충만해 있었습니다. 고요하고 평온한 가운데 기품이 넘쳐흐르는 남편의 얼굴을 보자 그녀는 남편에게 나쁜 일이 일어난 것은 아니라는 것을 짐작할 수 있었습니다.

그러나 어떤 일이 일어난 것만은 분명했습니다. 그래서 남편에게 어떤 일이 일어났는지 묻고 싶었지만 곧바로 질문을 하지는 않았습니다.

매우 현명했던 위사카의 아내는 집안으로 들어가 곧 음식 준비를 하기 시작했습니다. 그런데 그녀가 음식을 갖다 주었는데도 그녀의 남편은 음식을 먹으려고 하지 않았습니다. 비록 그가 정오이후에 어떤 음식을 먹지 않았을지라도 그에게는 음식을 먹고 싶은 어떤 욕망도 일어나지 않았던 것입니다.

　이것은 그가 세 번째 단계의 깨달음을 얻은 결과 감각적 욕망이 사라진 때문이지만 그 사실을 모르는 그의 아내는 남편이 음식을 먹으려고 하지 않자 매우 당황했습니다.

　시간이 다 되었군요. (웃음) 뒷이야기는 내일 계속하도록 하겠습니다. 여러분 모두 이번 수련회에서 위사카처럼 적어도 세 번째 단계의 깨달음을 얻을 수 있기를 기원합니다.

　사두! 사두! 사두!

스물세 번째 날

위빳사나 수행의 이익 3

억만장자 위사카의 이야기 계속

오늘은 어제 시간상 중단해야 했던 억만장자 위사카의 이야기를 계속하
도록 하겠습니다.

위사카가 음식을 먹으려고 하지 않자 그의 부인은 당황하여 남편에게
이렇게 물어 보았습니다. "만일 저에게 어떤 잘못이 있다면 말씀해 주세
요. 무엇이든 고칠 테니까요. 아니면 밖에 다른 여자라도 있나요?"

위사카는 웰루와나에서 자기에게 일어난 일을 설명할 수밖에 없었습
니다. 그렇지 않으면 오해로 인해 그의 아내의 마음이 편치 않을 것이기
때문입니다. 위사카의 아내의 이름은 담마딘나였는데, 그는 담마딘나에
게 자기가 세 번째 단계의 깨달음인 아나가미 막가를 얻은 것에 대해 설
명하기 시작했습니다.

"담마딘나, 내가 부처님의 법문을 듣기 위해 사원으로 갔을 때 부처
님께서는 몸과 마음에서 일어나고 있는 현상에 대해 있는 그대로 관찰
하는 수행법에 대해 말씀하셨소.

그래서 나는 설법을 듣는 동안에 그 수행법을 실천해 보았소. 그 결과
나는 아나가미 막가, 즉 돌아오지 않는 자의 도-지혜라고 알려진 고귀한
담마를 얻게 되었는데, 그러자 나에게는 어떤 감각적 욕망도 일어나지
않게 되었소. 그래서 내가 문앞에서 당신도 거부한 것이고, 저녁식사도
하지 않은 것이오. 이제 나는 부를 포함한 모든 세상적인 일과 당신에
대해서도 더 이상 마음이 없소. 이런 나의 상황을 이해해 주기 바라오."

보통 여자 같았으면 이런 말을 듣고 마음이 크게 상했을 테지만 담마

딴나는 특별한 여인이었습니다. 그녀는 매우 현명한 여인이었고, 부처님의 가르침대로 수행한다면 위사카가 얻은 단계의 도-지혜를 얻을 능력 또한 가지고 있었습니다.

남편의 설명을 듣고난 담마딴나는 이렇게 물어보았습니다.

"당신이 오늘 얻은 고귀한 담마를 저도 얻고 싶군요. 여자도 그처럼 고귀한 경지에 오르는 것이 가능한가요?"

위사카가 대답했습니다.

"부처님의 담마를 수행하는 데는 성, 나이, 국적, 민족, 계급의 차별이 없소. 열심히 수행하기만 한다면 이런 차별과 상관없이 누구나 도-지혜의 고귀한 담마를 얻을 수 있소."

남편의 말을 들은 담마딴나는 아주 기뻐하면서 자기를 빅쿠니(여자 스님)가 되도록 해달라고 청했습니다.

그에 대해 위사카는 어떻게 반응했을까요? 그는 매우 기뻐하면서 "그렇게 하겠소, 내일 왕의 허락을 받아 당신이 빅쿠니가 될 수 있도록 도와주겠소."라고 말했습니다. 당시에 백성들은 모두 왕에게 속했으므로 빅쿠니가 되려면 왕의 허락을 받아야만 했습니다.

다음 날 두 사람은 빔비사라 왕에게 가서 담마딴나가 빅쿠니가 될 수 있도록 허락을 받았습니다. 사실 빔비사라 왕 자신도 이미 첫 번째 단계의 깨달음을 얻은 소따빤나였으므로 그들의 부탁들 듣자 매우 기뻐하면서 "아주 훌륭하오, 위사카! 그대의 부인을 사원으로 보내서 빅쿠니가 되게 하시오. 그리고 기념식도 거행하도록 하시오."라고 말했습니다.

위사카는 자기 아내를 웰루와나 사원으로 데리고 가서 부처님께 빅쿠니로 만들어 달라고 부탁드렸습니다. 여기에서 빅쿠니와 관련해 언급하고 싶은 것이 하나 있습니다. 그것은 당시의 빅쿠니와 오늘날의 여자 출가 수행자(buddhist nun)와는 좀 다르다는 것입니다.

남방불교에 있어 요즈음의 여자 출가 수행자는 단지 8계나 10계를 지키지만[32] 부처님 당시의 빅쿠니는 빅쿠가 지키는 227계보다 더 많은 계를 지켜야 했습니다. 따라서 오늘날 일부 빠알리 학자들이 빅쿠니를 여자 출가 수행자(buddhist nun)라고 번역하는 것은 문제가 있다고 생각합니다.

다시 우리가 하던 이야기로 돌아가겠습니다.

부처님께서는 위사카의 청을 받아들여 담마딘나를 빅쿠니 상가로 보내시어 출가시켜 주셨습니다. 빅쿠니가 된 담마딘나는 그곳으로부터 멀리 떨어진 숲속에 있는 사원으로 가서는 수행을 하기 시작했습니다.

한편 아내를 출가시킨 위사카는 매우 기뻐하며 집으로 돌아와 행복하고 평화롭게 지냈습니다. 그런데 2~3일도 안되어 위사카는 빅쿠니가 된 담마딘나가 웰루와나로 돌아왔다는 소식을 듣게 되었습니다.

---

32) 이것은 이들이 빅쿠니가 아니기 때문이다. 남방 불교(상좌부 불교, 장로 불교)의 전통에 의하면 빅쿠(비구)나 빅쿠니(비구니)가 되기 위해서는 최소한 다섯 명 이상의 선배 스님이 있어야 한다. 즉, 다섯 명 이상의 선배 스님이 후배 스님의 출가를 허락함으로써 빅쿠, 빅쿠니가 탄생하게 되는데, 이와 관련하여 빅쿠 상가(승단)는 이러한 전통이 끊어지지 않고 잘 형성되어 왔지만 빅쿠니 상가는 언제부터인지는 알 수 없지만 그 전통이 사라지게 되었다. 이로 인해 여인들은 정식 빅쿠니가 될 수 있는 길이 막혀 버렸기 때문에 후대에 수행에 전념하고자 하는 여성 불제자들은 스스로 머리를 깎고 흰색으로 가사 비슷하게 만들어 입게 되었다. 이것이 오늘날 미얀마에서 볼 수 있는 여자 출가 수행자들의 시초라고 한다. 이들은 빅쿠니 대신 미얀마어로 띨라신이라고 불리는데, 띨라신에는 분홍색이나 오렌지색의 복장을 하고 8계만 지켜도 되는 띨라신과, 갈색 복장을 하고 사마네라(사미)처럼 10계를 지키는 띨라신이 있다. 비록 띨라신이 정식 빅쿠니가 아닐지라도 그렇다고 세속인도 아니므로, 미얀마에서 그들은 어느 정도 출가자로서의 예우를 받고 있다.

위사카는 담마딘나가 왜 금방 돌아왔는지 궁금하여 그녀를 찾아가 보기로 했습니다. 그는 부유한 생활에 익숙한 담마딘나가 숲속 생활의 불편을 견디지 못하여 되돌아온 것이라고 생각했습니다. 즉, 담마딘나가 빅쿠니가 되었으므로 집에 있을 때와는 달리 형편없는 음식을 먹어야만 하고, 또한 지금의 여러분처럼 자정이 될 때까지 수행을 해야 하는 생활, 그리고 조그만 숙소에서 충분히 잠을 잘 수 없는 생활을 견디지 못하여 되돌아온 것이라고 생각했다는 말입니다.

그러나 그것은 그의 생각일 뿐 사실이 아닐 수도 있으므로 그녀가 돌아온 정확한 까닭을 알기 위해 웰루와나 사원으로 가서 담마딘나에게 넌지시 몇 가지 담마에 대해 질문해 보았습니다.

위사카가 던진 첫 번째 질문은 "담마딘나, 부처님께서 말씀하신 삭까야는 무엇이오?"라는 것이었습니다.

질문을 받은 담마딘나는 '아우소'라는, 동등한 지위, 또는 낮은 지위에 있는 사람을 부를 때 사용하는 말로써 위사카를 부르면서 이렇게 대답했습니다. "아우소 위사카여! 취착의 다섯 가지 다발(오취온)이 삭까야이오."

위사카는 담마딘나의 바른 대답에 만족하며 두 번째 질문을 던졌습니다.

"그러면 삭까야의 원인은 무엇이오, 담마딘나?"

"아우소 위사카여, 탄하(애착)가 삭까야의 원인이오."

취착의 다섯 가지 다발인 삭까야는 도-지혜와 과-지혜를 제외한 모든 정신적·육체적 현상을 일컫습니다. 따라서 삭까야의 원인이 무엇이냐는 질문의 의미는 정신적·육체적 현상의 원인은 무엇이냐는 의미가 됩니다. 그래서 담마딘나는 위사카의 질문에 애착이 원인이라고 대답한 것이었습니다. 이 대답 또한 위사카를 만족시켰습니다.

위사카의 세 번째 질문은 "담마딘나, 삭까야의 소멸은 무엇이오?"라는 것이었습니다. 이에 대해 담마딘나는 "아우소 위사카여, 삭까야의 소멸은 탄하(애착)의 완전한 소멸이오."라고 대답했습니다.

탄하가 완전히 파괴되면 삭까야는 존재하기를 그치게 됩니다. 그것은 더 이상 일어나지 않습니다. 그래서 삭까야의 소멸은 곧 탄하의 소멸이고, 탄하가 소멸될 때 여러분은 닙바나를 얻게 됩니다.

삭까야는 여러분이 아는 것처럼 정신적·육체적 현상입니다. 정신적·육체적 현상은 그것의 원인인 탄하(애착)가 파괴되면 존재하기를 그칩니다.

세 번째 질문에 대한 담마딘나의 대답에 역시 만족한 위사카는 네 번째 질문을 던졌습니다. "어떻게 하면 삭까야가 멈추거나 파괴될 수 있겠소? 삭까야를 파괴할 수 있는 또는 그것을 멈추게 할 어떤 방법이 있소?"

그러자 담마딘나가 대답했습니다. "방법이 있소, 아우소 위사카여, 모든 삭까야를 소멸하게 하는 방법이 있는데, 그것은 팔정도요. 팔정도를 완전히 계발하면 모든 종류의 삭까야가 존재하기를 그치게 되오. 그래서 팔정도가 모든 삭까야의 소멸, 즉 정신적·육체적 현상의 소멸로 이끄는 방법이오."

위사카는 이 대답에도 만족했습니다. 그는 네 가지의 질문을 던졌고, 모든 질문이 담마딘나에 의해 바르게, 옳게, 완전하게 대답되었던 것입니다. 그래서 위사카는 담마딘나가 아라한의 경지를 얻었음에 틀림없다고 판단했습니다.

자, 그러면 이제 누가 깨달음에 있어 더 뛰어납니까? (수행자들 대답) 그렇습니다. 위사카가 세 번째 단계의 깨달음을 얻은 데 비해 담마딘나는 네 번째 단계의 깨달음을 얻었으므로 담마딘나의 깨달음이 위사카의 깨달음을 능가합니다.

이 수행처에서는 어떻습니까? 이 수행처에서도 여자 수행자들이 남자 수행자를 능가하고 있지요? 담마에 있어서가 아니라, 인원수에 있어서 말이지요. (웃음)

위사카는 계속해서 "담마딘나, 네 가지 질문에 대한 그대의 대답에 나는 아주 만족하오. 그러나 질문이 더 남았는데 해도 좋겠소?"라고 물었습니다. 거기에 대해 담마딘나는 잠잠히 있었는데, 그것은 질문을 더 해도 좋다는 의미였습니다.

그래서 위사카는 "담마딘나, 삭까야 딧티는 무엇이오?"라고 물었습니다.

위사카의 질문을 받은 담마딘나는 그에 대해서도 역시 올바르게 다음과 같이 대답을 했습니다.

"아우소 위사카여, 삭까야딧티는 삭까야, 즉 정신적·육체적 현상에 대한 오해에 의거해서 일어나는 인격, 개인(개체), 자아, 영혼의 잘못된 견해요. 만일 삭까야를 일어났다가 사라지는 자연의 과정으로써 바르게 깨닫는다면(이해한다면) 그것을 사람, 존재, 나, 너로 여기지 않게 될 것이고, 그 결과 인격, 개인(개체), 자아 또는 영혼이라는 어떠한 그릇된 견해도 일어나지 않을 것이오."

네, 삭까야 딧티는 담마딘나가 말한대로 삭까야라고 불려지는 심신 과정에 대한 오해를 바탕으로 일어나는 인격, 개인(개체), 자아, 영혼 따위의 그릇된 개념, 또는 견해를 의미합니다.

이 삭까야 딧티는 잘못된 것입니다. 왜냐하면 그 견해는 정신적·육체적 현상을 있는 그대로 보지 않고 사람, 존재, 나 또는 너로 여기기 때문입니다.

위사카는 그의 다섯 가지 질문에 대한 담마딘나의 대답에 아주 만족했습니다. 그리고는 이렇게 생각했습니다. '이제 더 이상의 질문을 할 필요가 없다. 지금까지의 질문으로도 그녀가 네 번째 단계의 깨달음을 얻어 모든 정신적 오염원을 파괴한 아라한이 되었다고 판단하는데 충분하다.'

위사카는 큰 기쁨을 안고 집으로 돌아왔습니다. 이 이야기에서 보았듯이 위사카는 자기 아내가 수행할 마음이 나도록 고무시켰으므로 그녀가 아라한이 되는데 일조한 셈입니다. 따라서 여러분도 집에 돌아갔을 때 여러분의 부인이나 남편이나 딸과 아들들이 여러분을 보고 수행할 마음이 나도록 남은 기간 동안 최선을 다해 수행해야 할 것입니다.

네 번째 단계의 도-지혜로
완전히 제거되어지는 정신적 오염원

그러면 네 번째 단계의 도-지혜로써 완전히 제거되어지는 정신적 오염원에 대해 알아보겠습니다.

네 번째 도-지혜는 세 가지 단계의 깨달음으로도 파괴되지 않고 남아 있는 모든 정신적 오염원을 파괴합니다. 그래서 담마딘나처럼 네 번째 단계의 깨달음을 얻어 아라한이 되면 어떤 정신적 오염원도 일어나지 않으므로 평화롭고 행복하고 고요한 삶을 살게 됩니다.

그에 비해 위사카에게는 아직도 얻어야 할 한 단계의 깨달음이 더 있으므로 위사카는 마지막 단계의 깨달음을 얻기 위해 애써야만 합니다.

그에게는 감각적 욕망과 분노는 파괴되었지만 물질적 현상을 바탕으로 하는 집중(삼매)인 루빠 자나와 정신적 현상을 바탕으로 하는 집중인 아루빠자나를 얻고자 하는 약간의 욕망이 남아 있습니다. 이 욕망은 그가 네 번째 단계의 깨달음인 아라한의 도-지혜를 얻을 때 파괴됩니다.

또한 아라핫따 막가 냐나는 이와 함께 불안(산란), 자만, 무지 등 그때까지 남아 있는 다른 모든 정신적 오염원들도 파괴합니다. 그래서 이 네 번째 도-지혜를 얻은 사람에게는 어떠한 정신적 오염원도 없으므로 이 네 번째 도-지혜에 이어 즉시 일어나는 과-지혜를 얻은 분을 '아라한'이라고 부르는 것입니다.

여기서 '아라한'이란 '모든 적들을 죽인 분'을 의미합니다. '아라'는 '적들'을, '한따'는 '죽이는 사람'을 의미하므로 아라한은 '모든 적들을 죽인 분'이라는 뜻이 됩니다. 그런데, 적을 모두 죽이는 일은 좋은 일일까요, 나쁜 일일까요? (수행자들 "좋은 일입니다."라고 대답)

그렇습니다. 적을 죽이는 일은 여기서만큼은 좋은 일입니다. 왜냐하면 적이란 '정신적 오염원'을 뜻하므로 그것을 죽이지 않을 때는 오염되지만 그것을 모두 죽이고 나면 그 자신이 완전히 청정해지기 때문입니다.

또한 아라한은 '존경을 받을 만한 가치가 있는 분'을 의미합니다. 왜지요? 네, 그 까닭은 아라한에게는 정신적 오염원이 전혀 없기 때문입니다. 그분은 모든 종류의 정신적 오염원으로부터 완전히 청정해졌습니다. 어째서 그렇지요? 그 대답은 아주 쉽습니다. (웃음)

그것은 그분이 주의기울임 수행을 하셨기 때문입니다. 그리고 지금의 여러분 역시 주의기울임 수행을 하고 있습니다. 그렇다면 여러분은 지금까지 얼마나 많은 정신적 오염원을 죽였습니까? (웃음) (한 수행자가 "거의 죽이지 못했습니다."라고 대답)

네, 여러분은 오염원을 죽이는 것이 아니라 오염원이 여러분을 죽일까봐 두려워하고 있는 것 같습니다. (웃음) 왜 그렇습니까? 네, 그것은 여러분이 수행에 충분한 노력을 기울이지 않았기 때문입니다. 그러나 지금도 늦지 않았으니 이제부터라도 불굴의 노력을 기울여 수행하기를 바랍니다.

두 번째 이익

그럼 이 정도로 주의기울임 수행의 첫 번째 이익인 존재의 청정에 대해서는 끝을 맺고 두 번째 이익에 대해 알아보겠습니다. 두 번째 이익은 걱정, 슬픔을 극복하는 것입니다.

여러분이 주의기울임 수행을 할 때, 노력과 시간을 충분히 들이면, 마음을 정신적·육체적 과정의 대상에 깊게 집중할 수 있습니다. 그러나 때때로 여러분은 수행을 하는 동안에 삶에서 여러분이 겪은 실패를 생각하면서 걱정하거나 슬픔을 느낄지 모릅니다.

그러나 여러분은 좋은 수행자이기 때문에 '걱정-걱정…', 또는 '슬픔-슬픔…'이라고 명명하며 매우 주의 깊고 강력하게 관찰합니다. 그러면 깊은 집중 때문에 걱정과 슬픔은 약해져서는 멈춥니다.

그런 다음 관찰하는 마음은 첫 번째 대상인 복부의 불러오고 꺼지는 움직임으로 돌아가 평상시대로 관찰합니다. 그러다 보면 마음이 점점 더 깊게 집중되고, 여러분의 마음은 고요하고 평온하고 침착해집니다. 그러면 걱정, 슬픔은 여러분을 방해하지 못하게 됩니다.

왜 이런 결과가 일어날까요? (수행자들 대답) 그렇습니다. 그것은 주의기울임 수행 때문이라고 여러분은 말할 수 있습니다. 왜냐하면 걱정과 슬픔에 주의기울임에 의해 여러분 자신이 그것들을 약간 경험했기 때문입니다. 그렇지요? (수행자들 대답)

네, 그러면 부처님께서는 주의기울임 수행의 두 번째 이익은 걱정과 슬픔을 극복하는 것이라고 말씀하셨는데 여러분은 그것을 믿습니까? (수행자들 머뭇거리면서 "네."라고 대답) 여러분은 주저하지 말고 용감하게 "네."라고 대답해야합니다. 왜냐하면 여러분 자신이 이미 그것을 경험했기 때문입니다.

그렇지만 여러분이 경험한 걱정과 슬픔의 극복은 아직 완전한 상태는 아닙니다. 수행을 해서 집중이 충분히 좋은 동안에는 극복된 것처럼 보일지라도 이 수행처를 나간 다음에 걱정거리와 슬픔을 유발하는 사건이 생긴다면 여러분은 다시 그것들에 사로잡히고 맙니다. 그러나 그때에도 여러분이 지금처럼 그것을 끈덕지게 관찰한다면 그것들은 극복될 것이 틀림없습니다.

따라서 주의기울임 수행은 수행처에서만 하는 것이 아니라 여러분의 일상적인 삶에도 적용되어야 합니다. 그럴 때 주의기울임 수행의 이익을 일상 삶에서도 얻을 것입니다. 만일 주의기울임 수행이 단지 수행처에서만 이익이 되고 유용하다면 여러분은 여기에 와서 수행할 필요가 없을 것입니다.

따라서 이 주의기울임을 일상 삶에서 하고 있는 것에도 적용해야 한다는 것을 잊어서는 안됩니다. 특히 아주 강한 걱정과 근심으로써 여러분을 고통스럽게 하는 어떤 정신적 또는 감정적 상태들이 있을 때 그것을 관찰해야만 한다는 것을 기억해내야 합니다.

그리고는 '걱정-걱정…', '슬픔-슬픔…' 이라고 명명하며 끈덕지게 관찰해야만 합니다. 그러면 그것은 결국 여러분에게서 떠나가게 될 것입니다. 그것이 부처님께서 주의기울임 수행의 두 번째 이익이라고 말씀하신 것, 즉 걱정과 슬픔을 극복하는 이익입니다.

이것과 관련하여 〈사띠빳타나숫따〉의 주석에 언급된 재미있는 이야기가 있는데, 시간이 다되어가므로 내일 하도록 하겠습니다. (수행자들 뭐라고 함) 지금 듣고 싶다고요? (웃음)

그럼 여러분의 요청도 있고하니 조금이나마 시작해보겠습니다.

두 번째 이익과 관련된 수브라흐마 이야기

부처님 당시에 수브라흐마라는 이름을 가진 천상의 존재가 있었습니다. 그는 천상 중에서도 보다 높은 영역인 데와데와에 살고 있었습니다.

수브라흐마에게는 많은 아내가 있었습니다. 그에게 얼마나 많은 아내가 있었을까요? (한 수행자가 "백" 이라고 대답) 아닙니다. 그에게는 무려 천 명이나 되는 아내가 있었다고 합니다. (웃음) 천 명이나 되는 아내들은 반으로 나뉘어져 오백은 그의 왼편에, 나머지 오백은 그의 오른편에서 그를 받들었습니다.

수브라흐마가 살고 있는 데와데와에는 난다나라고 불리는 매우 아름다운 정원이 있었습니다. '난다나' 는 '즐거운 정원' 이라는 뜻인데, 수브라흐마를 비롯한 데와데와에 있는 모든 천인들이 그 정원에서 소풍을 즐기곤 했습니다.

어느 날 수브라흐마는 아내들과 함께 난다나에 갔습니다. 그런데 여기서 생각해 보아야 할 것이 있습니다. 지금 여러분에게는 부인이 단지 한 사람뿐인데도 여러분은 그 한 명 때문에 쩔쩔매고 성가셔하고 방해를 받습니다. (웃음) 때로는 여러분의 부인들에 대해 걱정하고 근심하기도 합니다.

그런데 수브라흐마에게는 무려 천 명이나 되는 아내가 있었으니 얼마나 복잡했겠습니까? 수브라흐마는 이 곤란한 문제를 어떻게 처리했을까요? 나는 알 수 없습니다만, 혹 여러분은 알지도 모르겠군요. (웃음)

어쨌거나 수브라흐마는 정원에서 아내들과 함께 즐거운 시간을 보내고 있었습니다. 그런데 갑자기 아내들 중 오백 명이 꽃들을 꺾다가 죽는 일이 생겼습니다. 하나도 아니고 오백 명이 한꺼번에 죽은 것입니다. (웃음)

경전에 의하면 천인들은 죽을 때 몸이 증발해 버린다고 합니다. 따라서 어떤 천인이 죽고나면 그 몸이 남아 있지 않게 됩니다. 그랬기 때문에, 또 수브라흐마가 다른 신들과 즐거운 시간을 보내고 있었기 때문에 그는 자기 아내 오백 명이 한꺼번에 죽었다는 것을 몰랐습니다.

아내들이 죽은 줄을 모르고 있던 수브라흐마는 집으로 돌아가려고 채비를 하면서 아내들의 수를 세어보았습니다. 하나, 둘, 셋, 넷, 다섯…. 그리고는 외쳤습니다. "아! 오백 명을 잃었네!" (웃음) 수브라흐마는 그녀들이 정원의 어디에 숨어 있을지도 모른다고 생각하고 샅샅이 뒤져보았습니다.

그러나 정원의 어디에도 아내들은 보이지 않았습니다. 그래서 이제는 천상의 여섯 영역을 모두 조사해 보았지만 역시 그녀들을 찾을 수는 없었습니다. 다시 그는 인간계를 조사해 보았습니다. 역시 거기에서도 아내들을 찾을 수 없었습니다.

마지막으로 지옥을 살펴보았더니 아니, 거기에 아내들이 있지 뭡니까? 그녀들이 지옥에서 많은 고통을 겪고 있는 것을 목격한 수브라흐마는 큰 충격을 받았습니다. (웃음) 그리고는 그녀들에 대해 걱정하고 슬퍼하기 시작했습니다.

그러던 중 그는 자신의 천상 생활이 얼마나 남았는지를 알아보았는데, 놀랍게도 자기의 천상에서의 수명은 불과 칠일밖에 남아 있지 않았습니다. 그의 충격과 놀라움은 더욱 커져서 드디어 그는 자기 자신의 죽음에 대해 걱정하기 시작했습니다. 이런 식으로 그는 걱정, 슬픔 그리고 대단히 많은 고통으로 괴로워하고 있었습니다.

그러면 그가 자신의 걱정과 슬픔을 극복할 수 있는 길이 있겠습니까? (웃음) (수행자들 대답) 네, 맞습니다, 주의기울임 수행을 하면 됩니다. 그런데 문제는 여러분도 아는 주의기울임 수행에 대해 그는 모른다는 것입니다. 왜냐하면 천상 생활을 하는 동안 그가 감각적 쾌락에만 깊이 빠져 있었기 때문입니다.

또한 주위에 그런 그를 위로해 줄 천인이 아무도 없었습니다. 아직 죽지 않고 그의 곁에 남아 있는 오백 명의 아내들 역시 그를 도울 수 없었으므로 그는 비탄, 걱정 그리고 슬픔으로 아주 많이 괴로워할 수밖에 없었습니다.

바로 그 때 좀 현명해 보이는 듯한 여자 천인이 수브라흐마 앞에 나타나서는 "우리에게는 천왕 한 분이 계십니다. 그분에게 가서 당신의 괴로움을 해결할 수 있는 조언을 부탁해 보세요."라고 말해 주었습니다.

수브라흐마는 여신의 말에 따라 천왕에게 갔습니다. 빠알리어로 삭까(제석천)라고 불리는 천왕은 수브라흐마의 요청을 받고 이렇게 말했습니다.

"수브라흐마여, 나 또한 그대의 마음에 일어난 불을 어떻게 끌 수 있는지를 조언을 해 줄 수가 없네." (웃음) 삭까 천왕은 말을 이었습니다. "다만 내가 해 줄 수 있는 말은 깨달음을 이루신 부처님이 지금 지상에 출현해 계시니 그분에게 가서 조언을 부탁해보라는 것일세."

그래서 수브라흐마는 부처님께로 나아갔습니다. 그가 혼자서 부처님

께 갔을까요? 아니면 아내 오백 명과 함께 부처님께 갔을까요? (웃음)

네, 물론 오백 명의 아내들과 같이 갔습니다. 이렇게 그가 오백 명의 아내들을 동반하고 가는 경우에 그의 걱정과 슬픔을 극복할 수 있을까요? 아닙니다. 희망이 없습니다. 시간이 다 되었군요. (웃음) 나머지 이야기는 내일 하겠습니다.

여러분 모두 주의기울임 수행을 통해 걱정과 근심을 극복하고 나아가 괴로움의 소멸을 얻게 되기를 기원합니다.

사두! 사두! 사두!

스물네 번째 날

위빳사나 수행의 이익

수브라흐마 이야기의 계속

주의기울임 수행의 이익 중의 하나인 걱정, 슬픔을 극복하는 것에 대한 법문을 계속하겠습니다.

어제 법문은 오백의 아내를 잃은 천인 수브라흐마가 부처님을 찾아갔었다는 데까지 이야기하다가 중단되었습니다.

수브라흐마는 부처님께로 나아가 이렇게 말했습니다.

"존귀하신 부처님, 저의 아내 천 명 중 오백 명이 죽어서 지옥에 떨어져 지금 커다란 괴로움을 겪고 있습니다. 그로 인해 저는 걱정과 슬픔으로 지극히 괴롭습니다. 저는 그녀들을 사랑하기 때문에 그녀들이 걱정됩니다."

그렇습니다. 만일 그가 그녀들을 사랑하지 않는다면 그녀들에 대해 걱정할 필요도 슬퍼할 필요도 없습니다. 그것에 대해 여러분은 경험을 통해 이미 잘 알고 있을 것입니다.(웃음)

수브라흐마는 말을 이었습니다.

"또한 제 미래를 예측해보니 저 역시 이레 뒤에는 죽어서 지옥에 태어나 제 아내들처럼 괴로움을 겪게 되어 있습니다. 이 또한 저를 걱정과 슬픔으로 몰아넣고 있습니다. 부처님, 제발 제가 이 모든 괴로움을 벗어날 수 있도록 도와 주시기 바랍니다."

그러자 부처님께서는 수브라흐마의 청을 받아들여 32음절로 구성된 게송을 읊어주셨습니다. "낭냐뜨라 봇자 따빠사 낭냐뜨라 인드리야 상와라 낭냐뜨라 쌉바닛삭가 솟팀 빳사미 빠니난 띠."

부처님의 조언

부처님께서 읊어주신 게송의 뜻은 이렇습니다.

"깨달은 사람(enlightened one)이 되기 위한 일곱 가지 요인(칠각분)을 계발하지 않고, 도덕적 행위를 청정이 하는 계를 지키지 않고, 여섯 감각 문을 닫지 않고, 모든 정신적 오염원을 완전히 파괴하지 않고는 아무도 영원한 평화와 행복인 닙바나를 얻을 수 없느니라."

여러분은 부처님의 이 말씀에 동의합니까? (수행자들 그렇다고 대답)

네, 그러면 괴로움에서 벗어나 평화롭고 행복하기 위해 부처님께서 수브라흐마에게 조언하신 말씀의 핵심을 말해 보십시오. (수행자들 다음과 같이 대답)

1. 깨달은 사람이 되기 위한 일곱 가지 요인 계발하기
2. 도덕적 행위의 청정을 위해 계를 지키기
3. 여섯 감각 문 닫기
4. 모든 정신적 오염원을 완전히 파괴하기

네, 부처님께서는 수브라흐마가 게송의 의미를 보다 잘 이해하고 수행할 수 있도록 부연설명을 하셨는데, 여러분에게는 그럴 필요가 없다고 생각합니다. 왜냐하면 여러분은 이미 게송의 의미를 파악하고 있기 때문입니다. 그렇지요?

그럼 가장 먼저 거론된 깨달은 사람이 되기 위한 일곱 요인은 무엇입

니까? 어떤 경우 이것은 '깨달음의 일곱 요인'이라고도 번역되지만, 경에 따르면 '깨달은 사람이 되기 위한 일곱 요인'이라는 번역이 더 낫습니다. 번역이야 어찌 되었든 간에 여러분은 깨달은 사람이 되기 위한 일곱 요인을 계발하는 방법을 알고 있지요? (수행자들 모른다고 대답)

깨달은 사람이 되기 위한 일곱 가지 요인

그렇다면 깨달은 사람이 되기 위한 일곱 가지 요인에 대해 부처님께서 하셨듯이 부연 설명해야겠군요. 먼저 일곱 가지 요인은 다음과 같습니다.

1. 사띠 삼보장가 : 주의기울임의 깨달음 요인(염각분念覺分)
2. 담마위짜야 삼보장가 : 조사의 깨달음 요인(택법각분擇法覺分)
3. 위리야 삼보장가 : 노력의 깨달음 요인(정진각분精進覺分)
4. 삐띠 삼보장가 : 환희의 깨달음 요인(희각분喜覺分)
5. 사마디 삼보장가 : 집중의 깨달음 요인(정각분定覺分)
6. 빳사디 삼보장가 : 고요의 깨달음 요인(경안각분輕安覺分)
7. 우뻭카삼보장가 : 평정의 깨달음 요인(평등각분平等覺分)

이것들에 대해서는 몇몇 낱말이 여러분에게 생소해서 그렇지 사실 설명을 듣고 나면 여러분이 거의 다 알고 있는 내용이라는 것을 확인하게 될 것입니다.

여기서 공통으로 쓰여지고 있는 보장가라는 말은 깨달음의 요인, 또는 깨달은 사람이 되기 위한 요인을 의미합니다. 이 일곱 보장가는 37조도품助道品에도 속하는 것으로 이 요인들이 계발되지 않는 한 여러분은 깨달음을 얻을 수 없습니다.

그럼 일곱 보장가에 대해 하나씩 간단하게 살펴보겠습니다.

먼저 첫 번째는 사띠 삼보장가인데, 이것은 바로 사띠 즉 주의기울임을 의미합니다. 여러분이 몸과 마음에 일어나는 것을 무엇이든지 그것이 실제로 일어나는 대로 주의기울인다면 여러분은 깨달은 사람의 첫 번째 보장가인 주의기울임을 계발하고 있는 것입니다.

두 번째는 담마위ㄴ짜야 삼보장가인데, 여기서 담마는 정신적·육체적 현상을 의미하며, 닙바나 역시 담마로 알려져 있습니다. 그리고 위짜야라는 말은 원래 조사調査(investigation)라는 뜻이지만 여기서는 꿰뚫어보는 지혜를 의미합니다. 왜냐하면 조사한다고 해서 일반적으로 하듯이 담마를 분석하거나 생각하거나 지식화하는 것이 아니기 때문입니다.

주의기울임이 날카로워지고 집중이 깊어지면 여러분이 다 아는 것처럼 집중과 함께 꿰뚫어보는 지혜가 예리하게 됩니다. 그러면 그것은 관찰되어지는 정신적·육체적 현상의 본성인 비영속, 괴로움, 비인격성(무아, 무 영혼)을 깨닫게됩니다. 이것이 담마를 조사한다는 것의 의미입니다.

꿰뚫어보는 지혜는, 일반적 의미대로, 담마를 조사하려고 애쓰는 능력을 필요로 하지 않습니다. 그것은 담마를 꿰뚫어 존재의 세 가지 면인 아닛짜(비영속), 둑카(괴로움), 아낫따(비인격성, 무 영혼, 무아)를 깨달을 능력을 이미 가지고 있습니다. 그래서 이 꿰뚫어보는 지혜가 바로 담마위짜야 삼보장가입니다.

세 번째는 위리야 삼보장가이며, 위리야는 노력, 꾸준하고 균형 잡힌 노력을 의미합니다. 여러분이 꾸준한 노력과 균형 잡힌 노력으로 수행할 때, 지금 일어나고 있는 모든 정신적 육체적 현상에 확실히 주의기울일 수 있습니다.

네 번째는 삐띠 삼보장가인데, 여기에 쓰인 삐띠는 무엇을 의미할까요? (한 수행자가 "환희"라고 대답) 그렇습니다. 삐띠는 매우 부드럽게 스며드는 황홀한 기쁨입니다.

집중이 충분히 좋아져서 몸의 어떤 부분에서 환희를 느끼게 되면 여러분은 의식적인 노력을 기울이며 수행을 할 필요가 없습니다. 노력이 저절로 꾸준하고 균형 잡혀지기 때문에 집중은 깊어집니다. 그러면 여러분은 고요하고, 평온하며, 침착함을 느낍니다.

그리고는 환희, 즉 아주 기분 좋은 감각, 황홀한 기쁨의 부드러운 감각을 느낍니다. 온몸은 황홀 또는 기쁨의 매우 부드러운 느낌으로 뒤덮입니다. 때때로 소름끼침을 느끼기도 합니다. 여러분은 이와 같은 특별한 경험을 해보았습니까? (수행자들 대답)

아, 흔들림, 진동, 전율 등을 경험해 보았다고요? 머리가 쭈뼛 서기도 했다고요? 네, 이런 느낌이나 감각은 모두 환희에 속하는 것들로서 깨달은 사람이 되기 위한 일곱 가지 요인들 중 하나입니다. 그러나 여러분이 이러한 것들을 경험할 때 조심해야 합니다. 왜냐하면 그것들은 여러분의 적이 될 수 있기 때문입니다. (웃음)

삐띠는 매우 좋은 것이지만, 동시에 수행자들의 적이 될 수 있습니다. 왜 그럴까요? 왜냐하면 수행자는 환희를 경험하게 되면 그것에 애착하기 쉽기 때문입니다.

　주석에 의하면 그러한 환희, 즉 삐띠에는 모두 다섯 가지가 있습니다. 그 중 아주 강력한 삐띠 중의 하나는 수행자를 자리에서 뛰어오르게 하는 것입니다.

　여러분은 그런 삐띠를 경험해 보았습니까? 없다면 경험하도록 노력해 보십시오. (웃음) 그런 삐띠를 우삑카삐띠라고 부르는데, 그것을 경험할 때 수행자의 몸은 하늘로 들어올려집니다.　일부 수행자들은 이러한 환희의 느낌의 단계에서 마치 그가 어떤 것에 의해 자리 위로 약 4인치, 또는 6인치, 때로는 약 1 피트 들어 올려진 것처럼 느끼기도 합니다. 그러면 기분이 아주 좋겠지요? (웃음)

　미얀마에는 모기가 워낙 많으므로 좌-수행을 할 때는 보통 모기장 안에 앉아서 하게 되는데, 이런 삐띠로 인해 수행자의 몸이 모기장 천장에 닿을 때가 있습니다. 그러면 그런 경험을 처음 해보는 수행자들은 깜짝 놀랍니다.

　주석에 이 우삑카삐띠를 경험하는 것에 대한 두세 가지 이야기가 있습니다만 지금은 그 이야기를 할 수가 없겠군요. 왜냐하면 지금 하고 있는 법문을 진행해야 하기 때문입니다. (웃음) 깨달은 사람이 되기 위한 일곱 요인 중 다섯 번째는 빳사디 삼보장가이며, 여기에 쓰인 빳사디는 고요를 의미하는 말입니다.

　여러분이 앞에서 설명한 환희를 경험하기 위해서는 그 이전에 고요함을 경험해야 합니다. 그리고 고요를 느끼려면 그 이전에 집중을 경험해야만 합니다.

여러분의 마음이 수행의 대상에 쉽게 집중되면 마음을 수행의 대상에 집중하기 위해 굳이 노력을 할 필요가 없게 됩니다. 따라서 마음은 고요하고 평온해집니다. 그런 다음에 환희가 찾아옵니다. 여기서 이 고요를 빳사디라고 하는 것입니다. 여러분은 그것을 경험해 보았습니까? 네, 이 빳사디 또한 깨달음의 일곱 요인들 중의 하나입니다.

여섯 번째는 사마디 삼보장가인데, 여기에 쓰인 사마디에 대해서는 이미 여러분이 너무나도 잘 알고 있습니다. 사마디가 무엇이지요? (수행자들 대답) 그렇습니다. 그것은 집중(삼매)입니다.

여러분은 이미 그것을 어느 정도 경험했기 때문에 더 이상 언급할 필요가 없을 것 같습니다.

마지막 요인은 우뻭카 삼보장가인데, 우뻭카는 평정(평온)을 의미합니다 여러분이 환희를 얻고서 그것을 '환희-환희…', 또는 '삐띠-삐띠…'라고 명명하며 관찰한다고 합시다. 그러면 삐띠는 잔잔해지고 균형잡히게 되어 여러분은 그것에 애착하지 않게 됩니다. 왜냐하면 그것을 즐거운 감각으로써 더 이상 받아들이지 않기 때문이지요.

여러분은 그것에 잘 주의기울이고 있기 때문에 마음은 밖으로 나가지 않습니다. 집중 또한 너무 깊지도 피상적이지도 않습니다. 노력은 균형잡히고 꾸준합니다.

이런 상태에서 수행자는 행복도 느끼지 않고 불행도 느끼지 않습니다. 여러분은 그때 행복과 불행의 중간에 있게 됩니다. 이런 수행 경험의 상태를 평정이라고 합니다. 이 평정 또한 깨달음의 일곱 요인들 중의 하나입니다.

지금까지 깨달은 사람이 되기 위한 일곱 가지 요인인 사띠, 담마위짜야, 위리야, 삐띠, 빳사디, 사마디, 우뻭카 등의 삼보장가에 대해 알아보았는데, 그렇다면 이것들을 어떻게 계발할 수 있습니까? 네, 여러분의 몸과 마음에 일어나고 있는 현상을 그것들이 실제 일어나는 대로 주의 기울임으로써 여러분은 이 깨달은 사람이 되기 위한 일곱 요인을 계발할 수 있습니다. 주의기울임은 모든 것을 포함합니다. 즉, 여러분이 날카롭고 강력하고 계속적인 주의기울임을 갖기 위해 어떠한 정신적 또는 육체적 과정에 중단없이 주의기울이면 집중은 점점 더 깊어집니다. 깊은 집중을 바탕으로 꿰뚫어보는 지혜가 일어나게 되면 여러분은 정신적·육체적 현상을 깨닫게 됩니다. 그러면 여러분은 깨달은 사람이 되기 위한 일곱 요인 모두를, 또는 그 중 몇 가지를 얻을 수 있습니다.

여러분이 네 번째 단계의 꿰뚫어보는 지혜의 초반부에 이르면 이 일곱 요인을 경험 할 수 있는데, 그때 앞에서 설명한 것처럼 이 좋은 적들을 조심해야 합니다. 왜냐하면 여러분은 그것에 매달리기 쉽기 때문입니다. 수행자는 좋은 경험에 매달리는 경향이 있습니다. 그러면 꿰뚫어보는 지혜의 더 높은 단계로 갈 수 없게 되어 수행은 거기에서 멈추고 맙니다. 그러면 아주 좋겠지요? (웃음)

심지어 어떤 수행자는 이 좋은 적들을 닙바나라고 여기고는 수행을 멈춥니다. 그것은 그가 원하던 행복을 얻었기 때문이라고 잘못 알고 있기 때문입니다.

실상 그가 얻은 것은 13단계의 꿰뚫어보는 지혜 중 단지 네 개, 즉 3분의 1을 얻었을 뿐임에도 불구하고 그는 수행의 최종 단계인 닙바나를 얻었다고 생각합니다. 왜 그럴까요? 그것은 '타락'으로 불리는 좋은 적 때문입니다.

이 좋은 적은 여러분의 위빳사나 지혜를, 수행경험을 타락시킵니다. 왜냐하면 여러분이 좋은 경험에 애착할 때, 그리고 그것들에 만족할 때 여러분의 수행경험은 거기서 멈추고 더 높은 단계로 갈 수 없기 때문입니다.

약 2주전쯤 우리 수행자들 중의 한 명이 집중이 쉬워지는 현상을 느꼈습니다. 그는 그것과 더불어 고요, 평온, 평화로움을 느꼈습니다. 때때로 그는 자신의 신체적 형태를 알아차리지 못한 채로 행복함, 평화로움, 고요함만을 느꼈습니다.

그래서 그는 면담시간에 내게 이처럼 말했습니다. "큰스님, 저는 이러저러한 경험을 했습니다. 그 경험은 제가 바라던 것이었기 때문에 저는 충분히 만족합니다. 그래서 집으로 돌아가려고 합니다."

그러나 그는 아직껏 집에 돌아가지 않고 (웃음) 지금 여기에서 계속 수행하고 있습니다. 왜냐하면 내가 다음처럼 조언해 주었기 때문입니다. "그것은 단지 좋은 경험의 시작일 뿐이다. 그대가 나아가야 할 단계는 앞으로도 많다." (웃음)

도덕적 행위의 청정을 위한 계를 지키기

부처님의 다음 조언은 도덕적 행위를 청정하게 할 수 있도록 계를 지키라는 것인데 이것에 대해서는 여러분은 모른다고 할 수 없을 것입니다. 왜냐하면 우리는 여러 번 그것을 다루었고 여러분은 그것을 잘 지켜오고 있기 때문입니다. 그럼 수련처의 수행자로서 도덕적 행위의 청정을 위해 지켜야 할 계들은 무엇인가요? (수행자들 대답)

네, 죽이는 것을 삼가기, 주어지지 않는 것을 취하는 것을 삼가기, 성행위를 삼가기, 거짓말을 삼가기, 정신을 취하게 하는 술이나 마약 등을 복용하는 것을 삼가기, 정오 이후에 음식을 취하지 않기, 춤추고 노래하는 등의 오락적인 행위와 향수나 화장 등으로 몸을 아름답게 치장하는 행위를 삼가기, 높고 호화로운 침대를 사용하는 것을 삼가기입니다.

이 계들을 완전히 지킬 때, 여러분의 말과 행동은 청정해지고 여러분은 행동과 말에 대해 죄의식을 느끼지 않기 때문에 깊은 집중을 얻을 수 있습니다.

여섯 감각 문 닫기

부처님의 세 번째 조언은 여섯 감각 문을 닫으라는 것인데, 이에 대해서도 전에 다루었기 때문에 여러분이 잘 기억하고 있으리라 생각합니다. 여섯 감각문은 어떻게 닫지요? (수행자들 대답)

네, 감각문을 닫는 것을 잊어버리지 않은 것은 칭찬할 만한데 수행실 출입문 닫는 법을 잊어버린 것은 칭찬할 수 없군요. (웃음) 일부 수행자들이 수행실에 들어 올 때와 나갈 때 다른 수행자들의 집중에 큰 도움을

주기 위해 큰 소리를 내면서 문을 닫곤 하더군요. (웃음)

　본론으로 돌아가서, 여러분이 대답한 대로 보여지는 것, 들려지는 것, 냄새맡아지는 것, 맛보아지는 것, 접촉해지는 것, 그리고 생각되어지는 것을 '봄-봄…', '들음-들음…', '냄새맡음-냄새맡음…', '맛봄-맛봄…', '접촉함-접촉함…', '생각함, 생각함…' 이라고 명명하며 관찰하거나 주의기울여서 주의기울임이 강력하고 지속되면 여러분의 감각문은 닫혀집니다. 그렇게 여섯 문이 닫혀지면 어떤 정신적 오염원도 마음속으로 들어올 수 없습니다.

　그러나 여러분이 보는 의식, 듣는 의식, 맛보는 의식, 냄새 맡는 의식, 접촉하는 의식, 생각하는 의식에 주의기울이는 것에 실패할 때는 문은 닫혀지지 않게 되어 정신적 오염원이 안으로 들어올 것입니다. 따라서 여러분은 보여진 것, 들려진 것, 냄새 맡아진 것, 맛보아진 것, 닿아진 것 그리고 생각되어진 것에 주의를 기울임으로써 여섯 문을 닫아야 합니다.

　부처님께서는 지금 내가 사용한 말, 즉 '보여지는 것' 이라는 표현을 쓰셨습니다. 여러분이 어떤 것을 볼 때, 여러분의 마음은 보여지는 것에서 멈춰져야 합니다. 그것은 여러분이 보는 의식을 알아차려야 한다는 것을 의미합니다.

　만일 여러분이 보는 의식에 주의기울이면(관찰하면) 마음은 보여진 것이 좋은지 또는 나쁜지를 판단하지 않습니다. 그러면 여러분은 그것에 대해 혐오나 욕망을 가질 수 없습니다. 따라서 마음은 보여지는 것에서 멈추어집니다. 이것이 문을 닫는 것의 이익입니다.

　부처님의 마지막 조언은 모든 정신적 오염원을 포기하는 것입니다.

이것은 여러분이 깨달은 사람의 일곱 가지 요인을 계발하고, 계들을 잘 지키며, 여섯 문들을 완전하게 닮음으로써 네 단계의 깨달음을 얻게 되었을 때 가능합니다.

이상 부처님의 네 가지 조언을 완전히 실천하면 여러분은 평화롭고 행복할 수 있을 것입니다.

부처님으로부터 자세한 설법을 들은 수브라흐마는 요점들을 잘 간직하고 당장에 수행을 시작했습니다. 그는 자기에게서 일어나고 있는 정신적·육체적 과정을, 그 중에서도 걱정, 슬픔, 비탄 등을 관찰했습니다.

그의 수행은 빠르게 진보하여 정신적·육체적 현상의 비영속, 괴로움, 비인격성을 깨달으며 13단계의 꿰뚫어보는 지혜를 모두 경험하였습니다. 그런 다음 첫 번째 도-지혜인 소따빳띠 막가냐나를 얻고서는 첫 번째 고귀한 사람이 되었습니다.

그는 삭까야딧티와 위찌껫차, 즉 인격, 개인(개체)이라는 잘못된 견해와 삼보에 대한 회의적 의심을 근절했기 때문에 이제 정신적·육체적 과정을 나, 너, 사람, 존재, 천인으로 여기지 않게 되었습니다.

또한 그는 이제 아내들도 갖지 않게 되었습니다. 왜냐하면 그에게 있어 전세계에 실제로 존재하는 것은 사람이나 존재가 아니라 단지 하나씩 차례대로 일어났다가 사라지고 있는 정신적·육체적 현상일 뿐이었기 때문입니다.

그러면 오백 명의 아내를 잃어버린 데 대한 슬픔은 어떻게 되었을까요? 물론 그 슬픔은 그에게서 완전하게 사라졌습니다. 이런 식으로 수브라흐마의 걱정과 슬픔은 주의기울임 수행으로 근절되었습니다.

세 번째 이익

수행의 세 번째 이익은 비탄의 극복입니다.

친척이 죽었을 때, 여러분은 비탄스러워하고 애통해 합니다. 아들, 딸이나 부모가 죽었을 때에도 물론 마찬가지입니다. 그러나 이 비탄도 주의기울임 수행으로 파괴되고 극복될 수 있습니다. 따라서 비탄의 극복 또한 주의기울임 수행의 일곱 가지 이익 중의 하나입니다.

이 세 번째 이익에 대해 주석에 나오는 이야기를 한 가지 소개하겠습니다.

같은 날에 남편과 두 아들을 잃은 여인이 있었습니다. 그것만으로도 비탄스럽기 짝이 없을 텐데 그녀는 그 날 중으로 부모와 형제까지 잃고 말았습니다.

그녀는 커다란 슬픔, 걱정, 근심, 비탄으로 괴로워했습니다. 반미치광이가 되어 이곳 저곳을 헤매던 어느 날 그녀는 부처님이 계시는 제따와나 사원에 오게 되었습니다.

그때 부처님께서는 법문을 하고 계셨는데, 그녀는 그곳으로 갔습니다. 법문을 듣기 위해서가 아니라 그저 모여있는 청중들에게 간 것입니다.

그녀를 보신 부처님께서는 "자매 빠따짜라여, 정신차리거라."라고 말씀하셨습니다. 부처님의 매우 부드럽고 맑은 목소리에 그녀는 정신을 차리게 되었습니다.

그녀는 청중의 끝에 앉아서 부처님의 설법을 들었습니다. 그때 부처님께서는 슬픔, 걱정 그리고 비탄으로 괴로워하고 있는 빠따짜라를 염두에 두고 법문을 하셨습니다.

법문을 들은 빠따짜라는 아주 짧은 시간에 13단계의 꿰뚫어보는 지혜를 경험하고 나서 첫 번째 도-지혜를 얻었습니다. 그러자 그녀에게는 걱정, 슬픔, 비탄이 전혀 없게 되었습니다.

그녀는 부처님께 자기로 하여금 빅쿠니가 되게 해 달라고 요청했습니다. 부처님께서는 빅쿠니 상가에게 그녀를 빅쿠니로 만들어 주라고 말씀하셨고, 빅쿠니가 된 그녀는 열심히 수행하여 마침내 네 번째 단계의 깨달음을 얻어 아라한이 되었습니다. 이렇게 빠따짜라의 비탄은 주의기울임 수행으로 극복되었고 그녀는 사원 계율에 통달했던 아라한으로도 유명하게 되었습니다.

네 번째와 다섯 번째 이익

위빳사나 수행의 네 번째와 다섯 번째 이익은 정신적 괴로움과 육체적 괴로움을 극복하는 것입니다.

정신적 괴로움은 쩨따시까 둑카라고 하고 육체적 괴로움은 까이까 둑카라고 하는데, 예로부터 정신적 괴로움은 깊은 고뇌로, 육체적 괴로움은 통증으로 번역되어 왔습니다. 따라서 정신적 괴로움과 육체적 괴로움을 극복하는 것을 '고뇌와 통증을 극복하기'라고 말합니다. 어쨌거나 주의기울임 수행에 의해 정신적 괴로움과 육체적 괴로움도 극복될 수 있습니다.

여러분이 불행, 우울, 낙담, 정신적 스트레스와 긴장을 느낄 때 그것을 관찰하면 그것은 점차적으로 사라지게 되어 여러분은 그것을 극복합니다. 육체적 통증 또한 마찬가지입니다. 여러분은 이미 그것을 경험했습니다. 11번째 단계의 꿰뚫어보는 지혜에 이르면 육체적 통증을 모두 극복하기 때문에 육체적 통증이 전혀 없습니다. 때로는 주의기울임 수행으로써 병이 치료되는 경우도 있습니다.

여섯 번째와 일곱 번째 이익

여섯 번째 이익은 도-지혜를 얻는 것입니다.

첫 번째, 두 번째, 세 번째, 네 번째 단계의 도-지혜는 모두 주의기울임 수행으로써 얻을 수 있습니다. 수브라흐마와 빠따짜라가 그랬듯이 말입니다.

여러분은 지금 바른 길 위에 있고 길의 절반을 걸었습니다. 여러분이 이 길 위에서 계속 수행에 매진한다면 여러분은 반드시 도-지혜를 얻게 될 것입니다.

여러분은 도-지혜를 얻는데 있어 희망적입니다. 그러나 기대하지말고 단지 대상에 주의기울이는 것에만 열중하십시오. 기대는 여러분의 수행을 방해하기 때문입니다. 그러나 기대가 있을 때는 그 기대감에도 역시 주의기울여야 합니다.

마지막으로 일곱 번째 이익은 닙바나를 얻는 것입니다.

시간이 다 되었군요.

여러분 모두 주의기울임 수행의 이 일곱 가지 이익을 바르게 이해하여 최선을 다해 여러분의 목적인 괴로움의 소멸을 얻기를 기원합니다.

사두! 사두! 사두!

스물 다섯 번째 날

통나무의 비유담

오늘은 내가 1982년 영국 런던의 한 불교 사원에서 했던 법문을 여러분에게도 하려고 합니다. 그런데 지금까지 하던 법문 방식대로 하면 그 내용을 전달하는데 두 시간 가량이 소요될 것 같습니다. 따라서 설법 시간으로 배정된 한 시간 안에 다 끝낼 수 없으므로, 그냥 책자로 나와있는 법문을 읽도록 하겠습니다.

그 당시 나는 《상윳따니까야》[33]에 전해지고 있는 〈다룩칸도빠마 숫따〉를 '통나무의 비유담' 이라는 제목으로 법문을 했었습니다. 그 후 런던의 불교 신도들이 그 법문을 녹취하여 정기 간행물인 불교 포럼에 실었습니다. 그리고 다시 후에 그것은 소책자로 만들어졌습니다.

그럼 지금부터 그것을 읽도록 하겠습니다.

통나무의 비유담

오늘 나는 《상윳따니까야》에 전해지고 있는, 일체지자이신 부처님의 법문을 다루고자 합니다. 그것은 다룩칸도빠마 숫따, 즉 통나무의 비유담입니다.

한때 일체지자이신 부처님께서는 오백 명의 빅쿠를 거느리시고 꼬삼

---

33) 상윳따니까야 : 상응부 경전 相應部 經典, 북방불교의 《잡아함경雜阿含經》에 해당하는 남방 불교 전승의 경전 모음. 근래에 빠알리성전협회에서 전재성 박사에 의해 《쌍윳따니까야》라는 제목으로 번역, 출판되었다.

비라는 도시 근처에 있는 갠지스 강 둑에 있는 나무 아래 앉아 계셨습니다. 그때 부처님께서는 강물을 따라 내려오고 있는 커다란 통나무를 보시고 그것을 가리키시며 이처럼 말씀하셨습니다.

"빅쿠들이여! 그대들은 강물을 따라 내려오고 있는 저 커다란 통나무를 보고 있는가?" 빅쿠들이 대답했습니다. "예, 보고 있습니다."

그러자 부처님께서는 이렇게 말씀하셨습니다.

"만일 저 통나무가

가까운 쪽(이 쪽) 둑에 걸리지 않는다면 바다에 도달할 것이니라.

먼 쪽(저 쪽) 둑에 걸리지 않는다면 바다에 도달할 것이니라.

물 속에 가라앉지 않는다면 바다에 도달할 것이니라.

작은 섬에 착륙하지 않는다면 바다에 도달할 것이니라.

사람이 가져가지 않는다면 바다에 도달할 것이니라.

천인이 가져가지 않는다면 바다에 도달할 것이니라.

소용돌이 속에 빠지지 않는다면 바다에 도달할 것이니라.

썩지 않게 된다면 바다에 도달할 것이니라."

부처님께서는 이 여덟 가지 과실 중 어느 것도 없다면 통나무는 바다에 도달할 것이라는 것에 먼저 주목하게 하신 다음 계속 이렇게 말씀하셨습니다.

"어째서 이 통나무는 바다에 도달할 수 있는 것인가? 그것은 강물은 본래 바다를 향해 흐르도록 되어 있기 때문이니라. 따라서 통나무에게 이 여덟 가지 과실 중 어느 것도 없다면 (강물을 따라) 통나무는 바다에 도달할 것이니라. 마찬가지로 빅쿠들이여! 그대들에게도 여덟 가지 과실 중 어느 것도 없다면 닙바나(열반)에 도달할 것이니라. 왜냐하면 삼마딧티(바른이해)는 괴로움의 소멸, 즉 열반으로 향하게 되어 있기 때문이니라. 그러나 빅쿠들이여! 이것은 그저 비유이니라."

그러자 한 빅쿠가 부처님께 이 비유를 풀어서 설명해달라고 요청했고, 부처님께서는 다음과 같이 일러 주셨습니다.

"가까운 쪽(이 쪽) 둑은 여섯 감각 문(六門), 즉 눈, 귀, 코, 혀, 몸, 마음을 뜻하고, 먼 쪽(저 쪽) 둑은 여섯 가지 감각대상(六境), 즉 보이는 대상, 소리, 냄새나 향, 맛, 닿을 수 있는 대상 그리고 마음의 대상을 뜻하느니라.

물 속에 가라앉는다는 것은 감각적 존재나 무생물 등에 애착하는 것을 뜻하고, 강 가운데에 있는 작은 섬에 착륙한다는 것은 자만과 거만함을 뜻하느니라.

사람이 가져간다는 것은 비구가 속인과 온당치 않게 어울리며 살아가는 것을 뜻하고, 천인이 가져간다는 것은 천인이나 브라흐마 신이 사는 세계인 천상에 태어날 목적으로 좋은 일을 하는 것을 뜻하느니라.

소용돌이 속에 빠진다는 것은 다섯 가지 감각적 쾌락에 빠지는 것을 뜻하고, 썩는다는 것은 실제로 고결치 않은 자가 고결한 체하는 것을 뜻하느니라."

일체지자이신 부처님께서 그때 당시 비록 빅쿠들에게 이 법문을 하셨을 지라도 이것은 인종과 종교에 상관없이 모두를 위한 법문입니다.

누구라도 여덟 가지 과실 중 어느 것도 지니지 않는다면 바다에 도달할 수 있습니다. 바다에 도달할 때 윤회로부터 벗어나고 괴로움은 소멸됩니다.

부처님께서는 어떤 설법에서는 바다를 윤회의 의미로, 또 어떤 설법에서는 괴로움의 소멸인 열반을 의미하는 것으로 사용하셨는데, 이 법문에서는 열반의 의미로 사용하셨습니다.

여섯 감각 문과 여섯 감각 대상

그럼 지금부터는 이 통나무의 비유담에 대해 부연 설명을 하도록 하겠습니다.

1. 만일 저 통나무가 가까운 쪽(이 쪽) 둑에 걸리지 않는다면 바다에 도달할 것이니라.

2. 만일 저 통나무가 먼 쪽(저 쪽) 둑에 걸리지 않는다면 바다에 도달할 것이니라.

(이 부분에 대해 큰스님께서 하신 부연설명을 역자의 능력으로는 분명히 이해할 수 없어 번역을 생략하기로 하였습니다. 그러나 수행하시는데 별 지장이 없을 것이니 독자들께서는 이해해주시기 바랍니다. 훗날 큰스님 뵙고 이 부분이 의미하는 바를 자세하게 여쭈어서 내용을 확실히 이해할 수 있을 때, 다시 삽입하도록 하겠습니다. : 역자)

애착과 자만

3. 만일 저 통나무가 물 속에 가라앉지 않는다면 바다에 도달할 것
　이니라.

부처님께서는 통나무가 물 속에 가라앉는 것을 애착(욕망, 갈망, 욕
정, 사랑)에 비유하셨습니다. 만일 여러분이 어떤 생명체나 무생물에게
애착한다면, 바다에 이르지 못하고 물 속에 가라앉아 버릴 것입니다.

4. 만일 저 통나무가 작은 섬에 착륙하지 않는다면 바다에 도달할 것
　이니라.

작은 섬에 착륙한다는 것은 자만과 거만을 의미합니다. 만일 여러분
이 직업이나 신분 또는 사업에서의 성공 등에 대해 자만하거나 거만해
한다면 여러분은 작은 섬에 착륙하고 있는 것으로 그것은 여러분이 열
반이라는 바다에 이르는 것을 방해합니다.

여러분이 거만하면 여러분은 정신적·육체적 과정을 그것들의 본성
대로 깨달을 수가 없어, 그것들을 사람, 존재, 나, 너로 여기게 됩니다.
그러면 분노나 욕정, 탐욕, 증오와 같은 많은 정신적 오염원이 일어나 여
러분은 괴로움을 겪어야만 합니다.

이와 같은 이유로 여러분이 작은 섬에 착륙하고 있으면 여러분은 바
다에 이를 수 없는 것입니다.

부적절한 교제

5. 만일 저 통나무를 사람이 가져가지 않는다면 바다에 도달할 것이니라. 만일 통나무가 인간에 의해 취해진다면 바다에 이르지 못할 것입니다.

이것은 빅쿠에게 해당되는 비유입니다.

가령 빅쿠가 자기가 해야만 하는 일들 즉 경을 배우는 것, 수행하는 것, 법문을 하는 것, 제자들을 바른 길로 인도하는 것, 제자들에게 그들의 해탈을 위해 수행하도록 격려하는 것 등을 하지 않고 재가신자와 부적절한 방식으로 교제한다면 그러한 빅쿠는 바로 인간에게 취해져서 바다에 이를 수 없습니다.

그는 부적절하게 교제하고 있는 사람들에게 애착할 것입니다. 그는 세상일에 애착해서 정신적·육체적 현상의 세 가지 특성인 아닛짜(비영속), 둑카(괴로움), 아낫따(무아)를 깨달을 수 없을 것입니다.

만일 존재에 대한 이 근본적 진리를 깨달을 수 없다면 그는 세속적인 것들에 아주 강하게 애착되어 바다에 이르지 못할 것입니다.

보다 나은 존재가 되려는 욕망

6. 만일 저 통나무를 신이 가져가지 않는다면 바다에 도달할 것이니라.

만일 통나무가 신(데와)에 의해 취해진다면 그 또한 바다에 도달하지 못할 것입니다. 이것은 보시(다나), 지계(실라), 수행과 같은 가치있는 (유익한) 행위를 데와나 브라흐마계에 다시 태어날 목적으로 할 경우 여러분은 데와나 브라흐마에 의해 그들의 영역으로는 가게 되지만 바다에는 이르지 못한다는 것을 의미합니다.

여러분이 했던 선행으로 인해 여러분은 보다 나은 재생에 대한 여러분의 목표를 달성할 수 있습니다. 즉, 여러분은 '빛나는 자'를 의미하는 '데와'로서 재생할 수 있을 것입니다. 그러나 바다에 이를 수는 없을 것입니다. 그것은 여러분이 데와가 되면 여러분의 빛남과 아름다움으로 인해 스스로에게 애착할 것이기 때문입니다.

감각적 쾌락

7. 만일 저 통나무가 소용돌이 속에 빠지지 않는다면 바다에 도달할 것이니라.

통나무가 소용돌이 속에 빠질 경우에도 바다에 이르지 못하게 됩니다. 이것은 여러분이 감각적 쾌락에 빠지는(애착하는) 경우 바다에 이르지 못할 것이라는 의미입니다.

만일 여러분이 보고, 듣고, 냄새 맡고, 맛보고, 만지고, 생각하는 것에 대해 애착한다면 아주 거대한 소용돌이에 사로잡히는 것과 같아서 여러분은 바다에 이르지 못합니다. 감각적 쾌락에 대한 애착은 윤회의 삶을 계속 되풀이하도록 할 뿐이지 결코 여러분을 열반이라는 바다로 이끌지 않습니다.

부정직

8. 만일 저 통나무가 썩지 않는다면 바다에 도달 할 것이니라.

마지막으로 통나무가 썩어버리는 경우에도 바다에 이를 수 없습니다. 이것은 여러분이 고결하지 않은데도 고결한 척하는 경우 여러분은 썩은 것이고 그러면 여러분은 열반이라는 바다에 도달하지 못한다는 것을 의미합니다.

열반이라는 바다에 이르는 길인 팔정도의 계발

일체지자이신 부처님께서는 "만일 그대들이 이 여덟 가지의 과실 중 어느 것도 지니지 않는다면 틀림없이 바다에 이를 것이니라. 왜냐하면 그대들은 강의 가운데 흐름에 실려 떠내려갈 것이기 때문이니라."라고 말씀하셨습니다.

여기서 강의 가운데 흐름이란 바로 팔정도를 의미합니다. 만일 여러분이 팔정도를 계발한다면 여러분은 가까운 쪽(이 쪽) 둑이나 먼 쪽(저쪽) 둑에 걸리지 않고, 물 속에 가라앉지도 않고, 작은 섬에 머무르지 않고, 인간이나 신이 가져가지도 않고, 소용돌이 속에 빠지지도 않고, 썩지도 않을 것입니다. 그러면 여러분은 열반이라는 바다에 확실하게 이르게 될 것입니다. 따라서 여러분은 이 여덟 가지의 과실 중 어느 것도 지니지 않기 위해 팔정도를 계발하도록 애써야 합니다.

그럼 팔정도를 계발하려면 어떻게 해야 할까요? 팔정도는 세 가지 부류, 즉 도덕적 행위(실라)의 부류, 집중(사마디)의 부류, 지혜(빤냐 : 꿰뚫어보는 지혜＋깨달음 enlightenment)의 부류로 구성됩니다.

실라는 기본적인 필요조건 또는 바탕이며, 사마디는 실라라는 토대 위에 형성됩니다. 그리고 빤냐는 적정한 사마디 상태에서 일어납니다.

이러한 세 부류로 된 팔정도를 계발하는 것은 아주 쉽습니다. 여러분 자신 즉 정신적·육체적 과정을 그저 있는 그대로 관찰하기만 하면 되니까 말이지요.

심신의 어떤 활동이나 동작 등을 분석도 하지말고, 생각도 하지말고 일어나는 대로 관찰하십시오. 여러분의 몸과 마음에 일어나고 있는 것에 그저 있는 그대로 주의를 기울이십시오. 그것이 다 입니다.

만일 지적인 앎이나 선입견을 갖고 이 심신과정을 관찰한다면 여러분은 길을 잃고 빗나가게 됩니다. 그렇게 되면 마음은 대상에 잘 집중되지 못하므로 여러분은 정신적·육체적 현상을 깨달을 수 없습니다.

심신의 어떤 활동이라도 실제로 일어나는 대로 관찰하면 마음은 점차적으로 관찰 대상에 집중되며, 그 집중 상태는 점점 깊어지고 강력해집니다. 그러면 여러분의 마음은 다섯 가지 마음의 장애 즉 감각적 욕망(까맛찬다), 악의(와야빠다), 게으름과 무기력(티나밋다), 들뜸과 걱정 또는 회한(웃닷짜 꾸꿋짜), 회의적 의심(위찌낏차)으로부터 벗어나 청정하게 됩니다.

여러분의 마음이 이 다섯 장애들로부터 청정해질 때 꿰뚫어보는 지혜는 예리하게 됩니다. 그러면 여러분은 정신적·육체적 과정을 먼저 그것들의 고유한 특성대로 그리고 두 번째로 그것들의 일반적인(공통적인) 특성대로 깨달을 수 있을 것입니다.

이 두 가지 수준으로 깨닫는 것은 위빳사나 수행 코스에서 올바른 이해(삼마 딧티)라고 불려집니다. 이 올바른 이해가 정점에 도달할 때 여러분은 세 번째 수준의 올바른 이해, 즉 네 가지 고귀한 진리(사성제)를 깨닫는 첫 번째 깨달음을 통해 괴로움의 소멸인 닙바나(열반)를 얻습니다. 그때 여러분은 마침내 바다에 도달하게 되는 것입니다.

자유로 가는 길

일체지자이신 부처님께서는 돌아가시던 날 밤 꾸시나라 공원에 그 분을 위해 준비된 침대에 누워 계셨습니다.

초경이 되자 탁발 수행자인 수밧다가 부처님께 와서 이렇게 여쭈었습니다. "존귀한 고타마 부처님이시여! 저는 여러 스승들의 다양한 가르침을 배운 바 있습니다. 그들 모두는 그들이 모든 것을 알고 있으며, 아라한이라고 하던데, 그것이 사실입니까?"

부처님께서는 이 질문에 대답하시지 않고 다만 이렇게 충고하셨습니다. "수밧다여! 네가 궁금해하는 것들은 중요하지 않느니라. 그것들은 너의 해탈과 아무런 관련이 없기 때문에 나는 그 질문에 대답하지 않을 것이니라. 나에게는 이제 시간이 얼마 남지 않았으므로 너의 해탈을 위해 무엇이 중요한지에 대해 가르쳐 줄 터이니 주의깊게 내 말을 듣거라."

참된 담마의 기준

부처님께서는 말씀을 이으셨습니다.

"수밧다여! 팔정도가 발견되지 않는 가르침에서는 어떠한 사마나도 없을 것이니라."

여기서 '사마나'란 '모든 정신적 오염원을 파괴하였기에 평화로운 사람'을 의미합니다. 따라서 부처님의 이 말씀은 만일 팔정도가 없는 가르침을 따른다면 모든 정신적 오염원을 파괴하는 사람도 없다는 뜻입니다.

만일 어떤 가르침에 팔정도가 있다면, 그러한 가르침을 따름으로써 모든 정신적 오염원을 파괴시키고 괴로움을 제거하는 사람이 있을 것입니다. 따라서 여러분이 팔정도를 계발할 필요가 없는 가르침을 따른다면 여러분은 정신적 오염원을 파괴하지 못할 것이며, 그 결과 괴로움을 제거하지 못할 것이 확실합니다.

이어서 일체지자이신 부처님께서는 참된 담마의 기준을 지적하셨습니다.

"수밧다여! 오직 나의 사사나(가르침)에만 팔정도가 있느니라."

부처님께서 수밧다에게 하신 설법은 '통나무의 비유담'과 잘 부합합니다. 두 설법 모두 팔정도를 계발하지 않은 사람은 닙바나라는 바다에 도달하지 못한다고 말하고 있기 때문입니다.

만일 그가 팔정도를 계발한다면, 먼 쪽(저 쪽) 둑이나 가까운 쪽(이 쪽) 둑에 갇히지 않는 등 나머지 과실들을 지니지 않을 것이므로 닙바나(열반)라는 바다에 도달할 것이 확실합니다.

일체지자이신 부처님께서는 우리에게 팔정도를 계발하는 방법을 가르쳐 주셨습니다. 그것은 바로 주의기울임 수행입니다.

주의기울임 수행(위빳사나 수행)

부처님께서는 주의기울임의 네 가지 바탕들에 대한 설법인 〈마하사띠빳타나 숫따〉에서 주의기울임의 방법을 자세히 가르쳐 주셨습니다. 그분은 육체적 과정, 감각, 의식, 담마(법) 등에 그것들이 실제로 일어나는 대로 주의기울이라고 가르치셨습니다.

따라서 주의기울임 수행의 원리는 우리의 심신에서 일어나는 것은 무엇이든지 그것들이 실제로 일어나는 대로 관찰하는 것(주의기울이는 것, 알아차리는 것)입니다. 통증과 같은 불쾌한 감각, 쑤심, 뻣뻣함, 가려움 등까지도 그것들에 있는 그대로 주의기울여야 합니다.

그런데 등이나 무릎에서 통증을 느낄 때 여러분은 통증을 있는 그대로 관찰해야지 그것을 사라지게 하려고 애써서는 안됩니다. 왜냐하면 통증은 여러분이 닙바나를 얻는 것을 도와주기 때문입니다. 따라서 만일 여러분이 통증을 느낀다면 여러분은 아주 운이 좋은 것입니다.

통증은 철저하게 깨달아져야 하는 다섯 다발 중의 하나이므로 그것은 여러분을 괴로움의 소멸로 이끌게 됩니다. 그것은 괴로움의 진리이며, 철저하게 깨달아져야 하는 감각의 다발 중 하나입니다.

만일 이 통증을 그것의 본성대로, 그러니까 그것의 고유한 특성과 일반적 특성대로 깨달으면, 여러분은 그것을 단지 순간에서 순간으로 일어나서 사라지고 있는, 일초조차도 지속하지 않는 자연 그대로의 과정으로써 봅니다. 그리고는 마침내 정신적 오염원을 파괴하는 깨달음을 통해 괴로움의 소멸에 도달하게 됩니다. 그래서 만일 여러분이 통증을 느끼면, 여러분은 아주 운이 좋은 것이라고 말한 것입니다.

정신성과 육체성의 고유한 그리고 일반적인 특성

여기서 정신성과 육체성의 고유한 특성들과 일반적(공통적) 특성을 설명해야 할 것 같습니다.

먼저 고유한 특성에 대해 알아보겠습니다. 모든 정신적·육체적 과정에는 다른 정신적·육체적 과정과 공통되지 않는 그것만의 고유한 특성이 있습니다.

로바(탐욕, 갈망, 욕망, 육욕)를 예로 들어봅시다.

로바는 어떤 것에 달라붙는(집착하는) 그것만의 고유한 특성이 있습니다. 만일 여러분이 롤스로이스를 좋아하면 여러분은 그것을 소유하려고 하거나 갈망하게 될 것입니다. 여러분은 그것에 애착하게 됩니다. 이처럼 달라붙는(집착하는) 것이 바로 로바의 고유한 특성입니다.

도사(화, 분노, 우울, 짜증)는 어떨까요? 그것의 특성은 무례함입니다. 로바가 사물을 끌어당기는 특성을 가진 반면에 도사는 그것을 혐오하여 쫓아버리는 특성을 갖고 있습니다.

그럼 이번에는 사람을 구성하는 요소의 고유한 특성에 대해 알아보겠습니다.

소위 사람이라는 것을 구성하는 정신적·육체적 과정에는 빠타위 다투(땅의 요소), 아뽀 다투(물의 요소), 떼조 다투(불의 요소), 와요 다투(바람의 요소), 아까사 다투(공간의 요소), 윈냐나 다투(의식의 요소)등의 여섯 가지가 있습니다.

이 중 빠타위 다투(땅의 요소)의 고유한 특성은 딱딱함과 부드러움입니다. 이 특성은 다른 것에는 없고 오직 땅의 요소에만 있습니다. 아뽀 다투(물의 요소)의 고유한 특성은 유동성과 응집성(점착성)이며, 떼조 다투(불의 요소)의 특성은 뜨거움과 차가움입니다.

수행자가 깊은 집중을 얻게 되면 그의 마음은 청정해집니다. 그때 그는 정신적·육체적 과정의 고유한 특성을 깨닫기 시작합니다.

예를 들어 여러분이 복부의 불러오고 꺼지는 육체적 과정을 관찰할 때 집중이 충분히 깊어지면 불러오고 꺼지는 움직임을 그것들의 본성대로 분명하게 깨닫기 시작합니다.

움직임(동작)은 바람(공기) 요소의 고유한 특성입니다. 여러분이 불러오는 움직임과 꺼지는 움직임의 본성을 매우 분명하고 바르게 이해할 때, 여러분은 그 순간에 신체나 복부의 형태에 대한 의식이 없이 단지 움직임, 즉 밖으로의 움직임과 안으로의 움직임만 깨달을 뿐입니다. 이것은 여러분이 공기요소(와요 다투)의 고유한 특성을 깨닫고 있다는 것을 의미합니다.

한편 정신적·육체적 현상의 일반적인 특성은 아닛짜(비영속), 둑카(괴로움), 아낫따(비인격성, 무 영혼, 무아)입니다. 모든 정신적·감정적 상태들, 육체적 과정은 이 세 가지의 특성을 공통으로 지닙니다.

여러분은 꿰뚫어보는 지혜의 두 단계, 즉 정신성과 육체성 사이를 구별하는 지혜, 그리고 원인과 결과를 구별하는 지혜를 통과한 후에 정신적·육체적 현상의 이 세 가지 일반적(공통적) 특성을 깨닫게 됩니다.

그런 다음 끊임없이 지속되는 주의기울임과 자연스럽게 더 깊어지는 집중으로 부지런하게 수행할 때 여러분은 꿰뚫어보는 지혜의 모든 단계를 통과하게 됩니다. 그러면 정신적·육체적 과정은 존재하기를 그치게 되어 여러분은 형성되어진 것의 소멸인 닙바나를 얻게 됩니다.

괴로움의 끝

여러분이 모든 상카라(형성되어진 것)가 그쳐지는 상태로 들어가는 순간 여러분은 괴로움의 원인인 애착을 포기하게 됩니다. 왜냐하면 여러분은 이제 둑카(괴로움)를 바르고 완전하게 이해했기 때문입니다.

이제 괴로움의 진리는 완전하게 이해되었습니다. 따라서 괴로움의 원인이 포기되었습니다. 또한 괴로움의 소멸로 이끄는 길의 진리인 팔정도가 계발되었습니다. 그럼으로써 여러분은 형성되어진 것(상카라)의 그침에 도달했습니다.

여러분은 네 가지의 고귀한 진리를 깨달음으로써 세 번째 수준의 올바른 이해, 즉 깨달음(enlightenment)을 얻은 것입니다. 이로써 여러분은 바다에 도달했습니다. 왜냐하면 여러분은 가운데 흐름인 팔정도에 의해 운반되어졌기 때문입니다. 여러분은 가까운 쪽(이 쪽) 둑에도 먼 쪽(저 쪽) 둑에도 걸리지 않았고, 섬 위에 좌초되지 않는 등 여덟 가지 과실을 갖지 않았으므로 마침내 바다에 도달한 것입니다.

소치는 목동 난다의 출가

부처님께서 강가 둑 위에 있는 나무 밑에 앉아 이 '통나무의 비유담'을 설법 하셨을 때 빅쿠들 옆에서 함께 법문을 들은 난다라는 소치는 사람이 있었습니다. 난다는 부처님의 설법을 듣고 크게 고무되어 가운데 흐름에 의해 바다로 운반되기를 희망했습니다.

그래서 그는 부처님께로 나아가 "존귀하신 부처님이시여! 저는 가까운 쪽(이 쪽) 둑이나 먼 쪽(저 쪽) 둑에 걸리는 것, 또는 강속에 가라앉는 것 등 여덟 가지 과실을 갖는 것이 두렵습니다. 저는 가운데 흐름에 의해 운반되어 바다에 도달하고 싶습니다. 제가 팔정도인 가운데 흐름을 계발할 수 있도록 제발 저를 빅쿠로 만들어 주십시오."라고 부탁드렸습니다.

그러자 부처님께서는 "난다여, 너는 소치는 사람이 아니냐? 그러니 너는 먼저 집으로 소를 몰고 가서 소를 주인에게 맡겨야 할 의무가 있느니라. 네가 그렇게 하지 않는 한 나는 너를 빅쿠로 만들어 줄 수 없느니라."라고 말씀하셨습니다.

소치는 사람 난다는 부처님의 말씀에 따라 소를 주인에게 돌려 준 다음 빅쿠가 되기 위해 부처님께로 돌아왔습니다. 부처님은 그를 빅쿠로 출가시켜 주셨고, 빅쿠가 된 난다는 외진 숲속으로 가서 순간에서 순간으로 일어났다 사라지는 모든 정신적·육체적 현상을 알아차림으로써 팔정도를 계발했습니다.

그는 가운데 흐름에 의해 운반되고 싶은 마음이 아주 강했기 때문에 부지런히 수행했습니다. 그리고는 매우 짧은 시간에 중류에 의해 운반되어져서 마침내 열반(닙바나)이라는 바다에 도달했습니다. 그는 여덟 개의 과실 중 어느 것도 갖지 않았고 열반이라는 바다를 향해 달리는 팔정도라는 중류에 의해 운반되어졌기 때문에 열반이라는 바다에 도달한 것입니다.

부처님께서는 반복해서 "이 순간에 일어나고 있는 것은 있는 그대로 주의기울이거라. 또는 너희들의 몸과 마음에 일어나고 있는 것은 무엇이든지 있는 그대로 알아차리거라. 그러면 너희들 모두는 가운데 흐름

에 의해 운반되어져서 열반이라는 바다에 이를 것이니라."라고 말씀하
셨습니다.

여러분이 좀 전에 들었다시피 부처님의 통나무의 비유담이 끝났을 때
고무된 소치는 사람 난다는 자기를 빅쿠로 만들어 달라고 부처님께 요
청했습니다. 그래서 그는 빅쿠가 되었고, 가운데 흐름에 의해 운반되기
위해 최선을 다함으로써 마침내 바다에 도달했습니다.

그런데 여러분은 어떻습니까? 지금 나의 법문도 끝났는데 이 시점에
서 혹 여러분 중에 난다처럼 출가하고 싶은 사람은 없습니까? (웃음) (수
행자들 대답) 여러분은 소치는 사람이 아니라고요? 그래서 여러분은 열
반(닙바나)이라는 바다에 운반되어지고 싶지 않고 대신 상사라(재생의
고리, 윤회)라는 바다에 운반되어지고 싶다고요? (웃음) 여러분은 계속
해서 태어나며 괴로움을 겪고싶다는 것입니까? (웃음)

네, 여러분 중에 가운데 흐름에 의해 운반되기 위해 출가하고 싶은 사
람이 있다면 나는 그렇게 해 줄 준비가 되어 있습니다. (웃음) 여자 수행
자들은 여자 출가 수행자(buddhist nun)로, 남자 수행자들은 빅쿠로 만
들어 줄 준비가 되어 있다는 말입니다. (웃음) 그렇지만 아쉽게도 가운
데 흐름에 의해 운반되어지기를 원하는 사람이 아무도 없는 것 같군요.

내가 설법을 했는데도 불구하고 이런 결과가 나온 것은 내가 부처님
이 아니기 때문일 것입니다. (웃음) 여러분이 부처님께 직접 출가를 허
락받으려면, 여러분은 마이뜨레야(미래 부처님)를 뵙게 될 날까지 기다
려야 할 것입니다. (웃음)

오늘 법문은 이것으로 마치겠습니다. 여러분 모두 가운데 흐름에 의

해 운반될 수 있도록 부지런하고 진지하게 최선을 다해서 팔정도를 계발함으로써 닙바나를 얻기를 기원합니다.

사두! 사두! 사두!

사마타 수행과 위빳사나 수행의 차이점

두 가지 타입의 수행

오늘은 사마타 수행과 위빳사나 수행의 차이점에 대하여 알아보도록 하겠습니다.

불교인들 중에는 간혹 사마타 수행과 위빳사나 수행을 제대로 구별하지 못함으로써 수행을 하는데 애를 먹는 사람들이 간혹 있습니다. 그래서 매 수련회 때마다 두 수행의 차이점에 대해 법문을 해왔습니다. 그리고 이번 수련회에서도 앞에서 먼저 다루려고 했지만 그동안 진행되고 있는 다른 법문의 흐름을 끊을 수가 없었습니다. 그러다보니 오늘에야 비로소 그것에 대해 다루게 되었습니다.[34]

수행은 빠알리어로 바와나라고 합니다. 바와나라는 말은 원래 수련 또는 계발을 뜻하지만 여기서는 정신적(마음의) 수련과 계발을 의미합니다. 즉, 평온, 안정, 고요, 그리고 깨달음과 괴로움의 소멸을 얻을 수 있을 때까지 의식을 계발하는 것이 바와나입니다. 오늘날 우리는 그것을 수행(meditation)이라고 부르고 있습니다.

이 수행을 부처님께서는 두 가지 종류로 구분하셨습니다. 첫 번째는 사마타이고, 두 번째는 위빳사나입니다. 사마타란 평온, 안정, 고요, 집중을 뜻하고, 위빳사나는 심신 과정의 경험적 지혜, 또는 꿰뚫어 보는 지혜를 뜻합니다. 이 두 가지 수행 중에서 미얀마 불교인들은 대부분 위빳사

---

34) 사실은 큰스님께서 첫 번째 날 법문 중 약간 다루었지만 두 수행의 차이점만을 주제로 해서 다루지 않았다는 뜻인 것 같다.

나 수행을 합니다. 그에 비해 사마타 수행을 하는 사람은 아주 적습니다.

사마타 수행의 목적, 방법, 이익

그러면 사마타 수행과 위빳사나 수행의 차이는 무엇일까요? 그 차이를 파악하기 위해서 간략하나마 두 수행에 대해 먼저 알아보아야 할 것 같습니다.

먼저 사마타 수행부터 살펴보겠습니다.

사마타 수행의 목적은 보다 높은 정도의 마음의 집중을 얻는 것과 그 결과로써 고요, 평온, 침착을 느끼는 것입니다. 이와 같은 목적을 성취하기 위해서는 하나의 주제만을 수행 대상으로 취해야 합니다. 왜냐하면 보다 높은 정도의 집중은 단 하나의 대상에만 가능한 한 깊게 집중할 때 얻어지기 때문입니다.

따라서 사마타 수행자는 하나의 수행대상으로써 경전에 묘사된 것처럼 고대의 수행 지도자들이 계발한 호흡을 취하거나, 또는 수행자들의 안내서인 《위숫디막가》에 나와 있는 사마타 수행의 여러 주제 중 하나를 선택해도 좋습니다.

《위숫디막가》에 나오는 사마타 수행의 주제는 모두 마흔 가지인데 그 중 어느 것을 택하든 상관없습니다. 호흡이외에 수행자들이 주로 택하는 것에는 까시나, 아수바[35], 아눗사띠[36] 등이 있습니다.

이 중 '까시나'는 '장치'를 의미합니다. 까시나에는 빠타위 까시나,

아뽀 까시나, 떼조 까시나 등 열 가지 종류가 있습니다. 빠타위 까시나
는 땅(흙)의 장치, 아뽀 까시나는 물의 장치, 떼조 까시나는 불의 장치를
의미합니다.

이 중 수행자가 흙의 까시나를 선택한다면 그는 흙으로 원반 같은 장
치를 만들어야만 합니다. 순수한 흙을 바닥으로부터 약 2, 3피트 위로
벽에 바르고 그것을 접시 크기로 만듭니다.

그 후 벽으로부터 약 2피트 떨어진 곳에 앉아서 흙 원반을 쳐다봅니
다. 그리고는 마음속으로 '흙-흙…' 이라고 반복적으로 말합니다. 마음
이 밖으로 나가면 마음을 원반으로 다시 가져와서 '흙-흙…' 이라고 명
명하며 원반에 마음을 모읍니다.

이런 식으로 마음이 밖으로 나갈 때마다 여러분은 마음을 흙의 원반
으로 가져와서 '흙-흙…' 이라고 명명하며 마음을 모읍니다. 만일 여러
분이 빠타위라는 말의 뜻을 안다면 빠알리어로 '빠타위-빠타위…' 라고
명명할 수도 있습니다.

사마타 수행에서 빠타위는 흙을 의미하지만 위빳사나 수행에서는 딱
딱함과 부드러움을 의미합니다. 다시 말하면 위빳사나 수행에서 빠타위
는 진짜 땅(흙)이 아니라 땅(흙)의 독특한 특성인 딱딱함과 부드러움을

---

35) 아수바 : 부정(不淨). 10가지가 있으며, 부픈 시체, 변색된 시체, 잘려진 시체, 해골 등 모두 시체에 대
한 혐오성을 숙고하기 위한 것들로 되어있다.

36) 아눗사띠 : 거듭 숙고함. 모두 101가지 종류가 있으며 그 중 대표적인 것에 붓다누사띠(부처님의 덕
성을 숙고함)가 있다.

뜻하고 사마타 수행에서 빠따위는 응시할 목적으로 수행자가 만든 흙의 원반을 의미한다는 말입니다.

어찌 되었든 사마타 수행자는 마음이 밖으로 나가 방황하며 어떤 것을 생각하게 되면 마음을 빠따위 카시나로 되돌려 와야 합니다.

그럼 왜 사마타 수행자는 마음이 밖으로 나갈 때 수행의 기본대상으로 마음을 되돌려야 할까요? 그것은 그가 하나의 대상에 아주 깊게 집중하기를 바라기 때문입니다.

마음이 하나의 수행 대상에 거의 완전히 몰입된 상태의 집중을 우빠짜라사마디라고 합니다. 우빠짜라사마디는 자나집중(몰입집중)에 가깝기 때문에 이웃집중(근접집중)이라고 불립니다.

수행자가 원반을 관찰하는 데 충분히 노력을 기울이면 집중은 점점 더 깊어져서 마침내 마음은 수행의 대상에 완전히 집중됩니다. 그때 마음은 대상인 흙 원반에 완전히 몰입됩니다. 그러면 마음에는 어떤 장애나 정신적 오염원도 없게 되어 청정해집니다. 그 결과 여러분은 고요, 안정, 평온, 평화를 느끼며 그 상태를 즐깁니다.

그럼 이와 같이 여러분의 집중이 깊어짐으로써 얻게 된 그 평화, 고요, 평온을 즐기는 것은 옳은 일입니까, 아니면 잘못된 일입니까? (수행자들 잘못이라고 대답) 네, 지금 수행자는 위빳사나 수행이 아니라 사마타 수행을 하고 있다는 점에 유의해야 합니다.

사마타 수행의 목적은 수행자의 마음이 모든 장애들과 정신적 오염원으로부터 청정해질 수 있도록 수행의 대상에 그의 마음을 매우 잘 집중하는 것입니다. 또한 그 결과 평온, 고요, 평화를 얻어 그것을 즐기는 것 역시 사마타 수행의 목적입니다. 따라서 사마타 수행자가 고요, 평온 등을 즐기는 것은 잘못된 일이 아니라 옳은 일입니다. 그것도 아주 옳은 일입니다.

이처럼 깊은 집중을 통해 얻은 고요, 평온, 평화를 즐기는 것을 빠알리어로 '자나 딧타담마 수카위하라', 또는 '자나 수카' 라고 합니다. '자나' 는 '수행의 대상으로의 몰입' 을 의미하고, '수카' 는 '행복' 을 의미하므로 '자나 수카' 는 '집중행복' 을 의미합니다. (웃음) (수행자들 질문) 네, 집중행복이란 마음의 집중을 통해 얻어진 행복을 의미합니다.

히말라야의 탁발 수도자나 은둔자들이 하는 수행도 다 이 자나 수카를 즐기기 위한 것입니다. 그들은 숲으로 들어가 사마타 수행을 하며 깊은 집중을 통해 얻은 고요, 평온, 평화를 하루 종일 즐깁니다. (웃음) 타당하지요? 네, 타당합니다. 왜냐하면 그들의 목표는 가능한 한 오래 그것을 즐기는 것이기 때문입니다.

또한 사마타 수행자는 사마타 수행으로 인한 깊은 집중을 통해 하늘을 날기, 물위를 걷기, 분신술등과 같은 신통력도 얻을 수 있습니다.

그런데 전통적으로 사마타 수행에서 얻는 깊은 집중을 우리는 두 가지 부류로 정의합니다. 하나는 우빠짜라 사마디(이웃집중, 근접집중)이고, 다른 하나는 우빠짜라 사마디보다 더 깊은 상태인 자나사마디(몰입집중, 고정집중)입니다. 자나 사마디는 모두 여덟 단계로 이루어집니다.

사마타 수행자는 자나의 여덟 단계를 한 단계씩 차례대로 밟아 올라갑니다. 두 번째 단계는 첫 번째 단계 보다 더 높습니다. 그것은 수행자의 마음이 수행 대상에 더 깊이 흡수되어질 때 한 단계 더 높은 자나 사마디를 얻었다는 것을 의미합니다.

수행을 계속하여 마음이 수행대상에 더 깊게 흡수되어지면 세 번째, 네 번째 단계의 자나 사마디를 얻게 됩니다. 그렇게 해서 얻어지는 마지막 여덟 번째 단계의 자나 사마디는 집중되어진 마음의 정도가 가장 높습니다.

그 상태를 네바상냐나상냐야따나[37]라고 하는데, 여러분은 발음하기조차도 어려운 이 낱말에 대해 굳이 알 필요는 없습니다. 왜냐하면 여러분은 사마타 수행자가 아니라 위빳사나 수행자이기 때문입니다. (웃음)

나 역시 멧따 수행, 붓다누사띠 수행 그리고 호흡수행 이외의 사마타 수행은 가르치지 않습니다. 이 세 가지 수행 또한 사마타 수행의 40가지 주제에 포함되나 이 수행들을 통해서 네바상냐나상냐야따나의 상태를 얻을 수는 없습니다.

우리는 대개의 경우 수행자들에게 위빳사나 수행을 하도록 장려하지만 필요할 경우에는 이 세 가지 종류의 사마타 수행을 가르치기도 합니다.

어쨌거나 자나 집중의 여덟 단계를 모두 얻게 되면 그는 자나 사마디를 언제고 즉시 얻을 수 있도록 숙련시키는 훈련을 해야 합니다. 즉, 자기가 원하는 순간 여덟 단계의 자나 중 아무 단계에나 들어갈 수 있도록 연습해야 한다는 말입니다.

그래서 수행자가 자나를 얻는 것에 아주 숙련되어 즉시 어떠한 자나

---

37) 네바상냐나상냐야따나 : 지각하는 것도 아니고 지각하지 않는 것도 아닌 세계(非想非非想處).

에도 들어갈 수 있게 된 후, 자나 집중을 바탕으로 사마타 수행을 계속하면 그는 신통력을 얻을 수 있습니다.

아주 쉽지요? (웃음) 네, 실질적으로가 아니라, 이론적으로 어떠한 단계의 자나 사마디든 즉시 들어가는 것은 매우 쉽습니다. (웃음) 그러나 실제로는 1년, 2년, 3년이 걸립니다. 때로는 6, 7년, 때로는 전생애가 걸리기도 합니다.

이 자나 사마디는 위빳사나 수행으로 아나함이나 아라한이 된 분이 니로다사마빳띠(멸진정滅盡定)에 들어가는데도 대단히 유익합니다.

여기서 '니로다' 는 '모든 의식과 정신적 상태들, 그리고 마음에 의해서 산출되어진 육체적 과정의 소멸' 을 의미하고 사마빳띠는 '성취' 를 의미하므로 '니로다사마빳띠' 는 '의식과 정신적 부수물 그리고 마음에 의해 산출된 모든 육체적 과정의 소멸의 성취' 를 의미합니다. 이해됩니까?

네, 그럼 이 니로다사마빳띠에 들어갔을 때 수행자는 그 상태에서 어떤 것을 알 수 있을까요? 아닙니다. 그는 어떤 것도 알아차리지 않습니다.

이와 같은 니로다사마빳띠에 들어가기를 원하는 아나가민이나 아라한은 먼저 사마타 수행을 해서 여덟 단계의 자나사마디를 얻은 다음에 가장 높은 자나 사마디를 바탕으로 위빳사나 수행을 하게 됩니다. 그런 다음 니로다사마빳띠에 들어갑니다.

위빳사나의 의미와 위빳사나 수행의 목적에 대한 간략한 재설명

이상으로 사마타 수행에 대한 설명을 마치고, 이번에는 위빳사나 수행에 대해서 아주 간략하게 설명하겠습니다. 위빳사나 수행에 대해서는 이미 여러분이 잘 알고 있기 때문에 새삼스럽게 설명할 필요가 없지만 사마타 수행과의 차이점을 이해하기 위해 잠깐 다시 언급하고자 합니다.

위빳사나가 무엇을 의미한다고 했습니까?

네, 위빳사나'는 '위'라는 말과 '빳사나'라는 말로 이루어진 합성어입니다. '위'는 '아닛짜, 둑카, 아낫따(비영속, 괴로움, 비인격성)'를 의미하고, '빳사나'는 '꿰뚫어 보는 지혜(깨달음, 바른 이해)'를 의미합니다.

더 정확하게 '빳사나'의 의미를 말하자면, '주의기울임에 의한 깨달음(realization)', 또는 '주의기울임에 의한 꿰뚫어보는 지혜'입니다. 왜냐하면 어떤 수행자도 정신적·육체적 현상에 대한 주의기울임 없이는 정신적·육체적 현상을 본성대로 꿰뚫어보거나 깨달을 수 없기 때문입니다. 즉 오직 정신적·육체적 현상에 주의기울일 때만이 그것들을 성품대로 깨달을 수 있기 때문이란 말입니다.

그러나 통상적으로 합성어인 위빳사나의 뜻을 말할 때는 '정신적·육체적 과정의 아닛짜, 둑카, 아낫따의 깨달음'이라고 합니다. 그럼 위빳사나 수행의 목적은 무엇입니까? 이것도 우리 수련회 처음에 여러 번 다루었던 것입니다. (수행자들 대답)

그렇습니다. 위빳사나 수행의 목적은 정신적·육체적 과정의 비영속,

괴로움, 비인격성을 깨달음으로써 일체의 괴로움을 제거하는 것입니다. 수행자가 정신적·육체적 과정을 그것들의 본성대로 깨닫지 않고서는 정신적 오염원을 파괴할 수 없으므로 괴로움을 제거할 수 없습니다.

그렇다면 위빳사나 수행을 할 때 집중만을 얻는 것으로 충분합니까? 물론 아닙니다. 위빳사나 수행을 위해서는 집중만이 아니라 존재의 세 가지 특성을 꿰뚫어보는 지혜 또한 필요합니다. 따라서 위빳사나 수행자는 마음의 깊은 집중만을 얻는 데 만족해서는 안 됩니다.

사마타 수행과 위빳사나 수행의 목적, 결과, 대상, 방법, 결과의 지속성에 있어서의 차이점

그럼 지금까지 사마타 수행과 위빳사나 수행에 대해 간략히 살펴본 것을 바탕으로 두 수행의 차이점을 알아보겠습니다.

1. 수행목적의 차이
사마타 수행의 목적은 더 높은 정도의 집중만을 얻는 것이며 위빳사나 수행의 목적은 정신적·육체적 현상을 그것들의 본성대로 깨달음을 통해 괴로움을 제거하는 것입니다.

2. 수행대상의 차이
이와 같은 목적의 차이로 두 수행은 대상에서도 차이가 납니다. 즉 사마타 수행에서는 목적인 깊은 집중을 얻기 위하여 단 하나의 대상만을 취해야 합니다. 그러나 위빳사나 수행에서는 그 궁극적 목적인 괴로움의 제거를 위해 모든 정신적·육체적 과정의 본성을 있는 그대로 철저하게 깨달아야 하기 때문에 수행자의 몸과 마음에 일어나고 있는 모든 다양한 정신적·육체적 과정이 수행대상입니다.

따라서 위빳사나 수행자가 기본대상인 복부의 불러오고 꺼지는 움직임 하나에만 매달리는 것은 옳은 방법이 아닙니다. 만일 복부의 불러오고 꺼지는 움직임을 관찰하는 것에만 매달린다면 여러분은 단지 그것만을 깨닫고 다른 정신적·육체적 과정에 대해서는 깨닫지 못하게 될 것입니다.

그런데 복부의 움직임보다 더 두드러진 대상이 있을 때는 사실 복부의 움직임의 본성을 깨닫는 것도 쉽지만은 않습니다.

왜냐하면 예를 들어 등에 심한 통증이 있다면 비록 여러분이 복부의 불러옴과 꺼지는 움직임을 잘 관찰하고 싶을 지라도 마음은 자연스레 등의 통증으로 가기 때문입니다.

따라서 기본 대상인 복부의 움직임보다 더 두드러진 대상이 있을 때는, 억지로 복부의 움직임만 관찰하려고 하지말고 그 순간에 더 두드러진 대상을 관찰해야 합니다.

3. 수행 결과의 차이

두 수행은 결과에서도 차이가 있습니다. 사마타 수행의 결과는 마음의 고요, 평온, 평화를 즐기는 것과 약간의 신통력을 얻을 수 있는 것에 지나지 않습니다. 반면에 위빳사나 수행의 결과는 닙바나(괴로움의 소멸, 해방)입니다.

그런데 닙바나는 정신적·육체적 현상에 대한 바른 이해를 얻음으로써 정신적 오염원이 파괴될 때 얻어집니다. 따라서 위빳사나 수행의 결과는 제일 먼저 깨달음이고 두 번째는 정신적 오염원의 파괴, 마지막으로 괴로움의 소멸인 닙바나입니다. 아, 깨달음의 전 단계인 집중의 단계를 건너뛰었군요.

마음이 어느 정도 집중되어지지 않는 한 우리는 어떤 정신적·육체적 과정도 깨닫지 못합니다. 심신 과정을 깨닫기 위해서는 어느 정도의 집중이 필요합니다. 그래서 여러분이 인터뷰하러 올 때마다, 어제 나의 집중은 좋았었는데 오늘은 매우 형편없었다고, 또는 오늘은 불안정하다면서 집중에 대해 보고를 하는 것입니다. 그러나 이 수련회에서는 아직껏 내 집중은 너무 깊다고 말하는 수행자를 본 적이 없습니다. (웃음)

나는 여러분에게서 그런 말을 한 번 들어보고 싶습니다. (웃음) 그렇다고 정말 그런 말을 듣고 싶은 것은 아닙니다. 왜냐하면 집중이 너무 깊으면 마음이 대상 속으로 너무 깊게 흡수되어 버려서 여러분은 도리어 정신적·육체적 과정을 깨달을 수 없기 때문입니다.

4. 생각을 다루는 방법의 차이

이번에는 생각을 다루는 방법의 차이에 대해 알아보겠습니다. 사마타 수행에서는 하나의 기본대상만 반복적으로 관찰하면서 그 대상에만 집중해야 하므로 마음이 밖으로 나갈 때는 마음을 기본대상으로 다시 가져가 가능하면 많이 그것에 깊게 초점을 모아야 합니다.

그에 비해 위빳사나 수행에서는 마음이 밖으로 나가면 그것을 기본 대상으로 다시 가져오지 않습니다. 대신 어떻게 해야 하지요? (수행자들 대답) 관찰을 한다고요? 무엇을 관찰하지요? (수행자들 대답)

그렇습니다. 헤매고 어떤 것에 대해 생각하고 있는 마음을 관찰해야 합니다. 그런데 여러분이 헤매는 마음을 네다섯 번 정도 관찰하는데도 그것이 멈춰지지 않을 때는 어떻게 해야 할까요? 일부 수행자들은 기본 대상으로 돌아와 그것을 관찰하기도 하는데 그렇게 하는 것을 바른 방법이라 할 수 있습니까? (한 수행자가 대답) 네, 바른 방법이라 할 수 없습니다.

헤매는 마음이 계속되고 있음에도 그것을 관찰하지 않고 기본대상을 관찰하면 여러분은 둘 다 제대로 관찰할 수 없습니다. 처음에는 기본대상인 복부의 움직임에 어느 정도 집중이 될 것입니다. 그것은 여러분이 기본대상으로 돌아와서 '불러옴, 꺼짐, 불러옴, 꺼짐' 이라고 명명하며 관찰하고 집중하는데 많은 노력을 기울이기 때문이지요.

그러나 그 집중이 계속 되지는 않습니다. 왜냐하면 여러분의 마음 뒤에서 끝나지 않은 채 남겨진 헤매는 마음이 얼마 지나지 않아서 움직이기 시작하여 여러분의 집중을 망쳐 놓기 때문입니다. (웃음)

즉, 뒤에 있는 생각을 중요하지 않다고 그 생각과정을 관찰하지 않으면 이 생각과정은 잡목림 지대의 산불과 같게 됩니다. (웃음) 여러분은 그것을 압니까?

산불은 철저하게 끄지 않으면 작은 불씨 하나만으로도 되살아나 걷잡을 수 없이 번져갑니다. 생각 과정 또한 사라질 때까지 철저하게 관찰하지 않으면 점차적으로 자라 점점 더 강해져서는 여러분의 집중을 망쳐 놓습니다.

따라서 여러분은 생각이 일어나면 그것이 소멸할 때까지 철저하게 관찰한 다음에 복부의 관찰로 되돌아와야 합니다.

5. 수행 결과의 지속성의 차이

두 수행의 또 다른 차이점이 있습니다. 여러분이 사마타 수행으로 매우 깊은 집중을 얻으면 마음은 정신적 오염원과 장애들로부터 벗어나 청정해집니다. 그때 수행자의 마음은 조용하고 고요하고 평온하고 평화롭습니다.

마음이 하나의 수행 대상에 흡수되어 있는 동안 즉 한 시간, 두 시간, 어떤 경우 세 시간 동안이라도 수행자는 행복과 평화로움을 느낄 수 있습니다. 그러면 수행자는 그 상태를 즐깁니다.

그러나 마음이 수행의 대상에 몰두하지 않게 되면 조금 전의 고요, 평온, 평화는 사라져 버립니다. 그 결과 마음에는 정신적 오염원이 들어오기 시작합니다. 즉 욕망, 걱정 등이 수행의 대상에 집중되어 있지 않은 마음을 대신하기 시작한다는 말입니다. 이것은 사마타 수행의 결과는 마음이 수행의 대상에 잘 집중되어져 있을 때만 즐겨질 수 있는 것을 의미합니다.

그러나 위빳사나 수행은 다릅니다. 위빳사나 수행의 결과는 수행처에서 가졌던 여러분의 경험을 회상할 때, 일상 삶에서조차도 역시 즐겨질 수 있습니다.

여러분이 발의 동작의 일어남과 사라짐을, 또는 복부의 불러오고 꺼지는 움직임의 비영속을 분명하게 깨달았다면 그것은 잊혀지지 않습니다.

그래서 여러분이 수련처 밖에서 일상적인 삶을 살아가며 때때로 복부의 불러오고 꺼지는 움직임과 발의 움직임의 비영속 등 여러분이 수련처에서 경험했던 것을 회상하면 그 순간에도 여러분은 이 육체적 과정을 사람, 존재로 동일시하지 않게 됩니다.

만일 여러분이 내 말을 믿지 못한다면 수련회를 마치고 집에 돌아간 다음 여러분이 이곳에서 한 경험을 회상해 보십시오. 이곳에서 여러분은 다소 얼마간의 수행 경험을 했습니다. 일부 수행자는 아주 좋은 경험도 했습니다. 좋은 경험을 한 수행자들 경우에는 두 달 정도 더 수행하면 더 좋은 경험, 그러니까 깨달음의 첫 번째 단계인 소따빳띠 막가냐나도 얻을 수 있을 것이라고 생각합니다.

어쨌든 여러분이 수행을 끝내고 집에 돌아간 다음 여기서 얻은 경험을 회상할 수 있는데, 그러면 내가 지금 한 말 즉 이곳에서 한 수행 경험이 결코 사라지지 않고 남아 있을 거라는 것이 진실임을 확인할 수 있을 것입니다.

지금까지 우리는 사마타 수행과 위빳사나 수행의 차이점을 살펴보았습니다. 그러면 그 차이를 통해 여러분은 어떤 방법을 따라야 한다고 판단할 수 있겠습니까? (수행자들 대답)

미얀마 불교인들은 사마타 수행을 자나의 길이라 하고, 위빳사나 수행은 냐나의 길이라고 합니다. 자나의 길의 결과는 일시적으로 당분간만 지속되지만 냐나의 길의 결과는 영원히 지속됩니다. 그래서 수행 결과를 회상할 때마다 여러분은 그 결과를 그대로 맛볼 수 있습니다.

시간이 다 되었군요. 아직도 해야 할 법문이 많이 남아있는데 이제 여러분에게 법문을 할 기회가 두 번밖에 남지 않게 되었습니다. 천상 여기서 못다 한 설법은 미얀마로 돌아가 거기에 있는 수행자들에게 계속해야 할 것 같습니다. (웃음)

여러분 모두 사마타 수행과 위빳사나 수행의 차이점을 잘 구별해서 위빳사나 수행에 최선을 다해 목적을 달성하기를 기원합니다.

사두! 사두! 사두!

사마타 수행으로 얻는 집중(삼매)의 이익

어제는 사마타 수행과 위빳사나 수행의 차이점을 설명하면서 위빳사나 수행의 장점을 강조하다보니 사마타 수행의 장점을 간과한 것 같습니다. 그래서 오늘은 사마타 수행의 장점, 특히 사마타 수행으로 얻는 집중의 이익에 대해 알아보겠습니다. 이 집중의 이익에 대해서는 《위숫디막가》 주석에서 사마타 수행에 대해 아주 세세하게 설명한 후에 언급되고 있습니다.

1. 딧타담마 수카위하라

사마타 수행으로 인한 집중(삼매)의 첫 번째 이익은 마음이 대상에 깊이 집중되어있는 동안은 행복하며 평화롭고 축복되게 살 수 있다는 것입니다.

사마타 수행자는 수행을 통해 자나 사마디(몰입집중) 성취의 여덟 단계들을 얻은 후 평화, 행복, 축복을 누리면서 살기를 원할 때마다 자나 사마디의 성취로 들어갑니다. 그러기 위해서는 그가 평소에 수행해 오던 대상에 마음을 모읍니다.

그의 집중이 점차적으로 점점 깊어져 가장 깊은 단계에 도달하면 그의 마음은 수행 대상에 완전히 흡수되어져서 정신적 오염원이나 장애로부터 청정해집니다. 그러면 그의 마음은 고요하고 평온하고 침착하고 평화로워지고, 그는 그 같은 축복 상태를 즐기는데, 그것을 딧타담마 수카위하라라고 합니다.

'딧타담마' 는 '이 존재(existence)', '수카' 는 '행복, 축복' 을, '위하라' 는 '삶' 을 의미합니다. 따라서 '딧타담마 수카위하라' 는 '이 존재에서 행복하고 평화로우며 축복되게 사는 것'을 의미합니다.

그의 마음이 정신적 오염원 없이 완전히 수행 대상에 한 시간이고 두 시간이고 집중되어 있는 한 그는 그 어떤 걱정, 근심, 슬픔, 분노, 낙담, 스트레스, 긴장도 느끼지 않고 이 축복 상태를 즐길 수 있습니다.

때로는 이 자나 사마디(몰입 집중)의 성취에 하루 또는 이틀 동안 들어가 있을 수도 있습니다. 그러면 그의 축복 상태도 따라서 하루나 이틀 동안 이어집니다. 즉 그는 그 이틀 동안 매우 행복되고 평화롭고 축복된 삶을 누리게 된다는 말입니다.

그러나 마음이 수행 대상에 몰두하지 않게 되면 그의 마음에는 다시금 욕망, 탐욕, 미움, 무지, 산란 등의 정신적인 오염원이 일어납니다. 그러면 그는 어찌할 바 모르게 되고 전에 누리던 축복과 평화는 사라져 버립니다.

이것은 정신적 오염원이 깊은 집중에 의해 당분간만 제거될 수 있다는 것을 의미합니다. 그래서 그것은 정신적 오염원의 일시적 제거라고 불려지는 것입니다. 어쨌거나 마음이 대상에 깊이 집중되어있는 동안은 행복하며 평화롭고 축복되게 살 수 있는 것 즉 '딧타담마 수카위하라'는 사마타 수행으로 인한 집중이 주는 이익들 중의 하나입니다.

2. 초능력이나 신통력의 토대

두 번째 이익은 지난 번 법문에서도 잠깐 언급했듯이 신통력(아빈냐)을 성취하는데 있어 토대가 된다는 것입니다.

초능력이나 신통력을 얻기를 원하는 수행자는 그 토대로써 먼저 여덟 단계의 자나사마디(몰입집중)를 성취한 다음 사마타 수행을 계속하면 신통력을 얻게 됩니다.

3. 니로다사마빳띠의 토대

세 번째 이익은 니로다사마빳띠의 토대입니다.

아나가민과 아라한이 니로다사마빳띠, 즉 모든 정신적 상태들과 마음에 의해 산출되어진 육체적 과정의 소멸에 들어가기를 원할 때 역시 먼저 사마타 수행을 통해 몰입집중(자나 사마디) 성취의 여덟 단계를 얻어야 합니다.

4. 죽은 후 브라흐마의 세계에 태어남

네 번째 이익은 수행자가 몰입집중 성취의 여덟 단계 중 어떤 것에라도 들어가 있는 동안 죽으면 브라흐마 세계에 태어나게 된다는 것입니다.

5. 위빳사나 수행의 조력자

다섯 번째 이익은 사마타 수행으로 인한 집중이 위빳사나 수행에 도움을 줄 수 있다는 것입니다.

우리 수련회 아홉 번째 날에 이미 말한 것처럼 위빳사나 수행에는 두 가지 유형이 있습니다. 첫 번째는 '사마타 뿝방가마 위빳사나' 즉 '사마타 수행에 의해 선행되는 위빳사나 수행'이고, 두 번째는 '숫다 위빳사나'로 '사마타 수행이 선행되지 않는 순수 위빳사나 수행'입니다.

만일 여러분에게 수행을 할 시간이 충분하다면, 예를 들어 여러분에게 적어도 여섯 달 이상의 시간이 있다면 사마타 수행에 의해 선행되는 위빳사나 수행을 하는 것이 좋습니다. 이 경우 여섯 달 중 두 달이나 석 달 동안은 먼저 사마타 수행을 하고 그로써 얻은 집중을 바탕으로 나머지 달은 위빳사나 수행을 합니다.

사마타 수행에는 크게 두 가지 방식 즉 주의기울임 방식과 숙고하는 방식이 있습니다. 예컨대 멧따(자애) 수행은 숙고하는 방식입니다.

여러분은 살아 있는 존재들의 행복, 평화, 복지와 그들이 정신적·육체적 고통으로부터 자유로워지기를 바라면서 그들의 번영에 대해 숙고해야 합니다. 그러면 점차적으로 여러분의 마음은 자애의 느낌에 젖어들고 그 느낌은 점차적으로 몸에 스며들어 전신으로 퍼지게됩니다. 아주 훌륭한 수행이지요.

또한 붓다누사띠 바와나도 숙고하는 방식입니다. 따라서 여러분은 수행대상인 부처님의 덕성을 가능한 한 많이 숙고해야 합니다. 그러면 여러분의 마음은 점차적으로 부처님의 덕성에 집중됩니다.

반면에 호흡 수행은 주의기울임 방식이므로 여러분은 호흡을 숙고해서는 안됩니다. 여러분이 해야 할 일은 단지 들숨과 날숨을 대상으로 그것이 실제 일어날 때 주의기울이는 것입니다.

그래서 여러분은 콧구멍의 호흡에 초점을 모으고 숨이 들어올 때는 마음속으로 '들어옴' 이라고 명명하며 관찰하고, 숨이 나갈 때는 '나감' 이라고 명명하며 관찰해야 합니다.

이때 명명하는 일은 그리 중요한 것이 아닙니다. 그것은 단지 마음을 호흡의 들어오고 나가는 것에 모으는데 도움을 줄 뿐이며, 중요한 점은 호흡의 들어옴과 나감이 실제 일어날 때 관찰하는 것입니다.

여기서 잠깐 존귀하신 마하시 세야도[38]께서 호흡수행을 사마타 수행 유형과 위빳사나 수행 유형으로 구별하신 것을 언급해야 할 것 같습니다.

《위숫디막가》 주석에서 호흡수행은 사마타 수행의 마흔 가지 주제에 포함되어 있으므로, 그에 따를 경우 호흡수행은 사마타 수행입니다. 그러나 〈마하사띠빳타나 숫따〉에서는 호흡수행이 위빳사나 수행으로서 설명되고 있습니다. 그래서 마하시 세야도께서는 호흡수행을 사마타 수행과 위빳사나 수행의 두 가지 타입으로 구별하셨던 것입니다.

그러면 호흡수행이 위빳사나 수행인지 사마타 수행인지는 어떻게 구별할 수 있을까요? 그것은 대상의 종류로 구별할 수 있습니다.

사마타 수행의 대상은 거의 개념입니다. 반면 위빳사나 수행의 대상은 언제나 정신적·육체적 과정 등의 궁극적 실재입니다. 왜냐하면 궁극적 실재를 대상으로 수행했을 때만이 그 실재만의 고유한 특성과 모든 실재들이 공유하는 일반적 특성인 비영속, 괴로움 비인격성(무아)를 깨달을 수 있기 때문입니다.

따라서 여러분이 마음을 호흡의 들어오고 나가는 데 초점을 모으면 그것은 사마타 수행입니다. 왜냐하면 호흡의 들어오고 나가는 것은 정신적 과정도 아니고 육체적 과정도 아닌 개념이기 때문입니다.

---

38) 마하시 세야도(1904~1982) : 원래 법명은 아쉰 소바나(Ashin Sobhana)인데 마하시 수행센터의 원장 큰스님이 된 이후로 미얀마 불교 전통에 따라 마하시 세야도로 불려져오고 있다. 큰스님 스스로 교학과 수행 둘 다에 탁월하고 두 분야에 남긴 업적도 탁월하다. 특히 윗빠사나 수행을 미얀마에 대중화하고 세계적으로 보급하는데 선구자적인 역할을 하셨다.

이 호흡의 들어오고 나감이 왜 개념인지 이해가 잘 안 되는 수행자를 위해 여러분이 지금 문을 통해 수행실에 들어왔다 나간다고 가정해보겠습니다. 여기서 들어오고 나간다는 것은 무엇입니까? 그것은 정신적 과정입니까, 아니면 육체적 과정입니까?

그것은 정신적 과정도 아니고 육체적 과정도 아니고 단지 '들어감'과 '나감'일 뿐입니다. 즉, 개념일 뿐이라는 것입니다. 마찬가지로 여러분이 호흡의 들어옴과 나감에 마음을 모을 때 이 호흡의 들어옴과 나감도 단지 개념일 뿐입니다. 그래서 여러분이 마음을 호흡의 들어오고 나가는 데 초점을 모으면 그것은 사마타 수행인 것입니다.

그에 비해 여러분이 숨을 들이쉬고 내쉴 때 공기가 콧구멍에 닿는데 그때 그 '닿음'을 관찰한다면 그것은 위빳사나 수행입니다. 왜냐하면 이 '닿음'이라는 것은 네 가지의 기본적인 물질적 요소들을 포함하여 여덟 종류의 육체적 단위로 구성되는 육체적 과정으로 개념이 아닌 궁극적 실재이기 때문입니다.

참고로 여기서 공기가 콧구멍에 닿는 이 '닿음'이라는 대상은 위빳사나 수행을 할 때 좌-수행에서 복부의 움직임이 잘 느껴지지 않을 경우에 복부의 움직임을 대신해서 기본 대상으로서 관찰하는 '앉아있음, 닿음'의 '닿음'과 동등한 관찰대상입니다.[39] 이 콧구멍에 닿는 것에 대한 관찰은《위숫디막가》주석에도 잘 설명되어있습니다.

---

39) 스무 번째 날 법문 주석28)에서 이미 언급했듯이, 복부의 불러오는 움직임과 꺼지는 움직임 사이의 빈틈이 생길 때도 마음이 밖으로 나가 방황하지 않도록 하기 위해 역시 이 '닿음'을 관찰해야 한다.

그런데 지금 우리는 사마타 수행으로 인한 집중이 위빳사나 수행에 도움이 된다는 것에 대해 살펴보고 있는 중이므로 위빳사나 수행으로서의 호흡수행에 대해서는 이쯤 해두고 사마타 수행으로서의 호흡수행에 대해서 계속 살펴보겠습니다.

사마타 수행으로서 호흡수행은 어떻게 해야한다고 했습니까?

네, 호흡이 들어오고 나가는 것을 '들어옴-나감-들어옴-나감…' 이라고 명명하며 관찰합니다. 그러면 마음은 점차적으로 호흡의 들어옴과 나감에 집중됩니다.

그런데 사마타 수행을 하다가 몸의 어디에서라도 통증을 느낀다면 어떻게 해야 할까요? (수행자들 대답) 그 경우 수행자는 마음을 콧구멍으로 가져가야 합니다. 그러나 통증이 아주 강할 경우 여러분의 마음은 콧구멍으로 가지 않습니다. (웃음)

그때 마음은 어디로 갑니까? (한 수행자가 "통증"이라고 대답) 그렇습니다. 그때 마음은 통증으로 갑니다. 통증이 심할 때 마음을 콧구멍으로 되돌리는 것은 아주 어렵습니다. (웃음)

따라서 사마타 수행을 하다가 통증을 느낄 경우에는 차라리 자세를 바꿈으로써 통증을 덜어주는 편이 낫습니다. 그래도 통증을 극복하지 못한다면 일어나십시오. 그래서도 안 된다면 홀 밖으로 나가서 활발하게 걸으십시오. 그런 다음에 다시 자리를 잡고 앉아서 콧구멍에서 호흡이 들어오고 나가는 것을 관찰하는 것이 방법이라 하겠습니다.

다시 정리하면 사마타 수행을 할 때 강렬한 통증으로 인해 기본 대상에 집중할 수 없을 때는 자세를 바꾸는 것이 가장 좋은 방법이라 하겠습니다. 왜냐하면 여러분이 콧구멍에서 호흡이 들어오고 나가는 것에 깊게 집중하기를 원할지라도 통증이 그렇게 하는 것을 방해하므로 차라리 자세를 바꿈으로 통증을 제거하는 편이 낫기 때문입니다. 그리고는 다시 콧구멍에서 호흡이 들어오고 나가는 것에 마음을 가져가서 그것에 초점을 모으고 '들어옴-나감, 들어옴-나감…'이라고 하며 관찰하는 것입니다.

이와 같이 하여 호흡 수행으로써 깊은 집중을 얻는 데 얼마의 시간이 걸릴까요? 그것에 대해서는 뭐라고 말하기 어렵습니다. 그것은 과거 생에 호흡 수행으로 축적되어진 여러분의 경험에 달려 있기 때문입니다.

여러분이 호흡 수행으로 축적되어진 경험이 많으면 일주일이나 열흘만에도 깊은 집중을 얻을 수 있습니다. 그러나 그 반대의 경우에는 호흡 관찰에 밤낮으로 때로는 잠 없이 부단한 노력을 노력을 해야 합니다. 이렇게 한 달 동안 분투노력하면 여러분은 첫 번째 단계의 몰입집중을 얻을지도 모르겠습니다.

이 상태에서 마음은 자주 밖으로 나가지 않고 수행대상인 들숨과 날숨에 잘 집중되어집니다. 가끔 마음이 산란할 수는 있겠지만 그럴 경우일지라도 마음이 산란해지는 기간은 매우 짧습니다. 여러분이 마음을 기본대상으로 가져갈 때 산란한 마음은 약해져서 수행의 대상인 호흡으로 흡수되어 집니다.

여러분이 이와 같은 첫 번째 단계의 집중을 얻으면 두 번째, 세 번째, 네 번째 단계의 성취로 올라갈 필요 없이 위빳사나 수행으로 전환해도 좋습니다. 왜냐하면 여러분의 수행목표는 사마타 수행으로 얻은 집중을 바탕으로 위빳사나 수행을 하는 것이고 첫 번째 단계의 집중은 위빳사나 수행의 토대를 위해 충분하기 때문입니다. 사실은 첫 번째 단계의 몰입집중의 전 단계인 이웃집중 (우빠짜라 사마디) 또한 위빳사나 수행의 토대가 되기에 충분합니다.

그래서 여러분의 마음에 아주 약간의 산란만이 있을 뿐이고 마음이 호흡에 잘 집중되어지며 때로는 호흡대상에 완전히 흡수되어진다고 여겨지면 위빳사나 수행으로 전환합니다.

이 경우 사마타 수행으로 얻은 집중은 위빳사나 수행을 도울 수 있도록 계속 유지되므로 여러분은 정신적·육체적 과정에 마음을 집중하기 위해 애쓰지 않아도 됩니다.

여러분이 복부의 움직임을 관찰할 때 여러분의 마음은 이미 잘 집중되어 있어서 정신적 오염원이나 장애들로부터 청정합니다. 그 결과 깊은 집중과 함께 일어나는 꿰뚫어보는 지혜가 예리해져서 일련의 불러오는 움직임과 꺼지는 움직임을 하나씩 차례대로 깨닫게 됩니다.

그리고는 다시 복부의 움직임을 관찰할 때 여러분은 불러오는 움직임인 육체적 과정과, 그것을 관찰하는 마음인 정신적 과정을 구별합니다.

또한 여러분은 정신적 과정을 여러분 자신, 여러분의 사람, 자아, 영혼으로 여기지 않게 됩니다. 육체적 과정에 대해서도 그것을 여러분의 사람, 존재, 자아, 영혼으로 동일시하지 않습니다. 그에 따라 여러분은 사람, 존재의 개념을 제거합니다. 이 두 과정과 관련해서 삭까야딧티가 제거되어진다는 말입니다.

여러분은 사마타 수행으로부터 위빳사나 수행으로 전환한 지 얼마 지나지 않아 그러한 것을 경험하게 됩니다. 왜 그럴까요? (수행자들 대답) 네, 그것은 사마타 수행으로 이미 깊은 집중을 얻었기 때문입니다. 이처럼 사마타 수행으로 인한 깊은 집중은 위빳사나 수행에 도움이 됩니다.

그러나 이미 말한 것처럼 사마타 수행에 대한 여러분의 과거 경험이 매우 형편없으면 깊은 집중을 얻는데 일 년이나 이 년이 걸릴지도 모릅니다.

미얀마에 자나 사마디와 더불어 신통력의 성취에 관심이 많은 마하테라가 계셨습니다. 그래서 그 분은 열심히 사마타 수행을 하면서 숲속에서 많은 세월을 보냈습니다. 그 세월은 무려 십오년이 넘었습니다. 그러나 그 분은 끝내 자나 사마디를 얻지 못한 채 돌아가시고 말았습니다. (웃음)

왜 이런 일이 벌어졌을까요? 그것은 그 분의 과거 생에서의 수행 경험이 빈약했기 때문입니다. 또한 어쩌면 그 분은 생각하고, 분석하고, 비평하고, 합리화하는 경향이 심한 분이었는지도 모르겠습니다. (웃음)

여러분이 사마타 수행의 대상으로 호흡을 취할 경우 그것은 주의기울임 타입이라고 했습니다. 따라서 주의기울임에는 생각함, 분석함, 비평함, 합리화가 끼어들 여지가 없습니다. 그럼에도 불구하고 여러분이 수행에 대해 생각하거나 분석하거나 경험을 비평한다면, 여러분은 호흡이 들어오고 나가는 것에 마음을 집중할 수 없습니다. 그 경우 여러분에게는 희망이 없습니다. 비록 여러분이 죽을 때까지 수행할지라도 어떤 집중도 얻지 못할 것입니다. (웃음)

이 말은 사마타 수행을 한다고 해서 누구나 깊은 집중을 얻을 수 있는 것이 아니라는 것을 의미합니다. 그것은 그의 과거 경험과 현재의 그의 태도, 그리고 또한 주변 상황에도 달려 있습니다.

따라서 한 달, 두 달, 석 달 정도의 짧은 시간밖에 없는 수행자는 곧바로 위빳사나 수행을 해야 합니다. 그렇지 않고 사마타 수행을 먼저 하는 것을 고집한다면 여러분은 석달 안에 위빳사나 수행으로 전환할 수 없을 지 모르겠습니다. 왜냐하면 여러분은 사마타 수행으로 깊은 집중을 아직 얻지 못하고 있을 것이기 때문입니다.

그러나 여러분이 순수 위빳사나 수행으로 곧장 들어갈 경우 한 달, 또는 두 달만에 정신적·육체적 과정을 약간이나마 깨달을 수 있습니다. 어쩌면 석 달 후에 적어도 열한 번째의 꿰뚫어보는 지혜의 단계에 도달할지도 모르겠습니다. 왜냐하면 석 달간의 수행으로 그 단계의 통찰지혜를 얻는 것은 그다지 어렵지 않기 때문입니다.

그러나, 그렇게 되기 위해서는 여러분에게 필요한 것들이 있습니다. 불굴의 노력과 끊임없는 주의기울임, 끈덕짐, 그리고 강한 인내가 필요합니다. 인내는 위빳사나 수행에서 필수 요인입니다. 여러분은 모든 상황과 모든 사람에게 인내하도록 해야 합니다.

그런데 때로는 순수 위빳사나 수행을 하는 경우에도 사마타 수행을 조력자로 사용할 경우가 있습니다. 그러나 그런 경우에 호흡수행은 사용하지 않습니다. 왜냐하면 두세 번의 좌-수행으로 콧구멍에서 들락날락하는 호흡에 집중하는 것은 다소 어렵기 때문입니다.

따라서 그런 경우 멧따 수행과 붓다누사띠 수행만을 사용합니다. 멧따 수행으로 여러분은 한 번 또는 두 번의 좌-수행으로도 점차적으로 멧따 즉 자애의 느낌에 젖어들어 고요, 침착, 평온, 평화를 아주, 아주 쉽게 느낄 수 있습니다. 그러면, 여러분의 헤매는 생각은 사마타 수행으로 언은 집중에 의해 극복되어져서 다시 위빳사나 수행으로 전환할 수 있습니다. 아주 좋은 방법이지요.

따라서 여러분이 앞, 뒤로 많은 생각을 가질 때마다 (웃음) 멧따 수행을 위빳사나 수행을 위한 중간 역할로 또는 조력자로써 사용해야 합니다.

일부 수행자들이 "복부의 불러오고 꺼지는 움직임에 집중하고 있는데 배후에 약간의 생각들이 있었습니다."라고 보고하곤 했습니다. (웃음) 그들은 그 순간에 마음이 둘로 갈라진다는 것을 모릅니다. (웃음)

어쨌든 마음이 산란하거나 침착하지 못하게 되면 위빳사나 수행을 멈추고 멧따 수행을 하도록 하십시오. 한 두 번의 좌-수행을 멧따 수행으로 하면 괜찮아질 것입니다. 그 후에 다시 위빳사나 수행으로 전환합니다.

같은 의미에서 붓다누사띠 바와나(부처님의 덕성을 숙고하는 수행)를 할 수도 있습니다. 그 경우 여러분은 부처님의 가르침과 덕성을 숙고할 수 있도록 부처님의 삶과 가르침에 대해 약간의 지식을 가져야 합니다.

평소에 생각이 많거나 분석하는 경향이 있는 사람은 붓다누사띠 바와나를 선택하는 것이 좋습니다. 그에게 일어나는 많은 반복되는 생각을 부처님의 덕성 쪽으로 대체시키는 것입니다. 이 수행법으로써 그의 마음은 고요해질 수 있습니다.

여러분이 어떤 이유로 의기소침하거나 실망한 경우에는 멧따 수행이 도움이 될 것입니다. 약 두세 번의 좌-수행을 멧따 수행으로 하고 나서 다시 위빳사나 수행으로 전환하면 괜찮아질 것입니다.

이처럼 우리는 꿰뚫어보는 지혜뿐 아니라 깊은 집중을 위해서도 위빳사나 수행을 돕기 위한 사마타 수행을 사용해야만 하는 것입니다. 그것은 타는 듯한 태양 아래에서 여행을 하는 사람이 잠시 더위와 피곤함을 달랜 다음 여행을 계속하는 것과 같습니다. 그는 갈 길이 멀긴 하지만 더위로 너무 피곤하여 걸을 수 없기 때문에 나무 그늘에 앉아 휴식을 취한 다음 피곤이 가 버리면 여행을 계속해야 합니다.

이와 같이 여러분 또한 위빳사나 수행을 하다가 지치고 피곤해지면 멧따 수행이나 붓다누사띠 바와나를 통해 휴식을 취해야 합니다. 어떻습니까? 매우 좋겠지요? (수행자들 대답)

이상 살펴본 바와 같이 사마타 수행은 위빳사나 수행자를 위해 큰 도움을 줄 수 있습니다. 그러나 여러분처럼 충분한 시간이 없는 수행자는 여러 번 말했듯이 어떻게 해야 한다고요? (수행자들 대답) 네, 곧바로 위빳사나 수행으로 가서 모든 정신적·육체적 현상을 알아차려야 합니다. 시간이 다 되었군요.

여러분 모두 최선을 다해 순수 위빳사나 수행을 하여 마침내 여러 분의 목적을 얻기를 기원합니다.

사두! 사두! 사두!

스물여덟 번째 날

꿰뚫어보는 지혜의 진행

오늘은 우리 수련회의 마지막 법문이 있는 날이므로 꿰뚫어보는 지혜의 진행과 그것과 관련된 청정의 단계에 대해 《위숫디 막가》와 존귀하신 마하시 세야도께서 쓰신 《꿰뚫어보는 지혜의 진행》에 의거해 다루고자 합니다. 그러나 한 시간에 끝내야 하기 때문에 매우 간단한 설명이 될 것입니다.

꿰뚫어보는 지혜의 단계들 중 세 번째 단계의 꿰뚫어보는 지혜까지는 이미 이전 법문들에서 여러분의 수행단계에 맞추어 여러 번 설명했습니다. 그러나 다음단계들을 설명하기 위해서 다시금 간단히 반복해야할 것 같습니다.

도덕적 행위의 청정과 마음의 청정

첫 번째 단계의 꿰뚫어보는 지혜는 정신성과 육체성을 구별하는 지혜인데, 이것을 얻기 위해서는 먼저 마음의 청정(찟따 위숫디)을 얻는 것이 선행되어야 합니다. 그리고 이 마음의 청정을 얻기 위해서는 도덕적 행위의 청정(실라 위숫디)이 선행되어야 합니다. 이 도덕적 행위의 청정은 위빳사나 수행에서 차례대로 경험해야 하는 일곱 청정 중의 첫 번째 단계로서 계를 지킴으로써 얻어집니다. 두 번째 단계인 마음의 청정은 사마타 수행자의 경우에는 근접집중(우빠짜라 사마디)과 몰입집중(자나 사마디, 압빠나 사마디)에 의해 얻어질 수 있고, 위빳사나 수행자의 경우에는 순간집중(카니카 사마디)에 의해 얻어집니다.

첫 번째 꿰뚫어보는 지혜와 견해의 청정

마음이 정신적·육체적 과정의 각각의 대상에 잘 집중되어져서 정신적 오염원이나 장애들로부터 청정해질 때, 집중되어진 마음과 함께 일어나는 꿰뚫어보는 지혜는 예리해지고 분명해져서 정신적·육체적 과정의 독특한 특성을 깨닫기 시작하고, 또한 이 두 과정을 구별합니다.

이와 같은 꿰뚫어보는 지혜를 '나마루빠 빠리쳇다 냐나', 즉 '육체성과 정신성을 구별하는 지혜'라고 하며, 이것은 첫 번째 단계의 꿰뚫어보는 지혜입니다.

이 단계의 꿰뚫어보는 지혜에서 수행자는 세 번째 단계의 청정인 견해의 청정을 얻게 됩니다. 왜냐하면 수행자는 그 순간에 관찰되어지는 정신적 과정 또는 육체적 과정과 관련해서 인격, 개인(개체), 자아 또는 영혼의 잘못된 견해를 가지지 않기 때문입니다.

그러나 이 잘못된 견해를 아직 완전히 근절할 수는 없습니다. 그것은 인격, 개인(개체), 자아 또는 영혼의 잘못된 견해를 파괴할 수 있는 것은 수행자가 정신성과 육체성을 그것들의 본성대로 깨닫고 있을 때뿐이기 때문입니다.

두 번째 꿰뚫어보는 지혜와 의심을 극복하는 것에 의한 청정

그가 수행을 계속하면 집중은 더 깊어지고 주의기울임은 더욱더 끊임없이 유지되어지며 꿰뚫어보는 지혜는 예리해집니다. 그러면 그는 조건부의 성품 또는 원인과 결과의 법칙을 깨닫습니다. 이와 같은 깨달음은 두 번째 꿰뚫어보는 지혜로 빠알리어로는 빳짜야빠릭가하 냐나라고 합니다.

그래서 보-수행을 할 때 '발의 동작이 있기 때문에 그것을 관찰하는 마음이 일어난다. 발의 동작인 육체적 과정 즉 대상은 원인이고 그것을 관찰하는 마음인 정신적 과정 즉 주체는 결과이다.' 등으로 깨닫습니다.

또한 그가 동작을 하기 전에 의도를 관찰할 수 있을 때, 이 동작들은 의도에 의해서 일어난다는 것을 깨닫게 됩니다. 즉, 발을 들려는 의도가 있을 때만이 발이 들려지고 앞으로 밀려는 의도가 있을 때 발이 앞으로 밀려집니다. 또한 발을 내리려는 의도가 있을 때 발이 내려지고 발을 누르려는 의도가 있을 때 발이 눌려집니다.

여기서 그가 원인과 결과의 관계로 이루어지는 의도와 동작을 깨달을 때, 그는 드는 동작, 미는 동작, 내리는 동작 등등을 하는 사람, 존재, 나를 발견하지 못합니다. 왜냐하면 동작을 실제로 일으키는 것은 의도로서 이 의도는 일어나서 사라지므로 사람, 존재, 나가 아니며, 결과로서 발생하여 기능만을 할 뿐인 동작도 일어나서 사라지므로 역시 사람, 존재, 나가 아니기 때문입니다.

이와 같은 발견을 통해 그는 현재뿐만 아니라 과거에도 들고 밀고 내리는 동작들을 했던 사람, 존재, 나, 너가 없었고 미래에도 들고 밀고 내리는 동작들을 할 사람, 존재, 나, 너가 없을 것이라고 판단하게 됩니다.

그는 보-수행뿐만 아니라 행-수행과 좌-수행에서도 다른 정신적 과정 또는 육체적 과정을 관찰할 때 역시 원인과 결과를 깨닫게 됩니다.

이 원인과 결과를 깨닫는 지혜로 인해 그는 과거, 현재, 미래에 있어서 소위 사람, 인격의 존재에 대한 의심을 갖지 않습니다. 즉 과거 생에서의 사람 또는 인격으로서의 존재, 현생에서의 사람 또는 인격으로서의 존재, 미래 생에서의 사람 또는 인격으로서의 존재에 대해 그가 가진 회의적 의심을 극복한다는 말입니다.

그는 세상에 소위 사람이니 존재니 자아니 영혼이니 하는 것은 없으며 이 세상에 실제로 존재하는 것은 원인과 결과의 관계로 맺어지며 일어났다 사라지는 정신적 현상과 육체적 과정뿐이라는 것을 확신하게 됩니다. 여기서 그는 네 번째 단계의 청정인 캉카위따라나 위숫디 즉 의심을 극복함에 의한 청정을 얻습니다.

《위숫디 막가(청정도론)》에서는 수행자가 이 원인과 결과의 지혜와 의심을 극복함에 의한 청정을 얻을 때 '쭐라 소따빤나'가 된다고 되어 있습니다.

'쭐라 소따빤나'를 글자그대로 번역하자면 '작은 수다원'이지만 실질적으로는 '유사한 수다원'이라는 의미입니다. 왜냐하면 이 '작은 수다원은' 진짜 수다원처럼 다음 생에서 '아빠야'라는 네 가지의 끔찍한 세계로 태어나지 않기 때문입니다. 그러나 그 다음 생에서 그러한 보장은 없습니다.

그러니까 진짜 수다원은 다시는 네 가지의 끔찍한 세계에 태어나지 않지만 이 작은 수다원은 오직 한 생만 그러한 세계에 떨어지지 않는 것이 보장된다는 것입니다. 따라서 그는 이 상태의 지혜에 만족해서는 안됩니다.

세 번째 꿰뚫어보는 지혜

그래서 수행을 계속할 때, 그는 모든 존재의 세 가지 특성인 아닛짜, 둑카, 아낫따 즉 정신적·육체적 과정의 비영속, 괴로움, 비인격성(무아, 무 영혼)을 분명하게 이해하게 됩니다.

좌-수행에서 복부의 움직임을 관찰할 때, 그는 일어나서는 사라지는 하나의 움직임을 다른 움직임으로부터 분명히 구별할 수 있습니다. 그는 하나씩 차례대로 일어나서는 사라지는 많은 끊어지는 불러오고 꺼지는 움직임을 깨닫습니다. 때때로 관찰하는 마음도 비영속으로써, 일어남과 사라짐으로써 깨닫습니다.

또한 이 단계에서 그는 많은 통증을 겪어야 합니다. 그러나 그는 그것을 잘 관찰할 수 있습니다. 즉, 그가 먼저 일어난 통증을 관찰하고 있는 동안 다른 통증이 일어납니다. 그러면 다른 통증을 관찰합니다. 이런 식으로 그는 많은 고통스러운 감각을 다루어야만 합니다. 그러나 그는 끈기 있고, 끈덕지게 통증을 관찰하므로 깊은 집중과 더불어 일어나는 꿰뚫어보는 지혜가 예리해져서 통증을 꿰뚫어보게 됩니다.

그러면 통증의 물결이 하나씩 차례대로 일어나서는 사라지고 일어나서는 사라지는 것을 보게 되어 고통스러운 감각의 비영속을 깨닫게 됩니다. 때때로 그는 통증을 맥박의 형태로써 즉 하나의 맥박이 일어나서는 사라지는 것을 발견합니다. 때로는 일어나서는 사라지는 뜨거운 감각의 물결을 발견합니다. 이런 식으로 일어나서는 사라지는 통증의 많은 물결을 발견하고는 비영속을 깨닫게 됩니다.

이 밖에도 그는 좌-수행, 보-수행, 행- 수행에서 관찰하는 정신적·육체적 과정마다 그것들의 비영속을 깨닫습니다. 계속적으로 대상들은 일어나서는 아주 빠르게 사라집니다. 그러면 그는 대상들이 계속적으로 일어나서는 아주 빠르게 사라지는 것에 의해 압박되어지는 괴로움을 깨닫게 됩니다. 또한 계속해서 일어나고 사라지는 대상들의 비영속 때문에 대상들의 비인격성(무아)도 깨닫게 됩니다. 왜냐하면 항상한 것만이나, 사람, 존재, 인격일 수 있기 때문이지요.

이런 식으로 수행자는 이 단계에서 정신적·육체적 현상의 세 가지 특성을 아주 분명히 이해하기 때문에 이 단계의 꿰뚫어보는 지혜를 분명한 이해의 지혜라고 합니다. 빠알리어로는 삼마사나 냐나라고 하며, 세번째 꿰뚫어보는 지혜입니다. 이 단계에서 수행자는 비로소 진정한 위빳사나 수행자라고 불리기 시작합니다.

네 번째 꿰뚫어보는 지혜의 초기 부분과 위빳사누빡낄레사

이 분명한 이해의 지혜를 통과할 때 그는 편안함과 행복을 느낍니다. 그것은 보-수행을 할 때 뿐 아니라 좌-수행을 할 때도 통증이 거의 없기 때문입니다. 통증이 일어날 지라도 그다지 강하지 않고 관찰하면 가 버립니다.

마음에 장애가 없기 때문에 마음은 점점 더 집중되어집니다. 더욱더 깊게 집중되어질 때, 그는 행복을 느끼고 환희를 느낍니다. 깊은 집중 때문에 관찰하는 마음은 더 분명해지고 예리해져서 모든 대상들은 아주 쉽게 관찰되어질 수 있습니다. 대상들 역시 관찰되어지기 위해 저절로 일어납니다. 관찰함에 어떤 노력을 기울일 필요가 없습니다.

육체적 과정 또는 정신적 과정이 대상으로서 일어납니다. 마음은 그 대상을 매우 쉽게 관찰하고, 관찰할 때, 그것은 가 버립니다. 다른 대상이 일어나고 마음이 그것을 관찰하면 그것은 가 버립니다.

이런 식으로 그는 어떤 대상을 관찰하기 위해 강렬한 노력을 하지 않습니다. 그의 노력은 조화롭고 일정합니다. 그것은 느슨하지도 팽팽하지도 않습니다. 그래서 그는 평화와 행복을 느끼고 환희를 느낍니다. 그리고 대상을 관찰해서 깨닫는 그의 지혜 또한 날카롭고 투명하여 대상이 일어나서는 사라짐을 깨닫습니다.

깊은 집중과 명확하게 꿰뚫어보는 지혜 때문에 때때로 그의 마음에서 달과 해의 밝은 빛과 같은 빛을 봅니다. 때로는 형광등 빛 같은 것을 보기도 합니다. 그가 '봄, 봄…' 이라고 명명하며 관찰하면 빛은 사라집니다. 그의 집중이 충분히 깊지 않고 꿰뚫어보는 지혜가 충분히 예리하지 않을 때는 빛은 분명하지 않고 희미하며 그다지 밝지 않습니다.

어떤 수행자에게 이 빛은 순간적으로, 아주 순간적으로 지속하며, 어떤 수행자에게는 30초에서 1분 가량 지속됩니다. 또한 어떤 수행자는 이 빛을 아주 오랫동안 경험하기도 합니다. 이런 경우 그가 빛을 관찰할 지라도 그것은 사라지지 않습니다.

그는 한 시간, 두 시간, 하루, 이틀, 사흘, '봄-봄…' 이라고 명명하며 그 빛을 관찰해야 합니다. 그러면 그는 그 빛에 대해 실망하게 됩니다.

왜냐하면 그것 때문에 다른 대상을 가질 수 없기 때문이지요.

그러나 대부분의 수행자들의 경우에는 다소 밝은 빛을 갖고 또한 그 다지 길게 지속되지도 않습니다. 그리고는 이내 다른 빛이 오더라도 관찰하면 금방 가 버립니다.

이 단계에서 수행자는 수행법과 삼보에 대해 전보다 더 강한 신뢰를 갖게 됩니다. 그것은 전에 경험되어지지 않은 것을 경험했기 때문입니다. 그에게 그 경험은 이 세상 어느 것보다도 더 좋은 것입니다. 그는 세상적인 삶에서 맛보지 못한 행복, 평화, 환희를 경험하였습니다. 비록 그가 백만장자, 성공한 사업가일지라도 그와 같은 행복과 평화로움을 경험할 수는 없습니다.

그래서 그는 불·법·승 삼보에 대해 강한 신뢰를 가집니다. 그는 삼보, 특히 그가 해오고 있는 위빳사나 수행을 아주 강하게 믿기 때문에 다른 사람에게 이 수행을 권하고자 합니다. 때때로 그는 세상의 모든 사람은 이 주의기울임 수행(위빳사나 수행)을 수행해야만 하는데 그렇지 못한 상황에 슬픔을 느끼기도 합니다.

그가 경험하는 이와 같은 것들은 좋은 적들입니다. (한 수행자가 질문) 네, 그것들은 좋지만 친구가 아니라 적입니다. 왜냐하면 그것들은 그로 하여금 그것들에 애착하여 그 다음 단계로 진보하는 것을 방해하기 때문입니다. 심지어 어떤 수행자들은 그것들을 닙바나로 착각하기도 하여 수행을 멈추기도 합니다.

이 좋은 적들에는 열 가지 종류가 있는데 다 설명할 필요가 없다고 생각되어 모든 수행자들에게 흔하게 일어나는 것들만을 약간 설명했습니다. 그것들은 빠알리어로 위빳사누빡낄레사라고 하며, 냐나뽀니까 테라와 냐나몰리 테라께서는 '꿰뚫어봄의 열 가지 타락' 이라고 번역하셨습니다.

이것은 어떤 수행자들에게는 전부 일어나지만 어떤 수행자들에게서는 두세 가지 정도만 일어나기도 합니다. 그러나 빛은 보통 거의 모든 수행자에게서 일어나며, 어떤 수행자에게는 약하고, 어떤 수행자에게는 매우 강합니다. 이 좋은 적들을 경험하는 것은 네 번째 꿰뚫어보는 지혜인 우다야바야냐나, 즉 일어남과 사라짐의 지혜의 초기 부분입니다.

그런데, 수행자는 이 열 가지 타락에 대해서 약간의 지식을 가졌기 때문에 또는 지도 스승으로부터 그것들에 애착하지 말고 즐기지 말며, 끈덕지고 끈기있게 관찰하라고 지도받았기 때문에 이 좋은 적들이 일어날 때마다 끈덕지며 끈기있게 관찰합니다.

따라서 빛을 볼 때는 '봄-봄…' 이라고 명명하며 관찰하고 행복을 느낄 때는 '행복함-행복함…', 환희를 느낄 때는 '환희-환희…' 라고 명명하며 관찰합니다. 그러면 그것들은 곧 사라집니다.

이 단계에서 그는 좋은 적에 애착하는 것은 바른 도가 아니고 그것들을 관찰하는 것이 바른 도라는 것을 알게 되므로 다섯 번째 단계의 청정인 도와 도가 아닌 것의 앎과 봄에 의한 청정을 얻게 됩니다.

네 번째 꿰뚫어보는 지혜의 후반부

이와 같이 해서 이 좋은 적들 또는 꿰뚫어봄의 열 가지 타락을 극복하게 될 때 그의 마음은 안정되고 대상에 더 집중되어집니다. 대상들 역시 관찰되어질 준비가 되어있습니다. 그러면 마음은 매우 쉽게 대상을 관찰하고 깊은 집중 때문에 꿰뚫어보는 지혜가 분명해져서 불러오는 움직임과 꺼지는 움직임들이 하나씩 차례대로 일어나서는 사라지는 것을 깨닫습니다.

또한 관찰하는 마음도 마치 물이 똑똑 떨어지는 것처럼 하나씩 차례대로 일어나서는 사라지는 것을 깨닫습니다. 그리고 통증을 관찰할 때, 통증은 관찰하는 즉시 사라집니다. 이런 식으로 그는 관찰되어지는 모든 정신적·육체적 현상의 일어남과 사라짐을 아주 분명하게 깨닫게 됩니다. 이것은 네 번째 단계의 지혜인 우다야바야냐나 즉 일어남과 사라짐의 지혜의 후반부입니다.

다섯 번째 꿰뚫어보는 지혜

강력한 주의기울임과 깊은 집중을 유지하며 수행을 계속 할 때, 점차적으로 꿰뚫어보는 지혜는 더욱더 예리하고 날카롭고 명확해져서 대상들이 일어나서는 사라지는 것이 아주 빠르게 진행되는 것을 깨닫습니다.

예를 들어 좌-수행에서 복부의 움직임을 관찰할 때 많은 끊어지는 움직임이 아주 빠르게 일어났다가 사라집니다. 보-수행에서도 발의 동작을 관찰할 때 역시 많은 끊어지는 움직임이 아주 빠르게 일어났다가 사라집니다. 이때는 명칭을 붙이면 그 움직임들을 따를 수가 없기 때문에 그냥 있는 그대로 그 움직임들을 관찰해야 합니다.

이와 같이 대상들이 아주 빠르게 일어났다가 사라지는 것을 관찰하던 수행자는 결국에는 대상들이 일어나는 것은 보지 못하고 사라지는 것만을 깨닫게 됩니다.

예를 들어 가려운 감각을 관찰할 때 마음은 가려운 감각의 처음 또는 가려운 감각의 일어남을 발견하지 않고 그것의 사라짐만을 봅니다. 또한 불러오고 꺼지는 움직임 또는 통증 등 어떤 대상을 관찰하든지 그가 관찰하는 것은 단지 대상의 사라짐-사라짐-사라짐…뿐입니다.

이처럼 모든 정신적 과정이나 육체적 과정이 계속 사라지는 것을 관찰할 때, 때때로 그의 마음은 관찰할 어떠한 정신적·육체적 과정을 갖지 않습니다. 모든 것은 해체되고 마음은 무의 상태(nothingness)를 봅니다. 그러면 그는 '앎-앎…' 이라고 명명하며 아는 마음을 관찰해야 합니다. 모든 정신적·육체적 과정은 해체되어 관찰할 아무 것도 없다는 것을 마음이 알고 있기 때문에 그것을 '앎-앎…' 이라고 명명하며 관찰해야 합니다.

이 상태에서 그는 몸의 형태의 감각을 잃습니다. 그가 알고 있는 것은 아무 것도 없음을 아는 마음이 있다는 것입니다. 그래서 '앎-앎…' 이라고 명명하며 관찰해야 합니다. 때때로 관찰하는 마음과 함께 이 아는 마음은 사라집니다. 그것은 순식간입니다. 그리고는 아는 마음은 일어납니다. 아무 것도 없습니다. 그러면 마음은 그것을 알고는 '앎-앎…' 이라고 명명하며 관찰합니다.

이 단계의 지혜는 방가냐나 즉 해체(사라짐)의 앎으로 불려지며 다섯 번째 꿰뚫어보는 지혜입니다.

여섯 번째 꿰뚫어보는 지혜

그가 이처럼 관찰하는 것마다 사라지고 해체되는 것을 발견하면 수행자는 모든 것이 두렵다고 느낍니다. 어떠한 것도 일만 분의 일초조차도 지속하지 않으며, 모든 것은 사라지고, 사라지고, 또 사라지기 때문에 그것은 매우 두려운 것입니다. 이 모든 정신적 과정과 육체적 과정은 굉장히 두렵고 무섭습니다.

그래서 이 단계는 바야나, 즉 두려움(공포)의 지혜라고 불려집니다. 이것은 여섯 번째 꿰뚫어보는 지혜로, 두려움(공포)의 자각(awareness)의 지혜라고 하기도 합니다.

이 단계에서 어떤 경우에는 별로 무섭지도 않은 것을 보고도 두려워하기도 합니다. 그러한 수행자들에게 왜 두려워하는지를 물으면 그들은 이유를 대지 못합니다. 그러나 이것은 사실 그들이 사라지고 있는 정신적 육체적 과정을 두려움으로써 느끼기 때문에 발생하는 것입니다.

일곱 번째 꿰뚫어보는 지혜

그 후 그가 계속해서 수행할 때, 사라지고 있는 정신적·육체적 과정을 두려움으로 느끼는 현상이 더 심화되어 그는 비참해 합니다. 때로는 집을 그리워하는 것처럼 느끼기도 합니다. 사실 그가 진짜로 집을 그리워하는 것은 아니지만 모든 정신적·육체적 과정을 비참하게 여기는 지혜 때문에 마치 그가 집을 그리워하는 것처럼 느끼는 것입니다. 이 지혜는 일곱 번째인 비참(misery)의 지혜입니다. 빠알리어로는 아디나와 냐나로 불려집니다.

여덟 번째 꿰뚫어보는 지혜

그가 관찰되고 있는 모든 정신적·육체적 과정에서 비참함을 느끼므로 마침내 그는 그것들을 혐오하게 됩니다. 그것들에게서 전혀 행복함을 발견하지 못하므로 머물거나 갈 곳이 없는 것처럼 느끼기도 합니다. 따라서 그가 이 수행을 하기 전에는 영화를 대단히 좋아했을 지라도 지금 이 단계에서는 누가 영화 보러 가라고 협박한다 할지라도 그는 가지 않을 것입니다. (웃음)

또한 그는 지루해 합니다. 그래서 마치 게을러진 것 같기도 합니다. 그러나 누가 그에게 수행하지 말고 침대에 가서 자라고 해도 그는 그렇게 할 수 없습니다. 이것은 그가 수행을 하는 것에 싫증난 것이 아니라 그가 관찰할 때마다 사라지고 또 사라지는 모든 정신적·육체적 과정이 혐오스럽고 싫증났기 때문입니다.

그래서 이 지혜는 닙비다 냐나라고 하며 여덟 번째 지혜입니다. 존귀하신 냐나뽀니카 테라는 이것을 혐오의 지혜로 번역하였습니다만, 또한 지루함의 지혜라고 번역할 수도 있을 것입니다.

아홉 번째 꿰뚫어보는 지혜

이와 같이 정신적·육체적 과정을 혐오하기 때문에 그는 그것에서 벗어나고자 합니다. 그는 그것들을 제거하고자 합니다. 그래서 그에게는 그것들로부터 해방되려는 욕망이 일어납니다. '오, 내가 형성(정신적·육체적 현상)으로부터 자유로워지기를! 오, 내가 이 형성을 완전히 포기할 수 있기를!' 이런 욕망과 관련한 지혜를 '해탈하고자 하는 지혜'라 하며 아홉 번째 지혜입니다. 빠알리어로는 문지뚜까미야따 냐나라고 합니다.

열 번째 꿰뚫어보는 지혜

그는 모든 형성으로부터 해방되기를 원하기 때문에 대상들을 다시 관찰하는데 더 강한 노력을 기울입니다.

이 단계에서 수행자는 지독한 통증, 쑤심, 뻣뻣함, 가려움을 직면합니다. 통증이 너무 심해서 그것을 관찰할 수 없을지도 모른다고 생각하지만 실제로는 관찰할 수 있습니다.

따라서 그가 관찰하는 것을 중단하지 않고 계속 관찰하면 통증은 분해되고 때로는 폭발합니다. 하지만 통증은 사라지지 않습니다. 그것은 다시 옵니다. 그래서 관찰합니다. 그러면 그것은 사라집니다. 그러나 그것은 곧 다시 옵니다.

이런 식으로 그는 매우 팽팽하고 심한 많은 통증을 직면해야 합니다. 그러나 그것을 관찰할 때마다 통증은 계속 사라집니다. 그러면 그는 통증의 비영속을 깨닫게 됩니다.

그리고는 현상의 계속적인 일어남과 사라짐에 의해 압박되어지는 괴로움을 깨닫게 됩니다. 그는 더욱 더 명확하게 그것을 봅니다. 그리고는 정신적·육체적 현상의 비영속으로 인해 모든 정신적 육체적 현상의 비인격성을 더욱 더 명확하게 보게 됩니다.

이와 같은 경험을 하는 단계의 지혜는 열 번째 지혜로서 빠티상카 냐나, 즉 재관찰의 지혜라고 합니다.

열한 번째 꿰뚫어보는 지혜

그가 이 단계의 지혜를 통과했을 때 그는 관찰하는 것은 무엇이든지 일어나서 사라지는 것으로써 보게 됩니다.

마음이 대상에 매우 깊게 집중되어지기 때문에 꿰뚫어보는 지혜는 모든 것을 일어났다가 사라지고, 일어났다가 사라짐으로써 고요하고 집중되고 평온하게 봅니다. 그는 행복하지도 불행하지도 않습니다. 그러나 관찰되어지는 모든 정신적·육체적 현상을 일어나고 사라짐으로, 계속적인 일어남과 사라짐으로 봅니다.

여러분의 마음이 호감이 가는 어떤 대상으로도 가지 않는 것은 바로 이 단계의 꿰뚫어보는 지혜에서입니다. 이 단계의 꿰뚫어보는 지혜에서 마음은 고무줄처럼 탄력성 있게 됩니다. 그래서 비록 마음을 여러분에게 가장 호감이 가는 어떤 대상으로 떠민다 할 지라도 그것으로 가지 않고 마치 벽에다 공을 던진 것처럼 다시 돌아옵니다. 아주 좋은 단계의 꿰뚫어보는 지혜이지요.

수행자는 형성, 즉 정신적·육체적 과정에 대해 중립을 느낍니다. 그래서 이 단계는 형성에 대한 평정(평온)의 지혜, 상카루빽카 냐나라고 합니다. 이 단계의 지혜는 열세 단계의 모든 꿰뚫어보는 지혜 중 가장 좋습니다. 여러분은 어떤 것을 꺼려하지 않으며 게으름도 느끼지 않습니다. 허둥댐도 느끼지 않습니다. 그러나 몸과 마음에서 일어나는 것은 무엇이든지 관찰합니다. 여러분은 두 시간, 세 시간, 네 시간 등 오랫동안 앉아서 수행할 수 있습니다. 집중은 아주, 아주 깊고, 마음은 밖으로 나가지 않습니다.

걸을 때는 일어나고 사라지는 발의 모든 움직임을 매우 명확하게 깨닫습니다. 때로는 발의 형태의 감각을 잃은 채로 단지 움직임만을 깨닫고 있습니다. 여러분의 노력이 느슨하거나 팽팽하지 않기 때문에 주의 기울임은 안정되고 균형 잡히게 됩니다.

열두 번째 꿰뚫어보는 지혜

이와 같이 열 한 번째 지혜를 통과하면 집중은 충분히 깊어지게 되어 점차적으로 여러분의 수행은 아주 빠르게 진전됩니다.

즉, 대상인 정신적·육체적 과정은 때때로 아주 빠르게 일어나서는 아주 빠르게 사라집니다. 그러나 그것을 관찰할 수 있습니다. 때때로 여러분은 그것을 흔들거림(flickering, 깜박거림)으로 느낍니다. 왜냐하면 매우 빠르게 일어나서 사라지는 정신적·육체적 현상이 그에게는 흔들거림(깜박거림)으로 느껴지기 때문입니다.

이런 식으로 그는 적응의 지혜라고 불려지는 꿰뚫어보는 지혜의 열두 번째 단계를 얻게 됩니다. 이 꿰뚫어보는 지혜까지 그는 보통 사람, 뿌툿자나이지만, 이 냐냐를 통과한 후에는 다른 지혜가 즉시 있고, 그리고 나서 그는 고귀한 사람, 즉 아리야 뿍갈라가 됩니다.

그래서 이 냐냐는 뿌툿자나를 아리야 냐냐의 질에 일치하는데 적응시키기 때문에 아눌로마 냐냐, 즉 적응의 지혜라고 불려집니다. 이 냐냐는 또한 탈출로 이끄는 꿰뚫어보는 지혜라고도 불려집니다. 이때 탈출은 형성으로부터의 탈출을 의미합니다.

이 단계는 네 번째 통찰지혜의 후반부에 시작된 여섯 번째 단계의 청정인 수행코스의 앎과 봄에 의한 청정이 끝나는 단계이기도 합니다.

열세 번째 꿰뚫어보는 지혜

이 냐나가 있은 다음 대상을 약 두 번 내지 세 번 관찰 후 관찰하는 마음과 대상은 형성의 소멸로 떨어집니다. 이것은 고뜨라부 냐나, 성숙의 지혜라고 하며, 열세 번째 지혜입니다. 이 지혜는 뿌툿자나(보통사람)와 아리야 뿍갈라(고귀한 사람) 사이의 경계선입니다.

열네 번째 도-지혜와 열다섯 번째 과-지혜

이 지혜 후 관찰하는 마음과 대상은 아주 즉시 존재하기를 그치며, 그때 도-지혜인 막가 냐나가 일어납니다. 텍스트는 이 단계의 냐나에서 마음은 그것의 대상으로서 닙바나를 취하면서 닙바나에 머무른다고 말하고 있습니다. 이 도-지혜에 의해 그는 마지막 일곱 번째 청정인 앎과 봄에 의한 청정을 얻게 됩니다.

그리고는 그 후에 즉시 과-지혜(팔라 냐나)에 해당하는 다른 의식이 두세 번 닙바나를 대상으로 취하면서 일어납니다. 이런 식으로 그는 막가 냐나와 팔라 냐나, 즉 도-지혜와 과-지혜를 얻습니다.

열여섯 번째 지혜

과-지혜를 얻은 후에 그는 지금까지 하나씩 차례대로 경험했었던 것에 대해 회상합니다. 그리고 또한 어떤 정신적 오염원을 파괴했고 남은 정신적 오염원은 무엇인지, 괴로움의 소멸, 즉 닙바나를 얻었는지 못 얻었는지 또한 회상합니다. 이것은 마지막 단계인 열여섯 번째로 회상의 지혜, 빳짜웩카나 냐나라고 합니다.

그의 경험을 회상함에 의해 그가 첫 번째 도-지혜 즉 첫 번째 단계의 깨달음을 얻었다면 그는 인격, 개인(개체)의 그릇된 견해를 근절했다는 것을 깨닫게 됩니다. 그리고 또한 삼보에 대한 회의적 의심을 근절했다고 깨닫게 됩니다. 그것은 위찌낏차로 불려지며 인격, 개인의 그릇된 견해는 삭까야 딧티, 앗따 딧티로 불려집니다.

이때문에 경과 주석은 첫 번째 도-지혜와 과-지혜를 얻은 이 첫 번째 고귀한 사람은 삭까야 딧티와 위찌낏차를 근절했다고 말합니다. 그는 인격, 개인, 자아 또는 영혼이라는 그릇된 견해를 근절했기 때문에 니라야 뻬따 띠랏챠나 아수라까야로 불려지는 네 가지 상태의 더 낮은 세상으로 다시 태어나게 할 거친 정신적 오염원을 갖지 않습니다.

여기서 니라야는 지옥을 의미하고, 뻬따는 아귀(hungry ghost)를 의미하며, 띠랏챠나는 동물을 의미하고, 아수라는 일종의 악귀(evil ghost)를 의미합니다.

첫 번째 고귀한 사람인 소따빤나는 동물로서 절대로 다시 태어나지 않을 것이며, 지옥에 절대로 다시 태어나지 않을 것이며, 아귀나 아수라로도 절대로 태어나지 않습니다.

그는 정신적 오염원의 기본 원인인 삭까야 딧티를 근절했기 때문에 지옥과 다른 세 가지의 무시무시한 상태에 태어나지 않을 것입니다. 그래서 우리 미얀마 사람들은 적어도 이 무시무시한 상태에 태어나지 않도록 첫 번째 단계의 깨달음을 얻기 위해 애써야 한다고 늘 말하곤 합니다.

시간이 다 되었군요. (웃음) 여러분 모두 여러분의 구원을 위해 적어도 첫 번째 도-지혜를 얻어 이 네 가지의 무시무시한 상태의 세계에 태어나지 않을 수 있도록 애쓰기를 기원합니다.

사두! 사두! 사두!

부 록

질문과 답변

복부의 움직임을 관찰하는 것을 기본으로 하는 위빳사나 수행법의 역사에 대해 말씀해 주십시오. 누가 처음 이 수행 방법을 계발했는지요?

복부의 움직임을 관찰하는 것을 기본으로 하는 위빳사나 수행법은 존귀하신 마하시 세야도께서 널리 보급하셨습니다. 그러나 처음으로 이 방법을 계발한 분이 마하시 세야도는 아닙니다.

마하시 세야도께서는 28세 되던 해에, 당시 아라한으로 알려져 있었던, 매우 유명한 수행 스승이신 제따완 세야도의 지도하에 위빳사나 수행을 하고 계셨습니다. 그때 한 재가신도가 단기 출가를 하여 역시 제따완 세야도의 지도를 받으며 위빳사나 수행을 하고 있었는데, 그는 집중과 꿰뚫어보는 지혜의 진보를 이루는데 있어 어떤 것이 가장 적합한 방법인지를 찾아내기 위해 많은 시도를 했습니다. 그 중의 하나가 복부의 불러오고 꺼지는 움직임에 대한 관찰이었습니다.

그는 복부의 움직임은 바람요소(와요 다투)의 특성으로, 위빳사나 수행의 대상으로 삼아 관찰하면 많은 경험을 할 수 있으리라고 생각하였기 때문에 그것을 관찰하기 시작했던 것입니다. 그리고는 마침내 복부의 움직임에 대한 관찰이 집중과 꿰뚫어보는 지혜의 진보를 이루는데 있어 가장 효과적인 방법임을 발견했습니다. 그러니까 그 수행자가 복부의 불러오고 꺼지는 움직임에 대한 관찰을 처음 계발한 사람이라 하겠습니다.

이 방법으로 성과를 올린 그 수행자는 다른 수행자들에게도 복부의 움직임을 관찰해보라고 권했고, 다른 수행자들 또한 그가 경험한 것과 같은 효과를 보았습니다. 그래서 그들은 이 방법을 그들의 스승인 제따완 세야도께 보고했습니다.

보고를 받은 제따완 세야도께서는 〈마하사띠빳타나 숫따〉에 근거하여 볼 때, 복부의 움직임에 대한 관찰이 타당하다고 생각하셨습니다. 왜냐하면 〈마하사띠빳타나 숫따〉에 '네 가지 기본적인 물질요소의 관찰'이라는 부분이 있는데 복부의 움직임에 대한 관찰은 그 부분과 일치하기 때문입니다.

네 가지 요소는 여러분이 잘 아는 것처럼 빠타위 다투, 아뽀 다투, 떼조 다투, 와요 다투입니다. 빠타위 다투(땅의 요소)는 딱딱함과 부드러움, 아뽀 다투(물의 요소)는 유동성과 응집성(점착성), 떼조 다투(불의 요소)는 따뜻함과 차거움, 와요 다투(바람요소)는 동작, 움직임, 진동, 지탱함 등의 고유한 특성이 있습니다.

불러오는 움직임과 꺼지는 움직임을 관찰할 때, 집중이 깊어지면 여러분은 복부의 형태나 모양을 의식하지 못하게 됩니다. 때로는 몸의 형태도 알아차리지 못한 채 일어났다가 사라지는 일련의 움직임만을 깨닫게 됩니다.

이것은 〈마하사띠빳타나 숫따〉에서 네 가지 물질적인 요소의 관찰에 대한 설명과 일치하는 것이므로 존귀하신 제따완 세야도께서는 복부의 움직임에 대한 관찰을 받아들이신 것입니다.

그렇게 되어 마하시 세야도 역시 이 방법을 시도하셨고, 마하시 세야도 께서도 이 방법이 매우 성공적이고 효과적이라는 것을 알게 되었습니다. 그래서 후에 마하시 세야도께서 제자들을 지도할 때 무엇을 관찰해야 좋을지 잘 모르는 수행자들을 위해 이 방법을 위빳사나 수행의 기본 대상으로 가르치셨던 것입니다.

그런데 그것이 왜 논쟁의 대상이 되었는지요?

이 방법이 〈마하사띠빳타나 숫따〉의 가르침과 일치한다는 것을 아는 사람들은 이 방법의 옳고그름에 대해 논쟁하지 않았습니다. 그러나 미얀마가 아닌 다른 나라의 사람들 중에 경전이 말하고 있는 네 가지 물질적인 요소의 관찰에 관해 바르게 이해하지 못하고 이 방법에 대해 의심을 일으켜 비판하는 사람들이 있었습니다.

마하시 세야도께서는 복부의 불러오고 꺼지는 움직임을 관찰하라고 지도하셨습니다. 그런데 그들은 세야도의 가르침 가운데 '복부의 움직임'이 아니라 '복부'라는 단어에만 주목했습니다. 그리고는 〈마하사띠빳타나 숫따〉에는 복부에 대한 언급이 없다면서 논쟁을 벌였던 것입니다.

불교 심리학에서 분노를 감정의 상태로 여기지 않는 이유를 설명해 주시면 감사하겠습니다. 그리고 두려움, 슬픔과 같은 감정과 분노, 탐욕과 같은 상태의 차이점은 무엇인지요?

여러분이 알고 있는 것처럼 불교 심리학은 정신적·육체적 현상을 다섯 다발로 분류합니다.

첫 번째는 물질(물질적 과정, 물질적 현상)의 다발이고 두 번째는 느낌 또는 감각의 다발입니다. (우리는 그것을 감정이라고 말하지 않습니다.) 세 번째는 지각의 다발이며 네 번째는 정신적 형성의 다발이고 다섯 번째는 의식의 다발입니다.

이 중 두 번째인 느낌 또는 감각의 다발은 즐거운 느낌, 즐겁지 않은 느낌, 중립의 느낌을 포함합니다. 슬픔은 느낌 또는 감각이므로 두 번째인 느낌 또는 감각의 다발에 속합니다. 그러나 이 느낌들을 제외한 두려움(걱정), 분노 등을 포함한 다른 모든 정신적 부수는 네 번째인 정신적 형성의 다발에 포함됩니다.

그 까닭을 12연기를 통해 간단히 설명해보겠습니다.

12연기의 첫 번째 요인은 '무지'인데 이 '무지(무명無明)'로 인해 좋은 행위든지 나쁜 행위든지 간에 '행위(행行)'가 일어납니다. 이어서 이 '행위'로 인해 '재생의식(식識)'이 일어납니다. '재생의식'은 '정신적·육체적 과정(명색名色)'을 일으킵니다. 그리고 '정신적·육체적 과정'은 '여섯 감각기관(육입六入)'을 일으킵니다.

'여섯 감각기관'으로 인해 감각 대상과 함께 접촉(촉觸)이 일어납니다. '접촉'에 의해 '느낌(수受)' 또는 '감각'이 일어납니다. (이것은 다섯 다발 중 느낌 또는 감각의 다발과 같은 것입니다.) '느낌' 또는 '감각' 때문에 '애착(애愛)' 또는 '갈망'이 일어납니다. '애착' 또는 '갈망'에 의해 '취착(취取: 애착이나 갈망보다 정도가 더 강한 상태이다)'이 일어납니다.

'취착'으로 인해 '행위(유有)'가 일어납니다. '행위'는 재생(생生)을 일으킵니다. 재생 때문에 '늙음(노老)' '질병(병病)', '죽음(사死)' 등등이 일어납니다.

이상의 열두 요인 중 '느낌' 또는 '감각'은 '접촉'에 의존해서 일어납니다. 그리고 '느낌' 또는 '감각'에 의존해서 갈망이 일어납니다. 그런데 만일 분노가 느낌에 포함되어야 한다면 연결고리 하나를 잃어버리게 됩니다. 왜냐하면 분노에 의존해서 어떤 갈망이나 애착이 일어나지 않기 때문이지요. 이런 까닭으로 분노는 느낌 또는 감각의 다발에 포함되지 않고 네 번째인 형성의 다발에 포함되는 것입니다.

위빳사나 수행에서도 아주 오랜 시간동안 앉아 있어도 되는지 알고 싶습니다.

네, 그래도 됩니다. 미얀마에도 한 번도 자세를 바꾸지 않고 연속해서 10시간, 13시간, 14시간, 24시간, 36시간씩 앉아 수행하는 사람들이 있습니다. 여러분도 그럴 수 있다면 그와 같이 오래 앉아 있을 수 있습니다. 그러나 그럴 필요까지는 없습니다. (웃음) 그것은 여러분이 2시간 정도 앉아 있을 수 있다면 집중과 꿰뚫어보는 지혜의 진보를 이루는데 충분하기 때문입니다.

관찰이 쉽게 잘 되어서 의식이 관찰할 대상이 없이 가버릴 때, 무엇이 일어나고 있습니까? 큰스님께서는 그럴 때는 '앎, 앎, 앎'이라고 명명하며 관찰하라고 말씀하셨습니다만….

먼저, 질문 중 "의식이 관찰할 대상이 없이 가버린다"는 말은 잘못된 것입니다. 왜냐하면 의식은 언제나 대상을 갖기 때문입니다.

대상이 없는 한 의식은 일어나지 않습니다. 오직 대상이 있을 때만이 의식은 일어납니다. 그래서 질문자가 의식은 관찰할 어떤 대상이 없이 가버린다고 말하면 그것은 잘못 말하고 있는 것입니다.

바꿔 말해서 질문자가 물은 상태는 무(無)의 상태를 대상으로 하고 있을 때입니다. 따라서 수행자의 의식은 그때 무의 상태를 압니다. 따라서 여러분은 무의 상태를 아는 의식을 '앎-앎-앎…'이라고 명명하며 관찰해야만 합니다.

어제 마지막 법문에서, 첫 번째 깨달음으로 파괴되는 정신적 오염원들을 언급하실 때 의례와 의식에 대한 애착은 언급하지 않으신 것 같습니다. 그것에 대해 간단히 설명해주시면 감사하겠습니다.

경전에 대한 주석에 보면 첫 번째 깨달음으로 파괴되는 정신적 오염원은 세 가지로서 그것은 딧티, 위찌낏차, 실랍밧따빠라마사입니다.

여기서 딧티는 인격이나 개인(개체)에 대한 그릇된 견해를 의미하고, 위찌낏차는 삼보에 대한 회의적 의심을 의미한다는 것을 여러분은 이미 잘 알고 있습니다.

그럼 실랍밧따빠라마사는 무엇일까요? 그것은 의례(儀禮)와 의식(儀式)을 행함으로써 괴로움을 소멸할 수 있다고, 또는 윤회로부터 벗어날 수 있다고 믿는 것입니다. 이것은 잘못된 견해입니다. 그 까닭은 여러분이 잘 알고 있는 것처럼 괴로움의 소멸은 깨달음을 통해 모든 정신적 오염원이 완전히 파괴되었을 때만이 가능하기 때문입니다.

그런데 단순히 의례와 의식에 애착하는 것은 실랍밧따빠라마사가 아닙니다. 즉, 불교신도들이 공덕을 쌓고자 삼보에 의례와 의식을 행할 때, 더 많은 공덕을 쌓고자 하다보면 의례와 의식에 애착하기도 하는데 이러한 것은 실랍밧따빠라마사가 아니라는 말입니다.

의례와 의식을 행하는 것이 행하는 자로 하여금 괴로움을 제거할 수 있도록 한다는 것을 신봉하는 것만이 잘못된 견해인 실랍밧따빠라마사입니다. 이 실랍밧따빠라마사는 첫 번째 깨달음으로 근절된다고 경에 대한 주석은 말하고 있으나 경에는 언급되지 않고 있습니다. 그래서 나는 경에 의거해 두 가지의 정신적 오염원에 대해서만 다루었던 것입니다.

큰스님께서는 법문에서 깨달은 분을 평화롭고 행복하고 누구도 사랑하지 않고 냉담한 분으로 묘사하셨습니다. 그런데 저는 깨달은 분은 지극히 연민심이 많을 것이라고 여기며 냉담함과 연민은 서로 반대되는 상태라고 생각합니다. 따라서 이 두 가지 성품이 깨달은 분 안에서 공존하기 어려울 것 같은데, 이 점에 대해 설명해주시기 바랍니다.

질문자는 내가 깨달은 분을 평화롭고 행복하고 누구도 사랑하지 않고 냉담한 것으로 설명했다고 하는데 나는 그렇게 말하지 않았습니다.

깨달은 분들은 네 가지로 분류되어야 합니다. 첫 번째는 소따빤나, 두 번째는 사까다가민, 세 번째는 아나가민, 네 번째는 아라한입니다. 이 중 모든 정신적 오염원을 파괴한 아라한만이 오직 아무도 사랑하지 않습니다. 그런데 여기서 쓰인 '사랑'이라는 영어 낱말은 정의하기가 매우 어려운 낱말인 것 같습니다.

1979년 내가 마하시 세야도와 함께 매사추세츠 주에서 수행지도를 하던 때의 일입니다. 질문과 답변 시간에 30세쯤 된 여자 수행자가 나에게 사랑이 무어냐고 물었습니다.

나는 그녀가 어떤 종류의 사랑을 가리키는 것인지 잘 알 수가 없었습니다. 왜냐하면 내가 아는 한, 일반적으로, 그리고 기독교라는 종교에 따르면 사랑은 두 가지 의미를 지니기 때문입니다. 하나는 이웃을 위한 사랑이고 다른 하나는 여러분의 배우자를 위한 사랑입니다.

나는 그 질문자에게 나는 사랑에 대해서는 모르지만 자애에 대해서는 좀 안다고 대답했습니다. 그리고는 만일 그녀가 자애에 대해 알기를 원한다면 그것에 대해서는 설명해 줄 수 있다고 말했습니다.

아라한의 경우로 다시 돌아가겠습니다. 모든 정신적 오염원을 완전히 파괴한 아라한만이 애착을 의미하는 사랑을 하지 않습니다. 그는 애착의 의미로는 아무도 사랑하지 않지만 자애의 의미로는 모든 사람을 사랑합니다. 이해하겠습니까?

따라서 불교에서는 애착이라는 의미의 사랑과 구별되는 자애라는 말을 사용합니다.

한편 연민과 자애는 좀 다릅니다. 연민은 다른 사람들의 괴로움에 민감한 것인 반면에 자애는 모든 살아있는 존재의 번영을 바라는 것입니다. 그러나 만일 여러분에게 자애가 있으면 연민도 있게 됩니다. 또한 여러분에게 연민이 있으면 자애도 있게 됩니다.

이 수련회에서 수련회 시작한지 약 일주일 후에 한 수행자가 사랑과 관계에 대해 말해달라고 요청했습니다. 나는 그녀에게 어떤 종류의 관계에 대해 듣기를 원하는지 물었습니다. 그녀는 배우자라고 말했고 나는 그것에 대해서는 모른다고 말했습니다. (웃음)

수잔(질문자의 이름), 이제 의문이 풀렸겠지요? 더 설명해야 되나요? (수잔이 뭐라고 함) 연민과 냉담은 틀립니다.

나는 여러분에게 연민은 다른 사람들의 괴로움에 민감한 것이라고 말했습니다. 그것은 냉담과는 아주 다른 상태입니다.

담마를 수행하기 위해 부인과 아이를 떠났던 남자의 이야기와 관련된 질문입니다. 그가 깨달은 후에도 여전히 가족을 포기하고 그들의 괴로움에 조금도 꿈쩍하지 않았던 태도는 저에게는 그가 냉담한(무정한) 사람처럼 여겨졌습니다. 왜 그는 그들에게 연민심을 보이지 않았습니까? 왜 그는 과업을 마친 후에도 그들에 대해 책임져야 하는 의무를 다시 시작하지 않았습니까? 그리고 왜 그는 스님이고 싶어하고 가장이기를 싫어합니까? 저는 아라한은 좋음과 싫어함의 너머에 있다고 생각합니다.

　　나는 질문자가 담마를 수행하기 위해 부인과 아이를 떠났던 남자를 모방하고 싶어한다고 생각합니다. (웃음) 질문이 하나가 아니라 많군요.

네, 먼저 "왜 그는 그들에게 연민을 보이지 않았습니까?"라는 질문에 대한 답변입니다. 그가 눈을 뜨지 않고 가족의 괴로움에 꿈적도 하지 않은 것은 그에게 가족을 향한 연민이 없는 것이 아니라 오히려 많은 연민이 있다는 것을 의미합니다.

만일 그가 눈을 뜨고 아이를 안았다면 아이의 엄마는 그가 아직도 아이와 그녀를 사랑한다고 생각했을 것입니다. 그러면 그녀는 다시 올 것이고, 또한 스님을 껴안았을지도 모릅니다.

그런데 그 스님은 아라한이었습니다. 따라서 만일 그녀가 그렇게 했다면 그녀의 나쁜 업 때문에 그녀는 많은 괴로움을 겪었을 것입니다. 그래서 그것을 피하기 위해 스님은 냉담해야만 했습니다. 스님이 그들에게 냉담한 것을 그녀가 알았을 때 자존심과 자만심으로 가득 찬 그녀는 스님에게 등을 돌려 떠날 수밖에 없었습니다.

"왜 그는 과업을 마친 후에도 그들에 대해 책임져야 하는 의무를 다시 시작하지 않았을까요?" 이 질문자는 아라한의 경지를 얻지 못했기 때문에 아라한 스님이 가족에 대해 책임을 져야 한다고 생각하는 것 같습니다.

그러나 아라한, 아니 아라한이 아닐지라도 스님은 누구에게도 책임이 없습니다. 남편은 그의 가족에 대한 책임이 있습니다만 스님은 남편도 아니고 남자도 아니기 때문에 가족을 돌볼 책임이 없습니다. 그는 그의 이전 가족과 아무 관계가 없습니다. 따라서 그것에 어떠한 책임도 없습니다.

"왜 그는 스님이고 싶어하고 가장이기를 싫어합니까? 저는 아라한은 좋음과 싫어함의 너머에 있다고 생각합니다."

네, 이야기의 주인공인 그 스님 또한 좋음과 싫음 너머에 있습니다. 그는 빅쿠가 되는 것을 좋아했기 때문에 빅쿠가 된 것이 아니라 빅쿠의 생활이 어떤 정신적 오염없이 청정하게 살아가는데 적합하기 때문에 빅쿠가 된 것입니다. 따라서 질문자 또한 좋음과 싫음 너머에 있는 그 스님처럼 되기 위해 애써야 합니다. (웃음)

저는 수련회가 아닌 일상의 삶에서 위빳사나 수행의 적용과 이익에 대해 알고 싶습니다. 일상 삶에서 위빳사나 수행을 성공적으로 적용하기 위해서, 주의기울여야 할 가장 중요한 대상은 무엇입니까? 그리고 일상 삶에서는 지도 스승과 규칙적인 면담을 하지 못하게 되는데, 이 경우 수행을 제대로 하고 있는 건지 아닌 지는 어떻게 알 수 있습니까? 또한 우리 자신 스스로 수행이 진보했는지 측정할 수 있는 방법이 있는지요?

아주 실질적인 질문이군요. 네, 여러분이 집으로 돌아가 일상 삶을 살아가면서도 여러분은 이 주의기울임을 여러분의 일상 삶에 가능한 한 많이 적용해야 합니다.

그러나 집에서 어떤 것을 할 때, 여러분은 특별하고 자세하게 할 필요는 없습니다. 즉, 일상 삶 속에서 어떤 것을 할 때는 특별하게가 아니라 일반적인 주의기울임이 적용되어야 한다는 말입니다.

예컨대, 여러분이 어떤 것을 잡기 위해 팔을 뻗을 때 그것을 수련회서 했던 것처럼 천천히 할 필요가 없습니다(수련회에서는 여러분이 수행말고는 할 것이 없기 때문에 보다 빠르게 대상의 본성을 깨닫기 위해 천천히 하라고 했던 것입니다). 그러나 일상 삶에서는 평소의 속도대로 뻗으면서 '뻗음'이라고 명명하며 알아차리기만 하면 됩니다.

마찬가지로 팔을 구부릴 때도 천천히 구부릴 필요가 없습니다. 팔을 평소의 속도대로 구부리면서 '구부림'이라고 명명하며 알아차리면 됩니다.

일상 삶에서 위빳사나 수행을 성공적으로 적용하기 위해서, 주의기울여야 할 가장 중요한 대상은 정신적인 상태들과 감정적인 상태들, 즉 정신적인 과정입니다. 그 까닭은 사람으로 하여금 악한 일을 하게 하거나 가치 있는 일을 하게 하는 것은 마음이기 때문입니다.

만일 여러분이 악한 생각(나쁜 생각)에 주의기울일 수 있다면 그 생각들은 주의기울임에 의해 극복될 수 있습니다.

악한 생각(나쁜 생각)이 사라질 때, 여러분은 악한 말이나 악한 행위를 하지 않을 것입니다. 그래서 이 정신적인 과정들은 일상 삶에서 위빳사나 수행을 성공적으로 적용하기 위해서, 주의기울여야 할 가장 중요한 대상입니다.

또 질문자는 일상 삶에서는 지도 스승과 규칙적인 면담을 하지 못하게 되는데, 이 경우 수행을 제대로 하고 있는 건지 아닌지를 어떻게 알 수 있느냐고 물었습니다.

이와 관련하여 말한다면, 비록 규칙적이지 않을지라도 가끔씩 스승과 개인면담 시간을 갖는 것이 좋습니다. 그러나 그럴 수 없다면 여러분은 집중의 정도로써 가늠해 볼 수 있습니다.

즉, 여러분의 마음이 일상 삶에서 하는 것들에 어느정도 집중되면 여러분이 수행을 잘 하고 있다고 할 수 있습니다.

그러나 여러분의 마음이 일상 삶에서 하는 것들에 조금도 집중되지 않는다면 여러분은 수행을 잘하고 있다고 말할 수 없습니다.

또 질문자는 우리 자신 스스로 수행이 진보했는지 측정할 수 있는 방법이 있는지도 물었습니다.

여러분은 새로운 어떤 것을 경험했는지 여부로 수행의 진보를 측정할 수 있습니다. 만일 여러분이 일상 삶의 수행을 통해 새로운 것을 경험했다면 여러분의 수행이 어느 정도 진보된 것이라고 말할 수 있습니다. 그러나 여러분이 새로운 어떤 것을 경험하지 않았다면 여러분의 수행은 진보하고 있지 않고 정체되어 있다고 봐야 합니다.

사원에서의 스님들의 생활은 지속적인 위빳사나 수행으로만 이루어지는지 궁금합니다.
(여기서부터는 다른 수련회의 질문과 답변입니다. : 역자)

만일 사원에서 스님이 위빳사나 수행에만 지속적으로 전념해야한다면 나는 지금 여기에 있지 못할 것입니다. 부처님의 가르침 안에서 스님은 다음의 두 가지를 해야 합니다.

1. 경을 배우고 제자들을 가르치기
2. 담마를 실천하기

만일 스님의 삶이 오직 위빳사나 수행을 하는 것에만 바쳐진다면 그는 깨달음의 네 번째 단계에 도달해서 아라한이 되고는 죽을 것입니다. 이 경우 불교의 가르침은 하나도 남아 있지 않을 것입니다. 왜냐하면 스님이 죽은 후에 그 가르침을 제자에게 가르칠 스님이 아무도 없기 때문이지요. 따라서 스님은 담마를 실천하는 한편 경을 배우고 제자들을 가르쳐야 합니다. 만일 내가 내 수도원에 살면서 담마만 실천하고 있었다면 나는 여기에 올 수 없었을 것이고, 여러분에게 담마를 가르칠 기회를 얻지 못했을 것입니다. 또한 여러분은 지금 하고 있듯이 모든 일상행위에 주의기울임에 의해 위빳사나 수행을 하는 기회를 갖지 못했을 것입니다.

사회적인 일을 통해 다른 사람들에게 봉사하는 길과 모든 시간을 수행만 해야 하는 수행자의 길을 어떻게 조화시킬 수 있습니까? 바꿔 말하면 자기 자신의 개인적인 구원과 다른 사람들의 구원 중 어느 것이 먼저입니까?

수행자는 수행에 전념해야 하기 때문에 다른 사람들에게 봉사할 위치에 있지 않습니다. 봉사자 또한 남들에게 봉사해야 하기 때문에 수행할 수 없습니다.

이 둘 중 어느 것을 먼저 해야 할까요? 자기 자신의 개인적인 구원입니까, 아니면 다른 사람들의 구원입니까? 그것은 여러분의 판단에 달려 있습니다.

그러나 나는 부처님의 말씀에 의거하여 다음과 같이 대답하겠습니다.

두 친구가 도보여행에 나섰다가 진흙구덩이에 빠지게 되었습니다. 그래서 한 친구가 다른 사람을 구하기로 하였습니다. 그러나 그는 다른 친구를 구하기 위해서 먼저 자기부터 진흙구덩이에서 빠져나와야 했습니다. 노력한 끝에 그는 결국 구덩이에서 빠져나왔고, 친구를 구할 수 있는 나무판자를 찾아내었습니다.

이 짧은 예화를 통해 여러분은 어느 것이 먼저인지 판단할 수 있을 것입니다. 네, 명백하게 우리는 우리 자신부터 구원해야 합니다. 이것은 부처님의 교리와 일치합니다. 부처님께서는 우리 자신이 모든 괴로움으로부터 벗어날 때만이 다른 사람을 비슷한 괴로움으로부터 벗어나도록 도와줄 수 있다고 말씀하셨습니다.

성적인 방종에 대한 정의를 내려 주십시오.

만일 남편이나 아내가 간통을 한다면 그것은 성적인 방종입니다. 그러나 그것을 피하기 위해 정해진 계(戒)가 동서양의 모든 나라, 민족, 지역의 상황을 다 포괄하지는 못합니다.

예를 들어 미얀마에는 결혼을 했는데 그 사실이 문서상의 기록으로는 표시되지 않는 지역이 있습니다. 그러나 두 남녀가 결혼하고 지역 사회가 그것을 인정하면 그들은 부부로 간주됩니다. 이런 경우 문서상으로는 그들이 비록 법적인 부부가 아닐지라도 만일 그들 부부 중 어느 한쪽이 간통을 한다면 그것은 성적인 방종입니다.

이것과 관련해 경전에 흥미로운 이야기가 있습니다. 그것은 부처님 시대 이전에 발생했던 사건입니다.

한때 아주 예쁘고 덕있는 한 창녀가 5계 모두를 잘 지키고 살아가고 있었습니다. 어느 날 그녀에게 한 남자가 와서 그녀와 하룻밤을 보내기로 하고 동전 천 냥을 내었습니다. 그런 다음에 그는 이렇게 말했습니다.

"오늘은 매우 바쁘니까 내일이나 모레 다시 오겠소" 창녀가 그 말에 동의하자 남자는 떠나갔습니다.

그런데 남자는 그 다음 날 창녀에게 오지 않았습니다. 이틀, 사흘이 지나고, 한 달이 지났는데도 그는 오지 않았습니다. 그러자 다른 남자들이 그녀를 찾아와 돈을 주며 유혹했습니다. 그렇지만 그녀는 남자들의 청을 모두 거절했습니다.

그녀는 첫 번째 남자가 그녀에게 다시 올 때까지 그 누구에게서도 돈을 받으려고 하지 않았습니다. 왜냐하면 그녀는 첫 번째 남자로부터 이미 천 개의 동전을 받았기 때문입니다.

또한 만일 그녀가 다른 남자에게 자기를 허락하고 그로부터 돈을 받는다면 그녀는 성적인 방종을 금하는 세 번째 계를 어겼다는 죄의식으로 괴로워할 것이라는 것을 잘 알고 있었기 때문입니다.

그로부터 3년이 흘렀습니다. 그렇지만 첫 번째 남자는 그때까지도 오지 않았습니다. 그러다보니 그녀가 가진 돈이 바닥이 났고, 마침내 굶주림으로 죽어가는 지경에 이르렀습니다. 그래서 그녀는 법정에 가서 이 문제에 대해 판결해 줄 것을 요청했습니다.

판사는 사건의 전말을 다 들은 뒤에 다음과 같이 판결하였습니다.

"그대는 약속을 지키기 위해 남자를 3년이나 기다려왔는데도 그는 오지 않았소. 이것으로써 그대의 의무는 끝났소. 따라서 이제부터는 다른 사람의 제의를 받아들여도 좋소."

그녀가 법정을 떠나려고 할 때 다른 남자가 그녀에게 와서 천 개의 동전을 주며 유혹하였습니다. 이미 판결을 받았기 때문에 그녀가 그 제안을 받아들이는 것이 법적으로는 문제가 될 수 없었습니다. 그러나 그녀는 그 제의를 받아들이는 데 양심의 가책을 느꼈습니다.

바로 그때 3년 전 그녀에게 천 개의 동전을 준 남자가 갑자기 나타났습니다. 그래서 그녀는 두 번째 남자의 제의를 거절했습니다. 그러나 첫 번째 남자는 이제 더 이상 자기에게 진 빚을 의식할 필요가 없다며 책임을 면제해 주었습니다. 그래서 그 뒤부터 그녀는 죄의식없이 새로운 남자를 맞을 수 있었습니다.

이런 식으로 고대에 한 창녀조차도 세 번째 계를 지켰으며 이점이 바로 이 이야기가 주고자 하는 교훈입니다. 결론을 말하자면 남자는 법적으로나 사회적으로 또는 사람들에 의해 누군가의 아내로 인정되는 여자와 성관계를 갖는 것을 삼가야 합니다. 여자 또한 마찬가지입니다.

잠을 자려고 할 때는 어떻게 수행해야 합니까?

막 자려고 할 때는 복부의 불러오고 꺼지는 움직임을 가볍고 피상적으로 관찰해야 합니다. 그것은 여러분을 걱정하게 하는 어떤 것에 대해 생각하지 않고 단순히 주의기울임을 불러오고 꺼지는 움직임에 잡아 두는 힘에 의해 여러분의 마음을 어느 정도 집중하는 것을 의미합니다.

그런 형태의 집중은 강하지 않기 때문에 여러분은 점차적으로 잠에 빠져들게 됩니다. 이렇게 하는 수행은 불면증에 아주 좋은 약이지요.

언제부터 지도 스승 없이도 혼자서 수행할 수 있는지요?

꿰뚫어보는 지혜의 열한 번째 단계를 경험하게 되면 지도 스승 없이도 혼자서 수행할 수 있습니다. 그는 그 자신 스스로의 힘으로 다음 단계로 전진해 나아갈 수 있습니다.

깨달음의 경험은 항상한 것인지, 아니면 일어났다가 사라지는 것인지 궁금합니다. 또한 그것은 사마디(집중)에 의해 삶에서도 유지될 수 있는지요?

깨달음의 경험은 정신적인 상태이기 때문에 항상하지 않습니다. 그것은 일어났다가 사라집니다. 그러나 사마디에 의해 유지될 수는 있습니다. 우리가 깨달음을 얻을 때 깨달음의 의식은 단지 한 순간만 지속합니다. 그것은 일어났다가 사라집니다. 그러나 과-지혜라고 불리는 깨달음의 결과는 남습니다. 그것은 사마디로 도달할 수 있습니다.

여러분의 사마디가 충분히 좋을 때 여러분은 과의 상태에 반복적으로 또한 오랜 시간 동안 들어갈 수 있습니다. 따라서 비록 여러분이 깨달음을 얻었을지라도 좋은 사마디가 필요합니다.

(수련회에서 개인 면담시간에는 실제 수행에 관한 질문만이 허락됩니다. 그러나 수련회를 마친후 마련되는 질문과 답변시간에는 교학에 관한 질문도 가능합니다.)

자애 수행

나는 미얀마 양곤에 있는 나의 수행센터에서 집중과 고요, 평온을 위한 토대로서 멧따수행(자애 수행)을 가르치고 있습니다.

여러분 가운데서도 위빳사나 수행을 시작하기 전에 고요함, 차분함, 평화로움을 얻는데 도움이 되는 멧따(자애)를 계발할 필요가 있는 사람들이 있을지도 모르겠습니다. 그런 수행자들과, 멧따 수행에 관심이 있는 사람들을 위해 멧따 수행에 대해 간략하게 설명하겠습니다.

멧따 수행은 사마타 수행의 일종으로서, 마음의 깊은 집중과 고요, 평온, 안정, 빛남, 행복, 환희 등을 얻기 위해 수행됩니다. 멧따는 보통 자애로 번역되는데, 사심없는 사랑(detached love), 또는 애착하지 않는 사랑이라고 번역될 수도 있습니다.

자애, 또는 사심 없는 사랑은 모든 살아 있는 존재가 평화롭고 행복하기를 바라는 감정을 의미합니다. 경전에는 멧따가 모든 살아 있는 존재가 평화롭고 행복하고 번창하기를 바라며, 또한 모든 종류의 괴로움으로부터 벗어나기를 바라는 특성을 지닌다고 말하고 있습니다.

멧따를 성공적으로 계발한 사람은 모든 살아 있는 존재를 사랑합니다. 그는 모든 살아 있는 존재가 평화롭고 행복하며 번창하게 되기를, 또한 모든 종류의 괴로움으로부터 벗어나기를 바랍니다. 그렇지만 그들에게 애착하지는 않습니다. 그래서 내가 멧따는 사심 없는 사랑이라고 말한 것입니다.

멧따 수행을 성공적으로 계발하면 마음은 꽤나 집중됩니다. 그는 행복하고 평화롭고 고요하고 안정됨을 느낍니다. 그의 얼굴은 빛이 나고 그의 안색 또한 청정합니다. 존귀하신 부처님께서는 멧따 수행자가 멧따(자애)의 계발을 통해 경험할 수(얻을 수) 있는 이익에는 열한 가지가 있다고 말씀하셨습니다.

자애수행의 열한 가지 이익

1. 행복하고 평화롭게 잠잘 수 있다

멧따 수행에 성공한 수행자는 정신적 · 육체적인 장애 없이 잘 자게 됩니다. 머리가 베개에 닿자마자 어떠한 방해나 산란한 마음 없이 바로 잠듭니다.

2. 행복하고 평화롭게 잠자리에서 일어날 수 있다

그는 잠자리에서 일어나자마자 그의 안에 많은 에너지로 재충전됨을 느낍니다. 그는 언짢음, 나른함, 둔함, 졸림 등이 없이 행복하고 평화롭게 일어납니다. 그럼으로써 해야만 하는 것을 행복하고 편안하게 할 수 있습니다.

3. 좋은 꿈을 꾼다

그는 나쁜 꿈을 꾸지 않습니다. 그는 불법(佛法)에서 뿐만 아니라 사회에서도 성공하여 행복해하는 등의 매우 기분 좋은 꿈을 꿉니다. 호랑이나 사자에 의해 쫓긴다든지, 유령이 그를 하늘 높이 들어서 땅으로 다시 내려놓는다든지 하는 식의 그를 괴롭히는 나쁜, 또는 무서운 꿈을 꾸지 않습니다.

나는 어린 시절에 가끔 최대한의 힘을 들여서 아주 높은 산을 올라가야만 하는데 도무지 정상에는 도달할 수 없는 꿈을 꾸곤 했습니다. 내가 정상 가까이에 다가가면 누군가가 나를 땅으로 내던지곤 하는 것이었습니다. 어린 시절에 멧따 수행을 하지 않았기 때문에 그와 같은 나쁜 꿈을 꾸곤 했던 모양입니다. (웃음)

4. 사람들로부터 사랑을 받는다

이것은 수행자가 멧따(자애)를 계발할 때 그의 모든 행위와 말이 상냥하게 되고 또한 다른 사람이나 살아있는 존재에게 해로움을 끼치는 말, 행위, 생각 등을 하지 않기 때문입니다.

자애로움으로 가득함이 그의 얼굴에 나타납니다. 또한 그의 얼굴은 고요하고 평화로우며 빛이 납니다. 그래서 그는 다른 사람으로부터 사랑받게 되는 것이지요.

5. 동물, 곤충을 포함한 인간이 아닌 존재와, 데와, 그리고 브라흐마 등과 같은 천상의 존재들에게도 사랑받는다

이것은 그가 모든 살아있는 존재들이 행복하며 평화롭고 모든 종류의 괴로움, 근심, 낙담, 우울 등으로부터 자유롭기를 바라므로 그의 마음이 멧따의 매우 부드러운 감정으로 가득하고 그의 얼굴 역시 사랑스럽고 고요하며 평화롭고 차분하게 되기 때문입니다.

1920년경, 미얀마에 대단히 덕이 높으신 노스님이 계셨습니다. 노스님은 위빳사나 수행뿐 아니라 멧따 수행, 특히 멧따 수행을 하셨습니다.

그는 마을이나 도시 가까이에 있는 절에는 전혀 살지 않고 언제나 숲에 살면서 호랑이, 사자, 뱀, 곰 등과 같은 사나운 짐승들에게 사랑받았습니다. 노스님이 사나운 동물을 우연히 만나도 그들은 노스님에게 아무런 해도 끼치지 않고 그냥 가버리거나 존경어린 눈빛으로 쳐다보곤 했습니다.

그러던 어느 추운 계절 밤, 노스님은 숲 속 절 2층에서 주무시고 스님을 보살펴 드리는 재가신자는 1층에서 자고 있었습니다. 1층에는 벽이 없었기 때문에 추위를 느낀 재가신자는 불을 지폈습니다.

그때였습니다. 자주 그 장소를 방문하던 호랑이가 찾아와 불 옆에 누웠습니다. 그리고는 입을 벌려 하품을 했습니다. 그러자 그는 호랑이가 자기를 잡아먹으려고 입을 벌린 것으로 착각하고, 호랑이의 입 속에 불이

붙은 장작을 넣을 생각을 했습니다. 그러자 호랑이는 노스님이 들을 수 있을 정도로 크게 으르렁댔습니다.

상황을 아시게 된 노스님은 그에게 "네가 호랑이에게 그런 나쁜 마음을 내니까 호랑이가 으르렁거리지 않느냐?" 라고 말씀하셨습니다. 그 말을 들은 호랑이는 곧 누워서는 잠들었습니다.

이처럼 노스님은 사나운 동물들에게서도 사랑을 받았습니다. 노스님은 멧따 수행을 성공적으로 하신 것입니다. 그 스님이 우연히 독사를 만나더라도 독사는 스님에게 어떠한 해도 끼치지 않고 존경의 눈으로 쳐다보곤 했습니다. 이와 같은 점 때문에 이 일화들은 노 스님의 전기에 언급되고 있습니다.

6. 데와가 멧따 수행자를 보호한다

천상의 존재를 의미하는 데와가 멧따 수행을 하는 수행자를 위험이나 재난으로부터 지켜준다.

7. 어떠한 독극물, 무기, 불도 멧따 수행자에게 해를 끼칠 수 없다

8. 얼굴 표정이 매우 사랑스럽다

이것은 멧따 수행으로 인해 수행자의 얼굴이 빛이 나고 고요하며 평화롭고 차분하게 되기 때문입니다.

9. 멧따 수행을 성공적으로 할 때 수행의 대상에 매우 쉽고 편안하게 집중할 수 있다

그의 마음을 수행의 대상에 집중하려고 애쓸 때 마음의 산란이 전혀 그에게 일어나지 않습니다.

10. 죽을 때 혼란 없이 죽는다

그는 마치 깊은 잠에 떨어지는 것처럼 매우 평화롭고 고요하게 죽습니다.

11. 멧따 수행으로 자나 사마디(몰입집중)를 얻은 수행자가 그 상태에서 죽으면 범천계梵天界에 태어나게 된다.

멧따 수행자의 일부는 자애를 계발하고 그것으로부터 아주 깊은 집중을 얻습니다. 이 깊은 집중을 바탕으로 그들은 몸과 마음의 과정을 관찰하는 위빳사나 수행으로 전환합니다.

그들은 멧따 수행으로부터 얻은 깊은 집중 때문에 정신적·육체적 현상의 고유한 특성과 일반적인 특성을 매우 깊고 분명하게 깨달을 수 있습니다.

그들은 위빳사나 수행 코스에서 거쳐야 하는 모든 단계의 꿰뚫어보는 지혜를 통과한 후 첫 번째 단계의 깨달음(enlightenment)과 이어서 두 번째, 세 번째, 네 번째 단계의 깨달음을 얻습니다.

그러나 만일 멧따 수행자가 어떠한 단계의 깨달음을 얻지 못한다 할 지라도 자나 사마디 상태에서 죽는다면 범천 세계의 영역에 다시 태어나게 됩니다.

이 열한 번째 이익은 우리의 역량 너머에 있으므로 내버려둡시다. 그러나 우리가 멧따 수행을 매우 성공적으로 수행한다면 다른 열 가지 이익은 어렵지 않게 얻을 수 있습니다.

자애 수행의 방법

자애 수행은 두 가지 방식으로 할 수 있습니다.

1. 특정적 자애 수행

이것은 특정한 사람, 또는 특정한 집단의 사람을 대상으로 자애를 계발하는 수행입니다.

만일 여러분이 깊은 집중을 얻기를 원하면 특정적 자애 수행으로부터 시작해야 합니다. 그것은 처음 시작부터 모든 살아있는 존재를 향해 그들의 복지와 행복과 평화를 숙고할 경우 마음이 산만해지기 때문입니다. 여러분의 자애는 모든 살아있는 존재에게 잘 집중할 수 있을 만큼 강력하지 않습니다. 따라서 특정한 사람이나 특정한 집단의 사람으로 자애 수행을 시작하는 것이 좋습니다.

특정적 자애 수행을 위한 대상으로서 여러분은 사람, 또는 사람의 집단을 선택해야 합니다. 존경할만하고 훌륭하며, 사랑받고 있고 덕이 있는 사람을 첫 번째 대상으로 택해서 그 분의 좋은 덕성을 숙고합니다.

그 후 "이분이 행복하고 평화로우며 모든 종류의 괴로움으로부터 벗어나기를! 이분이 행복하고 평화로우며 모든 종류의 적의로부터 벗어나기를! 이분이 근심과 우울함으로부터 벗어나기를!" 이라고 마음속으로 말하며 그분을 향해 자애를 계발합니다.

문구는 지금 말한 것과 같은 의미이면 어떤 것이라도 좋습니다. 그러나 앵무새처럼 문구에만 매달려서는 안됩니다.

여러분의 마음이 문구에만 매달리면 자애를 계발하기가 어렵습니다.

따라서 문구에만 매달리지 않도록 조심하면서 여러분의 자애를 그 사람에게로 향해서 그가 행복하고 평화로우며 모든 종류의 괴로움으로부터 벗어나기를 바라도록 해야 합니다. 그러면 자애의 감정이 점차적으로 여러분에게로 올 것입니다. 여러분은 마음을 어느 정도 집중할 것이고 행복하고 평화로움을 느낄 것입니다.

그런데 경에 대한 주석은 마음속으로 다음과 같이 말하며 먼저 여러분 자신에게로 자애를 향하거나 방사해야 한다고 말하고 있습니다.

"내가 행복하고 평화로우며 모든 종류의 괴로움으로부터 벗어나기를! 내가 행복하고 평화로우며 모든 종류의 괴로움으로부터 벗어나기를…!"

이런 식으로 해서 행복하고 평화로움을 느낄 수 있을 때 다른 선택되어진 사람이나 사람의 집단에게로 자애를 계발해야 합니다.

"내가 행복하고 평화로운 것처럼 이분도 행복하고 평화롭기를…."

여러분은 약 2분 동안 이와 같이 자애를 계발해야 합니다. 그 후에 '내가 행복하고 평화로운 것처럼'이라는 구절을 빼버려야 합니다. 그리고는 계속해서 "이분이 행복하고 평화롭기를, 이분이 행복하고 평화로우며 모든 종류의 괴로움으로부터 벗어나기를…."이라고 하며 자애를 계발합니다.

이렇게 해서 어느 정도의 집중을 얻게되면, 여러분은 행복하고 평화롭고 고요하고 안정됨을 어느 정도 느낍니다. 그러면 대상을 첫 번째 사람으로부터 같은 부류의 두 번째 사람으로 바꿀 수 있습니다.

여기서 같은 부류란 덕 있고 존경할만하고 훌륭한, 그리고 모든 사람들에 의해 사랑받는 분을 의미합니다. 여러분의 마음을 잘 집중할 수 있도록, 그리고 여러분 자신과 그분에 대하여 행복과 평화로움을 느끼도록 이 두 번째 사람을 향하여 자애를 계발하여야 합니다.

그 후에 여러분은 같은 부류의 세 번째 사람을 향하여 자애를 계발하여야 합니다. 이런 식으로 해서 여러분은 같은 부류에 있는 약 열 사람 정도를 향하여 자애를 계발해야 합니다. 집중이 충분히 좋을 때, 여러분은 아주 행복하고 평화로움을 느낍니다. 그러면, 여러분은 두 번 째 부류의 사람을 향해 자애를 계발할 수 있습니다.

두 번째 부류의 사람은 여러분의 부모, 형제, 사랑하는 친구와 같은, 여러분이 사랑하는 사람입니다.

만일 여러분이 이 사랑하는 사람을 향해 멧따를 계발함으로써 아주 잘 집중할 수 있다면 그 다음으로는 중립적인 사람, 즉 단지 지인(知人)인, 그에 대해 행복하지도 않고 적의도 느끼지 않는 세 번째 부류를 향해 멧따를 더욱더 계발할 수 있습니다.

여러분이 이 세 번째 부류의 사람을 향해 자애를 계발함으로써 어느 정도의 집중을 얻고 행복과 평화로움을 느끼면 그 다음으로는 적의를 느끼는 사람 그러니까 여러분의 적인 네 번째 부류를 향해 자애를 계발해야 합니다.

자애 수행에는 두 가지 종류의 적이 있습니다. 가까운 적과 먼 적이 그것입니다.

먼 적은 미움, 악의, 혐오와 분노입니다. 여러분이 자애를 적에게 향할 때, 비록 그를 향해 자애를 계발하려고 애쓸지라도 여러분은 그에게 화를 느낄지 모릅니다. 그때 여러분은 적의를 느낍니다. 여러분은 그 사람을 향해 증오를 느낄지 모릅니다. 여러분은 그 사람을 향해 자애를 계발할 수 없습니다.

이런 경우에는 여러분이 자애를 쉽게 계발할 수 있는 첫 번째 사람으로 돌아와서 여러분의 마음을 깊게 다시 집중하기 위해 애써야 합니다. 그렇게 하는 것에 성공했을 때 다시 적을 향해 자애를 계발할 수 있고 마침내 성공할 것입니다.

자애의 가까운 적은 감각적 욕망입니다. 만일 여러분이 수행 초기에 이성을 향해 자애를 계발하려고 애쓴다면 점차적으로 그 사심 없는 사랑은 애착하는 사랑, 감각적 욕망으로 변질될 수 있습니다. 그래서 주석은 가까운 적이 일어나려고 할지 모르기 때문에 이성을 향해 여러분의 자애를 처음부터 계발해서는 안 된다고 말하고있는 것입니다.

여러분이 적을 향해 자애를 계발할 수 있게 되면 여러분 자신 안에서 많은 자애의 느낌을 갖게 될 것입니다. 또한 여러분은 수행대상에 마음을 잘 집중할 수 있게 됩니다. 그때 여러분은 이 수행에 성공했다고 말할 수 있습니다.

그러나 멧따 수행에서 더 높은 경지를 얻기 위해서는 여러분의 자애를 이 네 부류의 사람을 향해 하나씩 차례대로 계발하면서 여러분은 날마다 자애 수행을 계속 해야만 합니다.

주석은 여러분이 네 부류의 사람들 사이에서 한계나 경계를 보지 않을 때 여러분이 몰입집중(자나 사마디)에 가까운 근접집중을 얻을 것이라고 말하고 있습니다. 여러분이 한계나 경계를 보지 않을 때라는 것은 여러분 자신을 다른 네 부류의 사람들과 같게 보는 것을 의미합니다.

예를 들어 여러분이 이 네 부류의 사람들과 함께 있을 때 만일 어떤 사람이나 호랑이가 여러분에게 와서 호랑이의 먹이를 위해 여러분 중의 누군가를 요구한다고 합시다.

이 경우에 만일 여러분이 "그래요, 내가 호랑이를 위해 먹이가 될 것입니다. 여러분 모두는 행복하고 평화로울 것입니다."라고 한다면 여러분은 여러분과 다른 사람들 사이에 경계를 가지는 것입니다.

주석은 여러분이 이 다섯 사이에 경계를 보지 않을 때, 경계는 깨진다고 말하고 있습니다. 따라서 여러분이 호랑이의 먹이어야만 한다고 느낄 때 여러분과 다른 사람들 사이에 경계가 있는 것입니다. 경계는 깨어지지 않았습니다. 그러면 여러분은 아직 근접집중이나 몰입집중을 얻지 않은 것입니다.

그러나 만일 여러분이 여러분 자신을 먹이로써 호랑이에게 주어질 수 없다고 본다면, 그리고 이 사람들 어느 누구도 또한 호랑이에게 주어질 수 없다면 그것은 경계가 없는 것입니다. 경계는 깨어집니다. 그러한 멧따는 몰입집중을 가진 멧따라고 불려집니다. 그러나 그 단계의 집중에 도달하기 위해 여러분은 밤낮으로 애써야 합니다.

2. 불특정적 자애 수행

이것은 세상이나 우주에 살아있는 모든 존재를 향하여 자애를 계발하는 것을 뜻합니다. 여러분이 그저 어느 정도의 집중으로 멧따(자애)를 느끼려면 여러분은 모든 살아있는 존재를 향하여 불특정적 자애를 계발해야 합니다.

만일 위빳사나 수행자의 마음이 안정되지 않거나 불안하고 우울함을 느끼거나 또는 많은 산란한 마음, 생각 등이 있는데 그것들을 알아차림에 의해 극복할 수 없다면 그는 나무 그늘 밑에서 휴식을 취해야 합니다. 그는 뜨거운 태양 아래서 여행하고 있기 때문에 나무 그늘 밑에서 휴식을 취할 필요가 있습니다. 그 나무는 무엇입니까? 네, 바로 멧따입니다.

자애 수행을 할 때, 여러분은 긴장하지 않습니다. 여러분은 수행에 많은 노력을 기울일 필요가 없습니다. 여러분은 마음속으로 "모든 살아 있는 존재가 행복하며 평화롭고 모든 종류의 고통으로부터 벗어나기를…." 이라고 말하면서 모든 살아 있는 존재가 행복하고 평화롭고 번창하고 모든 종류의 적의와 괴로움으로부터 벗어나기를 단순히 기원합니다. 그러면 여러분 안에서 모든 살아 있는 존재를 향하여 자애의 느낌을 가질 것입니다.

점차적으로 여러분의 마음은 그 사람이나 모든 존재들에게 어느 정도 집중되어집니다. 그러면 여러분은 고요, 평화, 안정, 평온을 느낍니다. 때때로 여러 분은 환희를 느끼기도 합니다. 때때로 여러분은 의기양양함을 느낍니다.

때때로 여러분은 어떤 힘에 의해 들어올려짐을 느낍니다. 왜냐하면 여러분은 가벼움을 느끼고 여러분의 마음은 자애의 매우 부드러운 감정으로 가득 차기 때문입니다. 여러분이 위빳사나 수행으로 전환할 수 있음을 느낄 때, 여러분에게는 어떤 마음의 산란, 긴장, 스트레스, 또는 우울이 없을 것입니다. 그러면 여러분은 관찰되는 어떤 정신적 또는 육체적 현상에 크게 집중될 수 있습니다.

따라서 위빳사나 수행자가 피곤함, 불안, 우울 등을 느낄 때, 또는 마음이 산란할 때는 멧따라는 나무 그늘 밑에서 약 10분이나 15분, 길게는 30분 정도 휴식을 취할 수 있습니다. 만일 약 15분 내지 30분 정도 자애를 수행하거나 계발하면 여러분은 그것의 결과를 얻을 수 있습니다.

그러나 10일간밖에 수행 시간이 없을 때는 자애 수행에 매우 긴 시간을 보내서는 안됩니다. 그래서 산란, 불안, 우울함 등을 있는 그대로 지켜봄으로써 극복할 수 없는 경우에는 자애 수행이 필요하지만 30분을 넘지 않도록 해야 한다고 말했던 것입니다.

지금까지 나는 멧따 수행에 대해 간략하게 발했습니다. 요점은 만일 여러분이 낙담, 우울, 불안과 피곤함을 극복하는 것이 어렵다는 것을 발견하면 어느 정도, 그러니까 약 30분 정도 멧따 수행을 할 수 있다는 것입니다.

그러나 이처럼 위빳사나 수행의 도우미로서 자애수행을 하기를 원할 때는 쉽게 어느 정도 집중할 수 있도록 여러분은 불특정적 자애 수행을 해야 합니다. 그러면 여러분은 행복하고 평화롭고 차분함을 느낄 것이고 마음의 산란, 불안, 우울, 낙담과 같은 바람직하지 않은 정신적 오염원을 극복할 수 있습니다.

여러분 모두 멧따와 위빳사나를 계발해서 여러분의 목적을 이룰 수 있기를 기원합니다.

사두! 사두! 사두!

(자애수행과 자애수행 방법에 대해 궁금해하시는 분들을 위해, 큰스님께서 10일간의 위빳사나 수련회에서 자애수행에 대해 법문하신 부분만을 뽑아 번역한 것입니다. 좀 더 상세하게 설명하신 법문도 있으나 지면 관계상 이 법문을 택해 번역했습니다.)

개인면담시 수행보고 요령

1. 좌-수행(좌선)

  1) 한 번의 좌-수행에 걸린 시간 보고

  2) 복부의 불러오고 꺼지는 움직임에 대한 관찰 보고

    ① 관찰을 잘 할 수 있었는가, 없었는가

    ② 잘 관찰할 수 있었다면 그 결과 무엇을 알게 되었는가

      (또는 경험했는가)

    ③ 잘 관찰할 수 없었다면 그 이유가 무엇인가

  3) 통증이나 가려움 등과 같은 느낌이나 감각에 대한 관찰 보고

    (요령은 앞의 항과 같음)

  4) 생각들에 대한 관찰 보고

    (요령은 앞의 항과 같음)

2. 보-수행(행선)

1) 한 번의 보-수행에 걸린 시간 보고

2) 천천히 몇 단계로 보-수행을 했는가 보고

3) 발의 움직임에 대한 관찰 보고

   (1~2)항에 제시된 요령에 따라)

4) 생각에 대한 관찰 보고

   (1~2)항에 제시된 요령에 따라)

3. 행-수행(일상행위에 대한 알아차림)

1) 일상행위에서 벌어지는 모든 행위를 천천히 하며 잘 관찰할 수 있었
   는가 없었는가에 대한 보고

2) 새로이 경험한 것이나 알게 된 것이 있는가에 대한 보고

(이 수행보고 요령은 역자가 면담 통역을 한 것을 바탕으로 정리해 본 것입니다.)

빠알리어 색인

※ 로마나이즈화한 **빠알리어**는 퇴현 전재성 박사님이 찬메 세야도의 녹음테이프를 통해 확인하여 기록했고, 한글표기는 옮긴이가 한국빠알리성전협회의 표기법을 기초로 해서 스리랑카 미얀마 등의 현행 발음을 참고하여 기록했습니다.

(ㄱ)

고뜨라부 냐나(gotrabhū-ñāṇa) : 성숙의 지혜, 열세 번째 단계의 꿰뚫어보는 지혜

까맛찬다 니와라나(kāmacchanda-nīvaraṇa) : 감각적 욕망의 장애

까시나(kasiṇa) : 두루 채움, 편처遍處

까야 아누빳사나 사띠빳타나(kāya-anupassana-satipaṭṭhāna) : 육체(또는 육체적 과정)에 대한 주의기울임(신념처身念處)

까이까 둑카(kāyika-dukkha) : 육체적 괴로움

깡카 위따라나 위숫디(kaṅkhā-vitaraṇa-visuddhi) : 의심을 극복함에 의한 청정

꼬삼비(Kosambhi) : 인도 지명

꾸시나라(Kusinārā) : 인도 지명

꾸띠(kuti) : 숙소

낄레사(kilesa) : 정신적 오염원, 번뇌

낏띠사라(Kittisara) : 사람 이름

(ㄴ)

나마루빠 빠릿체다 냐나(nāmarūpa-pariccheda-ñāṇa) : 정신적 과정(정신성) 과 육체적 과정(육체성)을 구별하는 지혜

난다(Nanda) : 사람 이름

난다나(Nandana) : 즐거운 정원, 도리천에 있는 환희원

낭냐뜨라 봇자 따빠사 낭냐뜨라 인드리야상와라 낭냐뜨라 삽바닛삭가 솟팀 빳사미 빠니난 띠(nāññatrā bojjhā tapasā nāññatrā indriyasaṃvarā nāññatrā sabbanissaggā sotthim passāmi pāṇinan ti) : 깨달음 (enlightenment)의 일곱 가지 요인(칠각지)을 계발하지 않고, 도덕적 행위를 청정이 하는 계를 지키지 않고, 여섯 감각 문을 닫지 않고, 모든 정신적 오염 원을 완전히 파괴하지 않고는 아무도 영원한 평화와 행복인 닙바나를 얻을 수 없다.

냐나닷사나 위숫디(ñāṇadassana-visuddhi) : 앎과 봄의 청정

네바상냐나상냐야따나(nevasaññānāsaññāyatana) : 지각하는 것도 아니고 지각하지 않는 것도 아닌 세계(非想非非想處)

니라야 뻬따 띠랏차나 아수라까야(niraya-peta-tiracchāna-asurakāya) : 지 옥·아귀·동물·악귀의 무리

니로다 삿짜(nirodha-sacca) : 괴로움의 소멸의 진리(멸제滅諦)

니로다사마빳띠(nirodhasamāpatti) : 의식과 정신적 부수 그리고 마음에 의해 산출된 모든 육체적 과정의 소멸의 성취, 멸진정(滅盡定)

닙바나(nibbana) : 열반

닙비다 냐나(nibbidā-ñāṇa) : 혐오의 지혜, 지루함의 지혜

(ㄷ)

다나(dāna) : 보시

다룩칸도빠마 숫따(Dārukkhandhopama-sutta) : 통나무의 비유에 대한 경

담마 상가니(Dhamma-saṅgaṇi) : 법집론法集論

담마 아누빳사나 사띠빳타나(dhamma-anupassana-satipaṭṭhāna) : 담마에 대한 주의기울임, 법념처法念處

담마딘나(Dhammadinna) : 사람 이름

담마위짜야 삼보장가(dhammavicaya sambojjhaṅga) : 조사(탐구)의 깨달음 요인(고리), 택법각분擇法覺分

담마짝까빠왓따나 숫따(Dhammacakkapavattana-sutta) : 진리의 수레바퀴를 굴리는 경, 초전법륜경轉法輪經

데와데와(devadeva) : 최상의 하늘나라, 천중천天中天

도사(dosa) : 성냄, 악의, 증오

둑카 둑카(dukkha-dukkha) : 우리가 흔히 겪는 정신적·육체적 괴로움(고고苦苦)

둑카(dukkha) : 괴로움, 고苦, 불행

둑카 삿짜(dukkha-sacca) : 괴로움의 진리, 고제苦諦

디가니까야(Dīganikāya) : 장부경전

딧타담마 수카위하라(diṭṭhadhamma-sukhavihāra) : 이 존재(지금 여기)에서 행복하고 평화로우며 축복되게 사는 것

딧테 딧타맛땀 바위샷띠(diṭṭhe diṭṭhamattaṃ bhavissati) : (어떤 것을) 볼 때, 마음은 보이는 것만을 보아야 한다. (어떤 것을) 본다면, 보여진 것만이 존재할 것이다.

딧티 위숫디(diṭṭhi-visuddhi) : 견해의 청정

따당가 빠하나(tadaṅga-pahāna) : 부분적 제거, 부분적 청정

딴하(taṇhā) : 애착, 갈망, 욕망

땃자빤냣띠(tajjapaññatti) : 대상에 대한 적합한 관습적인 어법

떼조 다투(tejo-dhātu) : 불의 요소, 또는 온도의 요소

띳사(Tissa) : 사람 이름

(ㄹ)

로꿋따라(lokuttara) : 세상을 뛰어넘는(出世間), 세상 너머

로바(lobha) : 탐욕, 욕망, 애착

루빠(rūpa) : 물질, 물질적 현상(과정), 육체적 현상(과정)

루빠 자나(rūpa-jhāna) : 색계 선정삼매, 육체적 현상과 정신적 현상 둘 다를 바탕으로 한 집중

루빡칸다(rūpakkhandha) : 물질의 다발

루빰 빅카워 야타부땅 삼마빤냐야다땁밤(rūpaṃ bhikkhavo yathabhūtaṃ sammappaññāya dātabbaṃ) : 수행승들이여, 그대들은 색色(물질적 과정,

육체적 과정)을 있는 그대로 깨달아야(올바르게 이해해야) 하는 것이다.

(ㅁ)

마이뜨레야(Maitreya) : 미래 부처님, 미륵불

마하사띠빳타나 숫따(mahāsatipāṭṭhāna-sutta) : 주의기울임의 토대에 대한 큰 경, 대념처경大念處經

마하테라(mahāthera): 대장로大長老

막가 냐나(magga-ñāṇa) : 도-지혜, 도지道智

막가삿짜(magga-sacca) : 괴로움의 소멸로 이끄는 길의 진리, 도제道諦

막가아막가 냐나닷사나 위숫디(maggāmagga-ñāṇadassana-visuddhi) : 도와 도가 아닌 것에 대한 앎과 봄의 청정

맛지마니까야(Majjhimanikāya) : 중부경전

맛지마 빠띠빠다(majjhima-paṭipāda) : 중도中道

멧따(metta) : 자애

멧따 바와나(metta-bhāvan) : 자애 수행

모하(moha) : 무지

문찌뚜까미야따 냐나(muñcitukamyatā-ñāṇa) : 해탈하고자 하는 지혜

(ㅂ)

바야-냐나(bhaya-ñāṇa) : 두려움(공포)의 지혜, 두려움(공포)의 자각 (awareness)의 지혜

바와나(bhāvanā) : 수행

바와 딴하(bhava-taṇhā) : 존재하고자 하는 갈망

바위땁바(bhāvitabba) : 계발되어져야 하는 것

방가 냐나(bhaṅga-ñāṇa) : 해체(사라짐)의 지혜

붓다누사띠 바와나(buddhānusati-bhāvanā) : 부처님의 덕성을 숙고하는 수행

비야빠다 니와라나(byāpāda-nīvarana) : 분노(악의, 혐오)의 장애

빅카워(bhikkhavo) :오, 빅쿠들이여!

빅쿠(bhikkhu) : 수행승, 탁발승

빅쿠니 상가(bhikkhunī-saṅgha) : 비구니 교단

빔비사라(Bimbisāra) : 마가다국의 왕 이름

빠다나(padhāna) : 불요불굴의 노력

빠닷타나(pādaṭṭhāna) : 즉각적인 원인, 족처足處

빠디빠다 냐냐닷사나 위숫디(paṭipāda-ñāṇadassana-visuddhi) : 수행도에
대한 앎과 봄의 청정

빠따짜라(Paṭācārā) : 사람 이름

빠띳짜사뭇빠다(paṭiccasamuppāda) : 연기緣起

빠라네이야(pāraneyya) : 완전히 깨달아져야만 하는 것

빠라맛타(paramattha) : 궁극적 실재

빠알리(pāli) : 부처님 당시 마가다국의 일반 사람들에 의해 사용되어졌던 언어

빠짤라야마나숫따(Pacalāyamānasutta) : 졸음의 경, 앙굿따라니까야(a
ṅguttaranikāya, 중일부 경전增一部 經典)에 속하는 경

빠타위 다투(paṭhavī-dhātu) : 땅의 요소

빠티상카 냐나(paṭisaṅkhā-ñāṇa) : 재관찰의 지혜

빠하땁바(pahātabba) : 버려(포기되어)져야 하는 것

빤냐 식카(paññā-sikkhā) : 지혜(꿰뚫어보는 지혜 또는 깨달음 enlightenment)의 훈련, 혜학慧學

빤냐(paññā) : 지혜

빤짜 인드리야니(pañca indriyāni) : 다섯 가지 정신적 기능

빤짜마 자나(pañcama-jhāna) : 다섯 번째 깊은 집중, 다섯 번째 선정

빤짯칸다 빠라또 빳사띠(pañcakkhandha-parato-passati): 다섯 무더기(또는 다발)를 자신과 연관되지 않은 어떤 것으로 보는 것, 또는 다섯 무더기를 자신에게 속하지 않은 어떤 것으로 보는 것

빳사디 삼보장가(passadhi-sambojjhaṅga) : 고요(안온)의 깨달음 요인(고리), 경안각분輕安覺分

빳짜야빠릭가하 냐나(paccayapariggaha-ñāṇa) : 정신적·육체적 과정의 인과관계를 깨닫는 지혜

빳짜웩카나 냐나(paccavekkhana-ñāṇa) : 회상의 지혜

뿌툿자나(puthujjana) : 보통 사람

*삐띠(pīti) : 환희

삐띠 삼보장가(pīti-sambojjhaṅga) : 환희(희열)의 깨달음 요인(고리), 희각분 喜覺分

삐수나(pisuṇa), 삐소니야(pisoṇya) : 두 사람 사이의 자애를 깨뜨리는 말, 비방(중상), 험담

(ㅅ)

사까다가미 막가냐나(sakadāgāmi-maggañāṇa) : 한 번 돌아오는 분의 도-지혜

사까다가민(sakadāgāmin) : 한 번 돌아오는 분, 일래자―來者

사두(sādhu) : 훌륭하다, 잘 했다, 감사하다

사띠(sati) : 주의기울임, 관찰, 알아차림, 새김, 念, 마음챙김

사띠 삼보장가(sati-sambojjhaṅga) : 주의기울임(새김)의 깨달음 요인(고리), 염각분念覺分

사마나(samaṇa) : 사문沙門, 출가수행자, 모든 정신적 오염원을 파괴하였기에 평화로운 사람

사마디 식카(samādhi-sikkhā) : 집중(삼매)의 수련, 정학定學

사마디(samādhi) : 깊은 집중(삼매)

사마디 삼보장가(samādhi-sambojjhaṅga) : 집중의 깨달음 요인(고리), 정각분定覺分

사마타 뿝방가마 위빳사나(samatha-pubbaṅgama-vipassanā) : 사마타 수행에 의해서 선행되는 위빳사나 수행

사마타(samatha) : 집중, 평온, 고요, 멈춤, 그침, 지止

사만냐 락카나(samaññā-lakkhaṇa) : 일반적 특성, 공통적 특성

사무다야 삿짜(samudaya-sacca) : 괴로움의 원인의 진리, 집제集諦

사뭇체다 빠하나(samuccheda-pahāna) : 완전한 제거, 완전한 청정

사바와 락카나(sabhāva-lakkhaṇa) : 고유한 특성, 개별적 특성

사사나(sāsana) : 가르침

사와까(sāvaka) : 부처님의 가르침을 따르는 사람

삭까(sakka) : 제석천

삭까야딧티(sakkāya-diṭṭhi) : 정신적·육체적 현상에 대한 오해에 의거해서 일어나는 인격, 개인(개체), 자아, 영혼의 잘못된 견해

산냐칸다(saññakhandha) : 지각의 다발

삼마 깜만따(sammā-kammanta) : 올바른 행위, 정행正行

삼마 딧티(sammā-diṭṭhi) : 올바른 이해, 정견正見

삼마 사띠(sammā-sati) : 올바른 주의기울임(관찰, 알아차림, 새김, 마음챙김), 정념正念

삼마 사마디(sammā-samādhi) : 올바른 집중(삼매), 정정正定

삼마 상깝빠(sammā-saṅkappa) : 올바른 생각, 정사유正思惟

삼마 아지와(sammā-ājīva,) : 올바른 생업, 정업正業

삼마 와야마(sammā-vāyāma) : 올바른 노력, 정정진正精進

삼마 와짜(samma-vācā) : 올바른 말, 정언正言

삼마사나 냐나(sammasana-ñāṇa) : 분명히 이해하는 지혜, 사유지思惟智

삼맙빤냐(sammappaññā) : 바른 이해

삼빠잔냐 빱바(sampajañña-pabba) : 분명한 이해의 장

삼팝빨라빠(samphappalāpa) : 쓸모 없는 말, 유익하지 못한 말, 하찮은(경박한) 말

삿다(saddhā) : 담마에 대한 확고한 믿음

삿사따 딧티(sassata-diṭṭhi) : 영원주의, 상견常見

삿치까땁바(sacchikatabba) : 얻어지거나 경험되어져야 하는 것

상가(saṅgha) : 승단(僧團), 모임

상사라(saṃsāra) : 재생의 고리, 윤회

상윳따니까야(saṃyuttanikāya) : 상응부 경전, 북방불교 잡아함경에 해당함

상카따(saṅkhata) : 조건지어진 것, 유위有爲

상카라 둑카(saṅkhāra-dukkha) : 계속적으로 일어나고 사라짐에 의해서 계속적으로 압박되어지는 성질의 괴로움, 조건지어진 것의 괴로움, 행고行苦

상카락칸다(saṅkhārakkhandha) : 정신적 형성의 다발

상카루뻭카 냐나(saṅkhārupekkhā-ñāṇa) : 형성에 대한 평정의 지혜

소따빤나(sotāpanna) : 흐름에 들어가는 분, 예류자預流者

소따빳띠 막가냐나(sotāpatti-maggañāṇa) : 흐름에 들어가는 분의 도-지혜

수메다(Sumedha) : 사람 이름

수밧다(Subhadda) : 탁발 수행자의 이름

수브라흐마(Subrahma) : 사람 이름

수카(sukha) : 행복

숫다 위빳사나(suddha-vipassanā) : 사마타 수행을 거치지 않는 순수 위빳사나 수행

실라 식카(sīla-sikkhā) : 도덕적 행위의 수련, 계학戒學

실랍밧따 빠라마사(sīlabbatta-parāmāsa) : 의례와 의식에 대한 잘못된 집착

실라위숫디(sīla-visuddhi) : 도덕성의 청정, 도덕적 행위의 청정

(ㅇ)

아까사 다투(ākāsa-dhātu) : 공간의 요소

아나가미 막가냐나(anāgāmi maggañāṇa) : 돌아오지 않는 분의 도-지혜

아나가민(anāgāmin) : 돌아오지 않는 분, 불환자不還者

아낫따(anatta) : 비인격성, 무아無我

아눌로마 냐나(anuloma-ñāṇa) : 적응의 지혜

아눗사띠(anussati) : 거듭 숙고함, 상기, 기억, 세부적 관찰

아닛짜(anicca) : 비영속非永續, 무상無常

아디나와 냐나(ādīnava--ñāṇa) : 비참의 지혜, 재난에 대한 지혜

아라한(arahant) : 모든 정신적 오염원을 완전히 파괴함으로 인해 존경을 받
을 만한 가치가있는 분(거룩한 분)

아라핫따 막가냐나(arahatta maggañāṇa) : 존경받을 만한 분(거룩한 분)의 도-
지혜

아루빠 자나(arūpa-jhāna) : 정신적 현상을 바탕으로 하는 집중(삼매)

아리야 뿍갈라(ariya-puggala) : 고귀한 사람

아비담마(abhidhamma) : 경·율·론 삼장 가운데 논장論藏을 일컬음

아빈냐(abhiññā) : 신통, 곧바른 앎, 직접적인 지혜

아빠야(apaya) : 악처惡處

아뽀 다투(apo-dhātu) : 물의 요소

아상카따(asaṅkhata) : 조건지어지지 않은 것, 무위無爲

아수바(asubha) : 부정不淨

아우소(āvuso) : 벗, 친구

아윗자(avijja) : 무지

앗따 딧티(atta-diṭṭhi) : 아견(我見)

앗따(atta) : 자아

압빠나 사마디(appanā-samādhi) : 몰입집중(根本定)

야드 아닛쪼 이단 둑캄(yad anicco idaṁ dukkhaṁ) : 비영속인 것은 괴로움

이다.

야타부땅(yathābhūtam) : 있는 그대로

와요 다투(vāyo-dhātu) : 바람 또는 공기의 요소

왜다나 아누빳사나 사띠빳타나(vedanā-anupassana-satipaṭṭhāna) : 느낌에
대한 주의기울임, 수념처受念處

왜다낙칸다(vedanakkhandha) : 느낌(또는 감각)의 다발

우다얍바야 냐나(udayabbayā-ñāṇa) : 일어남과 사라짐의 지혜

우빠짜라 사마디(upacāra-samādhi) : 근접집중(近接定), 이웃집중

우뻭카 삼보장가 (upekkha-sambojjhaṅga) : 평정의 깨달음 요인(고리), 평등
각분平等覺分

웃닷짜꾸꿋짜 니와라나(uddhaccakukucca-nīvarana) :들뜸과 회환의 장애

웃체다 딧티(uccheda-diṭṭhi) : 허무주의, 단견斷見

웰루와나(Veḷuvana) : 죽림정사

위리야(viriya) : 불요불굴의 노력

위리야 삼보장가(viriya-sambojjhaṅga) : 노력(정진)의 깨달음 요인(고리),
정진각분精進覺分

위빠리나마 둑카(vipariṇāma-dukkha) : 변화에 의해서 산출되는 괴로움, 괴고
壞苦

위빳사나 냐나(vipassana-ñāṇa) : 꿰뚫어보는 지혜, 통찰 지혜

위빳사나(vipassanā) : 꿰뚫어봄, 통찰

위빳사누빡낄레사(vipassan' ūpakkilesa) : 꿰뚫어 봄(통찰)의 열 가지 타락,
관수염觀隨染

위사카(Visākhā) : 사람 이름

위숫디막가 앗타까타(Visuddhimagga-aṭṭhakathā) : 청정도론 주석

위숫디막가(Visuddhimagga) : 청정도론

위찌낏차 니와라나(vicikicchā-nivarana) : 회의적 의심의 장애

윅캄바나 빠하나(vikkhambhana-pahāna) : 일시적 제거, 일시적 청정

윅킷땅 와찟땅 윅킷땅 찟딴띠 빠자나띠(vikkhittam vā cittam vikkhittam
cittanti paj ānati) : 흩어진 마음을 흩어진 마음이라고 분명히 이해한다.

윈냐나 다투(viññāṇa-dhātu) : 의식의 요소

윈냐낙칸다(viññāṇakkhandha) : 의식의 다발

인드리야 상와라(indriya-saṃvara) : 여섯 감각문의 닫음, 감관의 문의 수호

(ㅈ)

자나 사마디(jhāna-samādhi) : 선정삼매, 고정집중, 안지정安止定

자나(jhāna) : 선정禪定

자나 딧타담마 수카위하라(jhāna-diṭṭhadhamma-sukhavihāra) : 깊은 집중
(선정)을 통해 이 존재(지금 여기)에서 행복하고 평화로우며 축복되게 사는 것

자나 수카(jhāna-sukha) : 마음의 깊은 집중(선정)을 통해 얻은 행복

제따와나(Jetavana) : 기타림祇陀林

쩨따나(cetanā) : 의도, 의욕, 의지, 동기

쩨따시까 둑카(cetasika-dukkha) : 정신적 괴로움

쩨따시까(cetasika) : 정신적 부수

쭐라 소따빤나(cūḷa-sotāpanna) : 작은 수다원, 유사 수다원

찟따 아누빳사나 사띠빳타나(citta-anupassana-satipaṭṭhāna) : 의식에 대한 주의 기울임(심념처心念處)

찟따 위숫디(cittā-visuddhi) : 마음의 청정

(ㅋ)

카니까 사마디(khaṇika-samādhi) : 순간집중, 찰나삼매

(ㅌ)

테라(Thera) : 장로

티나밋다 니와라나(thīna-middha-nīvarana) : 게으름과 무기력(졸음)의 장애

한국빠알리성전협회
Korea Pali Text Society
Founded 1997 by Cheon, Jae Seong

한국빠알리성전협회는 빠알리성전협회의 한국대표인 전재성 박사가 빠알리성전, 즉 불교의 근본경전인 빠알리 삼장을 우리말로 옮겨 널리 알리려는 서원을 세우고 빠알리성전협회의 회장인 리챠드 곰브리지 박사의 승인을 맡아 1997년 설립하였습니다. 그 구체적 사업으로서 빠알리성전을 우리말로 옮기는 한편 부처님께서 사용하신 빠알리어의 이해를 돕기 위하여 사전, 문법서를 발간하였으며, 기타 연구서, 잡지, 팜플렛 등을 출판하고 있습니다. 부처님의 가르침을 빠알리어에서 직접 우리말로 옮겨 보급함으로써 부처님의 가르침이 누구에게나 쉽게 다가가고 명료하게 이해될 수 있도록 더욱 노력할 것입니다. 한국빠알리성전협회는 부처님의 가르침이 널리 퍼짐으로써 이 세상이 지혜와 자비가 가득한 사회로 나아가게 되기를 바랍니다.

이 세상에 꽃비가 되어 흩날리는 모든 공덕의 근원은 역사적인 부처님께서 몸소 실천하신 자비의 한 걸음 한 걸음 속에 있습니다. 한국빠알리성전협회는 부처님의 가르침을 생생한 원음으로 만나고자 원하는 분들을 위하여 부처님 말씀을 살아있는 오늘의 우리말로 번역 보급하고 있습니다. 불교를 알고자 하는 분이나 좀더 깊은 수행을 원하는 분에게 우리말 빠알리대장경은 세상에 대한 앎과 봄의 지혜를 열어줄 것입니다. 한국빠알리성전협회에 내시는 후원금이나 회비 그리고 책판매수익금은 모두 빠알리성전의 우리말 번역과 출판, 보급에 쓰여질 것입니다. 작은 물방울이 모여서 바다를 이루듯, 작은 정성이 모여 역경불사가 원만히 성취되도록 많은 격려와 성원을 부탁드립니다.

조흥은행 313-04-195605   한빛은행 110-319399-02-101
국민은행 752-21-0363-543   농협 023-02-417420   예금주 전재성

한국빠알리성전협회

서울 영등포구 당산동 3가 107 전화 (02)2631-1381 전송 (02) 2631-3707